OEUVRES COMPLÈTES

DE

LORD BYRON

Imprimerie de Gustave GRATIOT, 11, rue de la Monnaie.

ŒUVRES COMPLÈTES

DE

LORD BYRON

TRADUITES

PAR BENJAMIN LAROCHE

SIXIÈME ÉDITION

REVUE ET CORRIGÉE AVEC SOIN PAR LE TRADUCTEUR

DEUXIÈME SÉRIE

POÈMES

PARIS
VICTOR LECOU, LIBRAIRE-ÉDITEUR
124, RUE MONTMARTRE

1847

LA MALÉDICTION DE MINERVE[1].

— « Pallas te hoc vulnere, Pallas
Immolat, et pœnam scelerato ex sanguine sumit. »
Æneid. lib. XII.

Athènes, couvent des Capucins, 17 mars 1811.

Sur les collines de la Morée s'abaisse avec lenteur le soleil couchant, plus charmant à sa dernière heure[2]. Ce n'est pas une clarté obscure, comme dans nos climats du nord; c'est une flamme sans voile, une lumière vivante. Les rayons jaunes qu'il darde sur la mer calmée dorent la verte cime de la vague onduleuse et tremblante. Au vieux rocher d'Égine et à l'île d'Hydra, le dieu de l'allégresse envoie un sourire d'adieu; il suspend son cours pour éclairer encore ces régions qu'il aime, mais d'où ses autels ont disparu. L'ombre des montagnes descend rapidement et vient baiser ton golfe glorieux, Salamine indomptée! Leurs arcs azurés, s'étendant au loin à l'horizon, se revêtent d'un pourpre plus foncé sous la chaleur de son regard; çà et là sur leurs sommets, des teintes plus éclairées attestent son joyeux passage, et reflètent les couleurs du ciel, jusqu'à ce qu'enfin sa lumière est voilée aux regards de la terre et de l'Océan, et derrière son rocher de Delphes il s'affaisse et s'endort.

Ce fut par un soir comme celui-ci qu'il jeta son rayon le plus pâle, lorsque ton sage, ô Athènes, le vit pour la dernière fois. Avec quelle anxiété les meilleurs d'entre tes fils suivirent du regard sa mourante clarté, dont le départ allait clore le dernier jour de Socrate immolé[3]! — Pas encore! — pas encore! — Le soleil s'arrête sur la colline, il prolonge l'heure précieuse du dernier adieu; mais aux regards d'un mourant, triste est sa lumière, sombres sont les teintes naguère si douces de la montagne. Phébus semble jeter un voile de tristesse sur cette terre aimable, cette terre à laquelle jusqu'alors il avait toujours souri; mais avant qu'il eût disparu derrière la cime du Cithéron, la coupe de mort était vidée, — l'âme avait pris son vol, l'âme de celui qui dédaigna de craindre ou de fuir, qui vécut et mourut comme nul ne saura vivre ou mourir.

Mais, voyez ! des hauteurs de l'Hymette à la plaine, la reine des nuits prend possession de son silencieux empire [4] ; nulle vapeur humide, avant-coureur de l'orage, ne voile son beau front, ne ceint ses brillants contours. La blanche colonne salue avec reconnaissance la venue de l'astre, dont sa corniche reflète les rayons, et, du haut du minaret, le croissant, son emblème, étincelle de ses feux. Les bouquets d'oliviers, au loin épars, aux lieux où le doux Céphise promène son filet d'eau; le cyprès mélancolique, près de la mosquée sainte; le riant kiosque et sa brillante tourelle ; et, près du temple de Thésée, ce palmier solitaire s'élevant triste et sombre au milieu de ce calme sacré; tous ces objets, revêtus de teintes variées, captivent la vue, et insensible serait celui qui les verrait avec indifférence.

La mer Égée, dont à cette distance on n'entend plus la voix, apaise le courroux de ses ondes; son vaste sein, reflétant des teintes plus suaves, se déroule en longues nappes de saphir et d'or, mêlées aux ombres de mainte île lointaine dont le sombre aspect contraste avec le sourire de l'Océan.

C'est ainsi que, dans le temple de Pallas, j'observais les beautés du paysage et de la mer, seul, sans amis, sur ce magnifique rivage dont les chefs-d'œuvre et les exploits ne vivent plus que dans les chants des poëtes; pendant que mes regards erraient sur cet édifice incomparable, sacré pour les dieux et mutilé par l'homme, le passé m'apparaissant, pour moi le présent cessait d'exister, et la Grèce redevenait la patrie de la gloire.

Les heures s'écoulaient et le disque de Diane avait parcouru dans ce beau ciel la moitié de sa carrière, et cependant je continuais sans me lasser à parcourir ce temple désert, consacré à des dieux disparus sans retour, mais principalement à toi, ô Pallas! La lumière d'Hécate, brisée par les colonnes, tombait plus mélancolique et plus belle sur le marbre glacé où le bruit de mes pas qui s'effrayaient eux-mêmes, semblable à un écho de mort, faisait frissonner mon cœur solitaire.

Plongé dans mes méditations, je cherchais, à l'aide de ces débris du naufrage de la Grèce, à ranimer les souvenirs de sa race vaillante, quand soudain une forme gigantesque s'avança devant moi, et Pallas m'aborda dans son temple.

Oui, c'était Minerve elle-même, mais combien différente de ce qu'elle était lorsqu'elle parut en armes dans les champs dardaniens ! Elle n'était plus telle que par son ordre elle apparut sous le ciseau de Phidias : les terreurs de son front redoutable avaient disparu ; son inutile égide ne portait plus de Gorgone ; son casque était bosselé, et sa lance brisée semblait faible et inoffensive même à des yeux mortels. La branche d'olivier qu'elle daignait tenir encore se flétrissait sous le contact de sa main ; ses grands yeux bleus, les plus beaux encore de l'Olympe, étaient baignés de célestes pleurs ; son hibou voltigeait lentement autour de son casque endommagé, et joignait ses cris lugubres à la douleur de sa maîtresse.

« Mortel, » me dit-elle, « la rougeur qui couvre ton visage m'annonce que tu es Anglais, nom autrefois glorieux d'un peuple le premier en puissance et en liberté, descendu aujourd'hui dans l'estime du monde, mais surtout dans la mienne ; désormais on trouvera Pallas à la tête de ses ennemis. Veux-tu savoir le motif de ces mépris ? jette les yeux autour de toi. Ici, survivant à la guerre et à l'incendie, j'ai vu expirer successivement plusieurs tyrannies. Échappée aux ravages des Turcs et des Goths [5], il a fallu que ton pays envoyât ici un spoliateur qui les surpassât tous [6]. Regarde ce temple vide et profané : compte les débris qui lui restent encore ; ceux-ci furent placés par Cécrops ; ceux-là furent ornés par Périclès [7] ; ce monument fut élevé par Adrien, aux jours de la décadence de l'art. J'ai d'autres obligations encore attestées par ma gratitude : — sache qu'Alaric et Elgin ont fait le reste. Afin que personne n'ignore de quel pays est venu le spoliateur, le mur indigné porte son nom odieux [8] ; ainsi c'est Pallas reconnaissante qui protége la gloire d'Elgin : là-bas est son nom, là-haut tu vois son ouvrage. Ici, que les mêmes honneurs soient décernés au monarque des Goths et au pair d'Écosse! Le premier puisa son droit dans la victoire; le second n'en eut aucun, il vola lâchement ce que de moins barbares que lui avaient conquis. Ainsi lorsque le lion abandonne sa proie, le loup arrive après lui; puis vient le lâche et vil jackal : les premiers dévorent la chair et le sang de la victime, le dernier se contente de ronger les os en toute sécurité. Cependant les dieux sont justes, et les crimes ont leur châtiment. Voyez ce qu'Elgin a gagné et ce qu'il a perdu! un autre nom uni au sien déshonore mon temple. Diane dédaigne d'éclairer cet endroit de ses rayons! Les injures de Pallas ne sont pas restées impunies : Vénus a pris sur elle la moitié de sa vengeance [9]. »

Elle se tut un moment ; alors j'osai répondre, pour calmer le ressentiment qui étincelait dans ses regards : « Fille de Jupiter! au nom de l'Angleterre outragée, permets qu'un Anglais désavoue un tel acte. N'accuse pas l'Angleterre; elle ne lui a pas donné le jour : non, Pallas, non; ton spoliateur est Écossais. Veux-tu savoir quelle est la différence? Du haut des tours de Phylé, regarde la Béotie; — notre Béotie à nous, c'est la Calédonie. — Je sais pertinemment que sur ce pays bâtard [10] la déesse de la sagesse n'a jamais eu d'influence; c'est un sol aride où la nature est condamnée à ne produire que des germes stériles et des esprits rétrécis; le chardon qui croît sur cette terre est l'emblème de tous ceux qui l'habitent ; terre de bassesses, de sophismes et de brouillards, inaccessible à tout sentiment généreux. Chaque brise exhalée de la montagne brumeuse et de la plaine marécageuse imprègne de ses lourdes vapeurs les cerveaux humides, qui se répandent ensuite au dehors, fangeux comme leur sol, froids comme leurs neiges natales. Mille projets d'étourderie et d'orgueil dispersent au loin cette race de spéculateurs. Ils vont à l'est, à l'ouest, partout, excepté au nord, en quête de gains illégitimes. Et c'est ainsi que dans un jour maudit, un Picte est venu ici jouer le rôle de voleur ! Cependant la Calédonie s'honore de quelques hommes de mérite, comme la stupide Béotie a vu naître Pindare. Puisse le petit nombre de ses grands écrivains et de ses braves, concitoyens du monde et vainqueurs de la mort, secouer la sordide poussière d'une telle patrie, et qu'ils égalent en gloire les fils d'un plus heureux rivage ! de même qu'autrefois, dans une ville coupable, il eût suffi de dix noms pour sauver une race infâme. »

« Mortel ! » reprit la vierge aux yeux bleus, « écoute-moi encore, et porte mes décrets à ta rive natale. Toute déchue que je suis, je puis encore retirer mes inspirations à des pays comme le tien, et ce sera là ma vengeance. Entends donc en silence mes ordres irrévocables : entends et crois ; le temps se chargera du reste.

« D'abord ma malédiction tombera sur la tête de l'auteur de ce forfait, — sur lui et sur toute sa postérité ; que tous ses fils soient aussi stupides que leur père, et qu'il n'y ait pas en eux une seule étincelle d'intelligence ; si l'un d'eux s'avise d'avoir de l'esprit et de faire rougir la race paternelle, c'est un bâtard, issu d'un sang plus généreux : qu'il continue ses bavardages avec ses artistes mercenaires, et que les éloges de la Sottise le dédommagent de la haine de la Sagesse ; qu'ils exaltent longtemps encore le goût de leur patron, lui dont le goût le plus noble, qui lui vient du *terroir*, est un goût mercantile ; lui qui a le talent de vendre, et — que ce jour honteux vive dans la mémoire ! — de rendre l'état acquéreur de ses déprédations [11]. Cependant West le complaisant, West le vieux radoteur, le pire des barbouilleurs de l'Europe, le meilleur que possède l'Angleterre, viendra de sa main tremblante retourner chacun de ses modèles, et à quatre-vingts ans reconnaîtra qu'il n'est qu'un écolier [12]. Que tous les boxeurs de Saint-Gilles soient rassemblés, afin que l'on compare la nature avec l'art. Pendant que des rustres grossiers admirent avec un étonnement stupide « la boutique de pierres » de sa seigneurie [13], on y verra accourir la foule empressée des fats qui viendront y flâner et y babiller ; et mainte demoiselle languissante jettera en soupirant un regard curieux sur les statues gigantesques : affectant de promener sur la salle un coup d'œil distrait, elle ne remarque pas moins les larges épaules et les vastes proportions, déplore la différence d'*alors* avec *aujourd'hui*, et s'écrie : « Ces Grecs étaient vraiment fort bien ! » puis, comparant à voix basse ces hommes-là avec les nôtres, elle envie à Laïs ses amants athéniens. Quand une moderne demoiselle trouvera-t-elle de pareils adorateurs ? Hélas ! il s'en faut que sir Harry soit un Hercule ! et au milieu de la foule ébahie, il se trouvera peut-être un calme spectateur qui, jetant autour de lui un regard de douleur mêlé d'indignation, admirera l'objet volé en abhorrant le voleur. Oh ! que la haine soit le prix de sa rapacité sacrilége, qu'elle empoisonne sa vie, et s'acharne encore sur sa cendre ! La vengeance le suivra par delà le tombeau. L'avenir le mettra à côté de l'incendiaire d'Ephèse ; Erostrate, Elgin, sur ces deux noms réunis pèsera la réprobation des siècles et de l'histoire ; une égale malédiction attend ces deux grands forfaits, dont le dernier peut-être surpasse l'autre en perversité.

« Qu'il demeure donc éternellement, statue immobile, sur le piédestal du mépris. Mais ce n'est pas lui seulement que frappera ma vengeance ; elle s'étendra aussi sur l'avenir de ta patrie. Il n'a fait qu'imiter l'exemple que l'Angleterre elle-même lui avait souvent donné. Vois la flamme qui s'élève du sein de la Baltique, et ce vieil allié qui maudit une guerre perfide [14]. Pallas n'a point prêté sa sanction à de tels actes, elle n'a point rompu le pacte qu'elle-même avait fait. Elle s'éloigna de ces conseils coupables, de ce combat déloyal ; mais elle laissa derrière elle son égide à la tête de Gorgone, don fatal qui changea en marbre vos amis, et réduisit Albion à rester seule au milieu de la haine universelle.

« Regarde l'Orient, où les peuples basanés du Gange ébranlent dans ses fondements votre tyrannique empire ! La rébellion lève sa tête sinistre ; la Némésis de l'Inde venge ses fils immolés ; l'Indus roule ses ondes ensanglantées, et réclame du Nord la longue dette de sang qu'il a contractée avec lui. Ainsi puissiez-vous périr ! — Quand Pallas vous donna vos priviléges d'hommes libres, elle vous interdit de faire des esclaves.

« Contemple maintenant votre Espagne ! — Elle presse la main qu'elle abhorre ; elle la presse pourtant, et vous repousse loin du seuil de ses villes. J'en atteste Barossa ! ses champs peuvent nous dire à quelle patrie appartenaient les braves qui ont combattu et sont morts. Il est vrai que la Lusitanie, alliée généreuse, fournit un faible contingent de combattants et parfois de fuyards. O champs de bataille glorieux ! Bravement vaincu par la famine, pour la première fois le Gaulois bat en retraite, et tout est dit ! Mais est-ce Pallas qui vous a appris qu'une retraite de l'ennemi était une compensation suffisante de trois longues olympiades de revers ?

« Enfin, jette les yeux à l'intérieur. — c'est un spectacle sur lequel vous n'aimez pas arrêter vos regards. Vous y trouvez l'incurable désespoir et son farouche sourire ; la tristesse habite votre métropole : en vain l'orgie y fait entendre ses hurlements, la famine y tombe d'épuisement, et le vol rôde dans ses rues. Chacun y déplore des pertes plus ou moins grandes ; l'avare ne redoute plus rien, car il ne lui reste plus rien à perdre. « Bienheureux papier-monnaie [15] ! » qui osera chanter tes louanges ? Il pèse comme du plomb sur les ailes fatiguées de la corruption ; cependant Pallas a tiré l'oreille à chaque premier ministre, mais ils n'ont daigné entendre ni les Dieux ni les hommes. Un seul, rougissant de l'état en faillite, invoque le secours de Pallas, — mais il est trop tard : il raffole de ***, s'humilie devant ce Mentor, bien que lui et Pallas n'aient jamais été amis ! Vos sénats écoutent celui dont ils n'avaient jamais entendu la voix, présomptueux naguère, et tout aussi absurde aujourd'hui. C'est ainsi qu'on vit autrefois la nation sensée des grenouilles jurer foi et obéissance au roi « Soliveau ; » vos gouvernants ont fait choix de ce noble crétin, comme jadis l'Égypte prit un oignon pour dieu.

« Maintenant, adieu ! jouissez du moment qui vous reste ; étreignez l'ombre de votre puissance évanouie, méditez sur l'écroulement de vos projets les plus chers ; votre force n'est plus qu'un vain mot, votre factice opulence un rêve. Il est parti cet or que vous enviait le monde, et le peu qui en reste, des pirates en trafiquent [16] : les guerriers automates, achetés en tout lieu, ne viennent plus en foule s'enrôler dans vos rangs mercenaires. Sur le quai désert, le marchand oisif contemple avec tristesse ces ballots qu'aucun navire ne vient plus chercher; on voit revenir les marchandises qui n'ont pu trouver d'acheteurs et vont pourrir sur la rive encombrée; l'artisan affamé brise son métier inutile, et son désespoir n'attend plus que le signal de la catastrophe qui s'avance. Dans le sénat de votre état qui s'affaisse, montrez-moi l'homme dont les conseils ont quelque poids! Dans cette enceinte où régna la parole, nulle voix n'est puissante; les factions elles-mêmes cessent de plaire à une terre factieuse; et cependant des sectes rivales agitent cette île, sœur de l'Angleterre, et d'un bras fanatique chacune à son tour y allume la flamme des bûchers.

« C'en est fait, et puisque les avertissements de Pallas sont inutiles, les Furies vont saisir le sceptre qu'elle abdique, et, promenant sur la face du royaume leurs torches embrasées, leurs mains farouches vont déchirer ses entrailles. Mais il reste encore une crise à passer, et la Gaule pleurera avant qu'Albion porte ses chaînes. La pompe de la guerre, l'éclat des légions, ces brillants uniformes auxquels sourit Bellone, les sons éclatants du clairon, le roulement sonore du tambour qui envoie à l'ennemi un belliqueux défi, le héros qui s'élance à la voix de son pays, la gloire qui accompagne la mort du guerrier, tout cela enivre un jeune cœur de délices imaginaires et pare à ses yeux le jeu sanglant des batailles. Mais apprends ce que peut-être tu ignores : ils sont à bon marché les lauriers qui ne coûtent que la mort; ce n'est pas dans le combat que se délecte le Carnage : c'est son jour de merci qu'un jour de bataille; mais quand la victoire a prononcé, que le terrain lui demeure, bien que souillé de sang, c'est alors que son heure est venue. Vous n'avez encore connu que par ouï-dire ses forfaits les plus atroces; les paysans massacrés, les femmes déshonorées, les maisons livrées au pillage, les moissons détruites, ce sont là des maux étranges pour ceux qui n'ont jamais courbé le front sous le glaive d'un vainqueur. De quel œil vos bourgeois fugitifs verront-ils de loin l'incendie dévorer leurs villes, et les flammes jeter sur la Tamise épouvantée leurs rougeâtres reflets? Ne t'en indigne pas, Albion! car elle t'appartenait la torche qui, du Rhin jusqu'au Tage, alluma de semblables bûchers. Quand ces calamités viendront à fondre sur tes rivages, demande-toi qui, de ces peuples ou de toi, les a plus méritées. Le sang pour le sang, telle est la loi du ciel et des hommes; et c'est en vain qu'elle déplorerait les suites de la guerre, celle qui la première en donna le signal. »

NOTES.

[1] Cette fière philippique contre lord Elgin, dont la collection de marbres athéniens a été achetée par l'Angleterre, en 1816, au prix de 35,000 l. st., fut écrite à Athènes en mars 1811, et devait paraître avec les *Souvenirs d'Horace;* mais, comme cette satire, elle fut supprimée par l'auteur pour des motifs qu'on comprendra facilement. Elle parut pour la première fois en 1828. Certes, rien de moins étonnant que l'âme de lord Byron ait été puissamment émue à la vue du Parthénon ainsi dépouillé; mais peut-être est-il permis de dire toutefois que si ces précieux marbres fussent restés à Athènes, ils eussent sans doute péri au milieu des scènes de violence dont cette ville a été le théâtre, tandis que leur présence en Angleterre, où tout le monde peut les admirer, a déjà eu les plus heureuses influences sur les beaux-arts. Les allusions politiques contenues dans ce poëme n'ont pas besoin de beaucoup de développements; il contient en outre plusieurs vers que l'auteur aurait désapprouvés sans doute après plus mûre réflexion, mais qui, dans leur ensemble, offrent un échantillon trop remarquable de la vigueur satirique de lord Byron, pour pouvoir être omis dans une édition complète de ses œuvres.

[2] Les beaux vers qui commencent ce poëme jusqu'au paragraphe « C'est ainsi que dans le temple de Pallas, » parurent pour la première fois au commencement du troisième chant du *Corsaire,* l'auteur ayant abandonné sa première idée de publier cette énergique satire.

[3] Socrate but la ciguë peu de temps avant le coucher du soleil (heure des exécutions à mort), malgré les prières de ses disciples, qui le suppliaient d'attendre au moins l'heure officielle.

[4] Le crépuscule, en Grèce, est plus court que dans nos climats; les jours sont aussi plus longs en hiver, plus courts en été.

⁵ Sur le mur extérieur de la chapelle, du côté de l'occident, on lit ces mots gravés dans la pierre :

> QUOD NÓN FECERUNT GOTI
> HOC FECERUNT SCOTI.

⁶ On lit dans le manuscrit : « Ah ! Athènes, à peine échappée aux Turcs et aux Goths, l'enfer t'envoie un misérable Écossais pire qu'eux encore ! »

⁷ Cela s'applique à la ville en général, et non à l'Acropolis en particulier. Le temple de Jupiter Olympien, que quelques-uns croient être le Panthéon, fut achevé par Adrien. Il reste encore debout seize colonnes du plus beau marbre et d'une magnifique ordonnance.

⁸ On lit sur le manuscrit :

> Aspice quos Pallas Scoto concedit honores ;
> Infra stat nomen, — facta supraquo vide.

⁹ Le nom de sa seigneurie et celui d'une personne qui ne le porte plus aujourd'hui sont gravés très distinctement sur le Parthénon. Non loin de là sont les débris des bas-reliefs qu'on mit en pièces en voulant les enlever.

¹⁰ *Bâtarde de l'Irlande*, suivant sir Callaghan O'Brallaghan.

¹¹ En 1816, le parlement vota 35,000 l. st. pour l'achat des marbres de lord Elgin.

¹² M. West, en voyant la collection de lord Elgin (je suppose que nous aurons bientôt la collection d'Abershaw et de Jack Shephard), avoua qu'il n'était qu'un véritable écolier.

¹³ Le pauvre Crib fut singulièrement intrigué en voyant pour la première fois l'exposition des marbres dans la maison d'Elgin. Il demanda si c'était une boutique de marbre. Il se trompait moins qu'il ne croyait.

¹⁴ Le bombardement de Copenhague.

¹⁵ Béni soit le papier-monnaie, dernière ressource qui prête à la corruption des ailes pour se propager ! POPE.

¹⁶ Les trafiquants en espèces monnayées, les banquiers et les changeurs.

LA VALSE[1],

HYMNE-APOSTROPHE.

« Qualis in Eurotæ ripis, aut per juga Cynthi,
Exercet Diana choros... » VIRGILE.

Telle au sommet du Cynthe, aux bords de l'Eurotas,
Diane, au sein des nuits, sur les vertes fougères,
Conduit ses chœurs brillants et leurs danses légères.

A L'ÉDITEUR.

Je suis un gentilhomme de province habitant un comté du centre du royaume. J'aurais pu me faire nommer, dans certain bourg, membre du parlement ; l'on m'a offert autant de voix qu'en a recueilli le général T. le dernier jour du poll [2] aux élections de 1812. Mais je suis tout entier au bonheur domestique, ayant épousé il y a quinze ans, dans un voyage que je fis à Londres, une très respectable demoiselle. Nous avons vécu heureux à Hornem-Hall jusqu'à l'automne dernier, où nous avons été invités par la comtesse de Waltzaway (parente éloignée de mon épouse) à passer l'hiver à la ville. N'y voyant aucun inconvénient, et ayant deux filles en âge de se marier (ou, selon l'expression juste, *marketable*), de plus, un procès d'hypothèque sur notre patrimoine de famille à suivre à la chancellerie, nous partîmes dans notre antique voiture ; mais ma femme m'en fit peu à peu tellement rougir que j'ai été obligé d'acheter d'occasion une *barouche* dont j'occupe le siége, loin de mistriss Hornem, et d'où je conduis les chevaux ; en revanche, la place de l'intérieur est réservée à l'honorable Augustus Tiptoe, son partner officieux et son chevalier à l'Opéra. Entendant beaucoup louer la danse de mistriss Hornem (elle excellait surtout dans les menuets d'anniversaire à la fin du dernier siècle), je quittai mes bottes pour aller chez la comtesse, m'attendant à voir une danse de province, ou du moins des cotillons, des bourrées, et tous les vieux pas arrangés sur des airs nouveaux. Mais jugez de ma surprise en voyant à mon arrivée cette pauvre et chère mistriss Hornem les bras autour des reins d'un énorme gentilhomme à la démarche de hussard, et que je ne connaissais en aucune façon ; lui, de son côté, l'enveloppait presque entière dans ses bras, et ils tournaient, tournaient, tournaient, sur un air baroque et discordant qui me rappelait le *black johe*, seulement plus *affectuoso*, et qui me troublait le cerveau; mais, à mon grand étonnement, il était loin de produire le même effet sur ma femme. Un moment ils s'arrêtèrent, et je crus qu'ils allaient s'asseoir ou tomber; mais non; le hussard, replaçant sa main sur l'épaule de mistriss Hornem, *quam familiariter* 3, comme disait Térence quand j'étais à l'école, ils marchèrent pendant une minute, puis se remirent à tourner comme deux hannetons enfilés dans une même aiguille. J'avais demandé ce que tout cela signifiait, lorsqu'une enfant, pas plus grande que notre Whilelmina (nom que je n'ai jamais vu ailleurs que dans le *Vicaire de Wakefield*, quoique sa mère prétende que ce soit celui de la princesse Swappenbach), me répondit avec un éclat de rire : « Seigneur Dieu! ne voyez-vous pas qu'ils *valsent?* » ou *walsent* (j'ai oublié lequel des deux); et puis l'enfant se leva, et elle, sa mère et ses sœurs se mirent à tourner jusqu'au souper. Aujourd'hui que je connais ce divertissement, je l'aime à la folie, autant que mistriss Hornem elle-même (quoique j'aie failli me casser les jambes, et que j'aie renversé quatre fois la femme de chambre de mistriss Hornem en répétant le matin cet exercice). En un mot, je l'aime tant, que, possédant une certaine facilité pour faire les vers, comme je l'ai suffisamment prouvé dans quelques ballades sur les élections et des chansons en l'honneur de toutes nos victoires, quoique depuis longtemps les occasions m'eussent un peu manqué, je me suis mis à mon pupitre, et, avec l'aide de Fitzgérald, écuyer, et de quelques conseils du docteur Busby (dont je suis le cours : je suis ravi de la manière dont le docteur Busby déclame le dernier ouvrage de son père, l'*Épître à Drury-Lane*), j'ai composé l'hymne que voici pour faire connaître mes sentiments au public, que je méprise cependant aussi bien que les critiques.

Agréez, Monsieur, etc.

Horace Hornem.

LA VALSE.

Muse aux pieds qui scintillent! toi dont le magique pouvoir, naguère limité aux jambes, s'étend maintenant aux bras; Terpsichore, — trop longtemps réputée vierge, — terme de reproche qui était pour toi une injure, brille désormais dans tout ton éclat, la moins vestale des neuf chastes Sœurs! Loin de toi et des tiens l'épithète de prude;

raillée, mais triomphante; attaquée par la médisance, mais invaincue : tes pieds doivent triompher en courant, pourvu que tes jupes soient d'une hauteur raisonnable; ton sein, — pourvu qu'il soit suffisamment découvert, — peut se passer de bouclier; danse, — entre en campagne sans armure, et à l'abri de la *plupart* des attaques, malgré sa naissance un peu équivoque, reconnais la « Valse » pour ta fille.

Salut, nymphe agile! à qui le jeune hussard, en favoris, voué au culte de la Valse et de la guerre, consacre ses nuits, malgré éperons et bottes! spectacle unique depuis Orphée et ses bêtes; salut, Valse inspiratrice! — qui vis sous tes bannières combattre pour la mode un moderne héros, alors que sur les bruyères d'Houslow, rivalisant la gloire de Wellesley [4], il arma le chien de son pistolet, — tira, — et manqua son adversaire, — mais atteignit son but; salut, muse mobile, à qui nos belles donnent de leur cœur tout ce qu'elles peuvent donner, nous laissant prendre le reste. Oh! que n'ai-je le talent facile de Busby ou de Fitz; le royalisme du premier, l'esprit du second, pour « *énergiser* le sujet que je traite [5], » et rendre un digne hommage à Bélial et à sa danse!

Valse impériale, importée des bords du Rhin (renommé pour ses produits héraldiques et vignicoles), puisses-tu continuer longtemps à être affranchie de tout droit de douane, et à l'emporter même sur le vin du Rhin! Sous plus d'un rapport, vos qualités se ressemblent : il comble le vide de nos caves, — toi, celui de notre population. C'est à la tête qu'il s'adresse; — ton art, plus subtil, se contente de porter l'ivresse au cœur irréfléchi : tu fais couler dans les veines ton doux poison, et éveilles dans nos sens de lubriques désirs.

O Allemagne! j'en appelle à l'ombre du céleste Pitt, que de choses tu nous as données, avant que la maudite Confédération t'eût livrée aux Français, pour ne plus nous laisser que tes dettes et tes danses! Dépouillés des subsides et du Hanovre, nous te bénissons encore, — car il nous reste

Georges III, des rois le meilleur, et qui a surtout un titre sacré à notre reconnaissance, c'est d'avoir daigné engendrer Georges IV. A l'Allemagne et à ses sérénissimes altesses, qui nous doivent des millions, — ne devons-nous pas la reine ? Que ne devons-nous pas encore — à cette Allemagne si prodigue à notre égard de ses Brunswickois et de ses princesses, qui, en échange de notre sang roturier, nous a donné du sang royal, de la race pure de ses teutoniques haras ; qui enfin, — et que de torts un tel cadeau n'effacerait-il pas ! — nous a envoyé une douzaine de ducs, quelques rois, une reine, — et la Valse ?

Mais laissons-la en paix, — avec son empereur et sa Diète, soumis aujourd'hui au bon plaisir de Bonaparte ! Retournons à mon sujet — O muse de l'agilité ! dis-nous comment la Valse apparut pour la première fois en Albion.

Portée sur les ailes des vents hyperboréens, partie de Hambourg (à une époque où Hambourg avait encore sa malle) avant que la Renommée malencontreuse, — forcée de gravir les neiges de Gottenburg, y restât engourdie par le froid, ou, se réveillant en sursaut, approvisionnât de mensonges le marché d'Héligoland ; alors que Moscou non brûlé avait encore des nouvelles à expédier, et n'avait pas dû sa ruine à une main amie ; elle vint, la Valse, et avec elle arrivèrent certains paquets de dépêches et de gazettes véridiques ; là flamboyait entre autres la bienheureuse dépêche d'Austerlitz, qui laisse bien loin derrière elle et le *Moniteur* et le *Morning-Post* ; il s'y trouvait aussi, presque écrasés sous le poids de la nouvelle glorieuse, dix drames et quarante romans de Kotzebüe, les lettres d'un chargé d'affaires, les airs de six compositeurs, des ballots de livres venus des foires de Francfort et de Leipsick. Pour assurer un bon vent au navire et lui tenir lieu des sorcières laponnes, on y avait joint les quatre volumes de Meiner sur la femme ; le tome le plus lourd de Brunck servait de lest, soutenu de celui de Heyné, qu'on avait pu embarquer sans exposer le navire à couler bas.

Portant cette cargaison et son aimable passagère, la délicieuse Valse, en quête d'un partner, le vaisseau fortuné aborda sur nos côtes, et vers lui se hâtèrent d'accourir les filles du pays. Ni le décent David, lorsqu'il dansa devant l'arche ce fameux pas seul qui donna à causer; ni l'amoureux fou don Quichotte quand, aux yeux de Sancho, son fandango parut dépasser un peu les bornes; ni la douce Hérodias, quand pour prix de ses pas gracieux elle obtint une tête; ni Cléopâtre sur le tillac de sa galère, n'exposèrent aux regards tant de *jambe* et plus de *gorge* que tu nous en montras, divine Valse, quand la lune te vit pour la première fois pirouetter aux accords d'un air saxon!

O vous! maris de dix ans d'hyménée, dont le front douloureux reçoit chaque année le tribut d'une épouse; vous qui comptez neuf années de moins de bonheur conjugal, et dont le front ne porte encore que les bourgeons naissants des rameaux qui le décoreront un jour, avec les ornements additionnels, soit de cuivre, soit d'or, que les tribunaux vous alloueront sans doute; vous aussi, matrones toujours si empressées à entraver le mariage d'un fils, à conclure celui d'une fille; vous, enfants de ceux que le hasard vous assigne pour pères; — fils *toujours* de vos mères, et *parfois* aussi de leurs maris; et vous enfin, célibataires, qui gagnez une vie de tourments, ou huit jours de plaisir, selon que, sous l'inspiration de l'hymen ou de l'amour, vous obtenez une épouse ou enlevez celle d'un autre; — c'est pour vous tous que vient l'aimable étrangère, et son nom retentit dans tous les salons.

Valse amoureuse! devant ta ravissante mélodie, que la gigue irlandaise et le rigaudon antique baissent humblement pavillon. Arrière les *reels* d'Écosse! et que la Contredanse t'abandonne le sceptre du fantastique et bondissant empire! La Valse, la Valse seule, demande tout à la fois et nos jambes et nos bras; des pieds elle est prodigue, et des mains elle n'est pas moins libérale; elle leur permet de se promener librement et devant tout le monde, là où jamais auparavant; — mais, — je vous en prie, — écartez un peu les lumières. Il me semble que ces bougies jettent une clarté trop vive, — ou peut-être est-ce moi qui suis beaucoup trop près; je ne me trompe pas, — la Valse me dit tout bas: « Mes pas légers ne s'exécutent jamais mieux que dans l'ombre! » Mais ici la muse s'arrête par bienséance, et prête à la Valse son jupon le plus ample.

Touristes observateurs de toutes les époques, in-quarto publiés sur tous les climats! dites, la lourde ronde de l'ennuyeuse Romaïque, les frétillements du fandango, les bonds du boléro, le groupe séduisant des almas de l'Égypte [6], la danse guerrière que l'Indien accompagne de ses hurlements, qu'est-ce que tout cela auprès de la Valse? que peut-on lui comparer des glaces du Kamtschatka au cap de Bonne-Espérance? Non! non! depuis Morier jusqu'à Galt, il n'est pas de touriste qui ne consacre à la Valse au moins un paragraphe.

Ombres de ces beautés dont le règne, commencé avec celui de Georges III, — est terminé depuis longtemps! — bien que vous reviviez dans les filles de vos filles, quittez le plomb de vos cercueils et revivez en personne! Que vos fantômes reparaissent dans nos salons: croyez-moi, le paradis des fous est insipide comparé à celui que vous avez perdu. La poudre perfide ne fait plus douter de l'âge des gens; de roides corsets ne blessent plus les mains indiscrètes (ces choses-là ont passé à des êtres amphibies, chèvres par le visage [7], et femmes par la taille); maintenant une jeune fille ne s'évanouit pas quand elle est serrée de trop près; mais plus elle est caressée, plus elle devient caressante; les essences et les sels sont devenus inutiles: le cordial souverain, la Valse, les a tous bannis.

Séduisante Valse! — en vain dans ta patrie Werther lui-même t'a déclarée trop libre, Werther, — assez enclin pourtant au vice décent, mais passionné sans libertinage, ébloui sans aveuglement; — en vain la douce Genlis, dans sa querelle avec Staël, a voulu te proscrire des bals parisiens; la mode te salue, des comtesses jusqu'aux reines, et les valets, valsent dans la coulisse avec les femmes de chambre; ton cercle magique s'étend de plus en plus, — il tourne, tourne toujours, — ne fût-ce que nos *cervelles*. Il n'est pas jusqu'au bourgeois qui n'essaie de bondir avec toi ; et nos lourds boutiquiers pratiquent ce dont ils ne peuvent prononcer le nom. Et moi-même, vraiment, voyez comme ce glorieux sujet m'inspire, et comme dans mes vers, pour chanter la Valse, la rime trouve facilement son partner !

C'était un heureux temps que celui où la Valse fit son *début* [8] ; la cour, le régent, étaient nouveaux comme elle ; nouveau visage pour les amis, nouvelles récompenses pour les ennemis ; nouvel uniforme pour la garde royale ; nouvelles lois pour faire pendre les coquins qui demandaient du pain ; nouvelle monnaie [9] (nouvelle en partie), pour aller joindre celle qui est dépensée ; nouvelles victoires, — que nous n'en prisons pas moins, quoique Jenky s'étonne de ses propres succès ; nouvelles guerres, car les anciennes nous ont si bien réussi, que ceux qui leur survivent portent envie à ceux qui y sont morts ; nouvelles maîtresses, — je me trompe, elles sont vieilles, — et pourtant quoique *vieilles* il y a dans leur fait quelque chose de très *nouveau* ; enfin, — à l'exception de quelques tours de passe-passe déjà un peu vieux, tout était neuf, meubles, balais, choses et gens ; nouveaux rubans, nouvelles couleurs, nouvelles troupes, nouveaux habits retournés : ainsi dit une muse ; M. — qu'en dites-vous ? Tel était le temps où la Valse pouvait le mieux faire son chemin dans le nouveau règne ; telle était cette époque, à laquelle aucune autre ne peut être comparée. Les paniers ont disparu, les jupons sont réduits à *peu de chose* ; la morale et le menuet, la vertu et les corsets, la poudre indiscrète, ont fait leur temps. Le bal commence, — après que la fille ou la maîtresse de la maison a fait les honneurs du logis ; — une altesse, soit royale, soit sérénissime, ayant la grâce aimable de Kent ou l'air capable de Gloster, ouvre le bal avec la dame complaisante dont à une autre époque on aurait pu attribuer la rougeur à la modestie. A l'endroit où la robe laisse la gorge libre, où l'on supposait autrefois qu'était le cœur [10], autour des confins de la taille qu'on lui abandonne, la main la plus indifférente peut errer sans obstacle; à son tour, la main de la danseuse peut saisir tout ce que livre à son contact la bedaine princière. Voyez avec quel délice ils sautillent sur le parquet frotté de craie; une main de la dame repose sur la hanche royale; l'autre, avec une affection également méritoire, s'appuie sur l'épaule non moins royale : alors les deux partners s'avancent ou s'arrêtent face à face; les pieds peuvent se reposer, mais les mains restent à leur poste; les couples se succèdent chacun selon son rang, le comte d'Astérisque et lady Trois-Étoiles, sir un tel, — enfin tous ces suzerains de la mode dont on peut voir les noms bienheureux dans le «*Morning-Post;*» s'il est trop tard pour les trouver dans cette feuille impartiale, on peut consulter le registre des *Doctors commons* à six mois de date de mes vers. — C'est ainsi que tous, les uns plus vite, les autres plus lentement, subissent la douce influence du contact excitant : en sorte qu'il est permis de se demander avec ce Turc modeste « si rien ne résulte de tous ces palpements [11]. » Tu as raison, honnête Mirza; — tu peux en croire mes vers. — Il en résulte quelque chose en temps et lieu; le cœur qui s'est ainsi livré publiquement à un homme lui résiste ensuite en tête à tête, — s'il le peut.

O vous qui avez jadis aimé nos grand'mères, Fitz Patrick, Shéridan [12], et bien d'autres encore! et toi, ô mon prince, que ton goût et ton bon plaisir portent à aimer encore les dames aimables! ombre de Queensbury! juge expert en ces matières, et à qui Satan peut bien donner congé pour une nuit seulement; dites — si jamais, dans vos jours de délire, la baguette d'Asmodée opéra un prodige comme celui-là, aidant nos jeunes idées à naître, portant la rougeur au visage, la langueur dans les yeux, le trouble au cœur, un ébranlement général en tout notre être; avec des désirs à demi exprimés, une flamme mal déguisée; car la nature, ainsi excitée, livre au cœur plus d'un assaut redoutable, — et au milieu de telles tentations, qui peut répondre de ce qui arrivera?

Mais vous dont la pensée ne s'est jamais occupée de ce

que seront ou devraient être nos mœurs, qui désirez sagement vous approprier les charmes qui frappent vos regards, répondez : — ces beautés, vous convient-il de les voir ainsi prodiguées? Toutes chaudes du contact des mains qui ont librement palpé ou la taille légère ou le sein palpitant, quel charme pouvez-vous leur trouver encore au sortir de cette étreinte lascive, de cet attouchement coupable? Renoncez à l'espoir le plus cher de l'amour, renoncez à presser une main que nul n'aura pressée avant vous, à fixer vos regards sur des yeux qui n'ont jamais rencontré, sans en souffrir, le regard ardent d'un autre que vous; votre bouche pourra-t-elle convoiter encore ces lèvres que d'autres ont pu approcher d'assez près, sinon pour les toucher, du moins pour les contaminer? S'il vous faut une beauté pure, n'aimez pas celle-là, ou du moins — faites comme elle, — et prodiguez vos caresses à un grand nombre; son cœur s'en est allé avec ses faveurs, et avec lui le peu qui lui restait à accorder.

Valse voluptueuse! quel blasphème osé-je prononcer! Ton poëte a oublié que c'étaient tes louanges qu'il devait chanter. Pardonne-moi, Terpsichore! — ma femme maintenant valse à tous les bals; — mes filles en font autant; mon fils... — (arrêtons-nous, — ce sont des investigations auxquelles il est inutile de se livrer; — ces petits accidents ne doivent jamais transpirer; dans quelques siècles notre arbre généalogique portera un rameau aussi vert pour lui que pour moi). — La Valse, pour faire réparation à notre nom, me donnera des petits-fils dans les héritiers de tous les amis de mon fils.

NOTES.

1 Cette plaisanterie fut écrite à Cheltenham dans l'automne de 1812, et publiée dans le printemps de l'année suivante sous le voile de l'anonyme. Elle ne fut pas très bien reçue du public, et l'auteur ne chercha nullement à se faire connaître. « J'apprends, dit-il dans une lettre à un de ses amis, qu'on veut me faire passer pour l'auteur d'une certaine publication satirique sur la manie de valser. J'espère que vous ferez tous vos efforts pour détruire ce faux bruit. L'auteur lui-même, je suis sûr, serait désolé de me voir usurper son chapeau et ses clochettes. »

2 État du poll le dernier jour : 5 voix.

³ J'ai oublié mon latin, si l'on peut oublier ce qu'on n'a jamais su ; mais j'ai acheté mon épigraphe à un prêtre catholique au prix d'un billet de banque de trois schellings.

⁴ Pour rivaliser avec lord Wellesley ou son neveu, selon que le lecteur l'aimera le mieux : l'un obtint une jolie femme, qu'il avait méritée en se battant pour elle ; l'autre fit longtemps la guerre dans la Péninsule sans obtenir autre chose, dans ce pays, que le titre de *grand lord*.

⁵ Parmi les discours d'ouverture envoyés au comité de Drury-Lane, il y en avait un du docteur Busby qui commençait par ces mots : — « Lorsque l'on poursuit un but énergique, quels sont les prodiges que l'on ne ferait pas ? »

⁶ Danseuses qui font pour de l'argent ce que nos valseuses font gratis.

⁷ On ne peut se plaindre aujourd'hui, comme au temps de lady Beaussières et du sieur de La Croix, qu'il n'y a pas de moustaches ; mais combien ces indices de courage militaire ou civil sont trompeurs ! Il y a beaucoup à dire pour ou contre. Dans l'antiquité, les philosophes avaient des moustaches et les soldats point. Scipion lui-même se rasait. Annibal, avec son œil de moins, se croyait assez beau pour n'avoir pas besoin de barbe ; mais l'empereur Adrien en portait une, ayant au menton des verrues qui déplaisaient à l'impératrice Sabine et aux courtisans eux-mêmes. Turenne avait des moustaches et Marlborough point. Bonaparte n'en a pas, et le régent en porte. La grandeur d'âme et les moustaches ne s'excluent pas ; mais elles ne sont pas forcément sœurs. Depuis qu'on les laisse pousser, la mode fait plus en leur faveur que les anathèmes d'Anselme contre les cheveux longs sous le règne de Henri Ier.

⁸ Anachronisme. On a dit plus haut que la valse et la bataille d'Austerlitz ouvrirent le bal. Le poëte veut dire (si toutefois il a voulu dire quelque chose) que la valse ne fut complétement en vogue que lorsque le régent eut atteint l'apogée de sa popularité. La valse, la comète, les moustaches et le nouveau ministère, illuminèrent le ciel simultanément de leur gloire. De ces quatre gloires, la comète seule a disparu : les autres continuent à nous étonner. PLAISANTERIE DU COMPOSITEUR.

⁹ Entre autres une nouvelle pièce de neuf pence, monnaie très sûre qui vaut, selon l'évaluation la plus moderne, une livre sterling en papier.

¹⁰ « Nous avons changé tout cela, dit *le Médecin malgré lui*. Le cœur est allé... Asmodée sait où. Après tout, pourquoi attacher de l'importance à la manière dont les femmes disposent de leur cœur ? Elles tiennent de la nature le privilége de le donner aussi absurdement que possible. Mais il y a des hommes dont le cœur est tellement pervers, qu'il rappelle involontairement ce phénomène, si souvent mentionné dans l'histoire naturelle, d'une pierre très dure, et qui ne peut être fendue qu'avec beaucoup de peine. Une fois ouverte, vous trouvez dedans un crapaud vivant, lequel a la réputation d'être un animal venimeux. »

¹¹ Cette question pertinente (nous dirions impertinente et inutile) fut adressée dans ces propres termes à Morier par un Persan qui voyait une valse à Péra. (Voir les *Voyages de Morier*).

12 J'ai entendu une fois Shéridan réciter dans un bal des vers qu'il avait composés sur la valse. Je me rappelle les suivants :

« Voyez maintenant s'avancer, les yeux baissés, d'un pas tranquille et modeste, ce couple si bien assorti ! Telle était la position de nos premiers parents, lorsque, se tenant par la main, ils se promenaient à travers les bosquets de l'Éden. Mais le démon, qui, avec ses belles et mensongères promesses, troubla leurs pauvres têtes, leur apprit à valser. La main saisit la main, l'autre entoure la taille... Ainsi l'a ordonné le baron Trip. »

Ce personnage, dont le nom est une autorité respectable en fait de valse, était, à l'époque de la composition de ces vers, très répandu dans les cercles dansants. MOORE.

LE GIAOUR,

FRAGMENT D'UNE HISTOIRE TURQUE.

> Un souvenir fatal et sombre,
> Un chagrin qui jette son ombre
> Sur nos destins, joie ou malheur,
> Pour qui la vie est sans saveur,
> Le plaisir sans parfum, sans pointes la douleur.
>
> MOORE.

A SAMUEL ROGERS,

Comme un faible mais sincère hommage d'admiration pour son génie,
de respect pour son caractère
et de reconnaissance pour son amitié,

CETTE PRODUCTION EST DÉDIÉE

Par son obligé et affectionné Serviteur,

Londres, mai 1813.   BYRON.

AVERTISSEMENT.

Ce poëme, formé de fragments isolés, repose sur des circonstances moins fréquentes aujourd'hui qu'autrefois en Orient, soit que les femmes soient plus circonspectes que dans le bon vieux temps, soit que les chrétiens se montrent moins entreprenants ou plus habiles. Cette histoire, avant d'être mutilée, contenait les aventures d'une jeune esclave qui, convaincue d'infidélité, fut jetée à la mer, selon l'usage des musulmans. Son amant était un jeune Vénitien, qui résolut de la venger. La république de Venise possédait alors les Sept-Iles ; les Arnautes furent chassés de la Morée, qu'ils avaient ravagée à la suite de l'invasion des Russes ; la défection des Maïnotes, auxquels on refusa le pillage de Misistra, arrêta l'entreprise, et la Morée fut livrée sans défense à toutes les horreurs d'une guerre telle qu'on n'en trouve point d'exemple même dans les annales des fidèles [1].

LE GIAOUR[2].

Aucun souffle ne vient briser la vague qui roule au-dessous de ce tombeau[3], qui, brillant au sommet du rocher, frappe le premier les regards du nautonier à son retour dans sa patrie. Là repose cet Athénien qui vainement sauva son pays : quand verrons-nous revivre un héros tel que lui?

. . . .

Beau climat! où chaque saison accorde un bienveillant sourire à ces îles fortunées, qui, vues de loin, du haut du promontoire de Colonne, ravissent le cœur et prêtent à la solitude un charme délicieux. Là les teintes des montagnes se reflètent sur la joue de l'Océan, cette joue à fossettes mollement dessinées, et colorent les vagues qui baignent joyeuses cet Éden des mers orientales; et si parfois une brise passagère vient à rider le bleu cristal des flots, apportant sur son aile le parfum des arbres en fleurs, avec quel délice on respire ce souffle embaumé! car c'est là que sur les rocs ou dans les vallons, la Rose, cette sultane du rossignol[4], la vierge pour laquelle il fait entendre sa mélodie et ses mille chansons, s'épanouit rougissante aux tendres accords de son amant; sa reine à lui, c'est la Rose, c'est la reine des jardins : respectée par les vents et les frimas, à l'abri des hivers de l'Occident, bénie par toutes les brises et par toutes les saisons, en retour des parfums que lui a donnés la nature, elle exhale vers le ciel l'encens de sa reconnaissance, et à ce ciel qui lui sourit elle offre l'hommage de ses couleurs les plus charmantes, de ses soupirs les plus doux. Là se trouve aussi mainte fleur d'été, maint ombrage propice à l'amour, mainte grotte qui invite au repos et sert d'asile au pirate, dont la barque, cachée là-bas dans l'anse qui la protège, épie le passage d'une proue pacifique, jusqu'au moment où se fait entendre la guitare[5] du gai nautonier et où se montre l'étoile du soir; alors s'agite la rame amortie, et, s'avançant dans l'ombre que projettent les rochers du rivage, les brigands nocturnes se jettent sur leur proie, et changent en râle de mort les chants joyeux. Chose étrange, — ce rivage que la nature semble avoir destiné au séjour des dieux, ce paradis de son choix qu'elle a embelli de toutes les grâces et de tous les attraits, l'homme, épris de la destruction, l'a converti en désert; son pied stupide écrase ces fleurs qui ne réclament pas le travail de ses mains, qui n'ont pas besoin qu'on les cultive pour fleurir dans cette contrée magique, mais croissent d'elles-mêmes sans exiger ses soins, et dans leur doux langage semblent lui demander seulement de les épargner! Chose étrange, que ce pays où tout respire la paix, les passions l'aient choisi pour s'y vautrer dans leur orgueil et que la rapine et l'impudicité aient fait de ce beau rivage le siége de leur farouche domination; on dirait les esprits infernaux qui, vainqueurs des séraphins et délivrés de l'enfer, leur héritage, viendraient s'asseoir fièrement sur les trônes du ciel; tant cette contrée est suave et faite pour le bonheur, tant sont odieux et barbares les tyrans qui l'oppriment!

Avez-vous contemplé un corps privé de vie avant que se soit écoulé le premier jour de la mort, ce sombre jour où le néant commence, où le danger et la douleur finissent, avant que les doigts de la Destruction, sous lesquels tout s'efface, aient fait disparaître les traits où la beauté survit encore? Avez-vous remarqué cet air angélique et doux, cette extase du repos, ces traits fixes mais tendres qui sillonnent la calme langueur du visage? N'était cet œil triste et voilé qui ne contient plus ni flamme, ni sourire, ni pleurs; n'était ce front immobile et glacé, où la froide Apathie de la tombe jette un secret effroi au cœur de celui qui la contemple, comme si sa vue pouvait lui communiquer cette destinée qu'il redoute et dont il ne peut détacher ses regards; n'était cela, et cela seulement, il est des instants, il est une heure d'illusion trompeuse où l'on serait tenté de mettre en doute la puissance de la Mort, tant elle a imprimé de beauté calme et suave dans le premier et dernier aspect que le trépas révèle[6]. Tel est l'aspect de ce rivage; c'est encore la Grèce, mais non plus la Grèce vivante; à la voir froide, mais charmante, morte, mais belle, on se prend à tressaillir; car il manque une âme à ce beau corps; elle a conservé sa beauté dans la mort, cette beauté qui survit au dernier souffle, cet incarnat de funeste augure que la tombe elle-même ne détruit pas; dernier rayon pâlissant de la physionomie, auréole d'or jetée autour de la destruction, dernier reflet du sentiment qui a disparu, étincelle de cette flamme qui, peut-être, vient du ciel, qui éclaire encore, mais n'échauffe plus son argile chérie.

Terre des braves qu'on n'a point oubliés! toi qui offris dans tes plaines et les cavernes de tes montagnes à la liberté une patrie, à la gloire un tombeau! ossuaire des grands hommes! se peut-il que ce soit là tout ce qui reste de toi! Approche, esclave rampant et vil, réponds : ne sont-ce pas là les Thermopyles? Ces flots bleus qui s'étendent autour de toi, ô rejeton servile d'un peuple libre, dis-moi quelle est cette mer, quel est ce rivage? Le golfe et le roc de Salamine. Lève-toi, et reprends possession de ces lieux illustrés par l'histoire; dans les cendres de tes aïeux retrouve une étincelle de leur antique flamme; celui qui périra dans la lutte ajoutera à leur nom un nom redouté que la Tyrannie ne pourra entendre sans effroi, et il transmettra à ses fils une espérance et une gloire qu'ils scelleront de leur vie plutôt que de s'en rendre indignes : car, la lutte de la liberté une fois commencée, le fils y succède à son père sanglant, et après une série de défaites le triomphe est infaillible. Je t'en prends à témoin, ô Grèce; tes pages vivantes l'attestent à plus d'une époque glorieuse de ton histoire. Pendant que des rois, cachés dans la poussière de l'oubli, n'ont laissé après eux qu'une pyramide sans nom, tes héros, bien que le Temps qui détruit tout, ait fait disparaître la colonne de leurs tombeaux, ont trouvé un monument plus grandiose dans les montagnes de leur pays natal! C'est là que ta Muse montre à l'étranger les tombeaux de ceux qui ne peuvent mourir! Ce serait une tâche longue et douloureuse de rechercher quels degrés t'ont conduite de la gloire à la honte; il nous suffit de savoir — que nul ennemi étranger ne put triompher de toi qu'après que tu fus déchue de ta propre grandeur; oui, ce fut toi qui, te dégradant toi-même, frayas la route aux chaînes des brigands, à la domination des despotes.

Qu'a-t-il à raconter celui qui foule ton rivage? Nulle légende de tes anciens jours, nul sujet capable de donner à la Muse un essor égal à celui de tes poëtes d'autrefois, alors que sur ton sol l'homme était digne du climat. Au lieu des nobles cœurs que nourrissaient tes vallées, des âmes intrépides capables de conduire tes fils à de sublimes exploits, tu vois ramper du berceau à la tombe des esclaves! — Que dis-je? les esclaves d'un esclave[7], indifférents à tout, excepté au crime; souillés de tous les vices qui déshonorent la portion du genre humain la plus rapprochée de la brute; sans une seule vertu sauvage, sans un seul cœur vaillant et libre. Et cependant ils viennent dans les ports voisins pratiquer leur ancienne astuce, leur fourberie proverbiale; là le Grec subtil se reconnaît encore, il a conservé sur ce seul point son antique renommée. C'est vainement que la Liberté ferait un appel à des cœurs façonnés à leur esclavage, et essaierait de relever des fronts qui vont d'eux-mêmes au-devant du joug. Aujourd'hui ce ne sont pas ses douleurs que je déplore; pourtant elle est triste l'histoire que je vais raconter, et elle affecta douloureusement, on le croira sans peine, ceux qui l'entendirent pour la première fois.

. . . .
. . . .

De sombres rochers projettent leur ombre sur une mer d'azur : le pêcheur les prend de loin pour la barque d'un Maïnote ou d'un pirate des îles, et, tremblant pour sa nacelle, il évite l'anse voisine, mais suspecte; quoique fatigué de ses travaux et encombré des produits de sa pêche, il continue à ramer lentement, mais avec vigueur, jusqu'à ce que Port-Léone le reçoive sur sa rive plus sûre, à la clarté charmante d'une belle nuit d'Orient.

. . . .
. . . .

Quel est ce cavalier qui s'avance, comme un tonnerre, monté sur un noir coursier, aux rênes flottantes, aux sabots rapides ? Le bruit de ses pieds d'airain va rebondir dans l'écho réveillé des cavernes d'alentour ; l'écume qui sillonne ses flancs ressemble à celle de l'Océan. Les vagues fatiguées se reposent, mais il n'est point de repos pour l'âme du cavalier ; et quoique pour demain une tempête se prépare, ces flots sont plus paisibles que ton cœur, ô jeune giaour ! Je ne te connais pas, je déteste ta race ; mais j'aperçois dans les traits quelque chose que le temps ne fera que fortifier sans jamais l'effacer ; sur ce front jeune et pâle, de farouches passions ont laissé leur empreinte : quoique ton fatal regard soit baissé vers la terre, pendant que tu passes avec la vitesse d'un météore, je te reconnais pour l'un de ceux qu'un fils d'Othman doit tuer ou éviter.

Il fuit ! il fuit ! mes regards surpris ont suivi sa course rapide. Bien qu'il m'ait apparu comme le démon de la nuit, pour s'évanouir aussitôt à ma vue, ma mémoire troublée a retenu son aspect et son air, et à mon oreille effrayée le bruit des pas de son noir coursier résonne encore. Il lui donne de l'éperon ; le voilà qui s'approche du roc escarpé qui se projette sur les flots ; il en fait le tour, il poursuit sa course ; le rocher le délivre de ma vue, car il est importun le regard fixé sur ceux qui fuient, et il n'est pas une étoile qui ne luise trop brillante sur une fuite aussi étrange et à pareille heure. Il s'éloigne encore, mais tout à coup il a jeté derrière lui un regard, comme si c'eût été le dernier ; il arrête un instant son coursier, un instant il le laisse respirer, un instant il se dresse sur ses arçons. — Pourquoi regarde-t-il par-dessus le bois d'oliviers ? Le croissant étincelle sur la colline. Les lampes de la mosquée jettent encore une tremblante clarté. Quoiqu'on ne puisse entendre d'aussi loin les détonations du tophaïk[8], les éclairs qui accompagnent chaque décharge joyeuse annoncent le zèle des mahométans. Ce soir s'est couché le dernier soleil du Rhamazan ; ce soir ont commencé les fêtes du Baïram ; ce soir...... — Mais qui es-tu, homme au costume étranger, au front farouche ? Que font ces choses à toi ou aux tiens, pour hâter ou ralentir ta fuite ?

Il s'est arrêté. — Il y avait quelque terreur sur son visage, mais la haine y a bientôt succédé. Ce n'était pas la rapide rougeur d'un courroux passager, mais la pâleur du marbre des tombeaux, rendu plus lugubre encore par sa funèbre blancheur. Son front était baissé, son regard avait la fixité de la mort; il a levé le bras; il a agité sa main en l'air d'une manière farouche; il semblait douter s'il devait continuer à fuir, ou revenir sur ses pas. Impatient de ce délai, en ce moment son coursier d'ébène a henni. — Sa main alors est retombée, et a pressé la garde de son cimeterre: ce bruit a dissipé sa rêverie, comme on s'éveille en sursaut au cri de la chouette. Il éperonne les flancs de son coursier; il fuit, il fuit. On dirait qu'il y va de sa vie. Rapide comme le djerrid [9] lancé par une main vigoureuse, le cheval bondit sous le fer qui le touche. Ils ont dépassé le roc, et le galop sonore ne s'entend plus sur la rive; on n'aperçoit plus la tête du chrétien et sa mine hautaine; un instant seulement il a retenu les rênes de son ardent coursier; il ne s'est arrêté qu'un instant, puis il a repris sa course comme si la Mort eût été à sa poursuite. Mais on eût dit que ce court intervalle déroulait devant lui des années de souvenirs, et accumulait dans son âme une vie de douleurs, un siècle de crimes. Dans un moment semblable, toutes les souffrances du passé viennent inonder un cœur en proie à l'amour, à la haine et à la crainte. Qu'a-t-il donc dû ressentir, *celui* qu'oppressaient à la fois toutes les tortures de l'âme? Cette pause pendant laquelle il méditait sur son destin, oh! qui pourra en calculer la formidable durée? A peine comptée dans le livre du Temps, ce fut pour sa pensée une éternité! car elle est infinie comme l'espace illimité, la pensée que la conscience embrasse, et dans laquelle se résument des maux sans nom, sans espérance, sans fin.

L'heure est passée, le giaour est parti; a-t-il fui ou succombé seul? Maudite soit l'heure de son arrivée et de son départ! Fléau envoyé pour les péchés d'Hassan, il a transformé un palais en tombeau; il est venu et parti comme le simoun [10], messager de mort et de deuil, dont le souffle dévastateur fait mourir jusqu'au cyprès lui-même, cet arbre sombre qui pleure encore quand la douleur des autres a disparu, le seul qui sans se lasser porte le deuil des morts.

Le coursier n'est plus dans l'étable ; on ne voit plus d'esclaves dans le palais d'Hassan ; l'araignée solitaire étend lentement son vaste réseau sur les murs ; la chauve-souris bâtit son nid sous les lambris du harem, et le hibou s'est installé dans la tour de la citadelle ; le chien sauvage, amaigri, que la soif et la faim tourmentent, hurle sur les bords du bassin desséché ; car l'onde a disparu de son lit de marbre, couvert maintenant de poussière et de ronces. Il était doux naguère de voir l'onde s'élever en gerbes d'argent et retomber en pluie capricieuse qui tempérait la chaleur du jour, et répandait dans l'air une délicieuse fraîcheur, et sur le gazon la verdure. Il était doux, à la clarté des étoiles, par un ciel sans nuage, de contempler ces vagues de lumière humide, et d'entendre dans le silence de la nuit leur mélodieux murmure. Que de fois cette cascade, chérie d'Hassan, avait été témoin des jeux de son enfance ! que de fois son bruit harmonieux l'avait endormi sur le sein de sa mère ! et que de fois sur ces bords les chants de la Beauté, mêlant leur harmonie à celle de cette onde, avaient enivré sa jeunesse ! Mais là, au retour du crépuscule, la vieillesse d'Hassan ne viendra plus s'asseoir : l'onde qui remplissait ce bassin est desséchée, le sang qui échauffait son cœur est versé, et nulle voix humaine ne fera plus entendre ici des accents de fureur, de regrets ou de joie. Les derniers sons douloureux que la brise ait emportés furent les cris plaintifs et mourants d'une femme ; ces cris une fois étouffés, tout est redevenu silencieux, excepté la jalousie ballottée par le vent : que la pluie ruisselle, que l'ouragan mugisse, nulle main ne la fermera plus. On est heureux, au milieu d'un désert de sable, de rencontrer une trace d'homme, si petite qu'elle soit : ainsi dans ces lieux, la voix même de la douleur éveillerait comme un écho de consolation ; du moins on se dirait : « Tous ne sont pas partis; la vie est encore ici, quoique dans un seul être languissant. » Car il y a dans ce

…ais plus d'une chambre dorée qui n'est pas faite pour n'être bitée que par la solitude. Dans l'intérieur de l'édifice, la destruction n'a procédé encore que lentement dans son travail rongeur; mais la tristesse s'est amassée sur le seuil. Ni le derviche errant, ni le fakir lui-même, ne viennent y demander un gîte, car l'hospitalité ne les y accueille pas; l'étranger fatigué ne vient plus s'y asseoir pour partager « le pain et le sel; » la richesse et la pauvreté y passent également sans donner ou recevoir un regard, car au flanc de la montagne, la bienveillance et la piété sont mortes avec Hassan. Son toit, où les hommes trouvaient un refuge, sert aujourd'hui de tanière à la faim et à la désolation. Les hôtes ont fui le palais, et les vassaux le travail, depuis le jour où le sabre de l'infidèle a fendu son turban !

. . . .

J'entends un bruit de pas qui s'avance, mais aucune voix n'arrive à mon oreille ; le bruit s'approche, — je puis distinguer leurs turbans et les fourreaux d'argent de leurs ataghans; celui qui marche à la tête de la troupe, je le reconnais pour un émir à la couleur verte de son vêtement [11]. « Ho ! qui est-tu ? » — Ce respectueux *salem* [12] annonce que j'appartiens à la foi musulmane. — « Le fardeau que vous portez avec tant de précaution est sans doute un objet précieux qui réclame tous vos soins; mon humble barque se réjouirait de le recevoir. »

« — C'est bien parlé : détache ton esquif et éloigne-nous du rivage silencieux; cependant laisse la voile ployée, et fais force de rames jusqu'à moitié chemin de ces rochers, à l'endroit où l'eau dort sombre et profonde. Arrête maintenant, — c'est cela, — voilà qui est bien; notre traversée a été rapide; c'est cependant, je pense, le plus long voyage qu'une des » —

. . . .

Le fardeau plongea lourdement et s'enfonça avec lenteur; le clapotement de la vague paisible s'étendit jusqu'au rivage; je le suivis des yeux; pendant qu'il s'enfonçait, je crus voir je ne sais quel mouvement inusité imprimé à la surface de l'onde; ce n'était qu'un rayon de la lune qui se jouait sur

le cristal liquide. Je continuai à regarder jusqu'à ce que, diminuant de volume à mes yeux, il me parut semblable à un caillou ; puis, diminuant encore, il n'offrit plus à mes regards qu'une tache blanche qui brillait au fond des eaux, puis disparut tout à fait, et maintenant ce secret dort sous l'Océan, connu seulement des génies de la mer, qui, tremblant dans leurs antres de corail, n'osent même tout bas le révéler aux vagues. . . . .
. . . .

Dans les vertes prairies de Cachemire, la reine des papillons de l'Orient[13], déployant ses ailes pourpres, invite le jeune enfant à la poursuivre ; elle le conduit de fleur en fleur, et, après une chasse longue et pénible, elle prend sa volée et le laisse confus, le cœur haletant, les yeux en larmes : brillante et volage comme lui, la Beauté attire après elle l'homme enfant ; poursuite semée d'espérances et de craintes, commencée dans la folie, terminée dans les pleurs. Si le succès la couronne, les mêmes malheurs attendent l'insecte et la jeune fille : une vie de douleur, la perte de la paix du cœur, leur sont infligées par l'enfant dans ses jeux, par l'homme dans ses caprices : le jouet charmant poursuivi avec tant d'ardeur perd tout son attrait dès qu'on le possède, car le contact de la main qui le presse lui a enlevé ses couleurs les plus brillantes, jusqu'à ce que charme, couleurs, beauté, étant partis, on le laisse tomber seul à terre ou s'envoler. L'aile déchirée, le cœur blessé, hélas ! où l'une et l'autre victime iront-elles chercher le repos ? Le papillon, maintenant que ses ailes sont fanées, voltigera-t-il comme autrefois de la tulipe à la rose ? La jeune beauté flétrie dans une heure retrouvera-t-elle d'heureux jours ? Non : les papillons qui voltigent joyeux ne penchent pas leurs ailes attristées sur ceux qui succombent ; la Beauté est indulgente pour toutes les faiblesses, excepté pour celles qu'elle partage, et ses yeux, qui ont des larmes pour toutes les infortunes, n'en ont pas pour les fautes d'une sœur qui a failli. . . . .
. . . .

Le cœur qui couve des douleurs coupables, ressemble au

scorpion que le feu environne [14]. Le cercle brûlant se rétrécit, les flammes approchent de plus en plus leur captif; en proie à mille horribles souffrances, sa douleur se convertit en rage ; alors il a recours à une cruelle et dernière ressource : ce dard qu'il gardait à ses ennemis, dont le venin est infaillible, son désespoir le tourne contre lui-même, et termine d'un coup sa vie et ses souffrances. Ainsi font les hommes à l'âme coupable et sombre ; ils vivent et meurent comme le scorpion que le feu environne [15]. Ainsi est torturé le cœur que le remords consume ; il n'est point fait pour la terre, le ciel le repousse ; au-dessus de lui les ténèbres, au-dessous le désespoir, autour des flammes, au dedans la mort !

. . . .

Le sombre Hassan fuit son harem ; nulle femme n'attire plus ses regards ; il se livre exclusivement à la chasse, et toutefois il n'éprouve aucune des joies du chasseur. Hassan ne fuyait point ainsi lorsque Leila habitait son sérail. Est-ce que Leila ne l'habite plus ? Hassan seul pourrait nous le dire. Il court dans notre ville d'étranges rumeurs. Il en est qui disent que Leila s'est enfuie le soir du dernier jour du Rhamazan [16], alors que des milliers de lampes allumées au haut des minarets annonçaient à tout l'Orient la fête du Baïram. Elle feignit de se rendre au bain, où Hassan furieux la fit vainement chercher ; car, déguisée en page géorgien, elle avait fui le courroux de son maître, et, à l'abri des atteintes de sa puissance, l'avait indignement outragé avec le perfide giaour. Hassan avait soupçonné quelque chose de semblable ; mais il l'aimait tant ! elle paraissait si sincère ! il s'était fié à l'esclave dont la trahison méritait la mort, et ce soir-là même il s'était rendu à la mosquée, puis avait été se délasser dans son kioske. Ainsi disent les Nubiens qui avaient si mal gardé le dépôt confié à leur zèle ; mais d'autres racontent que cette nuit-là même, à la tremblante lueur de la pâle phingari [17], on a vu le giaour sur son noir coursier courant à toute bride le long du rivage ; mais il n'y avait avec lui ni page ni jeune fille. . . . .

. . . .

J'essaierais en vain de dire le charme de ses yeux d'ébène : regardez ceux de la gazelle, vous en aurez une idée ; ils étaient grands et noirs, mais pleins d'une douce langueur ; dans chacune des étincelles qui jaillissaient de dessous sa paupière, son âme brillait comme le joyau de Giamschid [18]. Oui, son *âme!* et si notre prophète me disait que tant de beauté n'était que de l'argile animée par Allah ! je lui répondrais : « Non, » fussé-je debout sur l'arche chancelante d'Al-Sirat, ayant au-dessous de moi les flammes de l'enfer[19], regardant en plein le paradis, et appelé par toutes ses houris [20]. Qui aurait pu lire dans le regard de la jeune Leila, et conserver encore cette partie de notre croyance qui prétend que la femme n'est qu'une vile poussière, une poupée sans âme destinée aux plaisirs d'un maître [21] ? Les muphtis qui l'auraient contemplée auraient reconnu dans son regard une flamme immortelle ; sur ses joues vermeilles, le jeune grenadier en fleurs secouait la fraîcheur d'un incarnat toujours nouveau [22]. Lorsqu'au milieu de ses femmes, qu'elle dominait toutes, elle dénouait les longues tresses de sa chevelure, pareilles à la tige de l'hyacinthe [23], elles balayaient le marbre où brillaient ses pieds, plus blancs que la neige des montagnes avant qu'elle ait quitté le nuage paternel, et que le contact de la terre ait souillé sa pureté. Le cygne parcourt majestueux son liquide domaine ; ainsi foulait la terre la fille de Circassie, le charmant cygne du Franguestan [24] ! Quand il entend les pas d'un étranger au bord des flots, son empire, l'oiseau superbe dresse sa crête, hérisse son plumage irrité, et frappe l'onde d'une aile orgueilleuse. Ainsi s'élevait le cou plus blanc encore de Leila ; ainsi, armée de sa beauté, elle réprimait le regard présomptueux et le forçait à se détourner des charmes qu'il admirait. Sa démarche était pleine de dignité et de grâce ; et son cœur était tendre pour l'ami de son cœur ; cet ami, — ô sévère Hassan, quel était-il ? Hélas ! ce nom n'était pas pour toi !

. . . .

Le sévère Hassan s'est mis en route ; vingt vassaux l'accompagnent ; chacun d'eux est armé comme il convient à un homme, d'une arquebuse et d'un ataghan, le chef qui marche à leur tête est armé en guerre ; il porte à son côté le cimeterre qu'il teignit du meilleur sang des Arnautes le jour où, les rebelles ayant osé l'attendre dans le défilé, il ne s'en échappa que bien peu pour aller raconter ce qui s'était passé dans la vallée de Parné. Les pistolets qui sont à sa ceinture, un pacha les portait autrefois, et quoiqu'ils soient garnis de pierreries et d'or, les voleurs eux-mêmes n'osent les regarder. On dit qu'il va chercher une épouse plus fidèle que celle qui l'a quitté, que l'esclave déloyale qui s'est enfuie de son sérail, et pour un giaour encore !

. . . .

Les derniers rayons du soleil éclairent la colline et étincellent dans le ruisseau dont l'onde fraîche et limpide est bénie du montagnard. Là le marchand grec peut s'arrêter et goûter un repos qu'il chercherait en vain au sein des villes, à une proximité dangereuse de son seigneur, et tremblant pour la conservation de ses trésors cachés ; — ici il peut dormir en paix, car personne ne le voit ; esclave dans la foule, ce n'est qu'au désert qu'il est libre ; ici il peut souiller d'un vin défendu la coupe qu'un musulman ne doit pas vider.

. . . .

Un Tartare marche en tête de la troupe ; on le distingue à son bonnet jaune ; il est déjà parvenu à l'entrée du défilé ; le reste suit lentement en file prolongée. Au-dessus de leur tête, la montagne est couronnée d'un rocher où les vautours aiguisent leurs becs voraces, et peut-être ce soir-là leur préparera pour demain une abondante pâture ; à leurs pieds est le lit d'un torrent que les feux de l'été ont desséché ; il ne reste qu'un sable aride où croissent à peine quelques arbustes pour dépérir bientôt ; de chaque côté du sentier sont épars des blocs de granit que le temps ou la foudre des montagnes a détachés des cimes dont le front se cache dans les nuages ; car quel est le mortel qui a jamais vu à découvert le sommet du Liakura ?

. . . .

Ils atteignent enfin le bois de pins : « Bismillah [25] ! maintenant le péril est passé, car voilà devant nous la plaine, et nous pourrons lâcher la bride à nos chevaux. » Pendant que le chiaoux parlait encore, une balle siffle au-dessus de sa tête, et le Tartare qui formait l'avant-garde mord la poussière. Se donnant à peine le temps de retenir les rênes de leurs montures, les cavaliers, d'un bond, s'élancent à terre, mais il en est trois qui ne remonteront plus; on cherche en vain du regard l'ennemi qui a frappé; en vain les mourants demandent vengeance. Quelques-uns, le sabre au poing, la carabine tendue, se penchent sur le harnais de leurs coursiers, qui forment devant eux un rempart; d'autres s'enfuient derrière le roc le plus rapproché, et là, attendent que le combat s'engage, ne voulant pas demeurer sans défense exposés aux coups d'un ennemi invisible qui n'ose pas quitter l'abri de ses rochers. L'impassible Hassan est le seul qui dédaigne de descendre, et continue sa marche; mais la détonation des mousquets en avant de la route l'avertit que les brigands se sont emparés de la seule issue par laquelle leur proie pourrait leur échapper. Alors la barbe d'Hassan se hérisse de colère [26] et son regard étincelle : « Que les balles sifflent autour de moi; je suis sorti de plus mauvais pas que celui-ci. » En ce moment, les ennemis sortent de leur retraite et ordonnent à ses vassaux de se rendre; mais le regard et la parole terrible d'Hassan sont plus redoutés que le glaive ennemi : pas un homme de sa petite troupe ne rend sa carabine ou son athagan, et ne fait entendre le cri suppliant : « Amaun [27] ! » Les brigands, quittant leur embuscade, s'approchent et se font voir à découvert; plusieurs sont à cheval; quel est celui qui s'avance à leur tête en brandissant ce glaive étranger qui étincelle dans sa main sanglante? « C'est lui ! c'est lui ! maintenant je le reconnais; je le reconnais à son front pâle; je le reconnais à ce fatal regard [28] qui le sert dans ses lâches trahisons; je le reconnais à son coursier d'ébène; il a revêtu le costume arnaute; il a renié sa vile croyance; mais son apostasie ne le sauvera pas de la mort. C'est lui ! tant mieux !

A toute heure sois le bienvenu, amant de Leila la perfide, maudit giaour ! »

Comme un fleuve roule au sein des mers l'impétueux torrent de ses flots noirs; comme on voit l'Océan lui opposer une force rivale, et, soulevant fièrement ses ondes en colonne azurée, le repousser bien loin parmi des flots d'écume, au milieu des vagues qui tourbillonnent et se brisent sous le souffle de l'aquilon; à travers le nuage d'une poussière liquide, le tonnerre des eaux éclate et gronde, et le rivage, qui tremble sous l'effroyable mugissement, s'éclaire d'une subite et effrayante blancheur; — comme le fleuve et l'Océan entre-choquent leurs vagues furibondes, — ainsi s'attaquent les deux bandes que poussent l'une contre l'autre la fureur, le destin et de mutuelles injures. Le cliquetis des sabres qui se heurtent et se brisent, les détonations rapprochées ou lointaines qui résonnent à l'oreille effrayée, le sifflement des balles, le choc des guerriers, les cris, les gémissements, tous ces bruits se répercutent dans le prolongement de cette vallée, bien plus faite pour entendre les chants des bergers. Les combattants sont peu nombreux, mais le combat est acharné; nul n'accorde ni ne demande la vie. Ah! elle est énergique l'étreinte de deux jeunes cœurs dans les caresses qu'ils reçoivent et donnent; mais l'Amour lui-même, haletant pour les faveurs que la Beauté brûle d'accorder, n'a pas la moitié de l'ardeur que met la Haine dans la dernière étreinte de deux ennemis, lorsque, se saisissant dans la lutte, ils enlacent ces bras qui ne doivent plus lâcher prise : des amis se joignent et se quittent, l'Amour se rit de la constance; de véritables ennemis, une fois réunis, ne se séparent plus qu'à la mort.

. . . .
. . . .

Son sabre, brisé jusqu'à la garde, dégoutte encore du sang qu'il a versé; sa main, séparée de son corps, serre encore d'une étreinte convulsive ce glaive qui a trompé son courage; son turban, fendu en deux à l'endroit le plus épais, a roulé sur la poussière; sa robe flottante, déchirée par le tranchant du fer, est de la couleur ardente de ces nuages du matin, qui, rayés d'un rouge sombre, présagent au jour une fin orageuse; chaque buisson ensanglanté porte un lambeau de sa palampore [29]; sa poitrine est déchirée par d'innombrables blessures; il est étendu par terre, la face tournée vers le ciel : — son œil ouvert est fixé encore sur son ennemi, comme si sa haine inextinguible avait encore survécu dans la mort; et sur lui est penché cet ennemi avec un front aussi sombre que celui du cadavre qui est là immobile et sanglant.

. . . .

« Oui, Leila dort sous les vagues; mais lui, il aura une tombe sanglante; son ombre a guidé le fer qui a percé ce cœur félon. Il a appelé le Prophète à son secours, mais le Prophète a été impuissant contre la vengeance du giaour; il a invoqué le nom d'Allah, — mais sa voix n'a pas été entendue. Musulman imbécile! Allah pouvait-il écouter ta prière, toi qui n'avais pas écouté celle de Leila? J'ai épié l'occasion propice; je me suis ligué avec ces Arnautes pour surprendre à son tour le traître; ma rage est assouvie, mon acte est consommé, et maintenant je pars; — mais je pars seul. »

. . . .
. . . .

On entend le bruit des sonnettes des chameaux broutants [30]. La mère d'Hassan regarda à travers ses jalousies; elle vit au-dessous d'elle les verts pâturages humides de la rosée du soir; elle vit les étoiles qui commençaient à poindre : « Voici venir le crépuscule! sans doute le cortége n'est pas loin. » Dans son inquiétude, elle ne put rester dans le bosquet de son jardin; mais elle monta sur la tour la plus élevée, et regarda à travers le grillage : « Pourquoi ne vient-il pas? ses coursiers sont rapides, et les ardeurs de l'été ne leur font point peur. Pourquoi le fiancé n'envoie-t-il pas le présent qu'il a promis? Son cœur est-il refroidi, ou son cheval barbe moins agile? Oh! injustes reproches! voilà un Tartare qui atteint la crête de la montagne la plus voisine; le voilà qui en descend la pente; il est maintenant dans la vallée ; il porte le présent à l'arçon de sa selle. — Comment ai-je pu accuser la lenteur de son coursier? Mes largesses récompenseront son empressement et ses fatigues. »

A la porte du château, le Tartare mit pied à terre, mais il avait peine à se soutenir ; la douleur était empreinte sur son visage basané, mais c'était peut-être le résultat de la fatigue ; il y avait des taches de sang sur ses vêtements ; mais elles pouvaient provenir des flancs de son coursier. Il tira le présent de dessous sa veste. — Ange de la mort! c'est le cimier brisé d'Hassan! son calpac[31] fendu! — son caftan sanglant! — « Femme, ton fils a épousé une fiancée redoutable! ils m'ont épargné, non par clémence, mais pour apporter ce gage ensanglanté. Paix au brave dont le sang a coulé! Malédiction sur le giaour! car ce crime vient de lui! »

. . . .

Un turban en pierre grossièrement sculpté[32], une colonne entourée d'herbes sauvages et de ronces, et sur laquelle on distingue à peine le verset du Coran qu'on grave sur les tombes, indiquent dans la vallée solitaire la place où Hassan fut immolé. Là repose le meilleur Osmanli qui ait jamais fléchi le genou à la Mecque, qui ait jamais repoussé de ses lèvres le vin défendu, ou répété sa prière les yeux tournés vers le saint temple, au cri solennel de « Allah hu[33]! » Et toutefois, il est mort par la main d'un étranger, au milieu de sa terre natale ; il est mort les armes à la main, et son trépas est resté sans vengeance, sans vengeance sanglante du moins. Mais les vierges du paradis s'empressent de le recevoir dans les célestes palais, et le ciel noir et brillant des yeux des houris lui sourira éternellement ; elles viennent, — agitant leurs verts mouchoirs[34], et d'un baiser accueillent le brave! Qui meurt en combattant les giaours jouira d'une immortelle félicité.

. . . .

Mais toi, perfide infidèle! tu grinceras des dents sous la faux vengeresse de Monkir[35], et tu n'échapperas à ce supplice que pour errer autour du trône d'Eblis le réprouvé[36], et un feu inextinguible consumera au dedans et au dehors ton cœur coupable; et nulle oreille ne peut entendre, nulle parole exprimer les tortures de cet enfer intérieur! Mais d'abord ton corps sera arraché à sa tombe, et tu seras envoyé sur la terre sous la forme d'un vampire[37], pour apparaître, spectre horrible, dans ton pays natal, et y sucer le sang de toute ta race; là, à l'heure de minuit, tu viendras boire la vie de ta fille, de ta sœur, de ta femme, en maudissant l'exécrable aliment dont tu es condamné à sustenter ton cadavre vivant et livide; tes victimes, avant d'expirer, dans le démon qui les tue reconnaîtront leur père, leur frère, leur époux; elles te maudiront et tu les maudiras, et tu verras tes fleurs se flétrir sur leur tige. Une seule entre celles que ton crime doit immoler, la plus jeune, la plus tendrement aimée, te *bénira* en t'appelant « Mon père! » — Ce mot mettra ton cœur en flamme, et pourtant tu seras forcé d'achever sur elle ton horrible festin, et de voir s'effacer sur sa joue la dernière teinte, mourir dans ses yeux la dernière étincelle, et se glacer pour jamais l'humide azur de son regard. Alors, d'une main sacrilége, tu arracheras les tresses de sa blonde chevelure, dont vivant tu portais une boucle comme un tendre gage d'affection; mais maintenant tu emporteras ces cheveux comme un monument de ton supplice. Ton propre sang dégouttera de tes dents grinçantes et de tes lèvres convulsives; alors retourne dans ta tombe lugubre, va rejoindre avec ta rage les goules et les afrits qui reculeront d'horreur à la vue d'un spectre plus maudit qu'eux-mêmes!

. . . .

« Comment nommez-vous ce caloyer triste et sombre? Il me semble avoir déjà vu ses traits dans mon pays: il y a bien longtemps que je l'ai vu sur le rivage presser les flancs du coursier le plus rapide que jamais cavalier ait monté. Je n'ai vu ce visage-là qu'une fois, mais il portait l'empreinte d'une douleur intérieure si profonde, que je le reconnais facilement; le même génie sombre y respire encore; on dirait que sur ce front la mort a mis son cachet. »

« Il y aura cet été deux fois trois ans qu'il est venu pour la première fois parmi nos frères; et il a choisi ici sa résidence pour expier quelque noir forfait qu'il ne veut pas révéler. Mais jamais à la prière du soir, jamais au tribunal de la pénitence il ne fléchit le genou; il ne s'unit point à nous quand les cantiques ou l'encens s'élèvent vers le ciel; il reste seul à méditer dans sa cellule; sa foi et sa race nous sont également inconnues. Il est venu des pays mahométans, et, débarqué sur nos côtes, il est monté jusqu'ici; pourtant il ne paraît pas appartenir à la race ottomane, et ses traits annoncent un chrétien : je le croirais un renégat repentant de son apostasie, n'était qu'il refuse de paraître à nos saints autels, et ne partage point avec nous le pain et le vin consacrés. Il a fait de riches offrandes à ce couvent, et s'est ainsi concilié la faveur de notre abbé; mais si j'étais prieur, cet étranger ne resterait pas ici un jour, ou, enfermé dans une cellule de pénitence, il n'en sortirait jamais. Dans ses visions, il parle souvent de jeunes filles plongées dans la mer, de sabres qui se heurtent, d'ennemis qui fuient, d'outrages vengés, de musulmans expirants. On l'a vu s'asseoir au haut d'un rocher sur le bord de la mer, et là s'imaginer voir une main sanglante, fraîchement coupée, visible pour lui seul, qui lui montrait sa tombe et l'invitait à s'élancer dans les flots. »

. . . .

. . . .

Le regard qui brille sous son capuchon[33] a quelque chose de sombre et de surnaturel : tout son passé se révèle dans la flamme de cet œil dilaté; bien que les teintes en soient vagues et changeantes, l'étranger redoute son regard; car on y découvre quelque chose d'inexprimable qui semble annoncer une âme indomptée et haute, faite pour dominer, et connaissant sa force; comme l'oiseau qui agite ses ailes, mais ne peut fuir le serpent qui le regarde, son coup d'œil fait trembler et on ne peut s'y soustraire. Le frère qui se trouve par hasard seul avec lui se sent presque effrayé et éprouve le besoin de s'éloigner, comme si dans ces yeux et cet amer sourire on puisait la crainte et le crime. Il est rare qu'il daigne sourire, et quand cela lui arrive, on voit avec douleur que ce n'est que l'ironie de la souffrance ; sa lèvre pâle se soulève et tremble, puis redevient comme pour jamais immobile, comme si la douleur ou le dédain lui interdisait de sourire encore. Il ferait bien ; — ce sourire sépulcral ne saurait provenir de la joie. Mais il serait plus douloureux encore de chercher à deviner quels étaient autrefois les sentiments qui se peignaient sur ce visage : le temps n'a pas tellement fixé ses traits que le bien n'y brille quelquefois au milieu du mal ; parfois on y voit des teintes non encore effacées, indices d'une âme que n'ont point entièrement dégradée même les crimes par lesquels elle a passé. Le vulgaire ne voit dans lui que le cachet sombre que lui impriment ses actes coupables et sa réprobation méritée ; l'observateur y découvre une âme noble, une naissance illustre. Quoique départis en vain, quoique altérés par la douleur, souillés par le crime, ce n'est pas à des hommes vulgaires que de tels dons sont accordés, et ce n'est qu'avec un sentiment qui tient de la crainte que le regard se fixe sur eux. La chaumière en ruines attire à peine le regard du passant ; mais l'attention s'arrête sur la tour que la tempête ou la guerre a renversée, et ne lui restât-il debout qu'un seul de ses créneaux, chacun de ses débris prend une voix et nous parle de sa gloire passée !

« Enveloppé de sa robe flottante, il s'avance lentement le long des piliers de la nef ; on le regarde avec terreur, et lui il contemple d'un air sombre les rites sacrés. Mais quand l'hymne pieux ébranle le chœur, que les moines s'agenouillent, soudain il se retire ; voyez-le sous ce portail qu'éclaire une torche lugubre et vacillante ; là, il s'arrête, jusqu'à ce que les chants aient cessé. Il entend la prière, mais sans y prendre part. Voyez-le auprès de cette muraille à demi éclairée : il a rejeté son capuchon en arrière ; les boucles de sa noire chevelure retombent en désordre sur son front pâle, qu'on dirait entouré des serpents les plus noirs dont la Gorgone ait jamais ceint sa tête ; car il a refusé de prononcer les vœux du couvent, et laisse croître ses cheveux mondains ; pour tout le reste, son costume est le nôtre. Son orgueil, et non sa piété, fait de riches largesses à cette enceinte qui n'a jamais entendu sortir de sa bouche ni un vœu saint, ni une parole pieuse. Pendant que les chants sacrés montent plus bruyants vers le ciel, voyez cette joue livide, cette expression immobile d'orgueil et de désespoir! Saint François! écartez-le de l'autel, ou la colère divine va se manifester sur nous par quelque signe redoutable. Si jamais l'esprit de ténèbres a revêtu la forme humaine, c'est celle-là qu'il a dû prendre : par l'espoir que j'ai de voir mes péchés pardonnés, un tel aspect ne tient ni de la terre ni du ciel! »

Les cœurs tendres sacrifient volontiers à l'amour, mais ils ne lui sont jamais entièrement acquis : ils sont trop timides pour partager tous ses périls, trop doux pour attendre ou braver le désespoir. Les cœurs énergiques peuvent seuls ressentir ces blessures que le temps ne guérit jamais. Le métal brut sorti de la mine doit brûler avant que sa surface devienne brillante ; mais plongé dans la fournaise embrasée, il devient malléable et fusible, — sans cesser d'être ce qu'il était; vous pouvez alors lui donner toutes les formes qu'il vous plaira, et en faire à volonté un instrument de défense ou de mort : cuirasse, il vous protégera au moment du péril ; épée, il fera couler le sang de votre ennemi ; mais s'il prend la forme d'un poignard, que ceux qui en aiguisent la pointe prennent garde! Ainsi, le feu de la passion et les séductions de la femme modifient et façonnent le cœur fort; ils lui donnent sa forme et sa destination. Tel ils l'ont fait, tel il demeure; mais on ne le ploie pas, on le brise.

. . . .

. . . .

Lorsqu'à la douleur succède la solitude, la cessation de la souffrance est un faible soulagement; le cœur vide accueillerait avec reconnaissance une peine qui diminuerait son isolement. Ce que nul ne partage avec nous nous est insupportable ; le bonheur lui-même nous serait douloureux à porter seuls. Le cœur ainsi abandonné à lui-même finit par chercher un refuge — dans la haine. C'est comme si les morts pouvaient sentir le ver glacé se glisser autour d'eux, et frissonnaient au contact des reptiles qui les rongent pendant leur sommeil destructeur, sans pouvoir écarter les froids convives qui se nourrissent de leur argile ; c'est comme si l'oiseau du désert, qui se déchire le sein avec son bec et fait couler son sang pour apaiser la faim de ses petits, et ne regrette point la vie qu'il leur transmet, un jour, après avoir entr'ouvert son sein maternel, trouvait son nid dévasté et sa jeune famille disparue. Les tortures les plus aiguës qu'on puisse endurer sont un ravissement ineffable comparées à ce vide affreux, à ce désert absolu de l'âme, à cet ennui d'un cœur inoccupé. Qui voudrait être condamné à contempler un ciel sans nuage ni soleil? Mille fois plutôt le mugissement de la tempête que de ne plus braver le courroux des vagues,— que de se voir jeté, après la guerre des éléments, naufragé solitaire, sur le rivage de la fortune, et au sein d'un calme lugubre, dans une baie silencieuse, de se voir lentement dépérir loin de tous les regards. Mieux vaut une mort prompte qu'une longue agonie.

. . . .

« Mon père! tes jours se sont écoulés en paix, en priant et en comptant les grains de ton rosaire; absoudre les péchés des autres en restant toi-même pur de crime ou de souci, sauf ces maux passagers que tous doivent supporter, ce fut là ton partage, de tes jeunes ans jusqu'à tes vieux jours; et tu bénis le ciel d'avoir échappé à la rage de ces passions farouches et indomptables que te révèlent les pénitents qui déposent leurs péchés et leurs afflictions dans ton cœur pur et compatissant. Moi, j'ai peu vécu, mais j'ai connu beaucoup de joie et plus encore de douleur; toutefois, dans une vie d'amour et d'agitation, j'ai échappé à l'ennui : aujourd'hui ligué avec des amis, demain entouré d'ennemis, j'ai dédaigné la langueur du repos. Maintenant qu'il ne me reste plus rien à aimer ni à haïr, que l'espérance ni l'orgueil ne peuvent plus m'émouvoir, j'aimerais mieux être l'insecte le plus hideux qui rampe sur les murs d'un cachot que d'être condamné à passer dans la contemplation une vie monotone et uniforme. Il est vrai qu'il y a au-dedans de moi un besoin secret de repos, — mais je ne voudrais pas sentir que c'est le repos. Ce vœu sera bientôt accompli ; bientôt je dormirai sans plus songer à ce que j'ai été et à ce que je voudrais être encore, quelque coupable que mes actes puissent te paraître. Ma mémoire n'est plus que le tombeau de joies mortes depuis longtemps ; tout mon espoir est de mourir comme elles ; mieux eût valu pour moi finir quand elles ont fini que de traîner une vie de souffrances. Mon âme n'a point reculé devant les cuisantes angoisses d'une douleur sans fin ; elle n'a point cherché le trépas volontaire de plus d'un insensé ancien et moderne. Pourtant je n'ai pas craint d'affronter la mort, et il m'eût été doux de la rencontrer sur le champ de bataille, si j'avais cherché le danger en esclave de la gloire et non de l'amour. Je l'ai bravé, mais non en vue d'un vain honneur ; je me ris des lauriers gagnés ou perdus ; que d'autres cherchent à les obtenir en combattant pour la gloire ou pour celui qui les paye ; mais placez de nouveau devant moi un but digne d'être atteint, la femme que j'aime, l'homme que je hais, et, pour sauver l'une ou tuer l'autre, je m'élancerai sur les pas du Destin à travers le fer et la flamme. Tu peux m'en croire, celui qui te parle ne ferait que ce qu'il a déjà fait. Qu'est-ce que la mort? L'audacieux la brave, le faible la subit, le malheureux l'implore. Que la vie retourne donc à celui qui nous l'a donnée ; je n'ai pas baissé les yeux devant le péril quand j'étais puissant et heureux, — pourquoi maintenant?

. . . .

« Je l'aimais, frère ! je l'adorais ; — mais ce sont là des mots dont chacun peut faire usage — Moi, j'ai prouvé mon amour plus par des actes que par des paroles ; il y a du sang sur ce glaive : c'est une tache que son acier ne perdra jamais. Ce sang fut versé pour celle qui était morte pour moi ; il échauffait le cœur d'un être abhorré ; mais calme ce mouvement d'horreur, — ne fléchis pas le genou et ne mets pas cette action au nombre de mes crimes. Tu m'en absoudras, j'en ai l'assurance, car cet homme était un ennemi de ta croyance. Le seul nom de Nazaréen irritait sa colère musulmane. Ingrat et insensé qu'il était! sans les épées habilement maniées par des mains robustes, sans ces blessures infligées par des Galiléens, le moyen le plus sûr d'aller au ciel des Turcs, ses houris attendraient encore longtemps après lui à la porte du Prophète. Je l'aimais; — l'amour se fraie un chemin là où des loups craindraient de passer, et il serait bien malheureux qu'osant beaucoup il ne trouvât pas sa récompense. — Peu importe comment, où et pourquoi; qu'il te suffise de savoir que je ne soupirai pas en vain. Pourtant il m'est arrivé de désirer en vain et avec des remords qu'elle n'eût jamais connu un second amour. Elle mourut : — je n'ose te dire comment; mais regarde, — cela est écrit sur mon front; là tu peux lire la malédiction et le crime de Caïn tracés en caractères que le temps n'a point effacés. Cependant ne te hâte pas de me condamner : sa mort n'est pas mon ouvrage, bien que j'en aie été la cause. Néanmoins il ne fit que ce que j'aurais fait si elle eût été infidèle à un autre que lui. Elle le trahit, il l'immola. Elle m'aimait, je le fis tomber sous mes coups. Quelque mérité que pût être son sort, elle m'était fidèle en le trahissant; elle me donna son cœur, la seule chose que la tyrannie ne puisse soumettre; et moi, hélas! venu trop tard pour la sauver, — je donnai tout ce que je pouvais donner alors : je donnai, c'était toujours une consolation, je donnai — un tombeau à notre ennemi. Sa mort, à lui, ne pèse pas sur mon cœur; mais sa mort à elle, m'a fait l'objet d'horreur que tu vois en moi. Son arrêt était irrévocablement porté; — il le savait, — averti d'avance par la voix du sévère Tahir, à l'oreille duquel avait résonné la détonation prophétique[39] pendant que sa troupe se mettait en marche pour le lieu où elle a succombé. Et puis il est mort dans la chaleur du combat; c'est une mort douce et sans longue agonie; un cri vers Mahomet pour appeler à son aide, une prière à Allah, et ce fut tout. Il m'avait reconnu au milieu de la lutte et avait marché sur moi. Je le contemplai étendu par terre et j'épiai son dernier souffle. Quoique percé de part en part comme le tigre par l'acier du chasseur, il ne ressentit pas la moitié de ce que j'éprouve maintenant. Je cherchai, mais en vain, sur son visage, les convulsions d'une âme blessée; tous ses traits exprimaient la rage; aucun le remords. Oh! que n'eût pas donné ma vengeance pour reconnaître les traces du désespoir sur sa face mourante! pour y voir un tardif repentir, alors qu'il n'est plus au pouvoir de la pénitence de dépouiller la tombe d'une seule de ses terreurs, qu'elle ne peut plus rien ni pour nous consoler, ni pour nous sauver!

. . . .

« Le sang est froid chez ceux qui habitent un froid climat; c'est à peine si leur amour mérite ce nom; mais le mien ressemblait à la lave brûlante qui bouillonne au sein de l'Etna. Je ne sais pas parler la langue des amants, encenser la beauté et bénir ses chaînes. Si l'altération subite des traits du visage, des veines brûlantes, des lèvres convulsives mais qui ne savent pas se plaindre; si un cœur toujours prêt à éclater, un cerveau en démence; si des actes hardis, un fer vengeur; si tout ce que j'ai éprouvé, tout ce que j'éprouve encore, si tout cela est un indice d'amour, cet amour c'était le mien, et plus d'un signe amer l'a dévoilé. Je ne savais pas soupirer ou me plaindre, je ne savais qu'obtenir ou mourir; je meurs, — mais j'ai possédé ce que j'aimais, et, quoi qu'il arrive, j'ai connu le bonheur. Accuserai-je la destinée que je me suis faite? Non; — dépouillé de tout, mais conservant encore mon courage, n'était la pensée de Leila immolée, qu'on me donne le plaisir avec la peine, et je consens à vivre et à aimer encore. Je m'afflige, ô mon guide sacré, non sur celui qui meurt, mais sur celle qui est morte : elle dort sous la vague agitée. — Ah! si elle avait seulement une tombe terrestre, ce cœur brisé, cette tête palpitante, iraient partager sa couche étroite! C'était un ange de vie et de lumière. Dès que je la vis elle devint une portion de ma vie, et partout où se tournaient mes yeux, c'était elle que je voyais toujours, brillante étoile du matin levée sur ma mémoire.

« Oui, l'amour est une lumière qui vient du ciel, une étincelle de ce feu immortel que nous partageons avec les anges, et qui nous fut donnée par Allah pour détacher nos désirs de la terre. La piété nous élève vers le ciel, mais dans l'amour c'est le ciel lui-même qui descend en nous, sentiment émané de la Divinité même pour épurer nos cœurs de toute pensée grossière, rayon de celui qui a tout créé, auréole qui resplendit autour de l'âme. J'accorde que *mon* amour n'était pas parfait, qu'il n'était que ce que les hommes appellent à tort de ce nom ; regarde-le comme un crime si tu veux, mais dis, oh ! dis que le *sien* n'était pas coupable ! Elle était la lumière fidèle de ma vie ; maintenant qu'elle est éteinte, quel rayon luira dans mes ténèbres ? Oh ! que ne brille-t-elle encore pour me conduire, fût-ce même à la mort ou aux malheurs les plus cruels ! Qu'on ne s'étonne pas si ceux qui ont perdu le bonheur dans le présent et l'espérance dans l'avenir ne peuvent plus lutter paisiblement contre la douleur ; si dans leur démence ils accusent leur destinée, et commettent dans leur frénésie ces actes terribles qui ne font qu'ajouter le crime à la souffrance. Hélas ! ce cœur qui saigne intérieurement n'a plus rien à redouter des coups extérieurs : déchu de tout ce qu'il a connu de joie, qu'importe dans quel abîme il tombe ? Maintenant, ô vieillard ! ma conduite te paraît aussi cruelle que celle du farouche vautour ; je lis sur ton front l'horreur que je t'inspire, et c'est encore un châtiment que j'étais destiné à subir ! Il est bien vrai que, pareil à l'oiseau de proie, le sang a marqué mon passage ; mais c'est sur la colombe que je prends exemple lorsque je meurs — sans avoir connu un second amour. C'est une leçon que l'homme a encore à apprendre, et que lui donnent des êtres objets de ses dédains. L'oiseau qui chante sur la bruyère, le cygne qui nage sur le lac, prennent une compagne et n'en changent jamais. Que l'homme volage qui se rit des cœurs fidèles aille exhaler ses railleries parmi les insensés qui lui ressemblent ; je ne porte point envie à ses joies multipliées ; je fais moins de cas de ce cœur faible et lâche que de ce cygne solitaire, et je le mets bien au-dessous de la vierge crédule qu'il a trompée. Cette honte du moins ne fut jamais mon partage. —Leila ! chacune de mes pensées était à toi ! En toi étaient mes vertus, mes crimes, ma félicité, mes douleurs, mes espérances là-haut, — mon tout ici-bas. La terre ne possède rien de semblable à toi ; ou si cet être existe, c'est inutilement pour moi : pour tout au monde, je ne voudrais pas regarder une femme qui te ressemblerait et qui ne serait pas toi. Les crimes mêmes qui ont souillé ma jeunesse, — ce lit de mort, — attestent que je dis vrai ! Il est trop tard : — tu fus, tu es encore le rêve délirant de mon cœur !

« Et elle périt,—et moi je continuai à vivre, mais non plus du souffle de la vie humaine : un serpent entourait mon cœur de ses replis, et dardait la haine dans toutes mes pensées. Le temps ne marchait pas pour moi ; tous les lieux étaient abhorrés ; je me détournais avec effroi de la face de la nature, où tout ce qui m'avait autrefois charmé portait la sombre teinte de mon âme. Tu sais le reste, tu connais tous mes crimes et la moitié de mes tourments. Mais ne me parle plus de pénitence ; tu vois que je ne tarderai pas à quitter ce séjour : et quand même je pourrais ajouter foi à tes pieux discours, ce qui est fait peux-*tu* le défaire ? Ne m'accuse pas de manquer pour toi de reconnaissance ; mais, crois-moi, cette douleur n'est pas de celles qu'un prêtre peut soulager. Devine en secret l'état de mon âme ; mais parle-moi d'autant moins que tu me plaindras plus. Quand tu pourras faire revivre ma Leila, alors j'implorerai ton pardon ; alors je plaiderai ma cause à ce tribunal élevé dont l'indulgence s'achète par des messes. Essaie de calmer la lionne solitaire à qui le chasseur a dérobé ses lionceaux dans sa tanière, mais ne cherche pas à adoucir — ou plutôt à railler mes infortunes !

« Aux jours de ma jeunesse, dans ces heures paisibles où le cœur se plaît à s'unir à un autre cœur, aux lieux où fleurissent les bosquets de ma vallée natale, j'avais, — ah ! l'ai-je encore ? — j'avais un ami ! je te charge de lui transmettre ce gage de notre jeune affection ; je désire qu'il apprenne ma mort : quoique des âmes comme la mienne n'accordent que des pensées rapides à l'amitié absente, mon nom flétri lui est cher encore. Chose étrange ! il m'a prédit ma destinée, et moi je souriais, — je pouvais sourire alors, — quand, la prudence empruntant sa voix, il me donnait des conseils que j'écoutais à peine; mais maintenant ses paroles me reviennent en mémoire. Dis-lui — que ses prédictions se sont accomplies, et il tressaillera en apprenant cette nouvelle, et il regrettera d'avoir été si bon prophète. Dis-lui que si, au milieu des amertumes d'une vie agitée, j'ai perdu le souvenir des jours fortunés de notre jeunesse, cependant, au sein de la souffrance, et sur mon lit de mort, ma voix défaillante eût essayé de bénir sa mémoire; mais le ciel se détournerait indigné si le crime voulait prier pour l'innocence. Je ne lui demande pas de m'épargner le blâme; son âme est trop indulgente pour blesser mon nom; et puis, que m'importe la renommée que je laisse après moi? Je ne lui demande point de ne pas me pleurer; cette froide prière ressemblerait au dédain; les pleurs mâles de l'amitié coulent noblement sur la tombe d'un frère! Donne-lui cette bague qui fut autrefois à lui, et dis-lui — ce que tu vois! un corps flétri, une âme en ruine, un débris du naufrage des passions, un parchemin effacé et crispé, une feuille d'automne errante, desséchée par le vent de la douleur!

. . . .

« Ne me dis pas que c'est une vision mensongère; non, mon père, non, ce n'était pas un rêve. Hélas! celui qui rêve doit commencer par dormir; moi, j'étais éveillé, et j'aurais voulu pleurer; mais je n'ai pas pu, car mon cerveau convulsif battait sous mon front brûlant comme il fait maintenant. Je ne demandais qu'une seule larme : c'eût été pour moi un don cher et précieux : je la demandais, je la demande encore. Le désespoir est plus fort que ma volonté; tes oraisons sont inutiles : le désespoir est plus puissant que tes pieuses prières. Lors même que je pourrais obtenir le bonheur des élus, je n'en voudrais pas; ce n'est pas le paradis qu'il me faut, mais le repos. Je te le dis, mon père, c'est alors que je l'ai vue; oui, elle était redevenue vivante; elle brillait dans son blanc *symar* [40], comme à travers ce nuage gris et pâle brille l'étoile que je regarde maintenant ainsi que je la regardais, elle qui la surpassait et la surpasse encore en beauté. Je ne vois plus qu'obscurément son étincelle vacillante ; la nuit de demain sera plus sombre, et avant que les rayons de cette étoile reparaissent, je serai cet objet sans vie que redoutent les vivants. Je m'égare, mon père ! car mon âme s'envole vers le but final. Je l'ai vue, frère ! Oubliant tous mes maux passés, je me suis levé, et, m'élançant de ma couche, je l'ai pressée sur mon cœur désolé ; je la presse... — Et qu'est-ce que je presse donc? Ce n'est pas une forme qui ait vie, ce n'est pas un cœur qui réponde au battement du mien ; et cependant, Leila ! cette forme, c'est la tienne ! Es-tu donc tellement changée, ô ma bien-aimée ! que tu te montres à mes regards sans me permettre de te toucher? Que m'importe que tes charmes soient glacés, pourvu que je serre dans mes bras le seul objet qu'ils aient jamais désiré d'étreindre ! Hélas ! ils n'embrassent qu'une ombre, et retombent avec horreur sur mon cœur solitaire ; et cependant elle est encore là ! debout, silencieuse, ses mains suppliantes m'appellent ! Voilà les tresses de sa chevelure, voilà ses yeux noirs et brillants ! — Oh ! je savais bien que ce n'était pas vrai ! — je savais qu'elle ne pouvait mourir ! Mais il est bien mort, lui ! Je l'ai vu ensevelir dans la vallée où il a succombé. Il ne vient pas, lui, car il ne peut sortir de terre ; pourquoi donc, toi, t'éveilles-tu? On m'avait dit que les vagues mugissantes avaient roulé sur les traits que je contemple, sur la beauté que j'adore ; on m'avait dit... — C'était un mensonge infame ! Je voudrais répéter ce récit, mais ma langue s'y refuse : s'il est vrai, et que tu quittes ta tombe liquide pour demander une sépulture plus paisible, oh ! passe tes doigts humides sur mon front brûlant, et il ne brûlera plus, ou place-les sur mon cœur désespéré ! Mais, réalité ou ombre, quoi que tu sois, de grâce, ne me quitte plus, ou emporte mon âme avec toi là où les mugissements des vagues et des vents ne puissent parvenir !

. . . .

« Tu sais maintenant mon nom et mon histoire. Confesseur ! je t'ai confié mes douleurs ; je te remercie de cette larme généreuse que tu répands et que mon œil terne n'eût jamais pu verser. Qu'on m'enterre parmi les morts les plus humbles, et, sauf la croix plantée sur ma tombe, qu'aucune inscription, qu'aucun emblème n'attire l'attention de l'étranger et n'arrête les pas du pèlerin [41]. »

Il mourut — sans laisser trace de sa race et de son nom, si ce n'est ce que le religieux qui l'avait assisté à ses derniers moments n'avait pas le pouvoir de révéler. Cette histoire incomplète est tout ce que nous savons sur celle qu'il aima, sur celui qu'il tua.

NOTES.

[1] Un événement où Byron joua un rôle en personne lui donna la première idée de ce poëme ; mais, quant au fait d'avoir été lui-même l'amant de cette jeune esclave, rien de moins exact. La jeune fille dont Byron sauva les jours à Athènes était, d'après le témoignage de M. Hobhouse, la maitresse de son domestique, Turc lui-même. Relativement aux détails fournis sur cette affaire par le marquis de Sligo, on peut consulter les *Mémoires de Thomas Moore*.

[2] *Le Giaour* fut publié au mois de mai 1813, et ne fit qu'augmenter la réputation de l'auteur, si glorieusement inaugurée par les deux premiers chants de *Childe-Harold*. On peut remarquer que, dans *le Giaour*, le premier des poëmes-romans de lord Byron, sa versification reflète une partie de son enthousiasme pour le *Christabel* de Coleridge. Walter Scott, dans *le Lai du dernier Ménestrel*, avait déjà adopté ce rhythme irrégulier. Quant à la composition fragmentaire de l'ouvrage, l'idée en fut suggérée à lord Byron par le poëme alors nouveau et en vogue de M. Rogers, *Christophe Colomb*. La prédilection de Byron pour l'Orient datait de plus loin que son voyage dans le Levant : il était familiarisé depuis longtemps avec l'histoire des Ottomans. « Le Vieux *Knolles*, disait-il à Missolonghi peu de temps avant sa mort, est un des livres qui m'ont procuré le plus de jouissances étant enfant. Je crois qu'il a beaucoup contribué à faire naître en moi le désir de visiter le Levant, et peut-être lui dois-je le coloris oriental qui est un des caractères de ma poésie. » Sur la marge du livre de M. d'Israeli, *Essai sur le caractère littéraire*, nous avons trouvé la note suivante : « J'avais dévoré avant l'âge de dix ans *Knolles, Cantemir, de Tott, lady Montagu*, la traduction de *l'Histoire des Turcs* de Mignot par Hawkins, *les Mille et Une Nuits*; en un mot, tous les voyages ou histoires qui parlaient de l'Orient. »

[3] Le tombeau que l'on aperçoit sur les rochers du promontoire est, dit-on, celui de Thémistocle. « Il y a, dit Cumberland dans son *Observateur*, quelques vers de Platon tracés sur ce tombeau, qui réunissent le pathétique et la simplicité la plus touchante. »

⁴ *Les Amours du Rossignol et de la Rose* sont une fable persane bien connue. Si je ne me trompe, le *Bulbul* des *Mille Histoires* est un des noms du rossignol. Meshi, traduit par William Jones, lui prête le langage suivant :

« Viens, charmante jeune fille, et écoute les chants de ton poëte.... Il te célèbre, ô Rose ! lui l'oiseau du printemps ! L'amour le presse de chanter : l'amour sera obéi. Sois joyeuse : les fleurs du printemps ne se flétriront que trop rapidement. »

⁵ La guitare est l'instrument favori des marins grecs. La nuit, lorsque le vent est calme, ils s'accompagnent en chantant et quelquefois en dansant.

⁶ Je crois que peu de mes lecteurs ont eu l'occasion d'éprouver ce que j'ai cherché à décrire ; mais ceux qui se sont trouvés dans ce cas ont probablement conservé un souvenir mélancolique de cette singulière beauté que conservent presque toujours les traits du visage plusieurs heures après que *l'esprit s'est retiré du corps de l'homme.* On a remarqué que, dans les cas de mort violente causée par une blessure d'arme à feu, l'expression est toujours celle de la langueur, quelle qu'ait été l'énergie du mort; mais, s'il a été frappé d'un coup de poignard, la physionomie conserve son expression terrible, et l'âme revit tout entière jusqu'au dernier moment. BYRON.

⁷ Athènes est la propriété du *xislar-aga* (l'esclave chargé de garder les femmes du sérail). C'est lui qui nomme le wayvode. Un marchand de femmes et un eunuque (les mots peuvent ne pas être polis, mais ils peignent les hommes) *gouvernent* à l'heure qu'il est le *gouverneur* d'Athènes. BYRON.

⁸ *Tophaïk*, mousquet. Le Beïram est annoncé par un coup de canon aussitôt le coucher du soleil. Bientôt les mosquées s'illuminent, et toute la nuit on décharge des armes à feu de toute espèce *chargées à balle.*

⁹ Jerridd ou djerrid, javelot turc à pointe émoussée que des cavaliers lancent avec une remarquable adresse.

¹⁰ Le simoun du désert, mortel pour les caravanes, et auquel il est fait souvent allusion dans la poésie orientale.

¹¹ Le vert est la couleur favorite des prétendus descendants du prophète. Dans l'opinion de ces familles, la foi, qui est pour elles un héritage inaliénable, suffit pour remplacer les bonnes œuvres. Aussi sont-elles les plus méprisables parmi cette race inférieure.

¹² *Salam aleikoum, aleikoum salam* (la paix soit avec vous, vivez en paix). C'est ainsi que se saluent les croyants. Au chrétien, l'on dit : *Urlarula!* (bon voyage!) ou : *Saban hiresem, saban serula* (bonjour, bonsoir); quelquefois : « Soyez toujours heureux. »

¹³ Le papillon azuré de Cachemire est le plus beau et le plus rare des papillons.

¹⁴ M. Dallas dit que lord Byron lui assura que la comparaison du scorpion lui vint dans un rêve. Elle forme le pendant de *la merveille psychologique* qui commence par ces vers harmonieux :

« Je vis un jour dans un rêve une jeune fille avec sa lyre : c'était une femme d'Abyssinie. »

M. Coleridge dit qu'il composa ces vers en faisant la sieste.

15 D'aimables philosophes se sont occupés du suicide du scorpion, auquel il est fait allusion dans ce passage. Quelques-uns attribuent ce suicide à un mouvement convulsif; d'autres y veulent voir un acte de libre arbitre. Les scorpions sont assurément intéressés à la prompte solution de ce problème. Si l'on établit solidement que ce sont des Catons-insectes, il leur sera permis de vivre tant qu'ils voudront, et ils ne mourront plus martyrs d'une hypothèse.

16 Au coucher du soleil, le canon annonce la fin du Rhamazan.

17 *Phingari*, la lune.

18 Le célèbre et fabuleux rubis du sultan Giamschid, qui embellit Istakhar. On lui donna les noms de Schehgerag, flambeau de la nuit, coupe du soleil. Dans la première édition, Giamschid était écrit de trois syllabes, d'après l'orthographe d'Herbelot; mais Richardson n'en fait que deux syllabes, et écrit Jamshid. J'ai laissé dans le texte l'orthographe de l'un et la prononciation de l'autre. BYRON.

Dans la première édition, Byron avait fait ce mot de trois syllabes, *Bright as the gem of Giamschid*; mais, sur ma remarque, et d'après l'autorité de Richardson, il corrigea : *Bright as the ruby of Giamschid*. En lisant cette correction, je lui écrivis que la comparaison des yeux de son héroïne avec un rubis pourrait faire croire qu'elle avait les yeux rouges, et qu'il aurait dû mettre : *Bright as the jewel of Giamschid*; ce qu'il fit dans une nouvelle édition. MOORE.

19 Al-Sirat est un pont plus étroit que le fil d'une araignée affamée, plus tranchant que le fil d'une épée, et sur lequel les musulmans doivent passer pour entrer dans le paradis. Il n'y a point d'autre chemin; mais le pire est qu'au-dessous se trouve l'enfer, dans lequel roulent ceux qui n'ont point le pied marin, justifiant ainsi le *facilis descensus Averni*, spectacle peu encourageant pour celui qui vient derrière. Il y a dessous un second pont plus étroit encore pour les juifs et les chrétiens.

20 Les vierges du paradis sont appelées, à cause de leurs grands yeux noirs, *hur al oyun*. Un entretien avec elles constitue, selon les promesses de Mahomet, le suprême bonheur pour un croyant. Elles ne sont point faites d'argile, comme les autres femmes; mais, ornées de charmes impérissables, elles possèdent le céleste privilége d'une éternelle jeunesse.

21 Opinion erronée. Le Coran alloue aux femmes vertueuses un tiers au moins du paradis; mais le plus grand nombre des musulmans, interprétant ce texte en sens contraire, excluent du ciel leurs moitiés. Ennemis des platoniciens, ils n'attribuent aucune faculté aux âmes de l'autre sexe, et prétendent qu'elles sont suffisamment remplacées par les houris.

22 Comparaison orientale qui, quoique bien *locale*, pourra paraître *plus arabe qu'en Arabie*.

23 L'hyacinthe, en arabe *sunbul*. Cette comparaison revient aussi fréquemment dans la poésie des Turcs que dans celle des anciens Grecs.

3.

²⁴ Franguestan, — Circassie.

²⁵ *Bismillah!* (au nom de Dieu!) C'est le premier mot de tous les chapitres du Coran, excepté un. C'est aussi par là que les Turcs commencent toutes leurs prières et leurs remerciements.

²⁶ Ce phénomène n'est pas rare chez un Turc en fureur. En 1809, au milieu d'une audience diplomatique, les moustaches du capitan-pacha se hérissèrent d'indignation comme celles d'un tigre, au grand effroi des drogmans. On s'attendait à voir ces terribles moustaches changer de couleur; mais à la fin elles s'abaissèrent, sauvant ainsi la vie à plus de têtes qu'elles ne contenaient de poils.

²⁷ *Amaun*, quartier, pardon.

²⁸ *Le mauvais œil*, superstition établie dans tout le Levant, et qui produit les effets les plus bizarres sur les imaginations crédules.

²⁹ C'est le châle à fleurs que portent habituellement les personnes de marque.

³⁰ Ce beau passage parut pour la première fois dans la troisième édition. « Je vous envoie les épreuves, écrit lord Byron à M. Murray (10 août 1813). Je n'achèverai jamais cette infernale histoire. *Ecce signum*, — trente-trois vers de plus. Quel *bourdon* pour le malheureux prote, sans vous procurer beaucoup de profit! »

³¹ Le *calpac* est la partie solide et le centre du turban; le châle est roulé autour.

³² Un turban, une colonne et quelques vers décorent la tombe des Osmanlis, soit dans les cimetières, soit dans le désert. Vous rencontrez fréquemment de ces monuments dans les montagnes. C'est, le plus souvent, la dernière demeure d'une victime de l'insurrection, du pillage ou de la vengeance.

³³ *Allah hu!* C'est par ces mots que le muezzin, placé sur la plus haute galerie extérieure du minaret, termine son appel à la prière.

Valid, fils d'Abdalmalek, fut le premier qui éleva une tour ou minaret. Il le plaça sur la grande mosquée de Damas, avec un muezzin ou crieur pour annoncer l'heure de la prière. Cet usage a été universellement adopté après lui par les Orientaux. D'HERBELOT.

³⁴ Ces vers sont une imitation d'un chant de guerre turc : « Je vois, je vois une jeune fille du paradis; ses yeux sont noirs, elle fait flotter son voile, son voile vert, et crie : « Viens, embrasse-moi, car je t'aime. »

³⁵ *Monkir* et *Nekir* sont les inquisiteurs des morts. Le corps fait sous leurs yeux une sorte de noviciat, et goûte par avance les tourments de l'enfer. Si les réponses ne sont pas satisfaisantes, le malheureux est tiré en haut avec une faux, et replongé dans l'abîme par une massue de fer rouge. Il y a beaucoup d'épreuves semblables. L'office de ces anges n'est pas une sinécure : ils ne sont que deux, et le nombre des pécheurs l'emportant de beaucoup sur celui des orthodoxes, leurs mains sont toujours employées.

³⁶ *Eblis*. C'est le Satan des Orientaux.

D'Herbelot suppose que ce nom est un dérivé corrompu du mot grec

Διάβολος. C'est le nom que donnent les Arabes au chef des anges rebelles. D'après la mythologie arabe, Eblis aurait été déchu de son rang pour avoir refusé de respecter Adam, selon l'ordre de Dieu. Il alléguait, pour justifier son refus, qu'Adam était fait d'argile, tandis que lui-même était une substance éthérée.

[37] La croyance aux vampires est encore générale dans le Levant. Le bon Tournefort raconte une longue histoire citée par M. Southey, dans les notes de *Thalaba*, sous le titre de *Vroucolochas* (le mot romaïque est *Vardoulacha*). Je me rappelle avoir vu toute une famille effrayée par les cris d'un enfant, cris qu'on attribuait à la visite d'un vampire. Les Grecs ne prononcent jamais ces mots sans terreur. Je trouve que *Broukolakas* est un mot de l'ancien grec. On l'appliqua à Arsénius, qui, suivant les Grecs, fut possédé du démon après sa mort. Mais les modernes emploient le mot *Vardoulacha*.

[38] Cette seconde partie du poëme, qui contient près de cinq cents vers, a été successivement ajoutée par lord Byron, soit pendant l'impression, soit dans les éditions postérieures.

[39] J'ai été témoin en personne d'un exemple de cette croyance à la *seconde ouïe* (car en Orient on ne connaît pas la seconde vue). Lors de mon troisième voyage au cap Colonna, vers 1811, comme nous passions dans un défilé entre Keratia et Colonna, j'observai que Dervish-Tahiri quittait le sentier, et appuyait sa tête sur sa main comme un homme qui est en peine. J'allai vers lui et lui demandai ce qu'il craignait. « Nous courons un danger, répondit-il. — Quel danger ?... Nous ne sommes pas en Albanie, ni dans les défilés d'Éphèse, de Missolonghi et de Lépante ; notre suite est nombreuse, bien armée, et les Choriates ne sont pas assez braves pour se faire voleurs. — Tout cela est vrai, Effendi ; mais les balles me tintent dans l'oreille. — Mais on n'a pas tiré un seul coup de tophaïk ce matin... — J'entends le bruit, cependant, boum..., boum..., aussi distinctement que vos paroles. — Bah ! Comme il vous plaira, Effendi : ce qui est écrit est écrit. » Je laissai ce fataliste à l'ouïe si exercée, et j'allai vers Basili, son compatriote chrétien, dont les oreilles nullement prophétiques ne pouvaient comprendre ce récit. Arrivés à Colonna, nous y restâmes quelques heures, et nous revînmes tranquillement, disant une foule de jeux de mots dans toutes les langues de l'univers : le romaïque, l'arnaute, le turc, l'italien, l'anglais, nous prêtèrent leurs meilleures plaisanteries pour accabler le pauvre musulman. Pendant que nous contemplions les beaux points de vue, Dervish était occupé à examiner les colonnes. Je crus qu'il était atteint de la monomanie des antiquaires, et lui demandai s'il était devenu *palco-castro*. « Non, dit-il ; j'observe que ces colonnes seraient une excellente halte. » Et il ajouta d'autres réflexions qui prouvaient combien il croyait profondément à la seconde ouïe.

A notre retour à Athènes, j'appris de Léoné (prisonnier qui fut mis en liberté peu de temps après) que les Maïnotes avaient voulu nous attaquer. Pour m'en assurer, je le questionnai en détail, et il me décrivit avec une telle exactitude nos habillements, nos armes et nos chevaux, que je ne doutai pas qu'il ne fût lui-même au nombre des Maïnotes qui nous préparaient une rencontre peu agréable. Dervish fut reconnu prophète, et probablement les oreilles lui tintent plus que jamais, pour la plus grande satisfaction des Arnautes de Bérat et le salut des montagnes de sa patrie.

Je veux citer un second exemple qui peint ce peuple singulier. En mars 1811, un Arnaute, bel homme et très actif, vint se présenter à moi (c'était le cinquantième que je refusais). « Bien, Effendi, répondit-il. Puissiez-vous vivre longtemps! Je vous aurais cependant été utile... Je quitterai demain la ville pour les montagnes; je reviendrai au commencement de l'hiver... Peut-être alors me prendrez-vous. » Dervish, qui était présent, observa, comme une chose très naturelle, qu'il allait rejoindre les klephtes (les voleurs); ce qui était vrai. S'ils ne sont pas tués, ils reviennent avant l'hiver, et s'établissent dans quelque ville, où l'on ne songe point à les inquiéter, quoique leurs exploits soient bien connus.

40 *Symar*, un linceul.

41 L'événement qui forme le sujet de ce poëme est très fréquent en Turquie. Il y a quelques années, la femme de Muchtar-Pacha se plaignit à Ali de la prétendue infidélité de son fils. Celui-ci demanda à connaître les coupables, et elle eut la barbarie de lui donner les noms de douze des plus jolies femmes de Janina. Elles furent aussitôt arrêtées, enfermées dans des sacs, et jetées à la mer la nuit suivante. Un des gardes qui étaient présents m'assura que pas une des victimes ne poussa un cri ni ne montra aucun symptôme de terreur en se voyant si subitement arrachée à tout ce que nous connaissons et tout ce que nous aimons. Le sort de Phrosine, la plus belle de ces malheureuses victimes, est le sujet de plusieurs chansons romaïques et arnautes. Quant à l'histoire qui forme le sujet de ce poëme, elle est plus ancienne. Le héros était un jeune Vénitien aujourd'hui oublié. Je l'entendis raconter par hasard, dans un café du Levant, par un de ces *conteurs* qui abondent dans le pays, et chantent ou récitent leurs histoires. Les additions et les interpolations du traducteur se distinguent facilement par l'absence de couleurs orientales, et je regrette que ma mémoire n'ait pas conservé une plus grande partie du récit original. Quant aux notes, j'en suis redevable soit à Herbelot, soit à ce livre si oriental, et que M. Weber nomme si justement un roman sublime, *le Calife Vathek*.

Je ne sais à quelle source l'auteur de ce singulier ouvrage a puisé ses renseignements. Quelques-uns de ses épisodes peuvent se trouver dans la *Bibliothèque orientale*; mais, pour la vérité des mœurs, la richesse des descriptions, la puissance d'imagination, il laisse bien loin toutes les imitations européennes, et offre tant de marques d'originalité, que ceux qui ont visité l'Orient se persuadent difficilement que ce n'est pas une traduction. Comme reproduction de l'Orient, Rasselas est bien inférieur, et *la Vallée heureuse* ne peut soutenir la comparaison avec *le Château d'Eblis*.

LA FIANCÉE D'ABYDOS[1],

NOUVELLE TURQUE.

> Si l'amour qui vint nous surprendre
> Avait été moins aveugle ou moins tendre,
> Si nous ne nous étions ni vus ni séparés,
> Nos cœurs ne seraient pas à la douleur livrés.
>
> BURNS.

AU TRÈS HONORABLE LORD HOLLAND.

CE POÈME EST DÉDIÉ AVEC TOUS LES SENTIMENTS D'ESTIME ET DE RESPECT,

par son reconnaissant, obligé et sincère ami,

BYRON

CHANT PREMIER.

I.

Connaissez-vous le pays où croissent le cyprès et le myrte, emblème des actions dont il est le théâtre, où la rage du vautour, la tendresse de la tourterelle, se fondent en douleur ou s'exaltent jusqu'au crime? Connaissez-vous le pays du cèdre et de la vigne, où sont des fleurs toujours nouvelles, un ciel toujours brillant; où les ailes légères du zéphyr, au milieu des jardins de roses, s'affaissent sous le poids des parfums; où le citronnier et l'olivier portent des fruits si beaux; où la voix du rossignol n'est jamais muette; où les teintes de la terre et les nuances du ciel, quoique différentes, rivalisent en beauté; où un pourpre plus foncé colore l'Océan; où les vierges sont suaves comme les roses de leurs guirlandes; où, excepté l'esprit de l'homme, tout est divin? C'est le climat de l'Orient; c'est la terre du Soleil.
— Peut-il sourire aux actes de ses enfants? Ah! sombres comme les derniers adieux de l'amour sont les cœurs que recouvre leur poitrine et les histoires qu'ils racontent.

II.

Entouré d'une suite nombreuse d'esclaves vaillants, équipés comme il sied aux braves, et attendant l'ordre de leur maître pour guider ses pas ou garder son sommeil, le vieux Giaffir était assis dans son divan : profondément préoccupé était l'œil du vieillard, et quoique le visage d'un musulman trahisse rarement sa pensée intérieure aux regards de ceux qui l'observent, habile qu'il est à tout dissimuler, sauf son indomptable orgueil, une préoccupation inaccoutumée se peignait sur ses traits pensifs et son front soucieux.

III.

« Qu'on se retire de cette salle. » — Sa suite a disparu. — « Maintenant faites venir le chef de la garde du sérail. » Il ne reste auprès de Giaffir que son fils unique et le Nubien qui attend ses ordres : « Haroun, — aussitôt que la foule aura franchi le seuil de la porte extérieure (malheur à la tête dont les yeux ont vu sans voile le visage de ma Zuleika!), pars, et va chercher ma fille dans sa tour. En ce moment son destin est fixé ; mais ne lui répète pas mes paroles ; c'est à moi seul de lui prescrire son devoir! » — « Pacha! entendre c'est obéir. » L'esclave ne doit pas en dire davantage au despote ; et Haroun allait partir, quand le jeune Sélim rompit le silence. Il commença par s'incliner profondément, puis parla d'une voix douce et les yeux baissés, en se tenant debout aux pieds du pacha ; car le fils d'un musulman mourrait plutôt que d'oser s'asseoir en présence de son père : « Mon père! ne gronde pas ma sœur ou son noir gardien. S'il y a un coupable, c'est moi seul ; que tes regards irrités ne tombent donc que sur moi. La matinée brillait si belle! Que la fatigue et la vieillesse se livrent au sommeil ; moi je n'ai pu dormir ; et être seul à contempler les beautés du paysage et de l'Océan, n'avoir personne à qui je pusse communiquer les pensées dont mon cœur était plein, c'eût été déplaisant ; — car, quel que soit mon caractère, à dire vrai, je n'aime pas la solitude : j'ai été réveiller Zuleika ; vous savez que les portes du harem s'ouvrent sans peine pour moi ; avant le réveil des esclaves qui la gardent, nous nous sommes rendus sous les bosquets de cyprès, et là nous avons joui librement du spectacle de la terre, de la mer et du ciel. Là s'est prolongée notre promenade, là nous ont retenus l'histoire de Mejnoun et les chants de Sadi[2], jusqu'au moment où, ayant entendu les sons graves du tambour[3] qui annonce l'heure de ton divan, fidèle à mon devoir et averti par ce bruit, j'ai volé vers toi pour te saluer ; mais Zuleika se promène encore. — Ne te fâche point, ô mon père! — Rappelle-toi que nul ne peut pénétrer dans ce bosquet secret, excepté ceux qui gardent la tour des femmes. »

IV.

« Fils d'une esclave! » — dit le pacha, — « enfant d'une mère infidèle! c'est en vain que ton père espérerait voir en toi quelque chose qui annonçât un homme! Lorsque ton bras devrait tendre l'arc, lancer la javeline, ou dompter le coursier, Grec de cœur, sinon de croyance, tu vas écouter le murmure des eaux, ou voir s'épanouir les roses! Plût à Dieu que cet astre dont tes yeux frivoles admirent la clarté matinale te communiquât une étincelle de sa flamme! Toi qui verrais ces créneaux s'écrouler pièce à pièce sous le canon des chrétiens, et les vieilles murailles de Stamboul tomber devant les dogues de Moscou sans t'émouvoir ni frapper un seul coup contre les chiens de Nazareth! va, — et que ta main, plus efféminée que celle d'une femme, prenne la quenouille, — non le glaive. Mais, Haroun! cours vers ma fille! Écoute! veille à ta tête! — Si Zuleika prend trop souvent son vol, — tu vois cet arc : — il a une corde! »

V.

Nul son ne s'échappa des lèvres de Sélim, ou du moins ne parvint aux oreilles de Giaffir; mais chacun de ses regards, chacune de ses paroles le perça plus au vif que l'épée d'un chrétien : « Fils d'un esclave! — Il m'accuse de pusillanimité! Tout autre eût payé cher ces paroles outrageantes. Fils d'une esclave! — Et qui donc est mon père? » C'est ainsi qu'il donnait carrière à ses sombres pensées; plus que de la colère brillait dans son regard, puis en disparaissait faiblement. Le vieux Giaffir regarda son fils, et tressaillit; car il avait lu dans ses yeux l'impression que ses paroles avaient produite ; il y avait vu une rébellion naissante : « Viens ici, enfant ! — Quoi ! point de réponse ? Je t'observe, — et je te connais aussi ; mais il est des actes que tu n'oseras jamais commettre : si ta barbe avait une longueur plus mâle, si ton bras avait en partage l'adresse et la force, j'aimerais à te voir rompre une lance, fût-ce même contre la mienne. »

En laissant tomber ces mots ironiques, il jeta sur Sélim un regard farouche ; Sélim lui rendit regard pour regard, et leva si fièrement les yeux sur son père qu'il le força à détourner les siens. — Pourquoi ? — Giaffir le sentit sans oser s'en rendre compte : « Je crains bien qu'un jour cet enfant téméraire ne me cause des embarras sérieux. Je ne l'ai jamais aimé depuis sa naissance, et... — Mais son bras est peu redoutable ; c'est à peine si à la chasse il peut se mesurer avec le faon timide ou l'antilope ; il n'est pas à craindre qu'il s'aventure jamais dans ces luttes où l'homme joue sa vie contre la gloire. — Je me défie de ce ton, de ce regard — et même de ce sang qui touche au mien. Ce sang... — Il ne m'a point entendu. — En voilà assez. A l'avenir, je le surveillerai de plus près. C'est pour moi un Arabe[4] ou un chrétien demandant quartier. — Mais écoutons ! — J'entends la voix de Zuleika ; elle résonne à mon oreille comme l'hymne des houris ; elle est l'enfant de mon choix ; plus chère même que ne l'était sa mère, elle a tout à espérer et rien à craindre. — Ma péri ! tu es toujours la bienvenue ici ! tu es douce à ma vue altérée, comme la source du désert aux lèvres de celui que son onde vient arracher à la mort ! La Mecque n'entend pas, dans son temple, de prières plus ferventes que celles que je fais pour toi dont j'ai béni la naissance, et que je bénis encore. »

VI.

Belle comme la première femme qui ait failli, lorsque, séduite une fois pour séduire toujours, elle sourit à ce terrible mais trop aimable serpent dont elle avait l'image gravée dans l'âme ; éblouissante comme ces visions ineffables accordées au sommeil de la douleur, à ce sommeil peuplé de fantômes où, dans un songe élyséen, le cœur retrouve ce qu'il a aimé, et voit revivre dans le ciel ceux qu'il a perdus sur la terre ; douce comme le souvenir d'un amour sur lequel la tombe s'est fermée ; pure comme la prière que l'enfance exhale vers Dieu, était la fille du farouche et vieux chef qui l'accueillit avec des larmes — où la douleur n'était pour rien.

Qui n'a pas éprouvé combien la parole est impuissante à saisir une seule étincelle du céleste rayon de la beauté ? Qui n'a pas senti sa vue se troubler, affaissée sous le poids de son ravissement, son visage s'altérer, le cœur lui faillir, et tout son être confesser l'empire de cette aimable et majestueuse puissance ? Telle était Zuleika ! — tels formaient autour d'elle une brillante auréole, d'indicibles charmes ignorés d'elle seule, la lumière de l'amour, la pureté de la grâce, la musique de ses traits où se peignait son âme, ce cœur dont la douceur harmonisait le tout, et ce regard qui à lui seul était toute une âme !

Ses bras gracieux, timidement croisés sur son sein naissant, au premier mot de tendresse s'étendirent pour s'enlacer au cou d'un père qui bénit son enfant en lui rendant ses caresses, et sentit la résolution qu'il avait prise à moitié ébranlée dans son cœur. Ce n'est pas que son cœur, quoique farouche, eût une pensée contraire au bonheur de sa fille ; mais si l'affection l'enchaînait à elle, l'ambition brisait ce lien.

VII.

« Zuleika ! douce enfant ! ce jour t'apprendra combien tu m'es chère, puisque, oubliant ma propre douleur, je me résigne à me séparer de toi pour t'ordonner d'aller vivre avec un autre ; un autre ! jamais guerrier plus brave ne combattit aux premiers rangs. Nous autres musulmans, nous attachons peu de prix à l'illustration de la naissance ; cependant la famille des Carasman [5] brille depuis longtemps sans altération à la tête de ces bandes valeureuses de timariotes qui ont conquis et savent conserver leurs terres. Mais c'est assez que celui qui demande ta main soit parent du bey Oglou ; il est inutile de parler de son âge : je ne voudrais pas te voir un enfant pour époux. Tu auras un noble douaire, et nos deux pouvoirs réunis braveront le firman de mort que d'autres reçoivent en tremblant, et apprendront au messager le sort qui attend les porteurs de pareils cadeaux [6]. Maintenant tu connais la volonté de ton père ; c'est tout ce que ton sexe a besoin de savoir : c'était à moi à te parler pour la dernière fois d'obéissance, — ce sera à ton époux à te parler d'amour. »

VIII.

La tête de la vierge se baissa silencieuse, et si ses yeux se remplirent de larmes auxquelles sa sensibilité comprimée n'osa laisser un libre cours, si son visage altéré rougit et pâlit tour à tour lorsqu'à son oreille arrivèrent comme des flèches les paroles de son père, que pouvait-ce être, sinon des craintes virginales ? Tant de grâces brillent dans les larmes de la beauté, que le baiser de l'amour ne les sèche qu'à regret ; il y a tant de charmes dans la rougeur de la modestie, que la pitié elle-même n'en voudrait rien retrancher ! Quelle que fût la cause de cette émotion, son père n'y fit pas attention, ou l'oublia bientôt. Il frappa des mains trois fois, demanda son cheval, déposa sa chibouque ornée de pierreries, s'élança sur son coursier, et, entouré de ses maugrabis [7], de ses mamelucks et de ses delhis [8], se rendit au pré, pour assister aux exercices d'adresse et de force exécutés avec la lame effilée du sabre ou le djerrid émoussé. Le kislar et ses Maures veillèrent seuls aux portes massives du harem.

IX.

Sa tête était appuyée sur sa main ; son regard était fixé sur le sombre azur des flots qui glissent avec rapidité et s'enflent doucement dans les sinueuses Dardanelles ; pourtant il ne voyait ni la mer ni le rivage, ni même les turbans des gardes du pacha, qui, dans la mêlée d'un combat simulé, maniant le sabre d'un bras vigoureux, coupaient en courant un tampon de bourre [9] ; il ne regardait pas la troupe occupée à lancer la javeline ; il n'entendait pas leurs ollahs bruyants et sauvages : — il ne pensait qu'à la fille du vieux Giaffir !

X.

Aucune parole ne s'échappait des lèvres de Sélim; la pensée de Zuleika s'exprimait par un soupir; et lui continuait à regarder à travers la jalousie, pâle, muet, tristement immobile. Les yeux de Zuleika étaient tournés vers lui, mais elle cherchait vainement à deviner ce qui l'occupait; sa douleur était égale, quoique différente; une flamme plus douce brûlait dans son cœur, et cependant ce cœur, soit crainte, soit faiblesse, elle ignorait pourquoi, s'abstenait de parler. Néanmoins il faut qu'elle parle; — mais par où commencer? « Il est étrange qu'il se détourne ainsi de moi! C'est pour la première fois que nous nous voyons ainsi; ce n'est pas ainsi que nous devons nous quitter. » Trois fois elle traversa lentement l'appartement; elle scruta son regard; il était encore immobile; elle saisit l'urne remplie des parfums de l'atargul des Persans [10], et répandit la liqueur odorante sur le plafond peint et le parquet de marbre : les gouttes que la folâtre jeune fille jeta sur ses vêtements tombèrent sur sa poitrine sans qu'il y fît attention, comme si cette poitrine aussi eût été de marbre : « Quoi! toujours sombre! cela ne doit pas être : — ô mon cher Sélim! pouvais-je attendre cela de toi? » En ce moment elle aperçut un groupe charmant des plus belles fleurs de l'Orient : « Il les aimait autrefois; elles lui plairont encore offertes par la main de Zuleika. » A peine la pensée enfantine était exprimée, que déjà la rose était cueillie. Le moment d'après vit l'angélique beauté assise aux pieds de Sélim : « Cette rose est un message que le bulbul [11] envoie pour calmer les chagrins de mon frère; il te fait dire que ce soir ses chants les plus doux se prolongeront pour Sélim; et quoique ses accents soient empreints d'une certaine tristesse, il essaiera cette fois des airs plus gais, dans l'espoir que ses chansons nouvelles chasseront de ton front ces sombres pensées.

XI.

« Mais quoi! refuser ma pauvre fleur! vraiment je suis bien malheureuse! Pourquoi abaisser ainsi ton front sur moi? Ne sais-tu pas quelle est celle qui t'aime le mieux? O cher Sélim! ô plus que cher! dis, est-ce moi que tu hais ou que tu crains? Viens, repose ta tête sur mon sein, et mes baisers berceront ton sommeil, puisque mes paroles et même les chants de mon fabuleux rossignol ne peuvent rien sur toi. Je sais que notre père est sombre quelquefois, mais j'avais encore à apprendre ceci de toi : je ne sais que trop qu'il ne t'aime pas; mais l'affection de Zuleika, l'as-tu donc oubliée? Ah! ne me trompé-je point? — Le projet du pacha! — ce parent, ce bey de Carasman est peut-être un de tes ennemis! S'il en est ainsi, je jure par le temple de la Mecque, si toutefois les femmes peuvent jurer par un lieu dont l'approche leur est interdite, que, sans ton libre consentement, sans ton ordre, le sultan lui-même n'obtiendrait pas ma main! Crois-tu donc que je pourrais m'éloigner de toi et partager mon cœur en deux? Ah! si l'on m'arrachait d'auprès de toi, où serait ton amie? où serait mon guide? le passé n'a point vu, l'avenir ne verra pas mon âme séparée de la tienne. Azraël [12] lui-même, quand sortira de son carquois de mort la flèche qui sépare tout ici-bas, réunira nos deux cœurs dans une même cendre! »

XII.

La vie, — la respiration, — le mouvement, — le sentiment, lui revinrent; il releva la jeune fille agenouillée; il ne souffrait plus. — Dans son œil ardent brillèrent des pensées longtemps retenues dans l'ombre, des pensées qui brûlent, — et au rayon desquelles l'âme se fond. Comme une rivière jusque-là cachée derrière son rideau de saules apparaît tout à coup et dévoile le brillant miroir de son onde; comme la foudre éclate et s'élance du nuage noir qui l'emprisonnait, ainsi toute son âme flamboya dans son regard à travers ses longs cils. Un cheval de bataille qui entend le son de la trompette, un lion réveillé par un limier imprudent, un tyran effleuré par la pointe d'un poignard mal dirigé, ne sont pas saisis d'une énergie plus convulsive que n'en manifesta Selim en entendant ce serment. Alors, laissant éclater ses sentiments jusque-là comprimés: « Maintenant tu es à moi! » s'écria-t-il, « à moi pour toujours; à moi pour la vie, et par-delà peut-être! — maintenant tu es à moi, et ce serment sacré, bien que prononcé par toi seule, nous lie tous deux. Ta tendressse te l'a dicté, et tu as bien fait; ce serment sauve plus d'une tête; mais ne pâlis point, — la moindre boucle de ta chevelure a droit d'obtenir de moi plus que de la tendresse; il n'est pas un des cheveux groupés autour de ton front charmant que je voulusse blesser pour tous les trésors ensevelis dans les cavernes d'Istakar[13]. Ce matin, des nuages se sont abaissés sur moi; une pluie de reproches est tombée sur ma tête, et peu s'en est fallu qu'il ne m'ait appelé lâche! J'ai maintenant des motifs pour être brave: le fils de son esclave méprisée, — ne tressaille pas, c'est le terme dont il s'est servi, — ce fils, qui ne sait point se vanter, pourra lui faire voir un courage que n'intimideront ni ses paroles ni ses actes. *Son* fils! — Oui, grâce à toi, peut-être je le suis, du moins je le serai; mais que notre serment mutuel demeure un secret entre nous. Je connais le misérable qui veut malgré toi obtenir ta main de Giaffir; jamais richesse ne fut plus honteusement acquise, jamais âme plus vile n'habita le corps d'un musselim[14]. N'est-il pas né en Egripo[15]? Qu'Israël montre une race plus méprisable! Mais laissons cela : — que nul ne soit instruit de notre serment; le temps révélera le reste. Laisse Osman-Bey à moi et aux miens; j'ai des partisans pour les jours du danger. Ne crois pas que je sois ce que je semble; j'ai à ma disposition des armes, des amis et de la vengeance! »

XIII.

« Ne pas croire que tu sois ce que tu sembles! ô mon Sélim! Quel douloureux changement s'est opéré en toi! Ce matin je t'ai vu si doux, si affectueux; mais maintenant combien tu es différent de toi-même! Mon amour t'était certainement connu auparavant; il n'a jamais été moindre, il ne saurait s'accroître. Te voir, t'entendre, rester auprès de toi, détester la nuit, je ne sais pourquoi, si ce n'est parce que nous ne nous voyons que pendant le jour; vivre avec toi, avec toi mourir, voilà l'espérance que je ne puis me refuser; baiser ta joue, tes yeux, tes lèvres, comme cela, — comme cela ; — mais c'est assez. Allah! tes lèvres sont de feu! quelle fièvre s'est allumée dans tes veines! Le même incendie a presque gagné les miennes, et je sens la rougeur monter à mes joues. Adoucir tes souffrances dans la maladie ou soigner ta santé ; partager ta fortune en la ménageant, ou te sourire dans la pauvreté, et, sans murmurer, t'en alléger de moitié le fardeau ; faire tout, excepté de fermer tes yeux mourants, car je le tenterais en vain ; c'est à cela seul que mes pensées aspirent : puis-je en faire et peux-tu en demander davantage ? Mais, Sélim, dis-moi pourquoi nous avons besoin de tant de mystère. J'en cherche en vain la raison ; mais tu le veux, qu'ainsi soit! Cependant j'ai peine à comprendre ce que tu veux dire en me parlant « d'armes » et « d'amis. » Je me proposais de faire entendre à Giaffir le serment que je t'ai fait ; sa colère ne le révoquerait pas ; mais, sans aucun doute, il me permettrait de rester libre. En quoi est-il étrange que je désire être ce que j'ai toujours été ? Dès l'age le plus tendre, quel autre que toi Zuleïka a-t-elle vu ? Quel autre que toi peut-elle désirer de voir, toi le compagnon de ses promenades solitaires, toi qui partageas les jeux de son enfance? Ces pensées chéries qui ont commencé avec ma vie, dis, pourquoi ne les avouerais-je plus ? Que s'est-il passé qui m'oblige à cacher une vérité qui fit jusqu'à ce jour ton orgueil et le mien ? Nos lois, notre religion, notre Dieu, me défendent de paraître aux regards d'un étranger ; jamais je n'aurai un seul instant la pensée de me plaindre de cette loi de notre Prophète : je suis heureuse de lui obéir, car en me laissant ta présence, il m'a tout laissé. Il me serait affreux d'être donnée malgré moi à un époux que je n'ai jamais vu ; ce sentiment, pourquoi en ferais-je mystère ? pourquoi me demandes-tu le secret ? Je sais que le pacha, fier et hautain, ne t'a jamais vu d'un œil affectueux ; et il lui arrive si souvent de s'emporter sans motifs ! Dieu nous garde de jamais lui en donner ! Je ne sais, mais la dissimulation pèse à mon cœur comme un péché : dis-moi donc, Sélim, si cette dissimulation est coupable, comme je le sens intérieurement ; hâte-toi de m'éclairer, et ne me laisse pas à des pensées qui m'alarment. Ah ! voici venir le thocadar[16]. La guerre simulée a cessé, mon père revient; je tremble maintenant de rencontrer ses yeux: — Sélim, pourrais-tu me dire pourquoi ? »

XIV.

« Zuleika ! — retourne à la tour où est ton appartement. — Je me présenterai à Giaffir : il faut que je m'entretienne avec lui de firmans, d'impôts, de levées d'hommes, de gouvernement. Il est venu des rives du Danube de funestes nouvelles; notre visir voit noblement décimer ses rangs par des victoires dont le giaour peut lui rendre grâce ! Notre sultan a un moyen expéditif pour récompenser des triomphes aussi coûteux. Mais écoute : quand le tambour du crépuscule appellera les troupes au repas et au sommeil, Sélim se rendra auprès de toi; alors nous sortirons furtivement du harem pour nous promener sur les bords de la mer. Les murs de nos jardins sont élevés; nul importun ne les franchira pour écouter nos paroles ou troubler notre entrevue, et si on s'y hasardait, j'ai une lame que quelques-uns ont sentie et que d'autres peuvent sentir encore. C'est alors que Sélim t'en apprendra plus que tu n'en as connu ou pensé jusqu'ici. Fie-toi à moi, Zuleika ; — ne me crains pas ! Tu sais que j'ai une clef qui ouvre le harem. »

« Te craindre, mon Sélim ! Jamais jusqu'à ce jour un mot semblable... — »

« Ne perds pas un moment; je garde la clef. Les satellites d'Haroun ont déjà reçu *quelques* récompenses : ils en attendent *d'autres*. Cette nuit, Zuleika, tu apprendras mon histoire, mes projets et mes craintes. Mon amour ! je ne suis point ce que je semble. »

NOTES DU CHANT PREMIER.

[1] *La Fiancée d'Abydos* fut publiée au commencement de décembre 1813. La situation d'esprit dans laquelle elle fut composée est décrite ainsi dans une lettre adressée par lord Byron à M. Gifford : « Vous avez été assez bon pour jeter les yeux sur mes manuscrits... Voici une histoire turque, et je vous serai vraiment bien obligé de lui faire l'honneur de revoir les épreuves. Elle n'a été écrite ni par plaisir, ni par le soin de manger, ni pour plaire à mes amis, mais dans cette situation d'esprit

si fréquente dans la jeunesse, et qui vous force à appliquer votre esprit à quelque chose en dehors de la réalité. C'est sous cette inspiration, qui n'a rien d'éclatant, que ce poëme a été écrit. Jetez-le au feu, il ne mérite peut-être pas un meilleur sort : c'est l'ouvrage d'une semaine, et je l'ai griffonné *stans pede in uno*, le seul pied que j'aie de solide ; et je vous promets de ne plus jamais vous déranger, à moins d'un poëme de quarante chants avec un voyage entre chaque. »

2 Mejnoun et Leila, le Roméo et la Juliette de l'Orient. Sadi est le poëte moral de la Perse.

3 Le tambour bat en Turquie au lever du soleil, à midi et le soir.

4 Les Turcs abhorrent les Arabes, qui le leur rendent au centuple, encore plus peut-être que les chrétiens.

5 Carasman Oglou, ou Kara Osman Oglou, est le plus grand propriétaire de la Turquie. Il gouverne Magnésie. On appelle *timariotes* ceux qui possèdent à charge de porter les armes, espèce de vasselage féodal. Ils servent comme spahis, et fournissent, selon l'étendue du territoire, un certain nombre de soldats, ordinairement des cavaliers.

6 Lorsqu'un pacha est assez fort pour résister au sultan, le premier messager qui lui apporte le fatal cordon est étranglé, et ainsi de cinq ou six autres qui suivent. Si, au contraire, il est faible et respectueux, il s'incline, baise la signature du sultan, et se laisse étrangler complaisamment. En 1810, plusieurs têtes étaient exposées à la porte du sérail, et entre autres celle du pacha de Bagdad, brave jeune homme, assassiné par trahison après une résistance désespérée.

7 Les *maugrabis* sont des mercenaires mauresques.

8 Les *delhis* sont les enfants perdus de la cavalerie : ce sont toujours eux qui commencent l'attaque.

9 Les Turcs se servent, pour apprendre à manier le cimeterre, d'un tampon de bourre, et un petit nombre seulement peuvent le fendre d'un seul coup. Quelquefois on emploie un turban très dur. Le *djerrid* est un combat avec des javelines émoussées, très animé et plein de grâce.

10 *Atar-gul*, l'essence de rose. Celle de Perse est la plus estimée.

11 On a beaucoup discuté pour savoir si le chant de cet *amant de la rose* est triste ou gai, et les remarques de M. Fox ont provoqué quelques controverses savantes sur l'opinion des anciens à ce sujet. Je n'ose hasarder une conjecture, quoique disposé pour l'*errare mallem*, si toutefois M. Fox s'était trompé.

12 *Azrael* est l'ange de la mort.

13 Les trésors des sultans préadamites (Voy. d'Herbelot, art. *Istakar*.)

14 Le *musselim* est un gouverneur immédiatement au-dessous du pacha ; les wayvodes occupent le troisième rang ; puis viennent les agas.

15 *Egripo*, c'est le nom turc de Négrepont. Si l'on en croit le proverbe, les Turcs d'Egripo, les juifs de Salonique et les Grecs d'Athènes, sont ce qu'il y a de pire au monde.

16 Le *thocadar*, un des domestiques qui escortent un fonctionnaire.

LA FIANCÉE D'ABYDOS.

CHANT DEUXIÈME.

I.

Les vents mugissent sur les vagues d'Hellé comme dans cette nuit orageuse où l'Amour qui l'avait fait partir, oublia de sauver le jeune, le beau, l'intrépide nageur, unique espoir de la fille de Sestos ! Oh ! lorsqu'il vit briller seul à l'horizon le fanal allumé sur la tour de son amante, en vain le vent qui se levait, l'écume des brisants et les cris des oiseaux de mer l'avertissaient de rester ; en vain les nuages dans les airs et les ondes au-dessous lui défendaient de partir : aveugle et sourd à leurs menaces, ses yeux ne virent que ce phare de l'amour, seule étoile qui brillait pour lui dans le ciel ; son oreille n'entendit que les chants de sa bien-aimée : « O vagues ! ne séparez pas longtemps deux amants ! » Elle est vieille, cette histoire ; mais il est encore de jeunes cœurs à qui l'amour inspirerait le même dévouement.

II.

Les vents mugissent, et la mer d'Hellé roule et soulève ses vagues sombres, et la nuit qui descend étend son voile sur cette plaine que le sang arrosa en vain, sur le désert où régna le vieux Priam ; des tombes, voilà tout ce qui reste de son empire, tout, — excepté les rêves immortels qui charmaient la cécité du vieillard de Scio.

III.

Et cependant, — car ces lieux, je les ai visités, mes pas ont foulé ce rivage sacré, mes bras ont fendu cette onde tumultueuse ; — cependant, ô vieux poëte ! rêver et pleurer avec toi, avec toi parcourir ces antiques plaines, croire que chaque tertre de gazon contient la cendre d'un héros véritable, et qu'autour de cette scène indubitable de ton poëme c'est bien ton « large Hellespont » qui précipite comme autrefois ses vagues ; que ce soit là longtemps mon partage !

Et quel est le cœur froid qui, à l'aspect de ces lieux, pourrait te refuser créance ?

IV.

La nuit a couvert de son ombre les flots d'Hellé, et ne s'est point levée encore sur le mont Ida, cette lune qui éclaira jadis les héros d'Homère. Nul guerrier maintenant n'accuse sa paisible lumière, mais les bergers reconnaissants la bénissent encore. Leurs troupeaux paissent sur la sépulture de celui qui tomba sous la flèche de Pâris; ce colossal amas de terre dont le fils de Jupiter Ammon fit fièrement le tour [1], ce monument élevé par des nations, couronné par des rois, n'est aujourd'hui qu'un monticule solitaire et sans nom ! Au dedans, — Achille, qu'elle est étroite ta sépulture. — Au dehors, les étrangers seuls peuvent dire le nom de celui qui *était* là-dessous. La poussière dépasse de beaucoup en durée la pierre des tombeaux; mais toi, — ta poussière même a disparu.

V.

Cette nuit, Diane ne viendra que tard réjouir les regards du berger et dissiper les terreurs du nautonier; jusque-là, nul fanal allumé sur la côte ne guidera le cours de l'errante nacelle; les lumières éparses qui brillaient le long de la baie se sont éteintes l'une après l'autre; la seule lampe dont la clarté s'aperçoive encore à cette heure solitaire luit dans la tour de Zuleika. Oui, il y a de la lumière dans cette chambre silencieuse; sur son ottomane de soie sont jetés les grains d'ambre odorant sur lesquels ont erré ses doigts de fée [2]; auprès (comment a-t-elle pu oublier ce joyau?), le saint amulette [3] de sa mère, incrusté d'émeraudes, sur lequel est gravé le texte du Koursi, qui doit protéger dans cette vie et garantir l'autre; à côté de son camboloïo [4], on voit un exemplaire du Coran richement enluminé; un grand nombre de fragments poétiques sauvés des naufrages du temps et transcrits en brillants caractères par des copistes persans; et par-dessus ces papiers, son luth, aujourd'hui négligé, mais dont la voix n'a pas toujours été muette. Autour de sa lampe d'or ciselée s'épanouissent des fleurs dans des urnes de la Chine; les plus riches tissus des métiers d'Iran, les parfums de Schiras, en un mot, tout ce qui peut charmer les yeux et les sens est rassemblé dans cet appartement somptueux, et pourtant il a un air de tristesse. La divinité qui habite cette cellule de péri, pourquoi est-elle absente par une nuit si orageuse?

VI.

S'enveloppant dans l'un de ces vêtements noirs que les plus nobles musulmans ont seuls le droit de porter, pour protéger contre le vent ce sein aussi cher à Sélim que le ciel lui-même, marchant d'un pas timide à travers les broussailles, et tressaillant maintes fois aux sombres murmures des vents dans le feuillage, jusqu'à ce que, parvenue sur un terrain plus égal, son cœur tremblant commença à battre plus librement, la jeune fille suivit son guide silencieux. Sa terreur lui faisait désirer de revenir sur ses pas; mais comment abandonner Sélim? comment mettre le reproche sur ces lèvres où respire la tendresse?

VII.

A la fin ils arrivèrent à une grotte creusée par la nature, mais que l'art avait agrandie, où souvent elle était venue, solitaire, accorder son luth et apprendre les versets de son Coran. Là, que de fois, dans ses jeunes rêveries, sa pensée avait cherché à deviner ce que pouvait être le paradis! Où va l'âme de la femme après la mort? c'est ce que son Prophète n'avait pas daigné dire; mais la demeure de Sélim était certaine; et elle ne croyait pas qu'il pût longtemps se plaire dans le monde des élus, loin de celle qu'il avait aimée par-dessus tout dans celui-ci. Et quelle présence pourrait lui être plus chère? quelle houri pourrait le charmer la moitié autant?

VIII.

Depuis qu'elle n'était venue dans ce lieu, des changements paraissaient s'être opérés dans la grotte; peut-être que la nuit y déguisait les objets vus à la clarté du jour: cette lampe de bronze jetait tristement une lueur qui n'avait rien de céleste; mais dans un coin de la cellule ses regards rencontrèrent des objets plus étranges. Là étaient des armes en faisceaux qui ne ressemblaient pas à celles que manient sur le champ de bataille les delhis dont le front est ceint d'un turban; on y voyait des glaives dont la garde et la lame étaient étrangères; une de ces lames était rougie — par un crime peut-être! Ah! le sang se verse-t-il sans crime? On voyait aussi sur une planche une coupe qui paraissait contenir autre chose que du sorbet. Que signifiait tout cela? Elle se tourna pour voir son Sélim : — « Oh! est-ce bien lui? »

IX.

Il avait dépouillé sa robe magnifique; le haut turban ne couronnait plus son front; mais à sa place un châle rouge, légèrement roulé à l'entour de sa tête, ceignait ses tempes; ce poignard, dont la garde était ornée d'une perle digne d'un diadème, n'étincelait plus à sa ceinture, où l'on voyait seulement des pistolets sans ornements; à son baudrier pendait un sabre, et sur son épaule était négligemment jeté le manteau blanc, cette mince capote que porte le Candiote errant; par-dessous, — sa veste à plaques d'or recouvrait sa poitrine comme une cuirasse; au-dessous du genou, ses bottines étaient revêtues de lames d'argent. N'eût été l'air de commandement qui éclatait dans son regard, son accent, son geste, on l'eût pris au premier abord pour un jeune galiongi [5].

X.

« J'ai dit que je ne suis pas ce que je semble; tu vois maintenant que je t'ai dit vrai. J'ai à te raconter des choses que jamais tu n'aurais pu imaginer; si elles sont véritables, que d'autres en portent la peine. C'est en vain que je voudrais encore te taire ce récit, je ne puis consentir à le voir l'épouse d'Osman; mais si tes lèvres elles-mêmes ne m'avaient appris combien j'occupe de place dans ce jeune cœur, je ne pourrais, je ne devrais pas te révéler encore les noirs secrets du mien. Ici, je ne parle pas de mon amour; c'est au temps, à la vérité et au péril à le prouver. Mais d'abord,

— oh! je t'en conjure! ne sois jamais la compagne d'un autre! — Zuleika! je ne suis pas ton frère! »

XI.

« Tu n'es pas mon frère! — Rétracte cette parole. — Dieu! me voilà donc laissée seule sur la terre à pleurer.... je n'ose pas maudire — le jour qui fut témoin de ma naissance solitaire! Oh! maintenant tu ne m'aimeras donc plus! J'ai senti mon cœur défaillir, il pressentait un malheur; mais non, vois toujours en moi ce que j'étais, ta sœur, — ton amie, — ta Zuleika. Peut-être m'as-tu amenée ici pour me tuer; si tu crois avoir des motifs de vengeance, tiens, voilà ma poitrine! — frappe! Mille fois plutôt être morte que de vivre étrangère à toi, et peut-être pire encore, car je vois maintenant pourquoi Giaffir a toujours paru ton ennemi; — et moi, hélas! je suis la fille de Giaffir, et c'est à cause de moi que tu fus méprisé, outragé. Si tu me laisses vivre, — et que je ne sois plus ta sœur, oh! dis-moi d'être ton esclave! »

XII.

« Mon esclave, Zuleika! — non, c'est moi qui suis le tien. Mais, ma bien-aimée, calme ce transport : ton sort continuera à être lié au mien, je le jure par le temple du Prophète! Que cette pensée soit un baume à ta douleur! Que les versets du Coran gravés sur la lame de mon sabre en dirigent les coups pour nous protéger tous deux au jour du péril, si je tiens ce serment solennel. Le nom dans lequel ton cœur avait mis jusqu'ici ton orgueil, ce nom doit changer; mais, apprends-le, ô ma Zuleika! les liens qui nous unissaient se sont relâchés, mais non pas rompus, quoique ton père soit mon plus mortel ennemi. Mon père était à Giaffir ce qu'à toi semblait être Sélim; ce frère consomma le trépas d'un frère, mais épargna mon enfance, et me berça d'une illusion mensongère qu'on peut aujourd'hui lui rendre. Il m'éleva, non avec tendresse, mais comme le neveu d'un Caïn [9]; il me surveilla comme un lionceau qui ronge sa chaîne, et qui peut un jour la briser. Le sang de mon père bouillonne dans chacune de mes veines; cependant, pour l'amour de toi, je différerai ma vengeance, quoique je ne doive plus rester ici. Mais d'abord, bien-aimée Zuleika, apprends comment Giaffir accomplit cet odieux forfait.

XIII.

« Comment leurs dissentiments devinrent de la haine, si ce fut l'amour ou l'envie qui les rendit ennemis, peu importe, et je l'ignore ; il suffit des torts les plus légers pour troubler le repos des âmes ombrageuses. Le bras d'Abdallah était fort à la guerre ; les chants des Bosniaques en ont conservé la mémoire, et les hordes rebelles de Paswan[7] n'ont pas oublié combien un tel hôte leur était odieux ; mais je ne dois te raconter ici que sa mort, funeste ouvrage de la haine de Giaffir, et comment la découverte du secret de ma naissance, quel qu'en soit d'ailleurs le résultat, m'a rendu libre.

XIV.

« Quand Paswan, après de longues années de combats livrés d'abord pour défendre sa vie, puis pour assurer sa puissance, prit dans les murs de Widdin une attitude trop fière, nos pachas se rallièrent autour du trône impérial ; les deux frères ne furent pas les derniers ni les moindres d'entre les chefs puissants qui accoururent, et chacun d'eux amena des forces séparées. Ils déployèrent aux vents leurs queues de cheval, et vinrent dans la plaine de Sophie planter leurs tentes et occuper chacun le poste qui leur était assigné ; assigné, hélas ! inutilement à l'un d'eux ! Qu'est-il besoin de tant de paroles ? Par l'ordre de Giaffir, un poison subtil comme son âme, versé dans la coupe mortelle, envoya Abdallah au ciel. Au retour de la chasse, couché dans son bain et brûlé par la fièvre, il ne soupçonnait pas que, pour étancher sa soif, la colère d'un frère lui préparait un semblable breuvage : un serviteur gagné apporta la coupe, il en but une gorgée[8] ; il ne lui en fallut pas davantage ! Si tu doutes de la vérité de mon récit, Zuleika, interroge Haroun, — il te confirmera mes paroles.

XV.

« Le crime consommé, et la révolte de Paswan comprimée, bien que jamais domptée, Giaffir obtint le pachalick d'Abdallah ; — tu ne sais pas tout ce que, dans notre divan, peut au pire des hommes procurer la richesse. — Les honneurs d'Abdallah furent conférés à un homme couvert du sang de son frère ; il est vrai que cette acquisition épuisa presque ses trésors mal acquis, mais il les eut bientôt remplacés. Veux-tu savoir comment ? Regarde ces terres incultes, et demande au paysan décharné si ses gains lui payent ses sueurs ! — Pourquoi le farouche usurpateur m'a épargné et a partagé avec moi son palais, je l'ignore. La honte, le regret, le remords, le peu de crainte inspiré par un enfant, et puis l'adoption d'un fils par celui à qui le ciel n'en avait point accordé, quelque intrigue inconnue, un caprice, ont pu contribuer à me sauver la vie ; — mais cette vie n'est point paisible : il ne peut, lui, faire fléchir son caractère hautain, ni moi lui pardonner le sang d'un père.

XVI.

« Dans son palais, ton père a des ennemis ; tous ceux qui rompent son pain ne lui sont pas dévoués : à ceux-là si je révélais ma naissance, le nombre de ses jours, de ses instants même, serait court. Ils n'ont besoin que d'une volonté qui les guide, que d'une main qui leur montre où il faut frapper. Mais Haroun est le seul qui connaisse et qui ait jamais connu cette histoire dont le dénouement approche. Élevé dans le palais d'Abdallah, il occupait dans son sérail l'emploi qu'il occupe ici. — Il le vit mourir. Mais que pouvait un simple esclave ? Venger son maître ? hélas ! il était trop tard ; ou soustraire son fils à un destin semblable ? c'est ce qu'il fit ; et lorsqu'il vit l'orgueilleux Giaffir heureux et triomphant sur les ruines de ses ennemis vaincus, de ses amis trahis, il conduisit aux portes de son palais l'orphelin sans appui ; il demanda qu'on épargnât ma vie, et ne le demanda pas en vain. On eut soin de cacher ma naissance à tout le monde, et surtout à moi : c'est ainsi que la sûreté de Giaffir fut garantie. Bientôt il quitta la Roumélie et vint fixer sa résidence sur la rive asiatique, loin des bords du Danube et des possessions de mon père. Haroun est le seul qui me connaisse ; ce Nubien a senti que les secrets d'un tyran sont des chaînes dont le captif s'affranchit avec joie, et m'a révélé toutes ces choses et d'autres encore. Ce sont là les hommes qu'Allah, dans sa justice, envoie aux coupables : — des esclaves, des instruments, des complices, — jamais des amis.

XVII.

« Tout cela, Zuleika, est dur à entendre ; mais ce qui me reste à te dire le sera bien plus encore : dussent mes paroles blesser ta timidité, je ne dois rien te cacher. Je t'ai vue tressaillir en voyant ce costume, et cependant je l'ai souvent porté et le porterai longtemps encore. Ce galiongi, auquel tu as engagé ta foi, est le chef de ces hordes de pirates qui ont leurs lois et leurs vies au bout de leurs épées ; ta pâleur doublerait au récit de leur effrayante histoire. Ces armes que tu vois, mes soldats les ont apportées ; les bras qui les manient ne sont pas loin ; c'est aussi pour ces hommes grossiers qu'est remplie cette coupe ; dès qu'ils l'ont vidée, ils ne reculent plus. Que notre Prophète leur pardonne ! ce n'est que dans le vin qu'ils sont infidèles.

XVIII.

« Que pouvais-je faire ? Proscrit ici, amené à force d'insultes à désirer l'exil, laissé dans l'oisiveté, — car les craintes de Giaffir m'interdisaient le coursier et la lance ; — et cependant, — ô Mahomet ! combien de fois le despote ne m'a-t-il pas outragé en plein divan, comme si ma faible main s'était refusée à tenir la bride et le glaive ! Il alla même à la guerre sans moi, et me laissa ici inactif, inconnu, abandonné avec les femmes aux soins d'Haroun, sevré d'amour et de gloire ; pendant que toi, — dont la tendresse, tout en m'amollissant peut-être, m'avait longtemps consolé, on t'envoya à Brousse pour y attendre l'issue des combats. Haroun, qui me vit porter avec douleur le joug de mon inaction, consentit, non sans effroi, à laisser partir son captif, et brisa ma chaîne pour une saison, en me faisant promettre de revenir la veille du jour où le commandement de Giaffir serait expiré. Je chercherais inutilement à te peindre l'ivresse qui inonda mon cœur quand mon regard, libre enfin, contempla la terre, l'Océan, le soleil et le ciel, comme si mon âme les eût pénétrés, et que toutes leurs plus intimes merveilles me fussent apparues! Un seul mot peut te peindre tout ce que j'éprouvai en ce moment : — j'étais libre! Ton absence même cessa de m'être pénible; le monde, — le ciel même, étaient à moi!

XIX.

« L'esquif d'un Maure fidèle me transporta loin de ce rivage oisif. Je brûlais de voir les îles semées comme des perles sur le diadème de pourpre de l'Océan : je les visitai l'une après l'autre, et les vis toutes[9]; mais quand et où je me suis joint à ces hommes avec qui j'ai juré de triompher ou de mourir, j'aurai le temps de te le raconter quand nos projets seront accomplis et que notre destinée sera fixée.

XX.

« Il est vrai que c'est une réunion d'hommes sans lois, aux formes peu attrayantes, au caractère peu endurant; il s'y trouve réunis des individus de toutes les croyances, de tous les pays; mais une franchise sans bornes, un bras toujours prêt à frapper, l'obéissance aux ordres de leur chef, un cœur qui ne recule devant aucune entreprise et ne voit jamais rien avec les yeux de la crainte, l'amitié pour chacun, la fidélité pour tous, et la vengeance vouée à ceux qui succombent, voilà ce qui en fait des instruments précieux pour servir des projets plus importants encore que les miens. J'ai étudié de près les plus distingués d'entre eux; mais je prends surtout conseil de la prudence du Frank circonspect. Il en est qui s'élèvent à de plus hautes pensées. Ici les derniers patriotes de Lambro[10] jouissent d'une liberté anticipée; et rassemblés autour du feu de la caverne, on les entend souvent discuter des plans chimériques pour briser le joug des rayas[11]. Que leurs cœurs se soulagent en paroles; qu'ils s'entretiennent de l'égalité des droits, chimère que l'homme n'a jamais connue. Et moi aussi, j'aime la liberté! Oui! qu'on me laisse errer sur les flots comme jadis le patriarche de la mer [12], ou mener sur la terre la vie nomade du Tartare! Ma tente sur le rivage, ma galère sur l'Océan, sont pour moi plus que les cités et les sérails. Emporté par mon coursier ou poussé par la brise, à travers les sables du désert ou l'écume des vagues, où tu voudras, bondis, mon cheval barbe! glisse, ma proue légère! Mais, ô ma Zuleika! sois l'étoile qui guide mes pas errants! partage et bénis ma nacelle; plane sur mon arche, colombe de paix et de promesse! ou, puisque cet espoir nous est refusé dans un monde agité, sois l'arc-en-ciel levé sur ma vie orageuse, le rayon du soir dont le sourire écarte les nuages et colore le lendemain d'un rayon prophétique. Bénis — comme les sons que le muezzin fait entendre du haut des murs de La Mecque aux pèlerins purs et prosternés à sa voix, caressants — comme cette mélodie des jours de la jeunesse qui arrache une larme furtive à l'éloge muet, doux — comme le chant natal à l'oreille de l'exilé, — résonneront les accents si chers de ta voix longtemps aimée! Pour toi, dans ces îles brillantes un boudoir est préparé, beau comme Aden [13] au premier jour de sa création. Mille glaives, avec le cœur et le bras de Sélim, attendent, s'agitent, prêts à protéger ou à frapper à ton commandement! Entouré de ma bande, Zuleika auprès de moi, je parerai ma fiancée des dépouilles des nations! On peut bien échanger contre de tels soucis et de telles joies la langueur et l'oisiveté du harem. Je ne m'aveugle pas sur ma destinée: partout m'attendent d'innombrables périls et un unique amour. Que la fortune me soit contraire, que de faux amis me trahissent, ton cœur adoré me payera de tous mes travaux. Qu'il m'est doux de songer qu'aux jours les plus sombres de mes malheurs, dussé-je trouver tout changé autour de moi, toi seule me resterais fidèle! Que ton âme ait la fermeté de celle de Sélim! que la mienne soit pour toi tendre comme est la tienne! et, mettant en commun nos douleurs et nos joies, que nos pensées se confondent et que rien ne nous sépare! Une fois libres, mon devoir m'appellera à la tête de ma troupe; amis entre nous, ennemis du reste des hommes, en cela nous ne faisons que suivre la pente fatale ment assignée par la nature à notre espèce guerroyante. Vois! là où cesse le carnage, ou s'arrête la conquête, l'homme fait une solitude qu'il nomme la paix! Moi aussi, je veux, comme les autres, user de mon adresse et de ma force; mais je ne veux de territoire que la longueur de mon sabre. Le pouvoir ne règne qu'à la condition de diviser; il n'a de ressource que dans l'heureuse alternative de la ruse ou de la force: que la force soit notre ressource, à nous! la ruse viendra plus tard, quand les villes nous auront renfermés dans la geôle sociale. Là, ton âme elle-même pourrait faillir. — Que de fois la corruption a ébranlé des cœurs que le péril n'avait pu faire fléchir! Et plus souvent que l'homme encore, on a vu la femme, dès que la mort ou l'infortune, ou même seulement une disgrâce, avait frappé celui qu'elle aimait, se plonger dans le sein des plaisirs, et déshonorer...... Loin de moi le soupçon! il n'est point fait pour Zuleika! Mais, après tout, la vie n'est qu'un jeu de hasard; et ici, il ne nous reste rien à gagner, mais nous avons beaucoup à craindre. Oui, à craindre! — l'incertitude, la peur de te voir ravie à mon amour, soit par la puissance d'Osman, soit par la volonté inflexible de Giaffir; cette crainte disparaîtra devant la brise favorable que l'Amour a promise pour cette nuit à ma voile. Nul danger ne peut effrayer le couple qu'a béni son sourire; qu'importe que leurs pas soient errants? leurs cœurs sont en repos. Avec toi, toutes les fatigues me seront douces, tous les climats auront des charmes; la terre, la mer, tout nous sera égal; notre monde sera dans nos bras. Les vents peuvent mugir sur le pont de ma galère, pourvu que je sente tes bras me presser d'une vive étreinte. Le dernier murmure de mes lèvres sera, non un soupir vers la vie, mais une prière pour toi. Le courroux des éléments ne peut effrayer l'Amour qui n'a pas de plus redoutable ennemi que la Civilisation; *là* sont les seuls écueils qui puissent retarder notre course : *ici* des dangers d'un moment, *là* des années de naufrage! Mais loin de nous les pensées qui revêtent des formes effrayantes! Ce moment doit accomplir notre évasion ou l'empêcher à jamais. Je n'ai plus que quelques mots à ajouter pour terminer mon récit. Toi, tu n'as qu'un mot à dire, et les flots nous entraînent loin de nos ennemis. Oui, nos *ennemis!* Diminuera-t-elle, la haine que me porte Giaffir? Et n'est-il pas ton ennemi, cet Osman qui voudrait nous séparer?

XXI.

« Je fus de retour au temps fixé pour sauver la tête de mon gardien, et garantir sa fidélité de tout soupçon. Peu de personnes savaient, et nul ne fit connaître, que j'avais ainsi erré sur les flots, et voyagé d'île en île. Depuis cette époque, bien que je sois séparé de ma troupe, et qu'il ne m'arrive que rarement de quitter la terre, aucune expédition ne se fait et ne se fera qu'elle n'ait été concertée et ordonnée par moi : je forme le plan, j'adjuge les dépouilles ; il convient que je prenne une part plus active aux travaux. Mais mon récit a trop duré ; le temps presse ; ma barque est à flot, et nous ne laissons derrière nous que des objets de haine ou de crainte. Demain Osman arrive avec sa suite ; — cette nuit doit briser ta chaîne ; et si tu veux sauver ce bey orgueilleux, peut-être même la vie de celui à qui tu dois la tienne, à l'instant même partons, — partons! Cependant, quoique j'aie reçu ta foi, si, effrayée de ce que je viens de t'apprendre, tu veux rétracter ce serment volontaire, je reste ici ; — oui, résolu à ne pas souffrir que tu sois l'épouse d'un autre, je reste, au péril de ma tête ! »

XXII.

La vierge demeura muette et immobile, comme cette statue de la Douleur, alors qu'ayant perdu son dernier espoir une mère devint marbre ; tout, dans Zuleika, offrit l'image d'une jeune Niobé. Mais avant que ses lèvres ou son regard eussent répondu, le portique du jardin fut soudain éclairé par la lueur éclatante d'une torche ; une seconde brilla bientôt, puis une autre, et une autre encore : « Oh ! fuis ! mon... — tu ne l'es plus ; — fuis, ô mon plus que frère! » Dans toutes les parties du jardin étincelle la rouge clarté des torches menaçantes ; et il n'y a pas que des torches, — car chaque main droite tient un glaive nu. Ils se divisent, cherchent, reviennent sur leurs pas, et brandissent l'acier brillant à la lueur des flambeaux. A leur suite on aperçoit Giaffir, furieux et agitant son cimeterre. Ils approchent, ils touchent presque la grotte : — ah ! cette grotte sera-t-elle le tombeau de Sélim ? »

XXIII.

Il demeura intrépide : — « Le moment est venu, — bientôt passé ; — un baiser, Zuleika : — c'est mon dernier ! Mes hommes ne sont pas loin du rivage, ils entendront peut-être ce signal, et verront du moins la lumière de mon arme ; mais ils sont trop peu nombreux ; — c'est un acte téméraire ; n'importe, — encore cet effort ! » En même temps il s'avança vers l'entrée de la caverne : l'écho répéta au loin la détonation de son pistolet. Zuleika ne tressaillit pas, ne pleura pas ; le désespoir glaça ses yeux et son cœur. — « Ils ne m'entendent pas ! ou, s'ils rament vers nous, ils n'arriveront que pour me voir mourir. Ce bruit a attiré nos ennemis de ce côté. Sors de ton fourreau maintenant, glaive de mon père ; jamais tu ne vis un combat plus inégal ! Adieu, Zuleika ! — ma bien-aimée ! retire-toi ; cependant reste dans la grotte :— tu y seras en sûreté. Avec toi, sa colère s'exhalera en paroles. Ne bouge pas, de peur que quelque lame, quelque balle égarée ne t'atteigne. Ne crains rien pour lui. — Que je meure plutôt que de chercher ton père dans cette lutte ! non, — quoiqu'il ait versé ce poison ; non, — quoiqu'il m'ait appelé lâche ! Mais présenterai-je humblement ma poitrine à leur acier ? non ; et, ton père excepté, ils vont sentir mes coups ! »

XXIV.

D'un bond il s'élance sur la rive. Déjà le plus rapproché de ceux qui le poursuivent est tombé à ses pieds, et n'offre plus qu'une tête béante, un tronc palpitant ; un autre subit le même sort : mais un essaim d'ennemis l'entoure ; à droite, à gauche, il se fraie un passage, et déjà il touche presque les flots : son bateau approche, il n'en est plus séparé que par une longueur de cinq rames ; ses compagnons font des efforts désespérés. Arriveront-ils à temps pour le sauver ? Déjà les vagues les plus avancées mouillent ses pieds ; ses soldats plongent dans la baie, leurs sabres brillent à travers l'écume ;

couverts d'eau, — ardents, infatigables, ils luttent contre les flots ; — les voilà qui touchent la terre! Ils viennent — pour grossir le nombre des victimes. — Le meilleur de son sang a rougi l'onde amère.

XXV.

Échappé aux balles, à peine effleuré par le glaive, trahi, entouré, Sélim avait atteint l'endroit où la rive et les vagues se touchent. Déjà son pied s'imprimait pour la dernière fois sur le sable, son bras portait le dernier coup de mort. — Oh! pourquoi s'est-il retourné pour voir encore celle que son regard cherchait en vain ? Ce léger délai, ce fatal regard va décider sa mort ou river pour jamais sa chaîne. Au milieu des périls et des douleurs, combien l'espérance est lente à abandonner les amants! Il avait le dos tourné à la vague écumeuse ; derrière lui et tout près étaient ses compagnons ; tout à coup une balle a sifflé dans l'air : « Ainsi tombent les ennemis de Giaftir! » Quelle est cette voix ? A qui cette carabine ? A qui cette balle qui a résonné dans les ombres de la nuit, tirée de trop près pour ne pas donner la mort? A toi,—meurtrier d'Abdallah! Ta haine donna au père un lent trépas ; le fils a trouvé une fin plus prompte : le sang qui jaillit à gros bouillons de sa poitrine rougit la blanche écume de la mer; — si un gémissement tenta de s'exhaler de ses lèvres, il fut étouffé par les vagues mugissantes !

XXVI.

L'aurore écarte lentement les nuages ; il ne reste du combat que peu de trophées ; aux cris qui avaient fait retentir la baie, dans l'ombre de la nuit, a succédé le silence ; le théâtre du carnage en conserve encore quelques vestiges, tels que des tronçons d'épée ; des traces de pas et l'empreinte de mains convulsives se voient encore sur le sable ; plus loin une torche brisée, un bateau sans rames ; et, à l'endroit où la mer touche la plage, on aperçoit au milieu des algues une capote blanche ! elle est déchirée en deux, elle porte une tache rouge que la vague ne peut effacer. Mais celui qu'elle couvrait, où est-il ? Vous qui voulez pleurer sur sa dépouille, allez la demander aux vagues qui le transportent le long du promontoire de Sigée et le rejettent sur la rive de Lemnos. Les oiseaux de mer planent en criant sur la proie que leurs becs affamés épargnent encore, pendant que, secouée sur son oreiller sans repos, sa tête se soulève, bercée par le balancement des flots. Cette main, dont le mouvement n'est pas de la vie, semble faire un effort pour se dresser menaçante, tantôt se levant avec la vague, tantôt s'abaissant avec elle. Et qu'importe que ce cadavre repose dans une tombe vivante? L'oiseau qui déchirera ce corps abattu ne fera que priver les vers de la proie qui leur revient. Le seul cœur qui eût saigné, les seuls yeux qui eussent pleuré en le voyant mourir, qui eussent vu ses membres dispersés réunis dans une tombe, et arrosé de larmes de deuil son turban funéraire [14], ce cœur s'est brisé, — ces yeux se sont fermés — même avant les siens.

XXVII.

Auprès des vagues d'Hellé une voix de deuil se fait entendre; les yeux des femmes sont humides, et pâle est la joue des hommes. Zuleika! dernier rejeton de la race de Giaffir! l'époux qu'on te destinait est venu trop tard : il ne voit pas, il ne verra pas ton visage! Les sons lointains du wul-wulleh [15] n'arrivent-ils pas à son oreille? Tes femmes qui pleurent sur le seuil, les voix qui chantent l'hymne funèbre du Coran, les esclaves qui, les bras croisés, attendent en silence, les gémissements du palais, les cris de douleur emportés par la brise, lui apprennent ton destin! Tu n'as pas vu tomber ton Sélim! Dans cet instant terrible où il sortit de la grotte, ton cœur se glaça? Il était ton espoir, — ta joie, — ton amour; — il était tout pour toi, — et cette dernière pensée pour celui que tu ne pouvais sauver suffit pour te donner la mort; tu jetas un cri déchirant, et puis tout fut tranquille. Paix à ton cœur brisé, à ta tombe virginale! Heureuse de n'avoir perdu de la vie que ce qu'elle a de pire! Cette douleur, — bien que profonde, — bien que fatale, — elle fut ta première! Trois fois heureuse de n'avoir jamais à ressentir ni à redouter les tourments de l'absence, de la honte, de l'orgueil, de la haine, de la vengeance, du remords! et cette angoisse qui est plus que de la démence! ce ver qui ne dort pas et ne meurt jamais; cette pensée qui rembrunit les jours et rend les nuits horribles, qui craint l'ombre et fuit la lumière, qui circule autour du cœur palpitant et le déchire! oh! pourquoi ne pas le consumer, — et s'éloigner ensuite? Malheur à toi, pacha imprudent et impitoyable! En vain tu couvres ta tête de cendres, en vain tu revêts le cilice de cette même main qui versa le sang d'Abdallah, — de Sélim; qu'elle arrache maintenant ta barbe dans l'accès d'un inutile désespoir : celle dont ton cœur était fier, la fiancée promise à la couche d'Osman, celle que ton sultan n'eût pu voir sans la vouloir pour épouse, ta fille est morte! Espoir de ta vieillesse, rayon solitaire de ton crépuscule, elle s'est couchée, l'étoile qui brillait sur les rives d'Hellé! Qui a éteint sa lumière? — le sang que tu as répandu! Écoute, Giaffir : à cette question de ton désespoir : « Mon enfant, où est-elle? » — l'écho répond : « Où est-elle? »

XXVIII.

Dans l'enceinte où brillent des milliers de tombeaux, au-dessus desquels élève son feuillage sombre le cyprès attristé mais plein de vie, car il ne se fane jamais, quoique chacune de ses branches et de ses feuilles soit empreinte d'une éternelle douleur, comme celle d'un premier amour malheureux, — il est un lieu qui fleurit toujours, même dans ce jardin de la mort; une rose solitaire y déploie son éclat doux et pâle : on la dirait plantée des mains du Désespoir, — tant elle est blanche et frêle; — il semble que la brise la plus légère va disperser ses feuilles dans les airs, et cependant c'est en vain qu'elle est assaillie par la gelée et les orages, c'est en vain qu'une main plus impitoyable que les frimas l'arrache aujourd'hui à sa tige, — demain la voit refleurir! Un génie la cultive avec amour et l'arrose de larmes célestes! les filles d'Hellé peuvent croire qu'elle n'a rien de terrestre; la fleur qui brave le souffle destructeur de la tempête épanouit ses boutons sans l'abri d'un berceau, et n'a besoin pour fleurir ni des pluies printanières, ni des chaleurs de l'été. Là, chante tout le long de la nuit un oiseau invisible, — mais peu éloigné; on ne voit pas ses ailes aériennes, mais doux comme la harpe qu'une houri fait vibrer, résonnent ses chants ravissants et prolongés. On pourrait croire que c'est le bulbul; mais quoique triste, la voix de ce dernier n'a pas de tels accents; car ceux qui les entendent ne peuvent plus s'éloigner; ils restent là et se prennent à pleurer comme s'ils aimaient en vain! Et néanmoins, les larmes qu'ils versent sont si douces, c'est une douleur si dégagée de crainte, qu'ils ne voient qu'avec peine l'aurore interrompre ce mélancolique concert, et voudraient prolonger encore leur veille et leurs larmes, tant ses chants ont un charme enivrant! Mais aux premières lueurs du jour, cette magique mélodie expire. Il en est même (et c'est ainsi que les doux rêves de la jeunesse nous abusent, mais qui aurait le courage de les blâmer?), il en est qui, dans les inflexions de cette voix touchante, ont cru reconnaître le nom de Zuleika. C'est de la cime de son cyprès que résonne dans l'air ce doux nom; c'est dans l'humble terre qui recouvre sa cendre virginale que la rose blanche a les racines de sa tige. Il y a quelque temps on y mit un marbre; le soir le vit placer, — le matin il avait disparu! Ce ne fut pas une main mortelle qui put enlever cette masse profondément fixée en terre, et la transporter sur le rivage; car, si nous en croyons les légendes d'Hellé, ce fut là qu'on le retrouva le lendemain, à l'endroit même où était tombé Sélim, baigné par ces mêmes flots qui avaient dénié à son corps une sépulture plus sainte. On dit que la nuit on voit s'incliner en cet endroit une tête livide coiffée d'un turban; et aujourd'hui ce marbre gisant au bord des ondes s'appelle « l'oreiller du Fantôme du Pirate! » Au lieu où il était d'abord, continue à fleurir cette rose de tristesse et de deuil, solitaire, humide, froidement pure et pâle, semblable à la joue de la beauté qui pleure au récit de quelque infortune.

NOTES DU CHANT DEUXIÈME.

[1] Avant d'envahir la Perse, Alexandre visita le tombeau d'Achille, et déposa sur l'autel une couronne de laurier. Il fut imité par Caracalla. Ce dernier même empoisonna, dit-on, un de ses amis, nommé Festus, pour avoir l'occasion d'instituer de nouveaux jeux patrocliens. J'ai vu les mou-

tons paître sur les tombeaux d'OEsietes et d'Antiloque. Le premier est au milieu de la plaine.

² Lorsqu'on frotte l'ambre, il s'en exhale un parfum qui, sans avoir beaucoup de force, n'est pas désagréable (*not desagreable*).

³ La croyance aux amulettes gravés sur des pierres ou enfermés dans des boîtes d'or est encore générale en Orient; ils se composent de versets du Coran; on les porte suspendus au cou, au poignet ou au bras. Le verset du Koursi (le trône), dans le second chapitre du Coran, qui décrit les attributs du Très-Haut, passe pour le plus efficace et le plus sublime de tous. Les personnes pieuses le portent de préférence.

⁴ *Combolio*, ou chapelet turc.

⁵ *Galiongee* ou *goliongi*, un marin, c'est-à-dire un marin turc. Sur un vaisseau turc, les Grecs sont matelots, et les Turcs portent le mousquet. Leur costume est fort pittoresque. J'ai vu plus d'une fois le capitan-pacha le revêtir quand il voulait garder l'incognito. Ils ont ordinairement les jambes nues. Les brodequins que j'ai décrits comme argentés sont ceux que j'ai vus à un voleur arnaute qui avait quitté la profession, et chez qui je logeais, près de Gastouni, en Morée; ils étaient composés d'écailles comme le dos d'une armadille.

⁶ Les allusions à un personnage ou à un événement de l'Ancien-Testament sont aussi communes chez les musulmans que chez les juifs. Les premiers se piquent même de mieux connaître la vie, souvent fabuleuse, des patriarches, qu'elle n'est racontée dans les livres saints, et, Adam ne leur suffisant pas, ils ont une biographie des préadamites. Salomon est le roi des sorciers, et Moïse un prophète qui ne le cède qu'au Christ et à Mahomet. Zuleika est le nom persan de la femme de Putiphar, et ses amours avec Joseph forment le sujet d'un des plus beaux poëmes orientaux. Il n'y a donc pas d'infraction à la couleur locale en mettant dans la bouche d'un musulman les noms de Caïn et de Noé.

[M. Murray ayant exprimé quelque doute sur l'emploi du nom de Caïn dans la bouche d'un infidèle, Byron lui envoya la note qu'on vient de lire — au bénéfice des ignorants. « Pour ma poésie en elle-même, dit-il, je n'en fais pas plus de cas que d'un pain de sucre; mais, pour la vérité des costumes et des paysages, je combattrais jusqu'à la mort. »]

⁷ Paswan Oglou, le rebelle de Widin, qui, pendant les dernières années de sa vie, brava le pouvoir de la Sublime-Porte.

⁸ Giaffir, pacha d'Argyro-Castro ou de Scutari, je ne sais lequel des deux, fut mis à mort de la même manière par l'Albanais Ali. Pendant que j'étais dans le pays, Ali-Pacha épousa la fille de sa victime quelques années après cet assassinat, qui se consomma dans un bain à Sophia ou à Andrinople. Le poison fut mis dans une tasse de café que présente toujours un domestique avant le sorbet, lorsqu'on est habillé.

⁹ Les Turcs ne connaissent guère d'autres îles que celles de l'Archipel. C'est à cette mer que le texte fait allusion.

¹⁰ Lambro Canzani, Grec fameux par ses tentatives pour délivrer son pays. Abandonné par les Russes, il se fit pirate, et l'Archipel devint le

théâtre de ses exploits. On dit qu'il vit encore à Saint-Pétersbourg. Lui et Riga sont les deux plus célèbres des révolutionnaires grecs.

11 *Rayah*. On appelle ainsi tous ceux qui payent la capitation nommée *haratch*.

12 Ce premier des voyages est du petit nombre de ceux que les Turcs se vantent de bien connaître.

13 *Jannat al Aden* est le séjour de l'éternité, le paradis des musulmans.

14 Il n'y a que les tombeaux des hommes qui portent un turban sculpté.

15 Chant de mort des femmes turques. Les esclaves sont silencieux, l'étiquette musulmane ne leur permet point de laisser paraître leur douleur en public.

LE CORSAIRE.

« — I suoi pensieri in lui dormir non ponno. »
Tasso, *Jerusalemme liberata*, canto X.

A THOMAS MOORE.

« 7 janvier 1814.

« Mon cher Moore,

« Je vous ai écrit une longue lettre de dédicace que je supprime, quoiqu'elle exprime sur vous une opinion que tout le monde s'honore de partager. J'y parlais trop de poésie et de politique, et d'ailleurs elle finissait par un sujet peu divertissant pour le lecteur, c'est-à-dire que je me mettais moi-même en scène. J'aurais pu la refaire ; mais qu'en est-il besoin ? Mes éloges n'auraient rien ajouté à votre réputation si solidement établie, et vous connaissez mon admiration pour vos talents, et le plaisir que j'éprouve à jouir de votre conversation. En vous demandant, en qualité d'ami, la permission de vous dédier ce poëme, je ne désire qu'une chose, c'est qu'il soit digne de vous.

« Votre affectionné et dévoué BYRON. »

CHANT PREMIER.

« — . . . Nessum maggior dolore,
Che ricordarsi del tempo felice
Nella miseria. . . . . » Dante.

I.

« Sur les ondes joyeuses de la mer sombre et bleue, comme elles nos pensées sont sans bornes, et nos âmes libres comme elles ; aussi loin que la brise peut porter, partout où les vagues écument, voilà notre empire, voilà notre patrie. Ce sont là nos royaumes, où notre puissance n'a point de limites. Notre pavillon est le sceptre auquel obéissent tous ceux qui le rencontrent. Dans notre vie turbulente et sauvage, nous passons, avec une égale jouissance, du travail au repos et du repos au travail. Oh! qui pourrait peindre nos émotions?... Ce n'est pas toi, esclave énervé de qui l'âme malade défaillirait sur la vague bondissante; ni toi, vaniteux seigneur d'indolence et de folles débauches, pour qui le sommeil n'a plus de douceur, et le plaisir plus de charmes. Oh! — excepté celui dont le cœur l'a éprouvé, et a bondi triomphant sur les vastes ondes, — qui peut dire le sentiment plein d'exaltation et le jeu délirant du pouls, qui font tressaillir l'homme errant sur cette voie sans bornes et sans traces? désirer pour lui-même le combat imminent, faire ses délices de ce que les autres appellent danger, rechercher avec joie ce que les lâches fuient avec crainte, et, là où défaillent les faibles, sentir, — sentir jusqu'au plus profond du cœur qui se gonfle, — ses espérances s'éveiller et grandir son courage!

« La mort est pour nous sans terreur, — pourvu que nos ennemis meurent avec nous; — ce n'est pour nous qu'un sommeil plus profond : qu'elle vienne quand elle voudra! nous nous hâtons de jouir de la vie, et quand nous la perdons, qu'importe que ce soit par les maladies ou dans les combats? Que celui qui traîne son existence, épris de la décrépitude, se cramponne à sa couche et y consume ses jours dans la souffrance; qu'il ne respire qu'avec effort, et que sa tête paralysée tremble sur ses épaules; à nous la fraîche tombe de gazon, et non le lit fiévreux! Tandis que, râle à râle, il rend son âme épuisée, la nôtre, avec une angoisse, — d'un seul bond, — échappe à toute contrainte. Son cadavre peut se vanter de son urne et de son étroit caveau, et ceux qui abhorraient sa vie peuvent dorer sa tombe. A nous des larmes, rares, mais sincères, quand l'Océan nous sert de linceul et de sépulcre! A nous le tribut d'affectueux regrets dans la coupe empourprée vidée en notre mémoire, et la courte épitaphe dont on nous honore au jour du danger, quand, après la victoire, ceux qui survivent se partagent le butin et s'écrient, le front rembruni par un triste souvenir : — « Que de joie eût exalté en ce jour le cœur des braves qui ne sont plus! »

II.

Tels étaient les accents qui retentissaient autour du feu de la garde, dans l'île du corsaire; tels étaient les sons qui allaient éveiller les échos des rochers, et qui semblaient des chants à des oreilles aussi sauvages! Répartis en groupes sur le sable doré, les pirates jouent, — boivent, — causent ou aiguisent la lame de leur poignard; ils choisissent les armes, assignent à chacun son épée, et voient sans émotion le sang qui la ternit; on répare les chaloupes, on replace la rame ou l'aviron; les uns errent pensifs sur la plage, d'autres s'occupent à tendre des piéges aux oiseaux, ou à sécher au soleil les filets humides; ceux-ci portent un regard avide vers l'endroit de l'horizon où il leur semble voir une voile; ceux-là racontent leurs exploits passés, et se demandent vers quelle proie nouvelle on conduira leur courage; peu importe, — c'est l'affaire de leur chef; la leur c'est d'obéir et d'avoir foi au succès de ses entreprises. Mais ce chef, quel est-il? Partout son nom est fameux et redouté; — ils n'en demandent et n'en savent pas davantage. Il ne se montre à eux que pour commander; sa parole est brève, mais son coup d'œil est sûr de même que sa main. Il ne se mêle point à la joie de leurs banquets; mais en faveur de ses succès ils lui pardonnent son silence. Pour lui la coupe ne se remplit jamais, elle passe devant lui sans qu'il y goûte; — quant aux mets dont il se nourrit, le plus frugal de ses hommes les laisserait aussi passer volontiers sans y toucher: un pain grossier, les végétaux les plus simples, quelquefois le luxe des fruits de l'été, font tous les frais de sa table, dont un ermite se contenterait à peine. Mais pendant qu'il repousse loin de lui les jouissances grossières des sens, son âme semble fortifiée par cette abstinence: « Qu'on vogue vers ce rivage! » — On y vogue. « Faites ceci! » — On le fait. « En rang, et suivez-moi! » La proie est conquise. Ses paroles sont rapides comme ses actes; tous obéissent; il en est peu qui lui demandent les motifs de ses ordres: une réponse courte, un coup d'œil de mépris, c'est tout ce qu'il leur daigne accorder.

III.

« Une voile! — une voile! » C'est une prise en espérance! Quelle nation? — quel pavillon? Que dit le télescope? Hélas! ce n'est pas une prise! — mais c'est une voile amie : le pavillon rouge se déroule au souffle de la brise. Oui, c'est un de nos navires qui rentre au port. — Que cette brise lui soit propice! — avant la nuit il aura jeté l'ancre. Déjà le cap est doublé, — notre baie reçoit cette proue qui fend avec fierté l'onde écumeuse. Avec quelle majesté il s'avance! Déployant ses blanches ailes, voyez-le fuir, — c'est ce qui ne lui arrive jamais devant l'ennemi. Il marche sur les eaux comme un être animé, et semble défier les éléments au combat. Qui ne braverait le feu des batailles — et les naufrages — pour être salué roi de son tillac peuplé?

IV.

Le câble glisse avec un bruit rauque sur le flanc du vaisseau; les voiles sont ferlées, et le voilà qui se balance sur son ancre : les oisifs rassemblés sur la plage aperçoivent déjà le canot qu'on descend de la poupe. Il est équipé. — Les rames frappent l'onde en cadence jusqu'à ce que sa quille touche le sable. Leur arrivée est saluée par des cris d'allégresse et des voix amies; la main presse la main; on sourit, on s'interroge, on se répond à la hâte, et le cœur se promet les joies d'un banquet fraternel!

V.

La nouvelle se répand, et la foule augmente; au milieu du bruit des voix et des rires, la femme exprime ses inquiétudes par des accents plus tendres : — les noms d'amis, d'époux, d'amants, sont dans chacune de ses paroles : « Oh! sont-ils sains et saufs? Nous ne demandons pas des nouvelles de vos succès; — mais les verrons-nous? Entendrons-nous leurs voix chéries? Là où gronde la bataille, où mugit la vague, — ils se sont sans doute conduits en gens de cœur? — Mais qui sont ceux qui ont survécu? Qu'ils se hâtent de venir agréablement nous surprendre, et que leurs baisers chassent le doute de nos yeux charmés! »

VI.

« Où est notre chef ? nous avons des dépêches à lui remettre. — La joie qui accueille notre arrivée — sera courte ; mais elle est sincère, et, quoique de peu de durée, — elle nous fait du bien. Allons, Juan, conduis-nous sur-le-champ vers notre chef ; ce devoir rempli, nous reviendrons nous mettre à table ; et chacun apprendra ce qu'il désire savoir. » Par un sentier creusé dans le roc, ils gravissent lentement la colline au sommet de laquelle la tour d'observation domine la baie Sur leur passage s'offrent d'épais buissons, des fleurs sauvages, des sources argentées, pleines de fraîcheur, dont les ondes éparses jaillissent en pétillant de leurs bassins de granit et semblent inviter à les boire. Ils montent de roc en roc. —Quel est, auprès de cet antre, cet homme solitaire dont les regards sont tournés vers la mer, appuyé tout pensif sur son épée qui dans sa main redoutable ne fait pas souvent office de bâton de repos ? « C'est lui. — C'est Conrad. — Le voilà, — comme à son ordinaire, — seul ; va, Juan, va lui annoncer notre visite. Il regarde le vaisseau. — Dis-lui que nous sommes porteurs de nouvelles pressantes. Nous n'osons pas encore l'aborder, — tu sais qu'il n'aime pas que des importuns l'approchent sans son ordre. »

VII.

Juan se rend auprès de lui et les annonce. — Sans articuler une parole, Conrad fait un signe d'assentiment. Juan les appelle ; ils viennent. — Il répond à leur salut en s'inclinant légèrement, mais ses lèvres restent muettes. « Chef, ces lettres viennent de l'espion grec qui nous avertit de l'approche d'une prise ou d'un danger. Quelles que soient ces nouvelles, nous pouvons dire que... » — « Silence ! silence ! » — Il met fin à leur babil. Interdits, ils se détournent, et se communiquent à voix basse leurs conjectures. Leurs regards furtifs cherchent à lire dans ses yeux l'impression que lui fait éprouver la lecture de cette missive ; comme s'il devinait leur intention, soit fierté, soit afin de leur dérober son émotion ou ses inquiétudes, il détourne la tête pour lire. — « Mes tablettes, Juan, ; écoute, — où est Gonzalvo ? » — « A bord du

navire à l'ancre. » — « Qu'il y reste. — Porte-lui cet ordre.
— Retournez à vos postes. — Préparez-vous à partir avec
moi : c'est moi qui vous commande cette nuit. » — « Cette
nuit ! seigneur Conrad ? » — « Oui, au coucher du soleil. Vers
ce soir, la brise soufflera. Mon corselet, — mon manteau ; —
une heure, et nous partons. Prends ton cor. Qu'il n'y ait pas
de rouille à la batterie de ma carabine, et qu'elle ne trompe
pas mon attente ; qu'on aiguise mon sabre d'abordage, et
que la garde en soit élargie. Que l'armurier s'en occupe sur-
le-champ ; la dernière fois il a plus fatigué mon bras que n'a
fait l'ennemi. Veille à ce que le canon de signal soit tiré exactement pour nous avertir quand l'heure qui nous reste sera
expirée. »

VIII.

Ils s'inclinent et s'éloignent à la hâte pour retourner bientôt sur le liquide abîme : mais ils n'en murmurent pas, —
car c'est Conrad qui les guide ; et qui oserait mettre en
question ce qu'il a décidé ? Homme de solitude et de mystère,
il est rare qu'on le voie sourire, qu'on l'entende soupirer ;
son nom inspire l'effroi aux plus farouches de sa troupe, et
fait pâlir leurs fronts basanés ; il gouverne leur âme avec ce
tact d'un esprit supérieur qui éblouit, domine le vulgaire,
et lui impose. Quelle est cette magique puissance que ces
hommes sans lois reconnaissent et envient, mais à laquelle
ils ne peuvent résister ? Qui peut enchaîner ainsi leur confiance ? Le pouvoir de la pensée ! — la magie de l'âme ! ce
pouvoir conquis par le succès et habilement conservé, qui
fait servir à sa volonté la faiblesse des autres, emploie leurs
bras comme des instruments sans qu'ils s'en doutent, et
s'approprie leurs plus brillants exploits. Il en a toujours été,
il en sera toujours ainsi sous le soleil ; toujours le grand
nombre travaillera au bénéfice d'un seul ! C'est la loi de la
nature. — Mais que le malheureux qui travaille n'accuse pas
et ne haïsse pas *celui* qui recueille le fruit de ses sueurs. Oh !
s'il connaissait le poids des chaînes splendides, comme son
humble infortune lui paraîtrait légère !

IX.

Différent des anciens héros, démons dans leurs actes, mais dieux du moins par le visage, les traits de Conrad n'ont rien qui commande l'admiration, quoique ses noirs sourcils ombragent des yeux étincelants. Il est robuste, sans être d'une vigueur herculéenne ; il n'a rien de gigantesque, sa taille ne dépasse pas la proportion ordinaire. Cependant, aux yeux de l'observateur attentif, il y a dans l'ensemble de sa personne quelque chose qui le distingue de la foule. Ce que c'est, on l'ignore ; mais cette impression n'en est pas moins réelle, quoiqu'on cherche vainement à se l'expliquer. Le soleil a bruni ses joues ; son front haut et pâle est voilé par les boucles nombreuses de sa noire chevelure ; souvent le mouvement de sa lèvre supérieure révèle malgré lui des pensées hautaines qu'il réprime, mais ne peut entièrement dissimuler. Sa voix est douce, sa contenance calme ; pourtant on voit qu'il se passe en lui quelque chose qu'il voudrait cacher. Les lignes profondes de ses traits et les couleurs mobiles de son visage attiraient parfois l'attention, et confondaient les conjectures, comme si cet abîme ténébreux de sa pensée couvait des sentiments terribles et indéfinissables ; cela était peut-être, mais personne ne le pouvait dire, tant son regard sévère était prompt à réprimer toute investigation trop puissante. Peu d'hommes pouvaient soutenir le choc de son œil pénétrant. Quand les yeux de la ruse essayaient de sonder son cœur et de pénétrer les mouvements changeants de son visage, il avait l'art de déjouer les projets de l'observateur, et le forçait de reporter son attention sur lui-même, dans la crainte de dévoiler à Conrad quelque pensée cachée au lieu de lui arracher le secret des siennes. Il y avait comme un démon dans son rire, qui soulevait des émotions de rage et de crainte ; et lorsqu'on avait lu la haine dans son regard sinistre, il fallait dire adieu à l'espérance et à la pitié.

X.

Les signes extérieurs par lesquels se manifestent les passions mauvaises sont difficiles à saisir. C'est intérieurement, — intérieurement que travaillait le génie du mal. L'Amour trahit tous les sentiments divers qui l'agitent. — La Haine, l'Ambition, la Fraude, ne se manifestent que par un sourire amer; c'est à peine si une imperceptible contraction des lèvres, une pâleur légère répandue sur des traits étudiés, annoncent la présence des passions profondes; pour les examiner et les juger, il faut les voir sans être vu. Alors — dans ces pas précipités, ces yeux levés en l'air, ces poings fermés, ces pauses douloureuses d'un homme qui écoute en tressaillant si quelque importun ne vient pas troubler sa redoutable solitude; alors — dans ces traits qui reproduisent les angoisses du cœur, dans ces sentiments qui éclatent, non pour disparaître, mais pour se fortifier encore; ces sentiments — convulsifs, — contraires, — glacés ou brûlants, — qui enflamment la joue, ou couvrent le front d'une froide sueur, — dans tous ces signes, qui que tu sois, contemple, si tu le peux sans trembler, contemple son âme, — vois-le dans son repos, alors que le sommeil vient adoucir sa destinée, vois — comme ce cœur solitaire et flétri est déchiré par la pensée corrosive d'un passé qu'il abhorre! Vois... — Mais qui a jamais vu, qui verra jamais l'homme tel qu'il est, — les profondeurs de l'âme à découvert?

XI.

Et pourtant la nature n'avait pas destiné Conrad à commander à des coupables, et à devenir l'instrument le plus redoutable du crime; son âme avait subi de grandes altérations avant que ses actes l'entraînassent à déclarer la guerre à l'homme et à être félon envers le ciel. Le monde l'avait trompé; il s'y était montré trop sage dans ses discours, trop insensé dans sa conduite; trop ferme pour ployer, trop fier pour s'abaisser, ses vertus mêmes avaient contribué à le rendre dupe; il les maudit comme la cause de ses malheurs, au lieu d'en accuser les perfides qui le trahissaient. Il oublia que dans le bien fait à des hommes meilleurs, il pourrait encore trouver le bonheur et les moyens de faire de nouveaux heureux. Craint, — repoussé, — calomnié avant que sa jeunesse eût perdu sa force, il haïssait trop les hommes pour connaître le remords, et, n'écoutant que la voix de son ressentiment, il se crut appelé à venger sur tous les torts de quelques-uns. Il se savait criminel, — mais il regardait les autres hommes comme n'étant pas meilleurs qu'on ne le croyait lui-même, et les plus sages d'entre eux lui paraissaient des hypocrites qui cachaient ce que de plus hardis faisaient ouvertement. Il se savait détesté, mais il savait que ceux qui ne l'aimaient pas tremblaient et le redoutaient du moins. Solitaire, farouche, bizarre, il n'inspirait à personne ni affection ni mépris; son nom pouvait affliger, ses actes surprendre, mais ceux qui le craignaient n'osaient pas le mépriser; l'homme foule aux pieds le vermisseau, mais il y regarde avant d'éveiller le venin endormi du serpent roulé en longs anneaux; le premier se retournera peut-être, mais il ne se vengera pas; le dernier meurt, mais il ne laisse point après lui son ennemi vivant; il l'étreint dans ses redoutables nœuds; on peut l'écraser, non le vaincre, et son dard donne la mort!

XII.

Dans l'homme, le mal n'est jamais sans mélange de bien: — se ravivant au cœur de Conrad, un sentiment plus doux n'avait pas encore voulu le quitter. Maintes fois il s'était raillé de ceux qui se laissent enchaîner par une passion digne d'un insensé ou d'un enfant; et pourtant ce fut en vain qu'il voulut s'en garantir, et chez lui aussi cette passion méritait le nom d'amour. Oui, c'était de l'amour, un amour constant, immuable, éprouvé, pour une seule femme dont rien n'avait pu le détacher. Chaque jour, de belles captives s'offraient à ses regards; sans les chercher ni les fuir, il passait froidement devant elles; dans son île plus d'une beauté pleurait sa liberté perdue, aucune n'avait pu lui surprendre un moment de faiblesse. Oui, c'était de l'amour, si l'on doit ce nom à une tendresse éprouvée par les tentations, fortifiée par le malheur, demeurée ferme dans tous les climats, qui avait résisté à l'absence, et, — chose plus rare encore, — que le temps n'avait pu lasser; ses espérances déçues, ses projets renversés, ne pouvaient l'attrister en présence de son sourire; devant elle tombait sa colère, et les douleurs de la maladie n'avaient pu lui arracher contre elle le plus léger signe d'impatience et d'humeur; toujours il la revoyait avec joie et la quittait avec calme, de peur que son air chagrin n'allât jusqu'à son cœur; cette tendresse, que rien n'avait interrompue ni menacé d'interrompre, c'était certes de l'amour, — s'il en fut jamais sur la terre! Il était criminel, — il méritait tous les reproches; — mais son amour était pur; de toutes ses vertus, il n'avait conservé que celle-là, et le crime lui-même n'avait pu éteindre dans son cœur ce sentiment si doux.

XIII.

Il s'arrêta un moment, jusqu'à ce que ses soldats, se dirigeant à la hâte vers la vallée, eussent passé le premier détour du sentier : « Étranges nouvelles! — J'ai traversé bien des périls, et je ne sais pourquoi celui-ci me semble devoir être le dernier! Mon cœur me le dit; mais la crainte ne m'arrêtera pas, et mes compagnons ne me verront pas reculer devant ce nouveau danger. Il y a de la témérité à aller au-devant de l'ennemi; mais notre perte est assurée si nous attendons ici la mort qu'on nous prépare. Mon plan est hardi; mais si la Fortune nous sourit, nous aurons des pleurs à nos funérailles. Oui, — qu'ils dorment, — que leurs rêves soient paisibles : l'aurore ne fit jamais luire à leur réveil de plus brillants rayons que ceux que je leur prépare si la brise me seconde, et qui vont cette nuit réchauffer ces tardifs vengeurs des mers. Allons prendre congé de Médora. — O mon cœur défaillant! puisse le sien ne ressentir de longtemps le poids qui t'oppresse! Et cependant il fut un temps où j'étais brave! — orgueil insignifiant ici où tout le monde est brave. Les insectes eux-mêmes ont un aiguillon pour défendre ce qui leur est cher; ce courage vulgaire que nous partageons avec les animaux, qui doit au désespoir ses plus redoutables efforts, mérite à peine qu'on en parle; — mais j'ai ambitionné une plus noble gloire : j'ai voulu apprendre à ceux que je commande comment le courage peut balancer le nombre; j'ai longtemps marché à leur tête, — et leur sang n'a point coulé en vain; ici, point de milieu : il faut périr ou vaincre! Eh bien! soit. — Ce qui me répugne, ce n'est pas de mourir, c'est de les conduire à des périls auxquels la fuite ne pourra pas les soustraire. Jusqu'ici mon sort m'a bien rarement occupé, mais mon orgueil s'indigne de me voir ainsi pris au piége. A quoi auront abouti mon habileté et mes ruses? à tout risquer sur une seule carte, espoir, puissance, vie! O destin! — Accuse ta folie et non le destin! — Il peut te sauver encore; il n'est pas trop tard. »

XIV.

C'est ainsi qu'il s'entretenait avec lui-même, jusqu'à ce qu'enfin il atteignit le sommet de sa colline, qu'une tour couronnait. Il s'arrêta avant de franchir le péristyle; — car il entendit les accents mélancoliques et doux de cette voix qu'il ne pouvait se lasser d'entendre; à travers la haute jalousie vibraient ces sons lointains, mais ravissants, et voici ce que chantait l'oiseau de beauté :

1.

Ce tendre sentiment, en mon âme il habite,
    Et je le cache à tous les yeux,
Si ce n'est quand mon cœur auprès du tien palpite,
    Puis redevient silencieux.

2.

Un invincible feu, flamme éternelle et sombre,
Là brûle lentement comme sur un tombeau :
En vain le désespoir le couvre de son ombre,
Toujours il resplendit, inutile flambeau!

3.

Pense à moi! lorsqu'auprès de ma tombe récente
Tu viendras à passer; pense alors, pense à moi!
Il n'est plus qu'un malheur dont mon cœur s'épouvante,
C'est que mon souvenir ne plane plus sur toi.

4.

Pour la dernière fois ma voix résonne encore;
On peut donner des pleurs à qui dort sans retour :
Une larme de toi, c'est tout ce que j'implore,
    Seul prix, hélas! de tant d'amour.

Il franchit le seuil, traverse le corridor et entre dans l'appartement au moment où la dernière vibration expire;

« Ma chère Médora ! en vérité, ton chant est plein de tristesse. »

« — Voudrais-tu qu'il fût gai dans l'absence de Conrad ? Quand tu n'es pas là pour m'entendre, ma pensée et mon âme se trahissent dans mes chants ; alors chacun de mes accents est l'écho de mon cœur, et ce cœur parlerait lors même que ma bouche serait muette. Oh ! combien de nuits, étendue sur cette couche solitaire, mon imagination alarmée a prêté aux vents les ailes de la tempête, et cru entendre dans la brise qui enflait doucement ta voile le murmure avant-coureur des orageux aquilons ! Le souffle le plus doux me semblait une voix prophétique et sombre qui te pleurait flottant sur la vague cruelle ; alors je me levais pour ranimer la clarté du fanal, de peur que des mains infidèles ne laissassent expirer sa flamme ; et puis je passais des heures inquiètes à regarder les étoiles ; et le matin venait, — et tu étais loin encore. Oh ! comme alors la bise glaçait mon sein ! comme le jour était sinistre à ma vue troublée ! et cependant je continuais à regarder, et pas une voile à l'horizon n'était accordée à mes larmes, — à ma sollicitude, — à mon amour ! Enfin, — il était midi, — je découvris un mât, je le saluai avec transport ; — il s'approcha ; — hélas ! il passa outre. J'en vis venir un autre : — ô Dieu ! c'était enfin le tien ! Quand cesseront des jours si pénibles ? Mon cher Conrad ! ne veux-tu donc jamais goûter un bonheur tranquille et sûr ? Tu as certainement plus de richesses qu'il ne t'en faut, et plus d'une patrie aussi brillante que celle-ci ,nous invite à ne plus errer : tu sais que ce n'est pas le péril que je redoute, je ne tremble que lorsque tu n'es pas ici ; et ce n'est pas pour ma vie, mais pour la tienne, cent fois plus chère. Mais tu fuis l'amour, et ne soupires qu'après les combats ; chose étrange ! que ce cœur, qui pour moi est encore si tendre, lutte contre la nature et ses plus doux penchants ! »

« — Oui, étrange en effet. Il y a longtemps que ce cœur est changé ; foulé aux pieds comme le ver impuissant, il s'est vengé comme le serpent ; il ne lui reste sur terre d'espoir que dans ton amour, et il ose à peine entrevoir dans le ciel une lueur de pardon. Mais ces sentiments que tu condamnes font partie de mon amour; ma tendresse pour toi, ma haine pour les hommes, sont tellement inséparables que je cesse de t'aimer si je cesse de les haïr. Cependant, ne crains rien, — le passé te garantit dans l'avenir la durée de mon amour. Mais, — ô Médora! que ton cœur se résigne à ce nouvel effort : à l'instant même, — mais pour un temps fort court, — il faut que je te quitte. »

« — Quoi! tu me quittes! et à l'instant! Mon cœur l'avait pressenti : ainsi s'évanouissent toujours mes rêves de bonheur. A l'instant nous séparer! — mais cela est impossible! — un de tes navires vient à peine de jeter l'ancre dans la baie; l'autre est encore absent; l'équipage a besoin de repos avant de braver de nouvelles fatigues. Mon ami! tu t'amuses de ma faiblesse; tu veux fortifier d'avance mon cœur contre une séparation à venir; mais ne te joue plus de ma douleur; il y a dans ce badinage moins d'enjouement que d'amertume. N'en parlons plus, Conrad! — mon bienaimé! viens prendre le repas que mes mains t'ont préparé; douce occupation que de pourvoir aux besoins de ta table frugale! Vois! j'ai cueilli les fruits qui m'ont paru devoir être les plus exquis, et quand ma main hésitait dans son choix, en ce doux embarras, j'ai donné la préférence aux plus beaux; trois fois mes pas ont fait le tour de la colline pour trouver l'onde la plus fraîche; va! ton sorbet ce soir sera délicieux; vois comme il pétille dans son vase de neige! Le jus enivrant de la treille ne réjouit jamais ton cœur; quand la coupe paraît, tu es plus qu'un musulman; mais je ne t'en blâme pas : je me réjouis de cette sobriété de goûts que d'autres regardent comme une privation pénible. Mais viens! la table est mise; notre lampe d'argent est allumée et ne craint pas le sirocco humide; mes femmes et moi nous formerons des danses, ou nous te ferons entendre le concert de nos voix; ou bien je prendrai ma guitare, dont tu aimes les accords; j'essaierai d'en tirer des sons qui te plaisent; — ou si son harmonie offense tes oreilles, nous lirons ensemble dans l'Arioste les malheurs et l'abandon de la belle Olympie [2]. Certes, si tu me quittais maintenant, tu serais plus coupable que celui qui manqua de foi à cette beauté trompée, ou que ce héros parjure qui.... — Je t'ai vu sourire quand, par un ciel sans nuage, je te montrais l'île d'Ariane, qu'on découvre du haut de ces rocs, et lorsque, moitié en plaisantant, moitié effrayée de voir ce doute se réaliser un jour, je te disais : « C'est ainsi que Conrad me quittera pour ne plus revenir! » — Et Conrad m'a trompée, car — il est revenu. »

« — Il reviendra toujours, oui, toujours, ma bien-aimée ! Tant qu'il y aura pour lui de la vie sur la terre, de l'espérance au ciel, il reviendra. Mais le temps fuit d'une aile rapide, et le moment de nous quitter s'approche. Pourquoi je pars, où je vais, c'est ce qu'il ne te servirait de rien de savoir, puisque tout doit se terminer par ce mot déchirant : —Adieu ! Cependant, si j'en avais le temps, je te ferais part de tout.— Sois sans crainte, — les ennemis que je vais combattre ne sont pas redoutables ; notre île sera gardée par des guerriers plus nombreux que de coutume, prêts à la garantir d'une surprise et à soutenir un long siége. Je ne te laisse point seule; pendant mon absence, nos matrones et tes femmes resteront près de toi ; console-toi en pensant que, lorsque nous nous reverrons, la sécurité rendra notre repos plus doux. Écoute ! — j'entends le son du cor ! — c'est Juan qui donne le signal du départ. — Un baiser ! — un autre, — encore un. — Oh ! adieu ! »

Elle se lève, s'élance, et s'attache à son embrassement. Le cœur de Conrad est oppressé ; il n'ose relever vers les siens ces beaux yeux d'azur, baissés dans les angoisses d'une douleur sans larmes. Le long des bras qui la soutiennent flotte dans un sauvage désordre sa longue chevelure blonde. C'est à peine si Conrad sent battre ce cœur où règne son image, que l'excès même du sentiment a rendu presque insensible. Ecoutez ! c'est la voix tonnante du canon qui donne le signal. Il annonce que le soleil se couche, et Conrad maudit le soleil. Il presse encore, il presse comme un insensé cette femme qui l'étreint, silencieuse, et le caresse, suppliante. D'un pas chancelant, il porte Médora sur sa couche, la contemple un moment, comme s'il ne devait plus la revoir; — il sent que pour lui il n'y a qu'elle sur la terre, imprime un baiser sur son front glacé, — s'éloigne. — Est-il parti, Conrad?

XV.

« Est-il parti? » Question cruelle, trop souvent reproduite dans la solitude soudaine! « Il n'y a qu'un moment encore, il était là! et maintenant.... » — Elle se précipite en dehors du péristyle, et c'est alors enfin que ses larmes coulent abondantes, larges, brillantes, rapides, à l'insu de celle qui les verse; cependant ses lèvres refusent encore d'articuler le mot « Adieu ! » car dans ce mot fatal, quoi que nous puissions promettre, — espérer, — croire, — c'est le désespoir qui s'exhale. Déjà, dans chaque trait de ce visage immobile et pâle, la douleur a imprimé des traits que le temps ne peut plus en effacer. Le tendre azur de ces grands yeux pleins d'amour s'est glacé à force de regarder le vide; mais tout à coup n'est-ce pas lui qu'ils aperçoivent encore, tout là-bas, bien loin? Alors sa prunelle en délire se fond en eau, et semble nager à travers le voile noir et brillant de ses longs cils, humectés d'une rosée de tristesse qui se renouvellera souvent : « Il est parti! » Elle porte sur son cœur ses mains convulsives, puis les élève suppliantes vers le ciel. Ses yeux se reportent vers l'Océan; elle voit les vagues qui se gonflent et la voile qui se déploie. Elle n'a plus le courage de regarder; elle rentre, l'âme navrée : « Ce n'est point un rêve ; — me voilà bien seule avec ma douleur ! »

XVI.

L'inflexible Conrad descend rapidement de roc en roc sans tourner la tête. Il tressaille chaque fois qu'un détour du sentier offre malgré lui à sa vue ce qu'il ne voudrait pas voir, sa demeure solitaire et charmante qui domine sur la hauteur, le premier objet qui, sur les flots, se présente à ses regards et salue son retour; et cette femme, — étoile mélancolique et voilée de tristesse, astre de beauté dont les rayons l'éclairent au loin, il n'ose arrêter sur elle ni sa pensée ni ses regards. Là est pour lui le repos, — mais sur le bord du précipice. Un moment il est tenté de s'arrêter, et de donner aux vagues ses projets, au hasard sa destinée; mais non, cela ne sera pas : un chef digne de commander peut s'attendrir; il ne cède pas aux pleurs d'une femme. Il voit son navire, remarque combien le vent est favorable, et rappelle à lui toutes les forces de son âme; il reprend sa marche précipitée, et lorsque arrivent à son oreille le tumulte confus de la plage, les cris, les signaux, le bruit des rames; quand ses yeux aperçoivent le mousse au haut du mât, l'ancre qu'on enlève, la voile qui se déploie, les mouchoirs qu'agitent les mains de la foule, muets adieux à ceux qui vont affronter les flots; mais surtout quand son rouge pavillon a frappé sa vue, alors il s'étonne que son cœur ait été si faible; son regard s'enflamme, son sang bouillonne, il est redevenu lui-même; il bondit,— il vole, — jusqu'à ce que ses pas aient atteint l'endroit où se termine le roc, où la plage commence. Là il s'arrête, moins pour respirer la fraîcheur de la brise que les flots lui envoient que pour reprendre sa dignité accoutumée, et ne pas se présenter aux regards des siens dans le désordre d'une marche précipitée ; car Conrad avait appris à gouverner la multitude par ces artifices qui servent de voile et souvent même de bouclier à l'orgueil. Il avait de la dignité dans le port, et cet air de réserve qui semble éviter les regards et commander le respect et la crainte; il avait l'aspect imposant, et ce coup d'œil haut et fier qui repousse la familiarité indiscrète sans néanmoins manquer de courtoisie; c'est par ces moyens qu'il se conciliait l'obéissance. Mais cherchait-il à plaire ? Il savait ployer avec tant d'art que sa douceur chassait la crainte dans ceux qui l'écoutaient; toute l'amabilité des autres ne pouvait égaler le charme de sa parole, et il y avait une puissance irrésistible dans les sons graves et tendres de cette voix qui semblait partir du cœur. Mais ce n'était pas là son allure ordinaire; il cherchait bien plus à dompter qu'à persuader ; les mauvaises passions de sa jeunesse l'avaient habitué à faire moins de cas de l'affection que de l'obéissance.

XVII.

Sa garde se range à ses côtés; Juan est debout devant lui. — « Tous nos hommes sont-ils prêts ? » — « Tous sont déjà embarqués : la dernière chaloupe n'attend plus que notre chef. » — « Mon épée et mon manteau ! » Aussitôt son épée est à sa ceinture et son manteau sur ses épaules. « Faites venir Pédro ! » Il vient. — Conrad s'incline avec toute la politesse dont il daigne honorer ses amis : « Reçois ces tablettes et lis-les avec soin, elles contiennent des instructions importantes. Que la garde soit doublée, et quand le vaisseau d'Anselme sera de retour, dis-lui de se conformer de point en point à ces ordres. Dans trois jours, si le vent nous est propice, le soleil éclairera notre retour; — jusque-là, que la paix soit avec toi ! » Il dit, serre la main du pirate son collègue, puis s'élance fièrement dans la chaloupe. La rame entr'ouvre les vagues, et à chacun de ses coups jaillissent des étincelles phosphoriques. On aborde le vaisseau. — Conrad est debout sur son tillac; — le sifflet fait entendre ses sons aigus; — les matelots exécutent la manœuvre. — Il remarque la promptitude avec laquelle son navire obéit au gouvernail, l'agilité et l'adresse de l'équipage, — et daigne en témoigner sa satisfaction. Il tourne vers le jeune Gonzalve des yeux approbateurs. — Pourquoi a-t-il tout à coup tressailli? Quelle soudaine tristesse a paru le saisir? Hélas! sa tour, du haut de son rocher, a frappé ses regards, et le souvenir des adieux s'est réveillé en lui. Sa Médora, — en ce moment, contemple-t-elle le vaisseau ? Ah! jamais il n'a mieux senti combien elle lui est chère! Mais il lui reste beaucoup à faire avant que le jour paraisse. — Il rappelle son courage, se détourne, et descend avec Gonzalve dans la cabine pour lui communiquer son plan, ses moyens — et son but; une lampe les éclaire; devant eux est une carte marine avec tous les instruments nécessaires à la science navale. Leur entretien se prolonge jusqu'à minuit; des yeux que l'inquiétude tient éveillés ne s'aperçoivent pas de la fuite des heures. Cependant, poussé par le souffle propice de la brise, le vaisseau vole sur les ondes avec la rapidité du faucon. Il traverse un groupe d'îles ; il en double les hauts promontoires, et bien avant l'aube il arrive en vue du port. Là, dans une étroite baie, les corsaires découvrent la flotte du pacha; ils comptent ses galères, et remarquent l'imprudente sécurité des musulmans endormis. Le vaisseau de Conrad passe devant leur flotte sans en être remarqué, et va tranquillement jeter l'ancre à l'endroit qu'il a choisi pour son embuscade, abrité derrière la saillie d'un cap qui élève dans les airs sa figure âpre et fantastique. Alors les corsaires, qui ne se sont point livrés au sommeil, se préparent à agir, également prêts à combattre sur la terre ou sur les flots; Conrad, appuyé sur le bord du navire, penché sur le gouffre écumant, parle avec calme, — et pourtant il parle de combats et de sang!

NOTES DU CHANT PREMIER.

[1] La durée de l'action du poëme pourra paraître trop restreinte eu égard au nombre des événements qui y sont accumulés; mais toutes les îles de la mer Égée ne sont qu'à quelques heures de distance du continent, et le lecteur voudra bien prendre *le vent* comme je l'ai souvent trouvé moi-même

[2] Voir *le Roland furieux*, chant X.

LE CORSAIRE.

CHANT DEUXIÈME.

> « Conosceste i dubiosi desiri? » DANTE.

I.

Dans la baie de Coron sont rassemblées de nombreuses galères. Les lampes brillent à travers les fenêtres de la ville; car cette nuit Séyd, le pacha, donne une fête à l'occasion de sa victoire en espérance, alors qu'il reviendra triomphant et ramènera les pirates chargés de fers; il l'a juré par Allah et son cimeterre. Fidèle à son firman et à sa parole, il a réuni sur la côte tous ses vaisseaux, et la multitude des guerriers accourus à sa voix fait retentir au loin ses orgueilleuses clameurs; déjà ils se partagent les prisonniers et le butin, quoique l'ennemi qu'ils méprisent soit loin encore. Ils n'ont qu'à mettre à la voile ; sans doute le soleil de demain verra les pirates enchaînés et leur repaire détruit. Cependant les sentinelles peuvent se livrer au sommeil, si cela leur convient, triompher en dormant et rêver de carnage. Voyez-les se disperser sur le rivage et exercer leur bouillante valeur sur le Grec inoffensif. Il sied si bien au brave en turban de tirer le cimeterre devant un esclave ! On pille sa maison, mais on veut bien lui laisser la vie ; car aujourd'hui leurs bras sont forts et cléments, et ils dédaignent de frapper parce qu'ils le peuvent impunément, à moins que ce ne soit dans un caprice de gaieté, et pour ne pas en perdre l'habitude. La nuit s'écoule au milieu des plaisirs et des festins ; ceux qui veulent garder leurs têtes, force leur est de sourire, de servir ce qu'ils ont de meilleur aux bouches musulmanes, et de contenir leurs malédictions jusqu'à ce que la côte soit délivrée de leur présence.

II.

Dans son palais, sur une ottomane élevée, est étendu Séyd, coiffé de son turban ; autour de lui sont rangés les chefs barbus qu'il est venu commander. Le banquet est terminé, le dernier pilau est enlevé ; — il a même osé, dit-on, boire des breuvages proscrits ; mais ses esclaves servent au reste de la compagnie le jus moins excitant de la fève d'Arabie. Des longues chibouques s'échappent des nuages de fumée, et les almas dansent aux sons d'une musique bizarre. L'aurore verra s'embarquer les chefs ; la mer est perfide dans l'ombre de la nuit, et après la débauche on dort plus tranquillement sur des couches de soie que sur la vague houleuse. S'amuse qui pourra ; qu'on attende pour combattre le dernier moment, et qu'on se fie plus au Coran qu'à la force de son bras ; cependant l'armée nombreuse du pacha justifie et au-delà son orgueilleuse attente.

III.

A la porte extérieure se présente, avec une respectueuse circonspection, un esclave que sa charge attache à ce poste ;

il incline profondément la tête, et sa main touche le sol avant que sa langue se hasarde à articuler son message. « Un derviche échappé de l'île des Corsaires est ici ; — il demande à dire lui-même le reste [1]. » Séyd fait d'un regard un signe d'assentiment, et sur-le-champ le saint homme est introduit en silence. Ses bras sont croisés sur sa robe d'un vert foncé ; sa démarche est mal assurée, l'abattement se peint dans ses traits ; cependant les austérités, plus que les années, semblent l'avoir vieilli ; c'est le jeûne et non la crainte qui a pâli son visage : son front est orné d'une chevelure noire consacrée à son Dieu, et que surmonte fièrement un haut capuchon ; les longs plis de sa robe enveloppent sa taille et cachent sa poitrine, où bat un cœur tout plein de l'amour du ciel. D'un air humble, mais assuré, il soutient les regards curieux dirigés sur lui, et qui cherchent à deviner l'objet de sa visite avant que la volonté du pacha lui ait permis de parler.

IV.

« Derviche, d'où viens-tu ? » — « De la tanière des pirates, d'où je me suis échappé. » — « Quand et comment es-tu tombé en leur pouvoir ? » — « Notre navire, parti de Scalanova, se rendait à l'île de Scio ; mais Allah n'a pas daigné sourire à notre voyage ; — ce sont les pirates qui ont profité des gains de nos marchands ; ils nous ont donné des fers. Je ne craignais pas la mort : je n'avais d'autre richesse que l'errante liberté qu'on venait de me ravir. Je profitai des chances de fuite que m'offrait la nuit la barque d'un pêcheur, je saisis l'occasion et m'échappai. Ici je suis en sûreté. — Auprès de toi, puissant pacha, que peut-on avoir à craindre ? »

— « En quel état se trouvent les pirates ? se disposent-ils à défendre leur butin et leur caverne de voleurs ? sont-ils informés de nos préparatifs ? savent-ils que la flamme va consumer leur nid de scorpions ? »

— « Pacha, un captif attristé, qui ne songe qu'au moyen de fuir, n'est guère propre à jouer le rôle d'espion ; je n'entendais que le mugissement des vagues inquiètes, ces vagues qui refusaient de m'arracher à ce rivage; je ne contemplais que le soleil et le ciel, ce soleil trop brillant, ce ciel trop bleu pour les regards d'un captif; je sentais qu'il fallait être libre pour jouir de tout cela, et que pour sécher mes larmes je devais commencer par briser ma chaîne. Du moins tu peux juger par mon évasion qu'ils ne songent guère aux périls qui les menacent; car, s'ils eussent fait une garde vigilante, j'aurais vainement essayé de profiter des moyens de fuite auxquels je dois de me trouver ici en ce moment. Les sentinelles insouciantes qui ne m'ont pas vu fuir ne veilleront pas avec plus de soin quand ta flotte approchera de leur île. Pacha, — mon corps demande à réparer ses forces affaiblies; j'ai besoin de nourriture pour apaiser ma faim, de repos pour me remettre des fatigues de la mer; permets que je me retire. — Que la paix soit avec toi et avec tous ceux qui t'entourent! — permets que j'aille prendre le repos qui m'est nécessaire. »

— « Demeure, derviche; j'ai d'autres questions encore à te faire; reste, te dis-je : je t'ordonne de t'asseoir; m'entends-tu? Obéis, je veux encore t'interroger; les esclaves t'apporteront de la nourriture; tu ne jeûneras pas lorsque tout le monde ici se livre aux joies du banquet. Quand tu auras mangé, prépare-toi à me répondre avec clarté et détails. — Je n'aime pas les mystères. »

Je ne sais quelle agitation s'empara de l'homme pieux, mais il jeta sur le divan des regards peu satisfaits; il témoigna peu de goût pour le repas qu'on lui offrait, et fort peu de respect pour les convives. Mais ce mouvement d'humeur qui parut sur son visage fut presque aussitôt réprimé; il s'assit en silence, et reprit son premier calme. Le repas servi, il se gardait de ces mets somptueux, comme si quelque poison y eût été mêlé. « Pour un homme si longtemps condamné au jeûne et à la fatigue, il me semble qu'il fait peu honneur au magnifique repas qui est devant lui. — Qu'as-tu donc, derviche? Mange. Te crois-tu à la table d'un chrétien? prends-tu mes amis pour tes ennemis? pourquoi dédaigner le sel, ce gage sacré qui, une fois accepté, émousse le tranchant du sabre, réunit les tribus hostiles et nous fait respecter comme un frère l'ennemi que nous avons pour hôte ? »

— « Ce sel assaisonne des mets délicats, — et moi, ma nourriture, ce sont les racines les plus communes ; ma boisson, l'eau du premier ruisseau venu ; d'ailleurs, mes vœux et les règles de mon ordre ² me défendent de rompre le pain avec qui que ce soit, ami ou ennemi. Cela peut paraître étrange, mais je parle à mes risques et périls ; toute ta puissance, pacha, que dis-je ? le trône même du sultan — ne me ferait pas goûter au pain ou à un mets quelconque, — à moins d'être seul. Si j'enfreignais les lois de notre ordre, la colère du prophète pourrait entraver mon pèlerinage au temple de la Mecque. »

— « Eh bien ! comme tu voudras. — Garde tes austérités. — J'ai une question à t'adresser : tu pourras ensuite te retirer en paix. Combien sont les pirates ? — Que vois-je ? ce ne peut être le jour ! — Quelle étoile, — quel soleil jette sur la baie ces flots de lumière ? — On dirait un lac de feu. — Aux armes ! — aux armes ! Trahison ! mes gardes, mon cimeterre ! Nos vaisseaux sont la proie des flammes, — et moi je suis ici ! Derviche maudit ! — voilà donc les nouvelles que tu apportes ! — Tu n'es qu'un vil espion. — Qu'on s'en empare ! — qu'on le tue à l'instant ! »

Le derviche s'est levé à la vue de cette soudaine lumière, et le changement qui s'effectue dans sa personne inspire l'effroi à tous les spectateurs. Le derviche s'est levé, non dans un pieux costume, mais comme un guerrier qui s'élance sur son coursier. Il a rejeté loin de lui son capuchon et sa robe. — On voit reluire sa cotte de mailles et briller les éclairs de son glaive ; son casque étroit, mais resplendissant, son noir panache, son regard étincelant, son visage sombre, le font apparaître aux regards des musulmans comme un génie infernal aux coups redoutables duquel il est impossible de se dérober. La confusion, le bruit, la lueur de l'incendie et des torches, les cris d'effroi, le cliquetis des fers qui se croisent, les hurlements des combattants, tout donne à ce lieu l'aspect de l'enfer. Les esclaves effrayés se dispersent et cherchent vainement à fuir; ils rencontrent sur la mer l'incendie, sur le rivage le glaive. C'est en vain que le pacha irrité leur crie de s'emparer du derviche, — autant vaudrait leur ordonner de s'emparer de Zatanaï [3]. Il vit leur terreur, — et réprima sur-le-champ le premier mouvement de désespoir qui ne lui avait présenté d'autre alternative que de mourir les armes à la main, lorsqu'il avait vu éclater l'incendie avant le signal donné. Il vit leur terreur, — prit le cor qui pendait à son baudrier et en tira un son aigu. On y répond. — « Ils vont vite en besogne mes braves compagnons ! Comment ai-je pu douter de leur promptitude à me secourir, et les soupçonner d'avoir voulu m'abandonner seul en ce lieu ? » Il étend son long bras et fait décrire un cercle à son sabre, dont les coups rapides réparent le temps pendant lequel il est demeuré oisif. Sa fureur achève sur ses ennemis ce que leur effroi a déjà commencé, et tous s'enfuient lâchement devant le glaive d'un seul homme. L'appartement est jonché de turbans coupés en deux, et à peine s'en trouve-t-il un qui ose lever le bras pour défendre sa tête. Séyd lui-même, troublé par la surprise et la fureur, recule devant lui tout en le menaçant; ce n'est point un lâche, et pourtant il redoute ses coups, tant la terreur grandit son ennemi. La vue de ses galères en flammes le met hors de lui; il arrache sa barbe et s'éloigne en écumant de rage [4], car déjà les pirates ont franchi la porte du sérail, ils ont pénétré dans l'intérieur, et la Mort marche devant eux. Les musulmans s'agenouillent, jettent leurs armes et demandent quartier. C'est en vain. — Le sang coule par torrents; les corsaires se hâtent d'accourir en foule au lieu où les sons du cor de Conrad les appellent, et où les gémissements des mourants, les cris de ceux qui implorent la vie, annoncent l'œuvre de carnage qui a signalé son bras. A la vue de leur chef seul et semblable à un tigre dans sa tanière ensanglantée, ses compagnons jettent des cris de joie. Mais il se hâte d'interrompre cette expression de leur dévouement : « C'est bien; — mais Séyd nous échappe, — et il faut qu'il meure.

— Nous avons beaucoup fait, — il nous reste encore plus à faire : leurs galères brûlent, — pourquoi pas aussi leur ville ? »

V.

A peine il a parlé — que chacun d'eux prend une torche, et bientôt du minaret au portique le palais est la proie des flammes. Une joie farouche éclate dans les yeux de Conrad ; mais elle s'éteint aussitôt ; car des cris de femmes arrivent à son oreille, et, comme un glas de mort, retombent sur son cœur que les hurlements du combat n'ont pu émouvoir. « Oh ! qu'on enfonce les portes du harem ! — qu'on respecte les femmes ! — vous m'en répondez sur votre tête. — Rappelez-vous que nous avons des épouses ; le moindre outrage serait puni de mort ! L'homme est notre ennemi, et quand nous le tuons nous sommes dans notre droit ; mais nous avons toujours épargné, nous épargnerons toujours le sexe le plus faible. Mon Dieu ! je l'avais oublié. — Mais le ciel ne me pardonnerait jamais la mort de ces êtres sans défense. Me suive qui voudra ! — Je pars ; — il est temps encore d'alléger nos âmes d'un crime de moins. » Il monte l'escalier croulant ; — il enfonce la porte ; ses pieds ne sentent pas le plancher brûlant ; il peut à peine respirer au milieu des torrents de fumée, mais il n'en continue pas moins sa marche de chambre en chambre. Ses compagnons le suivent ; on cherche et on finit par trouver l'appartement des femmes ; chacun saisit dans ses bras robustes une belle éplorée, l'emporte sans regarder ses charmes, calme sa terreur et ses cris, et soutient son corps chancelant avec tous les soins dus à la beauté sans défense, tant Conrad a su apprivoiser leurs cœurs sauvages et retenir dans le respect des bras sur lesquels le sang fume encore ! Mais quelle est-elle celle que Conrad tient dans ses bras et qu'il emporte loin du théâtre de l'incendie et du carnage ? C'est la bien-aimée de l'homme que son glaive a voué au trépas, c'est la reine du harem, — l'esclave de Séyd !

VI.

A peine si Conrad eut le temps d'adresser quelques paroles à Gulnare[5] et de calmer les frayeurs de cette beauté tremblante; car, dans cet intervalle dérobé par la pitié à la guerre, l'ennemi, voyant qu'il n'était pas poursuivi, suspendit sa fuite précipitée, — puis se rallia, — puis revint au combat. Séyd s'en est aperçu ; il a remarqué le petit nombre des pirates comparé à celui de ses guerriers; il rougit de son erreur, et s'indigne d'une déroute causée par la surprise et la peur : « *Allah il Allah !* » Tous ont répété ce cri de vengeance. La honte se transforme en rage; ils veulent réparer leurs torts ou mourir ; il faut que la flamme réponde à la flamme, le sang au sang; il faut faire refluer le flot de la victoire. Bientôt la lutte s'engage avec un nouvel acharnement, et ceux qui combattaient pour vaincre ont maintenant leur vie à défendre. Conrad voit le péril, — il voit ses compagnons affaiblis repoussés par des troupes fraîches : « Encore un effort, — un seul ; — ouvrons-nous un passage! » Ses soldats forment leurs rangs, — se serrent,— chargent, — plient, — tout est perdu ! Comprimés dans un cercle plus étroit, assiégés, ils continuent à lutter sans espoir, mais non sans courage. — Maintenant ils ne combattent plus en rang; cernés, — coupés, — massacrés, — foulés aux pieds, chacun d'eux frappe également et en silence des coups désespérés, et, tombant de lassitude plutôt que vaincu, porte un dernier coup en rendant le dernier soupir, jusqu'à ce que le glaive ne soit plus retenu que par l'étreinte de la mort.

VII.

Avant que les musulmans ralliés eussent recommencé le combat, Gulnare et ses femmes avaient été, par ordre de Conrad, mises en sûreté dans la maison d'un disciple de Mahomet. Là, elles essuyèrent les larmes que leur avait fait répandre la crainte de la mort et des outrages ; ce fut alors que la jeune Gulnare aux yeux noirs, recueillant ses pensées qu'avait égarées le désespoir, s'étonna de la courtoisie qui avait adouci la voix et les regards de Conrad : chose étrange! *ce* pirate, couvert de sang, lui avait alors paru plus aimable que Séyd, dans ses moments les plus tendres. Le pacha aimait comme s'il eût cru que son esclave devait s'estimer heureuse du cœur qu'il lui accordait; le corsaire lui avait donné sa protection, avait calmé ses frayeurs, comme si son hommage eût été un droit de la femme : « C'est un désir coupable, et, qui pis est pour une femme, il est inutile ce désir ; mais je brûle de revoir ce guerrier, ne fût-ce que pour le remercier, ce que j'ai oublié de faire dans ma terreur, de m'avoir conservé une vie à laquelle mon amoureux seigneur n'avait pas songé. »

VIII.

Et elle le voit au plus fort du carnage, entouré de morts auxquels il porte envie, et dont le souffle exhalé semble soutenir sa poitrine haletante. Seul et loin des siens, il tient tête à une nuée d'ennemis auxquels il fait payer cher leur victoire. Enfin, étendu par terre, — perdant tout son sang, — ne pouvant trouver la mort qu'il implore, il est pris, afin d'expier tous les maux qu'il a faits. On épargne sa vie, mais c'est pour prolonger son supplice ; la Vengeance, inventant pour lui de nouvelles tortures, n'étanche son sang que pour le verser de nouveau, mais goutte à goutte ; car le regard insatiable de Séyd voudrait le voir toujours mourant — sans mourir jamais ! Est-ce bien là celui qu'elle a vu, il n'y a qu'un moment, victorieux, et n'ayant besoin pour être obéi que d'un signe de sa main sanglante ? C'est lui en effet, — désarmé, mais intrépide ; son seul regret est de vivre encore ; ses blessures ne sont pas assez graves, et cependant il les a cherchées avec ardeur et eût baisé la main qui eût mis fin à son existence. Pourquoi, de tous ces coups qu'il a reçus, ne s'en est-il pas trouvé un seul capable d'envoyer son âme... — il n'ose dire au ciel ? Seul de tous les siens, doit-il rester vivant, lui qui, plus qu'aucun autre, a tout fait pour recevoir la mort ? Alors il sent amèrement — ce que doit sentir un cœur mortel quand il voit ainsi la fortune le rejeter subitement au bas de sa roue, juste châtiment de ses crimes, et qu'il entend les menaces du vainqueur lui promettre des tortures prolongées pour acquitter sa dette.

— Ses pensées sont douloureuses et sombres ; mais ce même

orgueil qui a guidé son bras l'aide alors à cacher ce qui se passe en lui. Son calme farouche indique plutôt un vainqueur qu'un captif; quoiqu'il soit affaibli par les fatigues et les blessures, bien peu ont pu s'en apercevoir, tant il promène autour de lui un regard assuré. En vain la multitude, revenue de ses frayeurs, fait entendre au loin ses clameurs insolentes, les braves qui l'ont vu de près n'insultent pas à l'ennemi qui leur apprit à trembler, et les gardes farouches qui le conduisent le contemplent en silence avec une secrète terreur.

IX.

On lui envoie un chirurgien, — mais ce n'est pas l'humanité qui l'amène : — il vient pour s'assurer quelle somme de souffrances peut être infligée encore à ce peu de vie qui lui reste; on lui en trouve assez pour supporter de lourdes chaînes, et promettre à la torture une sensibilité suffisante; demain, le soleil à son coucher verra commencer le supplice du pal; et le jour suivant, en se levant avec l'aurore, viendra contempler comment la victime supporte ses souffrances. De toutes les tortures, celle-là est la plus longue et la pire; car à toutes les autres agonies elle ajoute le tourment de la soif, qui se prolonge de jour en jour sans que la mort consente à l'éteindre, pendant qu'autour du fatal poteau voltigent les vautours affamés. « De l'eau! — de l'eau! — » la haine avec un sourire repousse la prière du malheureux patient; — car s'il boit, il meurt. C'est là le supplice qui attend Conrad! — Le chirurgien et les gardes sont partis, le laissant seul avec son orgueil et dans ses chaînes.

X.

Comment décrire ce qui se passe en lui? Il est douteux qu'il le sache lui-même. Il est un combat intérieur, un chaos de l'âme où tous ses éléments réunis sont en convulsion, se livrant dans les ténèbres une guerre aveugle et intestine, au milieu des grincements du remords impénitent, le remords! ce démon imposteur qui n'avait jamais parlé, et qui nous crie quand le mal est fait : « Je t'ai averti! »

Voix inutile! Les courages brûlants, indomptables, souffrent et se révoltent; les faibles seuls se repentent, même dans ces heures de solitude où nous sentons d'une manière plus intense, où l'homme tout entier se découvre à l'homme: alors nulle passion, nulle pensée dominante ne vient comme autrefois jeter un voile sur tout le reste; l'âme embrasse d'un regard toute la multitude des souvenirs qui viennent l'assaillir de toutes parts et débordent par des milliers d'issues, les rêves expirants de l'ambition, les regrets de l'amour, notre gloire en péril, notre vie menacée, les joies non goûtées, le mépris ou la haine pour ceux qui triomphent de notre malheur, le passé irréparable, l'avenir qui s'avance trop rapidement pour que nous sachions si c'est l'enfer ou le ciel qu'il nous amène; des actes, des pensées, des paroles, jamais totalement oubliés, mais dont le souvenir n'a jamais été aussi poignant qu'à cette heure; des fautes légères ou aimables, qui maintenant nous apparaissent comme autant de crimes; le sentiment rongeur de maux mystérieux, qui, pour être cachés, n'en sont pas moins amers; tout ce spectacle enfin que les yeux d'aucun mortel ne peuvent soutenir, ce sépulcre ouvert, — ce cœur d'homme mis à nu avec toutes ses douleurs exhumées, jusqu'à ce que l'Orgueil, s'éveillant, arrache à l'âme son miroir et le brise. Oui, — l'Orgueil peut voiler tout cela, — et le Courage tout braver, — tout, — tout, avant et par delà le plus affreux trépas. Nul n'est exempt de quelque crainte, et celui qui en trahit le moins n'est qu'un hypocrite avide de louanges. Il n'en mérite point le lâche qui fait étalage d'intrépidité, et s'enfuit! mais bien celui qui regarde le trépa en face — et meurt silencieux; qui, préparé dès longtemps à son dernier voyage, quand la mort s'approche, lui épargne la moitié du chemin!

XI.

Dans la plus haute chambre de sa plus haute tour, le pacha a fait enfermer Conrad, chargé de fers. L'incendie a dévoré son palais, — cette forteresse a recueilli son captif et sa cour. Conrad ne pouvait guère blâmer sa sentence;

car, s'il eût été vainqueur, le même sort eût été le partage de son ennemi. Il est seul ; — dans sa solitude, il interroge son cœur coupable ; mais cette pensée, il la maîtrise ; cependant il est une idée sur laquelle il ne peut ni n'ose s'arrêter : — « Que deviendra Médora en apprenant ces nouvelles ? » Alors, mais seulement alors, il lève ses mains enchaînées, et, dans sa rage, il se roidit contre ses fers ; mais bientôt il trouve, — ou affecte, — ou rêve le calme, et sourit en dérision de sa propre douleur : « Viennent maintenant les tortures quand elles voudront, — j'ai besoin de repos pour me fortifier contre elles ! » En parlant ainsi, il se traîne péniblement vers sa natte, et, quels que soient ses rêves, il ne tarde pas à s'endormir. Il était à peine minuit quand le combat avait commencé ; car les plans de Conrad avaient été exécutés aussitôt que conçus ; et le carnage met si bien les moments à profit, qu'un rapide intervalle lui avait suffi pour consommer ses crimes. Depuis le moment où Conrad avait débarqué, une heure l'avait vu déguisé, — découvert, — vainqueur, — pris, — condamné, et, — tour à tour corsaire sur les flots, — général sur terre, — détruire, sauver, — recevoir des fers — et s'endormir.

XII.

Il paraît reposer tranquille ; — c'est à peine si l'on entend sa respiration : — ah ! que ce repos n'est-il celui de la mort ! — Il dort. — Qui se penche ainsi sur son paisible sommeil ? ses ennemis sont partis, — et ici il n'a point d'amis ; est-ce un ange du ciel qui vient lui apporter le pardon ? Non, c'est une créature terrestre sous de célestes traits ! Sa blanche main tient une lampe — dont elle cache la lueur, de peur qu'un rayon de lumière ne vienne à tomber trop brusquement sur les paupières de ces yeux maintenant fermés, qui ne peuvent s'ouvrir qu'à la douleur, et qui, une fois ouverts, — ne se fermeront plus que pour le dernier sommeil. Cette beauté à l'œil si noir, au teint d'une blancheur si pure, à la brune chevelure entremêlée de diamants, à la taille de fée, — au pied rival de la neige brillante, et qui touche la terre, silencieux comme elle, comment a-t-elle pénétré jusqu'ici à travers les gardes et les ténèbres de la nuit? Ah! demandez plutôt de quoi n'est pas capable la femme qui, comme toi, Gulnare, obéit à l'inspiration de la jeunesse et de la pitié! Le sommeil fuyait ses paupières, et pendant le sommeil agité du pacha, occupé encore dans ses songes murmurants du pirate son prisonnier, elle a quitté son côté, emportant l'anneau qui lui sert de sceau, et que plus d'une fois en jouant elle a mis à son doigt; — à la faveur de ce signe respecté, elle a traversé sans obstacle les gardes à moitié endormis; épuisés par le combat et les coups qu'ils ont échangés, leurs yeux portaient envie au sommeil de Conrad; grelottants et appesantis, à la porte de la tourelle, ils ont étendu à terre leurs membres fatigués, et ont cessé de veiller; leur tête se soulève à peine pour reconnaître l'anneau du pacha, sans faire attention à la main qui le porte.

XIII.

Elle contemple Conrad avec étonnement : « Peut-il dormir paisible pendant que d'autres yeux pleurent sa défaite ou ses ravages, pendant que l'inquiétude guide en ce lieu mes pas errants? — Quel charme soudain m'a rendu cet homme si cher? Il est vrai que je lui dois la vie; je lui dois plus encore : il nous a soustraites, mes femmes et moi, à des maux pires que la mort. Il est trop tard pour m'arrêter à ces réflexions. — Mais, silence! — Il interrompt son sommeil. — Comme il soupire péniblement! — Il remue. — Le voilà réveillé! »

Conrad soulève la tête; — ébloui par la lumière, il ne sait s'il doit en croire ses yeux; sa main fait un mouvement; — le bruit de ses chaînes ne lui apprend que trop qu'il est encore du nombre des vivants : « Que vois-je? si ce n'est pas une divinité aérienne, il faut que mon geôlier soit doué d'une beauté merveilleuse! »

— « Pirate! tu ne me connais pas; — mais tu vois une femme reconnaissante d'une action dont ta vie n'a offert que trop rarement l'exemple. Regarde-moi! — et rappelle-toi celle que ton bras a arrachée aux flammes et à tes soldats, plus à craindre encore. Je viens à toi dans l'ombre de la nuit ; — je ne sais trop le motif qui m'amène, — pourtant mes intentions n'ont rien d'hostile ; — je ne voudrais pas te voir mourir. » — « S'il en est ainsi, femme compatissante, tes yeux sont les seuls que l'attente de mon supplice ne remplit pas de joie ; la fortune s'est rangée de leur côté, qu'ils usent de leur droit. Toutefois, je remercie leur courtoisie ou la tienne, qui m'envoie à ma dernière heure un confesseur aussi charmant ! » Chose étrange ! une sorte de gaieté se mêle à l'extrême infortune ; — elle n'apporte aucun soulagement ; — cet enjouement de la douleur ne saurait nous donner le change ; — mais ce sourire, tout amer qu'il est, — c'est pourtant un sourire ; et parfois on a vu les plus vertueux et les plus sages plaisanter jusque sur l'échafaud ! Ce n'est pas de la joie, quoique cela y ressemble ; — tout le monde peut y être trompé, excepté nous-mêmes. Quel que fût le sentiment qu'éprouvât Conrad en ce moment, un rire insensé dérida à demi son front : une sorte de gaieté était empreinte dans son accent, comme si c'eût été le dernier moment de joie qu'il goûtât sur la terre ; toutefois, cela n'était pas dans sa nature, car, dans sa courte carrière, la tristesse et l'agitation avaient rempli presque toutes ses pensées.

XIV.

« Corsaire ! ta sentence est prononcée ; — mais je puis, en profitant d'un moment d'abandon et de faiblesse, adoucir le courroux du pacha. Je voudrais te sauver, — et te sauver à l'instant même : mais le temps nous manque, et l'état de tes forces s'y opposerait ; cependant tout ce qu'il sera possible de faire, je le ferai : je tâcherai du moins de faire proroger la sentence qui t'accorde à peine un jour ; en vouloir maintenant davantage nous serait fatal ; cette vaine tentative nous perdrait tous deux, et toi-même tu ne le voudrais pas. »

— « En effet ! je ne le voudrais pas. — Mon âme est aguerrie à tout ; je suis tombé trop bas pour craindre une chute nouvelle. Ne te livre point à des projets périlleux, ne me flatte point de l'espoir d'échapper par la fuite à des ennemis avec lesquels je ne pourrais me mesurer : incapable de vaincre, — fuirais-je lâchement ? Serais-je donc le seul de ma troupe qui n'oserait mourir ? Cependant il est une femme — dont le souvenir ne peut se détacher de moi, et en pensant à elle je sens mes yeux humides s'attendrir comme les siens. Je n'avais que quatre choses au monde : — mon vaisseau, — mon épée, — mon amour, — mon Dieu! Ce dernier, je l'ai quitté dans ma jeunesse, — et il me quitte maintenant ; — et l'homme, en m'accablant, ne fait qu'accomplir sa volonté. Je n'insulterai pas à son trône par des prières arrachées à un lâche désespoir. Je respire, — je sais souffrir, c'est assez pour moi. Mon épée a échappé à ma main malheureuse qui aurait dû mieux garder une arme si fidèle; mon vaisseau est submergé, — ou pris ; — mais mon amour... — Oh! pour elle ma voix monterait vers le ciel! Elle est tout ce qui peut encore m'attacher à la terre! — Ma mort va briser ce cœur si tendre, et flétrir une beauté... — Avant que la tienne m'eût apparu, Gulnare! mes yeux n'ont jamais demandé si d'autres pourraient l'égaler. »

— « Tu en aimes donc une autre ? — Mais que m'importe? — cela ne me regarde pas, — ne peut jamais me regarder. — Cependant — tu aimes, — et... — Oh! je porte envie à celles dont le cœur peut s'appuyer sur des cœurs aussi fidèles, — qui jamais n'éprouvent de vide, — dont jamais la pensée ne s'égare et ne soupire après des visions — semblables à celles qu'a créées mon imagination. »

— « Gulnare ! — je croyais que tu aimais celui pour qui mon bras t'a arrachée à une tombe de feu. » — « Moi! aimer le farouche Séyd! Oh! — non! — non! — il n'a point mon amour! — Cependant il fut un temps où ce cœur s'efforçait de répondre à sa passion ; — mais ce fut inutilement. Je sentais, — je sens — que pour aimer — il faut être libre. Je ne suis qu'une esclave préférée tout au plus, appelée à partager sa splendeur, et on me croit bien heureuse! Il me faut souvent subir cette question : « M'aimes-tu? » et je brûle de répondre « Non! » Oh! il est dur d'avoir à supporter une telle tendresse et de lutter en vain pour n'y pas répondre par de l'aversion; mais il est plus dur encore de sentir se contracter un cœur qu'un autre peut-être remplit de sa présence. Il prend ma main sans que je la lui donne — ni la retire. — Mon cœur ne bat ni plus vite — ni plus lentement, — il reste calme et froid; et lorsqu'il laisse aller ma main, elle retombe comme un bras privé de vie, en s'éloignant d'un homme que je n'ai jamais assez aimé pour pouvoir le haïr. Mes lèvres restent froides sous ses baisers, et le souvenir du reste me donne un frisson glacial. Oui, — si j'avais éprouvé les transports de l'amour, en lui substituant la haine ce serait sentir encore; mais non, — je le quitte sans regret, — je le revois sans plaisir, — et souvent, quoique présent, — il est absent de ma pensée; et, quand viendra la réflexion, — et il faut bien qu'elle vienne, — je crains qu'elle n'amène désormais que le dégoût. Je suis son esclave; — mais, en dépit de mon orgueil, je préfère mon esclavage au rang de son épouse! Oh! que ne puis-je voir cesser son insipide amour! Puisse-t-il en aimer une autre et me laisser — hier encore — j'aurais pu dire à mon indifférence! Oui, — si j'affecte maintenant pour lui une tendresse qu'il ne m'a jamais vue, souviens-toi, — captif! que c'est pour briser ta chaîne, pour m'acquitter envers toi de la vie que je te dois, pour te rendre à tout ce qui t'est cher ici-bas, à celle qui partage un amour que je ne puis jamais connaître. Adieu! — Voici venir le jour, — il faut que je m'éloigne. Il m'en coûtera cher; — mais pour aujourd'hui du moins ne crains pas la mort! »

XV.

Elle presse sur son cœur ses mains enchaînées, baisse la tête, s'éloigne et disparaît silencieuse comme un songe de bonheur. Est-ce bien elle qui était là? Et maintenant, lui, est-il seul? Quelle est cette perle liquide qui est tombée brillante sur sa chaîne? C'est une de ces larmes sacrées versées sur les douleurs d'autrui, et qui s'échappent des yeux de la pitié, pures, brillantes, et déjà polies par une main divine. O larme trop persuasive, — trop dangereuse! — larme toute-puissante dans les yeux de la femme! — arme de sa faiblesse, qu'elle manie habilement pour sauver ou subjuguer, — qui lui sert à la fois de lance et de bouclier! fuyons: la vertu s'émeut, la sagesse s'égare à contempler trop complaisamment sa douleur! Qui a amené la perte de l'empire du monde? qui a fait fuir un héros? une larme timide de Cléopâtre! Mais pardonnons au triumvir sa douce faiblesse; combien, pour une cause semblable, — ont perdu, non la terre, — mais le ciel! combien livrent leurs âmes à l'ennemi du genre humain et se condamnent à d'éternelles douleurs pour en épargner à une beauté légère!

XVI.

L'aurore se lève, — et ses rayons éclairent les traits altérés de Conrad sans lui ramener l'espérance de la veille. Que sera-t-il avant qu'il soit nuit? Peut-être un objet inanimé sur lequel le corbeau agitera ses ailes funèbres, que ses yeux fermés n'apercevront pas, pendant que ce soleil se couchera, et que la rosée du soir, humectant ses membres engourdis, viendra rafraîchir la terre et tout ranimer dans la nature, — tout, — excepté lui!

NOTES DU CHANT DEUXIÈME.

1 On a objecté que le déguisement de Conrad n'est point dans la vraisemblance. Peut-être a-t-on raison; cependant voici un fait historique à peu près analogue:

« Désirant connaître par ses propres yeux la situation des Vandales, Majorien se hasarda, après avoir changé la couleur de ses cheveux, à visiter Carthage avec le titre de son propre ambassadeur. Genseric fut profondément humilié lorsqu'il découvrit qu'il avait reçu et laissé échapper l'empereur romain. Cette anecdote peut être rejetée comme invraisemblable, mais c'est une fiction qu'on n'a pu inventer qu'à propos d'un héros. » (Gibbon, *Histoire de la Décadence*, t. 6, p. 150.)

2 Les derviches sont partagés en différents ordres et ont des colléges comme les moines.

3 *Zatanaï*, Satan.

4 C'est un effet assez commun d'une violente colère chez les musulmans. On lit dans les *Mémoires du prince Eugène*, que le séraskier, ayant reçu une blessure à la cuisse et se voyant forcé de quitter le champ de bataille, s'arracha la moustache par lambeaux.

5 *Gulnare* est un nom de femme qui signifie textuellement *fleur de grenadier*.

LE CORSAIRE.

CHANT TROISIÈME.

« Como vedi — ancor non m' abandonna. » Dante.

I.

Sur les collines de la Morée s'abaisse avec lenteur le soleil couchant, plus charmant à sa dernière heure [1]. Ce n'est pas une clarté obscure comme dans nos climats du nord : c'est une flamme sans voile, une lumière vivante. Les rayons jaunes qu'il darde sur la mer calmée dorent la verte cime de la vague onduleuse et tremblante. Au vieux rocher d'Égine et à l'île d'Hydra, le dieu de l'allégresse envoie un sourire d'adieu; il suspend son cours pour éclairer encore ces régions qu'il aime, mais d'où ses autels ont disparu. L'ombre des montagnes descend rapidement et vient baiser ton golfe glorieux, Salamine indomptée! Leurs arcs azurés, prolongés au loin à l'horizon, se revêtent d'un pourpre plus foncé sous la chaleur de son regard ; çà et là sur leurs sommets, des teintes plus claires attestent son joyeux passage et reflètent les couleurs du ciel, jusqu'à ce qu'enfin sa lumière est voilée aux regards de la terre et de l'Océan, et derrière son rocher de Delphes il s'affaisse et s'endort. Ce fut par un soir comme celui-là qu'il jeta son rayon le plus pâle, lorsque ton sage, ô Athènes! le vit pour la dernière fois; avec quelle anxiété les meilleurs d'entre tes fils suivirent du regard sa mourante clarté dont le départ allait clore le dernier jour de Socrate immolé! Pas encore! — pas encore! — le soleil s'arrête sur la colline, il prolonge l'heure précieuse du suprême adieu; mais aux regards d'un mourant, triste est sa lumière, sombres sont les teintes naguère si douces de la montagne; Phébus semble jeter un voile de tristesse sur cette terre aimable, cette terre à laquelle jusqu'alors il avait toujours souri; mais avant qu'il eût disparu derrière la cime du Cithéron, la coupe de mort était vidée; — l'âme avait pris son vol, l'âme de celui qui dédaigna de craindre ou de fuir, qui vécut et mourut comme nul ne saura vivre ou mourir.

Mais voyez! des hauteurs de l'Hymette à la plaine, la reine des nuits prend possession de son silencieux empire; nulle vapeur humide, avant-coureur de l'orage, ne voile son beau front, ne ceint ses brillants contours. La blanche colonne salue avec reconnaissance la venue de l'astre dont sa corniche reflète les rayons; et du haut du minaret, le croissant, son emblème, étincelle de ses feux. Les bosquets d'oliviers, au loin épars aux lieux où le doux Céphise promène son filet d'eau, le cyprès mélancolique près de la mosquée sainte, le riant kiosque et sa brillante tourelle; et, près du temple de Thésée, ce palmier solitaire s'élevant triste et sombre au milieu de ce calme sacré, tous ces objets revêtus de teintes variées captivent la vue, — et insensible serait celui qui les verrait avec indifférence. La mer Égée dont, à cette distance, on n'entend plus la voix, apaise le courroux de ses ondes; son vaste sein, reflétant des teintes plus suaves, se déroule en longues nappes de saphir et d'or mêlées aux ombres de mainte île lointaine dont le sombre aspect contraste avec le sourire de l'Océan.

II.

Mais ce n'est pas là le sujet de mes chants. O Athènes! pourquoi mes pensées se reportent-elles vers toi? Oh! qui peut voir la mer qui baigne ton rivage, et penser à autre chose qu'à ton nom? tant la magie qui s'y attache fait taire tout autre souvenir! Quel est celui qui, t'ayant vue au coucher du soleil, belle Athènes, pourra jamais oublier ton aspect contemplé à la clarté du soir? Ce ne sera pas moi, — dont le cœur, en dépit du temps et de la distance, reste enchaîné par un magique amour au groupe de tes Cyclades. Et puis, cet hommage n'est point étranger au sujet que je chante; l'île de mon corsaire t'appartenait autrefois. — Oh! que ne la possèdes-tu encore avec la liberté!

III.

Le soleil s'est couché, — et, plus sombre que la nuit, s'affaisse le cœur de Médora avec le dernier rayon qui cesse d'éclairer la hauteur d'où l'on signale les navires. — Le troisième jour se lève et s'écoule, et il n'est pas de retour, — et il n'envoie point de ses nouvelles, l'ingrat! Pourtant le vent est propice, quoique faible; d'orages, il n'y en a point. Hier soir, le vaisseau d'Anselme est revenu, et la seule nouvelle qu'il ait donnée, c'est qu'on n'a point rencontré Conrad! Si Conrad eût attendu ce navire, l'état des choses eût été bien différent. La brise de la nuit commence à souffler; ce jour-là Médora l'a passée occupée à épier à l'horizon tout ce qui, à ses regards inquiets, pouvait offrir l'apparence d'un mât; elle est assise sur la hauteur. Enfin, cédant à son impatience, elle descend au milieu de la nuit sur le rivage, où elle erre désolée, sans faire attention à l'écume que la vague envoie sur ses vêtements, comme pour l'avertir de s'éloigner : elle ne voit rien, — ne sent rien, — et n'ose quitter ce lieu; elle ne s'aperçoit pas de la fraîcheur de la brise; c'est au cœur seul qu'elle a froid, jusqu'à ce que son inquiétude s'élève à un degré de certitude si entière que la vue même de Conrad lui eût fait perdre la vie ou la raison.

Enfin, elle voit arriver une chaloupe triste et délabrée; ceux qu'elle ramène ont rencontré d'abord celle qu'ils cherchent; quelques-uns sont blessés, — tous dans la condition la plus misérable. — Ils sont en petit nombre; — tout ce qu'ils savent, c'est qu'ils ont échappé. Comment? — Ils l'ignorent. Chacun d'eux cherche à se dérober aux regards, et attend en silence que son compagnon exprime le premier ses conjectures sur le destin de Conrad : il semble qu'ils ont quelque chose à dire, mais qu'ils craignent que leurs paroles n'arrivent à l'oreille de Médora. Elle les comprend aussitôt; mais elle ne tremble pas, elle ne succombe pas à sa douleur et à l'isolement de sa destinée; sous des formes délicates et belles étaient cachés des sentiments pleins de force, qui ne se révélèrent qu'après avoir recueilli toute leur énergie. Tant que dura l'espoir, — ils se firent jour par l'attendrissement, les anxiétés, — les larmes. — Quand tout fut perdu, — sa sensibilité ne s'éteignit pas. — Seulement, elle dormit; et sur son sommeil s'éleva cette courageuse énergie qui lui dit : « Tu n'as plus rien à aimer. — Tu n'as plus rien à craindre. » Cette force surnaturelle ressemble à la vigueur brûlante que puise le délire dans l'ardeur de la fièvre.

« Vous vous taisez. — Je n'ai pas besoin que vous me parliez ; — ne me dites pas une parole, — pas une syllabe, — car je sais tout. — Pourtant je voudrais vous demander ; — ma lèvre tremblante s'y refuse. — Voyons, que votre réponse soit prompte. — Dites-moi où on a déposé son corps. »

« Madame, nous l'ignorons. — C'est à peine si nous avons pu nous échapper la vie sauve. Mais voici un de nos camarades qui prétend qu'il n'est pas mort : il l'a vu enchaîné, sanglant, — mais vivant encore. »

Elle n'en entend pas davantage, — sa force est épuisée ; — elle sent refluer son sang, et accourir en foule les pensées qu'elle a jusque-là tenues écartées ; ces dernières paroles ont accablé son âme désolée et sombre : elle chancelle, — tombe, — et les vagues, en l'entraînant évanouie, lui eussent peut-être tenu lieu d'un autre cercueil. Les pirates, de leurs mains rudes, mais les larmes aux yeux, lui donnent à la hâte les secours que réclame la pitié ; ils jettent des gouttes de l'onde amère sur son visage où déjà est empreinte la pâleur de la mort, la relèvent, — agitent l'air autour d'elle, — la soutiennent, — et la rappellent à la vie ; puis, appelant ses femmes, ils leur confient cette beauté mourante qu'ils ne peuvent contempler sans douleur : alors ils se rendent à la caverne d'Anselme, pour lui faire un récit, toujours pénible quand ce n'est pas celui d'une victoire.

IV.

Dans ce conseil, il y eut des débats animés et étranges ; on y parla de rançon, de délivrance, de vengeance, de tout, excepté de repos et de fuite. Le génie de Conrad respirait encore en eux, et leur interdisait le désespoir ; quel que soit son destin, ceux qu'il a instruits et commandés le sauveront vivant, ou mort le vengeront. Malheur à ses ennemis ! Un petit nombre de braves ont survécu dont les bras sont aussi redoutables que leurs cœurs sont fidèles

V.

Dans l'appartement secret du harem, l'implacable Séyd rêve au supplice de son prisonnier; sa pensée erre tour à tour de l'amour à la haine, tantôt auprès de Gulnare, tantôt dans le cachot de Conrad. La belle esclave est à ses pieds; épiant les mouvements de son visage, elle essaie de dissiper sa sombre et farouche tristesse; pendant que ses grands yeux noirs cherchent, par d'inquiets regards, à éveiller sa sympathie, lui il fait semblant de regarder les grains de son rosaire[2], mais ne voit en réalité que les tortures de sa victime.

« Pacha! tu as triomphé, et la victoire plane sur ton cimier. — Conrad est en ton pouvoir, — tout le reste a succombé! son destin est fixé. — Il faut qu'il meure : il a mérité son sort, — mais il n'est pas digne de ton courroux; il me semble que si on lui donnait un moment sa liberté, en acceptant, pour sa rançon, tous ses trésors, on ne ferait pas un mauvais marché; on vante beaucoup les richesses amassées par ce pirate. — Plût au ciel qu'elles devinssent la propriété de mon pacha! Vaincu, affaibli par ce combat fatal, — surveillé, — traqué, — il sera une proie facile. Si, au contraire, on le fait mourir, les débris de sa bande embarqueront leurs trésors, et iront chercher un rivage plus sûr. »

— « Gulnare! — si pour chaque goutte de son sang on m'offrait une perle aussi précieuse que le diadème de Stamboul; si pour chacun de ses cheveux une mine vierge d'or massif brillait à mes yeux suppliante; si tous les trésors dont il est parlé, ou qui sont rêvés dans nos contes arabes, étaient devant moi, — toutes ces richesses ne le sauveraient pas! Ses jours n'eussent pas été prolongés d'une heure si je ne le savais dans les fers et en mon pouvoir, si, dans ma soif de vengeance, je ne m'occupais à chercher le supplice qui inflige les plus longues tortures, qui fait le plus tard mourir. »

— « Non, Séyd, je ne cherche point à arrêter ta fureur, qui est trop juste pour être adoucie par la clémence : je ne proposais que de t'assurer la possession de ses richesses. — Ainsi délivré, il ne serait pas libre; privé de la moitié de sa puissance et de son monde, un ordre de toi suffirait pour assurer sur-le-champ sa capture. »

— « Assurer sa capture ! — Et je relâcherais pour un seul jour ce brigand lorsqu'il est déjà dans mes fers ? rendre la liberté à mon ennemi ? — à la demande de qui ? à la tienne, belle solliciteuse ! — à ta vertueuse reconnaissance, jalouse de s'acquitter envers le corsaire galant et généreux qui, impitoyable pour tout le reste, t'épargna toi et tes femmes, sans regarder sans doute à la beauté de la prise, — et mes remercîments et mes éloges sont également dus. — Mais écoute ! j'ai un conseil à faire entendre à ton oreille délicate : je me défie de toi, femme ! et chacune de tes paroles confirme mes soupçons. Emportée dans ses bras hors du sérail en flammes, — dis-moi, l'attendais-tu pour t'enfuir avec lui ? Tu peux t'épargner le soin de répondre ; j'ai lu ta confession dans la rougeur coupable de ton visage ; or sus, ma belle dame, songe à toi et prends garde : sa vie n'est pas la seule qui réclame ta sollicitude ! Encore une parole, et... — Non, il n'est pas nécessaire que j'en entende davantage. Maudit soit l'instant où il t'enleva du milieu des flammes ! mieux eût valu pour toi que l'incendie... — Mais — non, — je t'aurais pleurée alors avec la douleur d'un amant.— Maintenant c'est ton maître qui te parle.— Femme perfide ! ignores-tu que je puis, quand je voudrai, couper tes ailes volages ? Je n'ai pas l'habitude, dans mon courroux, de m'arrêter aux paroles ; prends garde à toi ! — ta trahison pourrait bien ne pas rester impunie. »

Il se lève, et s'éloigne lentement, d'un air farouche ; la fureur est dans son regard, la menace dans son adieu. Ah ! celui-là connaissait bien peu la Femme qu'un visage irrité n'intimida jamais, que les menaces n'ont jamais pu dompter. Il ne se doutait guère, ô Gulnare ! de ce que ton cœur pouvait sentir dans son amour, pouvait oser dans sa colère. Les soupçons de Séyd ont paru l'offenser ; cependant elle ignore encore combien est profondément enraciné dans son cœur le sentiment d'où naît sa compassion. Elle est esclave : un captif a naturellement droit à sa sympathie ; car entre eux le nom seul diffère; sans trop savoir ce qu'elle fait, — elle brave de nouveau la colère du pacha; ses supplications sont encore repoussées, — et c'est alors enfin qu'elle sent s'élever dans son cœur ce conflit de la pensée, source des malheurs de la femme.

VI.

Cependant, les jours et les nuits se succèdent, et leur retour silencieux et monotone ramène les mêmes ennuis, les mêmes inquiétudes. — L'âme de Conrad a dompté la terreur pendant cet intervalle d'incertitude effrayante où chaque heure peut commencer pour lui un supplice pire que la mort, où chaque pas qu'il entend à la porte de son cachot peut être celui de l'homme chargé de le conduire là où le pal et la hache l'attendent; où chaque son de voix qui arrive jusqu'à lui est peut-être le dernier qui frappe son oreille. La terreur n'a point de prise sur lui; cette âme altière s'était montrée aussi peu résignée à la mort qu'elle y était peu préparée; maintenant elle est abattue, — son énergie est altérée peut-être. — Cependant il soutient en silence cette épreuve, la plus redoutable qu'il ait encore soutenue. La chaleur du combat, le fracas de la tempête, laissent à peine à l'âme agitée assez de loisir pour accorder une seule pensée à la peur; mais se voir chargé de chaînes dans un cachot solitaire; languir en proie à toutes les pensées contraires qui viennent nous assaillir; face à face avec notre propre cœur, méditer sur des fautes irrévocables et sur le sort qui nous attend; — savoir qu'il est trop tard pour nous soustraire à l'un, — pour réparer les autres; — compter les heures qu'il nous reste encore à vivre, sans un ami pour nous encourager et nous dire que la mort nous sied bien; autour de nous, des ennemis tout prêts à forger l'imposture et à flétrir par leurs calomnies la dernière scène de notre drame; devant nous, des tortures que l'âme peut braver, mais incertaine si la faiblesse de la chair pourra les soutenir, et si un seul cri échappé à la douleur ne ravira pas au courage sa dernière, sa plus précieuse palme; cette vie que nous quittons sur la terre, nous la voir refusée au ciel par les âmes charitables qui ont mis en monopole la miséricorde divine; et, ce qui est plus pour nous qu'un paradis problématique, — le ciel de nos terrestres espérances, — la bien-aimée de notre cœur, la voir ravie à notre amour, voilà, voilà les pensées dont le corsaire doit soutenir le conflit, voilà les tortures plus que mortelles qu'il lui faut endurer, et il les endure. — De quelle manière? Peu importe. C'est déjà quelque chose que de n'y pas succomber.

VII.

Le premier jour se passe, — il ne voit point Gulnare. — Le second, — le troisième s'écoulent, — et elle ne vient pas; mais ce que sa bouche a promis, ses charmes l'ont effectué, sans quoi il n'aurait pas vu luire un autre soleil. Le quatrième jour vient de se clore, et aux ténèbres de la nuit une tempête vient mêler sa majestueuse horreur : oh! comme Conrad prête une oreille avide au mugissement de la mer irritée, qui jamais jusqu'alors n'avait troublé son sommeil! comme, à la voix de son élément chéri, s'allume son imagination impétueuse! Combien de fois ces vagues l'ont porté sur leurs ailes! leur agitation même lui plaisait : il lui devait la rapidité de sa course, et maintenant leur choc bruyant retentit à son oreille; cette voix, depuis longtemps connue, il l'entend tout près de lui; — mais, hélas! c'est en vain! Le vent mugit au-dessus de sa tête; les détonations de la foudre font trembler la tourelle qui lui sert de prison, et à travers ses barreaux l'éclair darde ses feux, plus doux aux regards de Conrad que la clarté des étoiles; il approche ses chaînes des barreaux étincelants; il espère qu'il n'aura pas en vain provoqué ce péril. Il étend vers le ciel ses mains chargées de fers; il demande à sa pitié de permettre qu'un de ses foudres anéantisse cet être, son ouvrage. Le métal de ses chaînes et sa prière impie attirent également le tonnerre; — la tempête poursuit sa route et dédaigne de frapper; ses détonations lointaines s'affaiblissent, — cessent; — Conrad alors se sent isolé, comme si un ami infidèle eût repoussé ses gémissements!

VIII.

Il est minuit; — de la porte massive, des pas légers s'approchent, — ils s'arrêtent; — on n'entend plus rien; lentement se meut le verrou et tourne la clef lugubre. C'est elle, — son cœur l'a deviné! Quels que puissent être ses torts, c'est pour lui un ange protecteur, belle comme une vision céleste à la dévotion d'un ermite. Cependant elle est changée depuis sa dernière visite dans ce cachot; sa joue est plus pâle, toute sa personne plus agitée; elle fixe brusquement sur lui ses yeux noirs qui disent sa pensée avant que ses lèvres l'expriment. — « Il te faut mourir! oui, il te faut mourir! — Il ne te reste qu'une ressource, — la dernière, — la pire de toutes, — si la torture ne l'était pas. »

IX.

— « Gulnare, je n'en cherche aucune. — Ce que je t'ai déjà dit, je te le dis encore, — Conrad n'est point changé : pourquoi chercherais-tu à sauver les jours d'un pirate, et à détourner de moi un châtiment que j'ai mérité? Non seulement ici, mais ailleurs encore, j'ai, par un grand nombre d'actes punissables, acheté la vengeance de Séyd. »

— « Pourquoi je cherche à te sauver? Parce que... — Oh! ne m'as-tu pas épargné pis encore que l'esclavage? Pourquoi je cherche à te sauver? — Le malheur t'a-t-il rendu aveugle aux tendres émotions d'un cœur de femme? L'avouerai-je? quoique mon cœur répugne à dire ce qu'une femme peut sentir, mais doit taire, — c'est parce que, — en dépit de tes crimes, — mon cœur s'est ému pour toi. Tu m'as inspiré d'abord la crainte, — puis la reconnaissance; par toi, j'ai tour à tour connu la pitié, — la fureur, — l'amour. Ne me réponds pas; ne me dis pas ce que je sais déjà, que tu en aimes une autre, et que j'aime inutilement : il se peut qu'elle m'égale en tendresse et me surpasse en beauté; mais moi, je me précipite dans des dangers qu'elle n'oserait braver. Est-il bien vrai que tu lui sois véritablement cher? Si j'étais à toi, — tu ne serais pas seul ici : épouse d'un pirate, et laisser son époux errer sans elle sur les mers! Qu'a-t-elle à faire dans ses foyers, la gentille dame? Mais ne me parle pas maintenant; sur ta tête et la mienne le tranchant cimeterre est suspendu à un fil; si tu as encore du courage et si tu veux être libre, prends ce poignard, — lève-toi et suis-moi! »

— « Oui, avec ces chaînes! chargé de ces ornements, je marcherai d'un pied léger au milieu des gardes endormis! L'as-tu donc oublié? est-ce là le costume d'un fugitif? et cet instrument est-il dans un combat une arme bien redoutable? »

— « Incrédule corsaire! j'ai gagné les gardes, mûrs pour la révolte et cédant à l'appât de l'or. Je n'ai qu'un mot à dire pour faire tomber tes chaînes : seule et sans aide, serais-je ici en ce moment? Depuis que nous nous sommes vus, j'ai mis le temps à profit; si je me suis rendue coupable, c'est dans ton intérêt que j'ai commis ce crime. — Ce crime! — Ce n'en est point un que de punir ceux de Séyd, ce tyran détesté. Conrad, — il faut qu'il meure! Je te vois frémir, mais mon âme est changée; — outragée, méprisée, humiliée, il faut que je me venge! accusée de ce que jusqu'ici mon cœur avait dédaigné; moi qui, dans les chaînes de mon amer esclavage, ne suis restée que trop fidèle! Oui, tu peux sourire! — Mais je ne lui avais point donné de sujets de plainte; je ne lui étais pas infidèle alors. — Tu ne m'étais pas cher comme maintenant; mais il me l'a dit, et ces tyrans jaloux qui, en nous tourmentant, nous donnent la tentation de les trahir, méritent le destin que prédisent leurs lèvres chagrines. Je ne l'ai jamais aimé; — il m'a achetée, — un peu cher peut-être, — puisqu'il y avait en moi un cœur qu'il n'a pu acheter. J'étais une esclave soumise : il a prétendu que sans sa victoire je me serais enfuie avec toi. Tu sais que c'est un mensonge; mais que les prédictions de tels prophètes s'accomplissent! leurs paroles sont des présages que l'insulte se charge de vérifier. Le répit qu'on t'a accordé n'est pas dû à mes prières; cette grâce momentanée donne le temps de te préparer de nouvelles tortures et d'aggraver mon désespoir. Ma vie aussi est menacée par lui; mais son caprice me réserve pour servir aux plaisirs d'un maître. Quand il sera las de ma beauté passagère et de moi, le sac est là pour me recevoir, — et la mer n'est pas loin! Quoi donc! suis-je un jouet destiné à amuser un imbécile jusqu'à ce que la dorure soit partie? Je te vis, — je t'aimai, — je te dois tout. — Je veux te sauver, ne fût-ce que pour te montrer comme une esclave est reconnaissante. Mais, s'il n'avait pas ainsi menacé mon honneur et ma vie (et il tient les serments qu'a prononcés sa colère), je t'aurais sauvé encore, — mais j'eusse épargné les jours du pacha. — Maintenant je suis toute à toi, préparée à tout. — Tu ne m'aimes pas; tu ne me connais pas, — si ce n'est sous un jour défavorable. Hélas! c'est mon premier amour — et ma première haine. — Oh! si tu pouvais mettre ma foi à l'épreuve, je ne te verrais pas tressaillir, tu ne redouterais pas le feu qui brûle un cœur asiatique! Cette flamme est maintenant pour toi le fanal du salut; — elle te montre dans le port une barque maïnote; mais dans une chambre qu'il nous faut traverser, dort — qu'il ne s'éveille plus! — l'oppresseur Séyd! »

— « Gulnare, — Gulnare, — je n'ai jamais senti plus bas mon abjecte fortune, ma gloire flétrie. Séyd est mon ennemi. Il se préparait à exterminer ma bande d'un bras impitoyable, mais à force ouverte; c'est pourquoi je suis venu sur mon vaisseau pour détruire par le cimeterre celui qui voulait nous détruire: c'est mon arme, à moi, le cimeterre, — non le poignard perfide. — Qui respecte la vie d'une femme n'attente pas à celle d'un ennemi endormi. J'ai sauvé la tienne avec joie, Gulnare, mais non dans un but semblable. — Ne me laisse pas croire que mon humanité s'est méprise. — Adieu, — que ton cœur se calme. — La nuit s'avance; — c'est la dernière accordée à mon repos terrestre! »

— « Le repos! le repos! Le soleil à son lever verra palpiter tes chairs, et tes membres tressaillir d'angoisse sur le fatal poteau. J'ai entendu l'ordre, — j'ai vu, — je ne le verrai pas; si tu meurs, je meurs avec toi. Ma vie, — mon amour, — ma haine, — mon tout ici-bas va se décider maintenant. — Corsaire! ce n'est qu'un coup à frapper! sans ce coup, la fuite nous est impossible. — Comment éviter sa poursuite certaine? Mes injures subies en silence, ma jeunesse déshonorée, — mes longues années consumées sans fruit ; un seul coup va venger tout cela et mettre fin à nos craintes à venir. Mais, puisque l'épée te sied mieux que le poignard, j'essaierai ce qu'il y a de fermeté dans la main d'une femme. Les gardes sont gagnés ; — un moment, et tout est fini?— Corsaire! tous deux nous allons être en sûreté, ou c'en est fait de nous! si ma faible main me trahit, les vapeurs du matin planeront sur ton échafaud et sur mon linceul. »

X.

Elle est sortie et a disparu avant qu'il ait pu répondre ; mais son inquiet regard la suit de loin ; il relève et rassemble de son mieux les chaînes dont il est chargé, de manière à réduire leurs dimensions et amortir leur bruit : et maintenant que ni portes ni verrous n'arrêtent plus ses pas, il s'élance après Gulnare de toute la vitesse que lui permettent la gêne et le poids de ses fers. Le passage qu'il suit est long et tortueux. Où le conduira-t-il? il l'ignore. Ni lampes, ni gardes sur son chemin. Enfin il aperçoit de loin une faible lumière ; se dirigera-t-il vers cette lueur qu'il distingue à peine, ou s'en détournera-t-il? Il s'abandonne au hasard ; un air frais comme le vent du matin vient rafraîchir son front. Il arrive dans une galerie ouverte ; à ses yeux brillent les dernières étoiles de la nuit et le ciel déjà blanchissant ; mais il y arrête à peine ses regards ; son attention est attirée par une clarté qui vient d'une chambre solitaire. Il marche dans cette direction ; une porte légèrement entr'ouverte révèle la lumière intérieure, et rien de plus. Une figure en sort à pas précipités, s'arrête, — se détourne, s'arrête encore. — C'est elle enfin! point de poignard dans sa main, — rien qui annonce un crime. — « Béni soit ce cœur amolli par la pitié! — elle n'a pu se résoudre à frapper. » Il la regarde encore, — son œil égaré se détourne avec épouvante de la lumière soudaine du jour. Elle s'arrête, — rejette en arrière ses longs cheveux flottants qui lui voilaient presque entièrement le sein et le visage, comme si sa tête venait de se pencher sur je ne sais quel objet de doute et d'effroi. Il l'aborde ; — sur son front, — à son insu, — une tache que dans sa précipitation sa main y a laissée, — ce n'est qu'une tache légère; — sa couleur est tout ce qu'il en a distingué, et il s'est hâté de détourner la vue. O faible mais irrécusable témoignage du crime! — c'est du sang!

XI.

Il avait vu le spectacle des combats; — seul dans sa prison, il avait médité sur le supplice promis au coupable; il avait éprouvé les tentations du crime et ses châtiments, — et la chaîne dont ses bras étaient chargés pouvait y rester à jamais; mais ni les combats, — ni la captivité, — ni les remords, — ni tout ce qui a remué son âme avec le plus de violence, ne l'ont fait frissonner, n'ont glacé le sang dans ses veines comme la vue de cette tache pourpre; cette goutte de sang, cette légère trace qu'a laissée le crime, a effacé à ses yeux la beauté de Gulnare! Il avait vu répandre le sang, — il l'avait vu sans émotion; mais ce sang coulait dans les combats, versé par la main de l'homme!

XII.

« C'est fini, — il a failli s'éveiller; — mais c'est fini. Corsaire! il est mort; — ta conquête me coûte cher. Tout ce que nous pourrions dire maintenant serait inutile. — Fuyons! — Fuyons; notre barque nous attend, — le jour commence à paraître. Ceux qui ont été gagnés par moi me sont complétement dévoués, et ceux des tiens qui ont échappé au glaive vont se joindre à eux; plus tard ma voix justifiera mon bras, lorsque nos voiles nous auront éloignés de ce rivage abhorré. »

XIII.

Elle frappe des mains; — soudain on voit accourir dans la galerie ses vassaux, grecs ou maures, tous équipés pour le départ. Prompts et silencieux, ils détachent ses fers; le voilà de nouveau libre, libre comme le vent des montagnes! Mais il est triste comme si le poids de ses chaînes avait passé à son cœur! On observe un silence profond. — A un signe de Gulnare, une porte s'ouvre et laisse voir une secrète issue qui conduit au rivage; la ville est derrière eux. — Ils se hâtent d'atteindre la plage où la vague se joue sur le sable d'or. Conrad suit les pas de Gulnare; il s'abandonne à ses guides.

Peu lui importe maintenant d'être sauvé ou livré ; la résistance est aussi inutile que si Séyd vivait encore pour ordonner son supplice.

XIV.

On s'embarque, la voile se déploie au souffle léger de la brise. — Que de souvenirs se pressent dans la mémoire de Conrad ! Il demeure absorbé dans une muette contemplation, jusqu'au moment où le cap derrière lequel s'abrita naguère son navire, élève devant lui sa masse gigantesque. Ah ! — depuis cette nuit fatale, dans un espace de temps bien court, s'est accumulé un siècle de terreur, de douleur et de crime. Au moment où il voit l'ombre du cap lointain se projeter au-dessus du mât, il voile sa face, son cœur se serre de tristesse ; sa pensée se reporte sur Gonzalve et ses compagnons, sur sa passagère victoire, sur sa défaite ; il songe à celle qui est loin de lui, à sa bien-aimée qui l'attend, solitaire ; il se retourne et voit Gulnare l'homicide !

XV

Elle observe ses traits jusqu'à ce qu'elle ne puisse plus soutenir son aspect glacial et son air répulsif ; alors le caractère farouche empreint dans son regard, et qui lui est étranger, fait place à des larmes abondantes, mais tardives. Elle tombe à ses pieds, elle presse sa main : « Allah peut me condamner, mais toi, tu dois m'absoudre. Sans ma criminelle action, où serais-tu maintenant? Fais-moi des reproches, — mais pas encore ; — oh ! épargne-moi en ce moment? je ne suis pas ce que je semble. — Dans cette nuit terrible, je n'avais pas ma raison. — N'achève pas de me rendre insensée : si j'avais moins aimé, — je serais moins coupable ; mais tu ne vivrais pas — pour me haïr — si tu veux. »

XVI.

Elle ne l'a pas compris ; c'est lui-même qu'il blâme plus encore que celle dont à son insu il a causé les malheurs et le crime ; mais profonde, sombre et sans voix, sa pensée saigne en silence dans la solitude de son cœur. On continue à voguer : le vent est bon, la mer propice ; les vagues bleues se jouent autour de la proue du navire qu'elles poussent en avant. Bien loin à l'horizon, on aperçoit un point léger. — Il s'élargit. — On découvre un mât, — des voiles ; — c'est un vaisseau armé en guerre ! Leur petite barque a été aperçue par les hommes de quart sur son tillac, et ses voiles sont augmentées ; d'un cours majestueux, il s'avance agile, terrible ; un éclair brille. Un boulet dépasse la barque, et sans atteindre personne il rase, en sifflant, les vagues. Conrad sort tout à coup de sa rêverie silencieuse ; il se lève, ses traits rayonnent d'une joie depuis longtemps absente : « Ce sont les miens, — voilà mon pavillon rouge ! Je le revois, — je le revois ! — J'ai encore des amis sur l'Océan. » On a reconnu son signal, on répond à sa voix : la chaloupe est mise en mer, on baisse les voiles. « C'est Conrad ! c'est Conrad ! » s'écrie-t-on de toutes parts sur le tillac ; ni la voix confuse des chefs, ni la discipline ne peuvent réprimer leurs transports. C'est avec joie et orgueil qu'ils le voient monter de nouveau sur le pont de son vaisseau ; un sourire éclaircit ces farouches visages, et peu s'en faut qu'ils ne le pressent dans leurs bras vigoureux. Et lui, oubliant à demi ses dangers et sa défaite, répond à leurs félicitations comme il sied à un chef tel que lui, serre la main d'Anselme d'une cordiale étreinte, et se sent capable encore de vaincre et de commander.

XVII.

Après cette première effusion de leur cœur, ils s'affligent d'avoir reconquis leur chef sans combattre ; ils étaient partis, préparés à le venger ; s'ils avaient su que la main d'une femme s'était chargée de ce soin, cette femme eût été leur reine. — Ils n'ont pas sur le choix des moyens les mêmes scrupules que l'orgueilleux Conrad. La vue de Gulnare fait naître parmi eux l'étonnement et un sourire de curiosité ; ils se parlent à voix basse ; et cette femme, tout à la fois au-dessus et au-dessous de son sexe, qui n'a point pâli devant le sang, se sent troublée par leurs regards. Elle tourne vers Conrad ses yeux suppliants, abaisse son voile, garde le silence, et les bras humblement croisés sur sa poitrine, — satisfaite de voir Conrad hors de danger, abandonne le reste au destin. Malgré l'horrible frénésie dont son cœur avait été capable, extrême dans son amour comme dans sa haine, dans le bien comme dans le mal, après le pire des forfaits, elle était restée femme!

XVIII.

Conrad l'a remarqué; il a senti dans son cœur — pouvait-il moins faire? — haine pour son crime, pitié pour son malheur; ce qu'elle a fait, aucune larme ne peut l'effacer; et le ciel doit le punir au jour de sa colère : mais — le mal est fait; il sait, quel que soit son crime, que c'est pour lui que ce poignard a frappé, que ce sang a été versé; et il est libre! — et pour lui elle a sacrifié tout sur la terre, et plus que tout dans le ciel! Et maintenant il se tourne vers cette esclave aux yeux noirs qui baisse sous son regard son front humilié. A présent, qu'elle est changée! — Faible et timide, à tous moments les couleurs de son visage sont remplacées par une pâleur mortelle, — où il n'y a de rouge que cette tache effrayante que le meurtre y a imprimée? Il lui prend la main; — elle tremble, — mais trop tard; — si douce au toucher de l'amour, — si fatalement énergique dans la haine, il serre cette main; elle tremble, — et la sienne aussi a perdu sa fermeté; l'accent de sa voix est altéré. « Gulnare! » Mais elle ne répond pas. — « Chère Gulnare! » Elle lève les yeux; — toute sa réponse est là, — elle tombe dans ses bras. Pour la repousser de cet asile, il lui eût fallu plus ou moins qu'un cœur d'homme; mais, qu'il ait raison ou tort, il ne l'écarte pas de son sein. Peut-être, sans les pressentiments qui assiégent son cœur, sa dernière vertu irait rejoindre les autres. Mais non; Médora elle-même pardonnerait le baiser qui ne demande rien de plus à une beauté si charmante, le premier et le dernier que la faiblesse ait dérobé à la constance sur des lèvres où l'Amour a mis tout son souffle, sur des lèvres — dont les soupirs entrecoupés exhalent un parfum si enivrant qu'on dirait que ce dieu vient de les éventer de son aile.

XIX.

A l'heure du crépuscule, ils aperçoivent leur île solitaire.

Les rochers même semblent leur sourire; le port retentit de mille bruits joyeux; la flamme des signaux brille sur les hauteurs; les chaloupes sillonnent la baie onduleuse, et les dauphins les poussent en se jouant à travers l'écume des flots; l'oiseau des mers lui-même fait entendre, comme pour saluer leur retour, les sons rauques de sa voix discordante. Auprès de ces flambeaux qu'ils voient briller de loin à travers les jalousies, leur imagination leur peint les amis qui en entretiennent la clarté. Oh! qui peut sanctifier les joies du foyer comme le regard charmant jeté par l'Espérance du sein orageux de l'Océan?

XX.

Parmi les lumières qu'on voit briller au loin dans l'île et sur la côte, Conrad cherche des yeux la tour de Médora. Il regarde en vain : tous remarquent avec surprise que seule elle est dans l'ombre. Cela est étrange; c'est pour la première fois qu'à son retour il n'y voit pas briller une clarté amie; peut-être aussi que cette lumière n'est pas éteinte, mais seulement voilée. Conrad descend dans la première chaloupe qui se dirige vers le rivage, et son impatience accuse la lenteur des rames. Oh! que n'a-t-il des ailes plus agiles encore que celles du faucon, pour s'élancer sur la montagne avec la rapidité d'une flèche! A peine a-t-on cessé de ramer, il ne peut attendre, — il ne voit rien; — il se précipite dans les flots, fend l'onde amère, gravit la plage, et monte par le sentier qui lui est familier.

Il arrive à la porte de la tour, — il s'arrête, — il écoute; au dedans aucun bruit, au dehors tout est ténèbres. Il frappe avec force. — Personne ne vient ni ne répond; rien n'annonce qu'on l'ait entendu, ou qu'on soupçonne sa présence; il frappe de nouveau; — mais faiblement, — car sa main tremblante refuse de seconder l'impatience de son cœur oppressé. On ouvre, — c'est un visage connu, — mais ce n'est pas celle qu'il brûle de serrer dans ses bras. On garde le silence! — lui-même essaie deux fois de parler, deux fois il sent ses questions expirer sur ses lèvres; il saisit le flambeau, — sa lumière va tout éclaircir, — le flambeau lui échappe et s'éteint dans sa chute. Il n'attend pas qu'on le rallume; autant vaudrait lui demander d'attendre la clarté du jour; mais un autre flambeau jette dans le corridor sombre sa clarté vacillante; il entre dans l'appartement, — ses yeux voient ce que son cœur ne pouvait croire, — ce que pourtant il avait pressenti.

XXI.

Il ne se détourne pas, — ne parle pas, — ne se sent point défaillir : — son œil est fixe; son corps, que l'inquiétude faisait tout à l'heure trembler, est maintenant immobile; il contemple de ce long et douloureux regard que nous aimons à prolonger, sachant, sans oser nous l'avouer, que nous regardons en vain! Vivante, elle était si calme et si belle, qu'elle a conservé jusque dans la mort une douce sérénité. Et les fleurs que tiennent ses mains glacées[3], elle semble les presser d'une dernière étreinte, comme si son sommeil était simulé, et qu'il ne fût pas temps de la pleurer encore. La frange noire de ses longs cils, se projetant de ses paupières de neige, voile encore... — ce dont la pensée se détourne et ne peut soutenir la vue. — Oh! c'est sur les yeux surtout que la mort exerce son pouvoir; elle chasse l'intelligence de son trône de lumière! elle a éteint ces astres d'azur dans cette longue et dernière éclipse, mais elle a laissé aux lèvres le charme qui les entoure; cependant, cependant, on dirait qu'elles s'abstiennent de sourire dans un repos qui ne durera que peu d'instants; mais ce blanc linceul, l'immobilité mate de ces longues tresses blondes, flottant naguère à tous les vents sans que leurs liens de fleurs pussent les contenir, et la pâleur de cette joue si pure, tout cela annonce la présence de la mort. — Elle n'est plus, — que fait-il là encore?

XXII.

Il ne fait point de question; — un regard jeté sur ce front immobile et glacé lui a tout appris. C'en est assez, — elle est morte, — qu'importe comment? L'amour de sa jeunesse, l'espoir d'un avenir meilleur, la source de ses vœux les plus doux, de sa plus tendre sollicitude, le seul être vivant qu'il ne pût pas haïr, lui est enlevé, — et il a mérité son sort, mais il n'en sent pas moins l'amertume. — L'homme vertueux demande des consolations à ces célestes régions inaccessibles au coupable ; l'orgueilleux, — l'homme égaré, — qui, trouvant que cette terre contient bien assez de douleur, ont placé ici-bas toute leur félicité, ceux-là perdent tout quand elle leur échappe : — c'est peu de chose peut-être, — mais qui peut froidement se voir arracher tout ce qui faisait ses délices ? Plus d'un œil stoïque, plus d'un visage sévère, sert à masquer un cœur où la douleur n'a pas beaucoup à apprendre ; et plus d'une pensée corrosive se cache, sans s'effacer, derrière ces sourires qui conviennent le moins à ceux qui les affectent le plus.

XXIII.

Ceux qui sentent avec le plus d'intensité expriment mal ces vagues douleurs d'un cœur souffrant où mille pensées aboutissent à une seule, et qui demande vainement à chacune d'elles un refuge que toutes lui dénient ; nulle parole n'est suffisante pour dévoiler les mystères de l'âme ; car la vérité refuse toute éloquence à la Douleur. Conrad sent son âme accablée par ce coup subit, et un moment la stupeur lui a donné une sorte de repos. Cette molle sensibilité de la nature, que nous avons tous puisée à la mamelle d'une mère, Conrad l'éprouve maintenant ; elle emplit de larmes ses yeux mâles, et le voilà qui pleure comme ferait un enfant : c'est la faiblesse de son cerveau qui se trahit, sans que sa souffrance en soit soulagée. Nul n'a vu ses larmes, — peut-être que devant des témoins il eût contenu cet inutile épanchement de sa douleur : elles n'ont pas coulé longtemps ; il les a bientôt essuyées, et s'éloigne avec un cœur brisé, — sans remède, — sans espoir. Le soleil paraît, — mais pour Conrad le jour est sombre ; — la nuit vient, — pour ne plus le quitter. Il n'est point d'obscurité comme celle que répandent les nuages de l'âme sur les yeux impuissants de la Douleur, — la Douleur, cet aveugle qu'on ne peut comparer à aucun autre. Il ne peut, — ni ne veut voir, — se rejette vers les ombres les plus épaisses, — et refuse le secours d'un guide.

XXIV.

Son cœur, que la nature avait fait doux, — avait été poussé au crime[4]; trahi de bonne heure, et abusé trop longtemps, ses sentiments, pareils à l'eau qui tombe goutte à goutte dans la grotte, s'étaient durcis comme elle; moins limpides, peut-être, après avoir passé par le filtre de ses épreuves terrestres, ils avaient fini par se congeler et se pétrifier. Les tempêtes minent le rocher et la foudre le brise; ainsi s'est brisé le cœur de Conrad. A l'ombre de son front âpre croissait une fleur; quelque lugubre que fût cette ombre, — n'importe, — elle vivait sous cet abri. Le tonnerre est venu; il a détruit à la fois et le dur Granit et le Lis gracieux : l'aimable fleur n'a pas laissé une feuille pour dire son malheur, mais elle s'est flétrie et consumée tout entière au lieu même qui l'a vue mourir; et de son froid protecteur il ne reste que des fragments noircis, épars sur un sol aride.

XXV.

Voici l'aurore; — il en est peu qui osent se hasarder à interrompre sa solitude: cependant Anselme se dirige vers la tour. Il n'y est pas, — on ne l'a point vu sur le rivage; on s'alarme; avant la nuit l'île est parcourue dans tous les sens; un second jour, puis un troisième, s'écoulent dans ces recherches; on fatigue les échos à répéter son nom; on fouille vainement montagnes, — grottes, — cavernes; enfin on trouve sur la plage la chaîne brisée d'une barque : l'espérance renaît, — on suit ses traces sur la mer. Tout est inutile. — Les mois se succèdent, et Conrad ne vient pas, — et jamais il n'est revenu : nul vestige, nulle nouvelle de son sort ne sont venus apprendre où vit sa douleur, où a péri son désespoir! Ses compagnons pleurèrent longtemps celui qu'eux seuls pouvaient pleurer; ils élevèrent un beau monument à sa bien-aimée; pour lui, nulle pierre funéraire ne consacra sa mémoire. — Sa mort est douteuse; le souvenir de ses actes n'est que trop répandu; il a légué à l'avenir le nom d'un Corsaire qui mêla une seule vertu à des milliers de crimes.

NOTES DU CHANT TROISIÈME.

¹ Les vers qui ouvrent ce chant n'ont peut-être pas grand rapport avec le reste de l'ouvrage : ils appartiennent à un poëme imprimé (mais non publié), et ont été écrits dans le printemps de 1811. Le lecteur m'excusera, s'il le peut. — B. (Ces vers forment le début de la *Malédiction de Minerve*.)

² Le *comboloio*, ou rosaire mahométan, se compose de quatre-vingt-dix-neuf grains.

³ C'est l'habitude dans le Levant de jeter des fleurs sur le corps de ceux qui viennent d'expirer, et de placer un bouquet de roses dans la main des jeunes femmes.

⁴ Ce paragraphe ne se trouve pas dans le manuscrit original.

A

NAPOLÉON BONAPARTE.

« Expende Annibalem, — quot libras in duce summo
Inventes? »   JUVÉNAL, sat. X.

« L'empereur Népos fut reconnu par le sénat, par les Italiens et par les provinces des Gaules. On célébra hautement ses vertus morales et ses talents guerriers, et ceux dont son gouvernement servait les intérêts annoncèrent en style prophétique le rétablissement de la félicité publique.

. . . .

. . . .

« Par sa honteuse abdication, il prolongea sa vie de quelques années dans une position ambiguë qui tenait de l'empereur et de l'exilé, jusqu'à ce que... » GIBBON, *Décad. des Rom.*, vol. VI, p. 220.

I.

C'en est donc fait! — Hier encore tu étais roi, et tu faisais la guerre aux rois; — et maintenant tu es quelque chose qui n'a point de nom, tant est grand ton abaissement. — Et néanmoins tu vis! Est-ce là l'homme aux mille trônes, qui semait la terre des ossements de ses ennemis? Comment peut-il ainsi se survivre à lui-même? Depuis l'ange rebelle faussement nommé l'Étoile de l'aurore, nul homme, nul démon n'est tombé de si haut.

II.

Insensé! pourquoi fus-tu le fléau de tes semblables qui fléchissaient si humblement le genou devant toi? Devenu aveugle à force de concentrer ta vue sur toi seul, tu dessillas les yeux du reste des hommes. Doué d'une force incontestée, — de la puissance de sauver, — une tombe est le seul présent que tu aies fait à ceux qui t'adoraient, et il a fallu ta chute pour apprendre aux hommes combien dans l'ambition il y a de petitesse.

III.

Merci de cette leçon; — elle sera plus instructive pour les guerriers à venir que tout ce qu'une philosophie superbe a vainement prêché et prêchera. Il est brisé sans retour, ce charme dont l'esprit des hommes était fasciné, qui leur faisait adorer ces idoles du sabre, au front d'airain, aux pieds d'argile.

IV.

Le triomphe, la vanité, les joies de la bataille, — la voix de la victoire, cette voix qui fait trembler la terre et qui était l'âme de la vie; l'épée, le sceptre, cette domination irrésistiblement imposée à l'homme, — tout cela est brisé! — Ténébreux génie! à quel supplice délirant doit être livrée ta mémoire!

V.

Le désolateur désolé! le vainqueur renversé! l'arbitre de la destinée des autres suppliant pour la sienne! Est-ce un reste d'espérance impériale qui t'aide à supporter avec calme un tel changement, ou serait-ce la crainte de la mort? Mourir souverain — ou vivre esclave! — Ton choix est ignoblement courageux.

VI.

Celui qui jadis voulut fendre avec ses mains le tronc d'un chêne ne songeait pas à l'étreinte qui l'attendait. Que se passa-t-il en lui lorsque, enchaîné à l'arbre qu'il avait voulu rompre, — seul, — il promena autour de lui ses regards? Abusant de ta force, tu as agi avec la même imprudence que lui, et ton sort a été plus funeste : il mourut déchiré par les bêtes féroces; mais toi, tu es condamné à dévorer ton propre cœur.

VII.

Le Romain, quand son cœur brûlant eut étanché sa soif dans le sang de Rome, jeta son poignard, et, dans sa grandeur sauvage, il osa reprendre le chemin de sa demeure; il l'osa, méprisant du fond de son âme des hommes qui avaient subi un tel joug et avaient souffert que son pouvoir se terminât ainsi. Abdiquer de lui-même une puissance que lui seul avait élevée, ce fut là toute sa gloire.

VIII.

L'Espagnol, quand la passion du pouvoir eut perdu son charme excitant, échangea des couronnes contre des chapelets, un empire contre une cellule; exact à compter les grains de son rosaire, subtil à argumenter sur la foi, sa folie se donna carrière. Pourtant, mieux eût valu pour lui qu'il n'eût jamais connu ni la chapelle d'un bigot, ni le trône d'un despote.

IX.

Mais toi, — c'est forcément que la foudre est arrachée à la main. Trop tard tu quittes ce haut pouvoir auquel s'attachait ta faiblesse; tout mauvais génie que tu es, c'est un spectacle qui contriste le cœur que de voir les cordes du tien ainsi détendues, de penser que le monde, ce noble ouvrage de Dieu, a servi de marchepied à une créature aussi vile.

X.

Et la terre a versé son sang pour celui qui est aussi avare du sien! Et les monarques ont fléchi devant lui un genou tremblant et l'ont remercié de leur avoir conservé leurs trônes! O liberté! combien tu nous es chère quand nous voyons tes plus puissants ennemis se montrer si pusillanimes! Oh! puissent les tyrans ne jamais laisser après eux un nom plus brillant pour égarer le genre humain!

XI.

Tes actes funestes sont écrits dans le sang, et n'y sont point écrits en vain. — Tes triomphes nous disent une gloire qui n'est plus, et en font seulement ressortir les taches. Si tu étais mort comme meurent les gens d'honneur, un nouveau Napoléon pourrait s'élever encore, à la honte de l'humanité; — mais qui voudrait planer à la hauteur du soleil pour se coucher dans une nuit aussi obscure?

XII.

Mise dans la balance, la cendre du héros ne pèse pas plus que l'argile vulgaire. Il est juste, ô mort! le niveau que tu étends sur tout ce qui expire; et pourtant il semble qu'une étincelle plus noble devrait animer ces vivantes grandeurs qui nous éblouissent et nous effraient, et que le Mépris ne devrait pas se jouer ainsi des conquérants de la terre.

XIII.

Et cette femme, fleur affligée de l'orgueilleuse Autriche,

celle qui est encore ton impériale épouse, comment son cœur a-t-il soutenu cette douloureuse épreuve? est-elle demeurée à tes côtés? doit-elle aussi courber le front? doit-elle partager ton tardif repentir, ton long désespoir, ô homicide découronné? Si elle t'aime encore, garde précieusement ce joyau, il vaut à lui seul ton diadème disparu [1].

XIV.

Hâte-toi de te rendre dans ton île sombre, et regarde la mer; cet élément peut te voir sourire, — il n'a jamais connu ton joug; ou bien promène-toi sur la plage, et que ta main oisive écrive sur le sable que maintenant la terre aussi est libre, que le pédagogue de Corinthe t'a transmis sa destinée [2].

XV.

Nouveau Timour! enfermé dans la cage de son captif [3], quelles pensées vont t'occuper dans ta prison? Une seule : « Le monde *fut* à moi! » A moins qu'à l'exemple du roi de Babylone tu n'aies perdu la raison en même temps que le sceptre, la vie ne pourra contenir longtemps cet esprit dont le vol s'étendit si loin, si longtemps obéi, — si peu digne de l'être.

XVI.

Ou, pareil à celui qui déroba le feu du ciel [4], te verra-t-on opposer au malheur un front intrépide, et, impardonné comme lui, partager son vautour et son rocher? Condamné par la justice de Dieu, — maudit par l'homme, ton dernier acte, bien qu'il ne soit pas le pire, excite la raillerie de Satan; lui, du moins, dans sa chute il garda son orgueil, et s'il eût été mortel, il serait mort avec fierté.

XVII.

Il fut un jour, — il fut une heure où la terre était à la France, — la France à toi, — où l'abdication volontaire de cet immense pouvoir t'eût conféré une gloire plus pure que celle qui s'attache au nom de Marengo, et eût jeté sur ta fin un éclat radieux dans le long crépuscule des âges, malgré quelques nuages de crime.

XVIII.

Mais il faut absolument que tu sois roi et que tu revêtes la pourpre, comme si ce vêtement puéril pouvait, dans ton cœur, étouffer le souvenir. Où est-il ce costume fané? où sont les colifichets que tu aimais à porter, l'étoile, — le cordon, — le cimier? Orgueilleux! enfant gâté de l'empire! dis-moi, t'a-t-on enlevé tous tes joujoux?

XIX.

En est-il un seul parmi les grands de la terre sur lequel l'œil fatigué puisse se reposer, qui, sans briller d'une coupable gloire, n'offre pas matière au mépris? Oui, il en est un, — le premier, le dernier, — le meilleur, le Cincinnatus de l'Occident, celui que l'Envie n'osait haïr, celui qui a légué à la postérité le nom de Washington, pour faire rougir l'homme de cette exception solitaire [5].

NOTES.

[1] On sait que le comte Neipperg, gentilhomme de la suite de l'empereur d'Autriche, qui fut présenté pour la première fois à Marie-Louise quelques jours après l'abdication de Napoléon, devint dans la suite son chambellan, puis son mari. Il était, dit-on, fort laid. Le comte est mort en 1831.

[2] Denys le jeune, qui passe pour avoir été encore un plus grand tyran que son père, ayant été banni à deux reprises de Syracuse, se retira à Corinthe, où il fut obligé de se faire maître d'école pour gagner sa vie.

[3] La cage où fut enfermé Bajazet par ordre de Timour.

[4] Prométhée.

[5] Quelques jours après avoir achevé l'*Ode à Napoléon Bonaparte,* lord Byron prit la résolution la plus bizarre qui puisse jamais entrer dans la tête d'un homme célèbre. Révolté de la violence avec laquelle ses ennemis, non contents de noircir sa moralité et sa vie privée, affectaient de déprécier son talent; mortifié de voir que ses amis eux-mêmes craignaient que ces calomnies sans cesse renouvelées n'eussent un jour quelque influence sur le jugement de la postérité, il prit la résolution, non seulement de ne plus rien imprimer à l'avenir, mais de détruire tout ce qu'il avait imprimé. Dans ce but, le 29 avril il écrivit à son libraire en lui envoyant un mandat sur son banquier. « Il est inutile, » ajoutait-il, « de justifier ma conduite; mon seul motif, c'est que cela me plaît, et il ne s'agit pas de choses assez importantes pour que j'aie besoin de m'expliquer davantage. » Cependant M. Murray ayant fait un appel à son bon naturel et à son bon sens,

il répondit quarante-huit heures après : « Si votre note est sérieuse et que cela vous causât réellement du dommage, il y a un moyen bien simple de tout terminer ; déchirez mon mandat : c'est très sérieusement que je désire supprimer tous mes ouvrages ; mais je ne voudrais nuire à qui que ce fût, et surtout à vous. »

L'extrait suivant de ses tablettes reproduit la situation d'esprit de lord Byron à cette époque : « M. Murray a eu une lettre de son confrère, libraire à Édimbourg, qui lui dit qu'il est bien heureux d'avoir un pareil poëte, comme on dirait un cheval de charge, un âne ou quelque autre objet, absolument comme M. Packwood, qui répondait à une demande de l'*Ode sur les Rasoirs* : « Oui, certes, nous avons un poëte à notre service. » Le même illustre libraire écossais envoya l'autre jour une commande de livres de poésie et de livres de cuisine, avec cet agréable post-scriptum : « Le *Harold* et la *Cuisinière* sont beaucoup demandés. » Voilà la gloire ! C'est comme si l'on partageait les acheteurs entre Hannah Glasse et Hannah More »

« 17 mars. J'ai lu les *Disputes littéraires*, un nouvel ouvrage du savant et amusant d'Israëli. C'est une secte colère, et je désire fort en être dehors. — Je n'irai certainement pas avec eux dans Coventry. — Pourquoi diable aussi me suis-je fait écrivailleur ? Il est trop tard d'en rechercher les motifs, et tous les regrets sont en pure perte ; mais si c'était à recommencer — je recommencerais à écrire probablement. Telle est la nature humaine, au moins la mienne. Cependant j'aurais meilleure opinion de moi si je m'arrêtais maintenant. Si j'avais une femme et que cette femme eût un fils, je m'efforcerais de lui donner les goûts et les occupations les plus anti-poétiques ; j'en ferais un avocat ou un pirate, je ne sais quoi enfin, excepté un poëte. S'il venait à écrire, je serais sûr alors que ce n'est pas mon fils, et je le déshériterais. »

« 17 avril. Je n'écrirai plus sur mes tablettes, et pour m'empêcher de retomber dans cette faute, je déchire le reste des pages blanches. O malheureux que je suis ! je deviendrai fou. »

Ces passages sont extraits des tablettes de mars et d'avril. Dans les derniers jours de mai il commença à écrire *Lara*, qui est regardé comme la suite du *Corsaire*. *Lara* fut publié sous le voile de l'anonyme dans le même volume que l'élégant poëme de Rogers, *Jacqueline*. Ce rapprochement bizarre de deux ouvrages qui n'ont ensemble aucun point de ressemblance, donna lieu à plusieurs plaisanteries. — « Que pensez-vous, dit Byron dans une de ses lettres, de *Jacquy* et de *Larry* ? Un de mes amis lisait *Larry* et *Jacquy* dans la diligence de Brighton. Un voyageur, ayant pris le livre, demanda qui était l'auteur. Il lui fut répondu qu'ils étaient deux. — « Ah ! une association ? quelque chose dans le genre de Sternhold et Hopkins ? » — N'est-ce pas là une excellente remarque ? Je serais désolé d'avoir échappé à la naïve comparaison : *Arcades ambo et cantare pares.* »

LARA.

CHANT PREMIER.

I.

Les vassaux[1] se réjouissent dans le vaste domaine de Lara, et l'esclavage a presque oublié sa chaîne féodale ; le maître qu'ils n'espéraient plus revoir, mais qu'ils n'avaient point oublié, de son long et volontaire exil est enfin de retour : au château qui s'anime, les visages sont riants ; les coupes sont sur la table ; les bannières flottent sur les créneaux ; le foyer se rallume et réfléchit sur les vitraux peints sa flamme hospitalière ; de gais convives font cercle autour de l'âtre ; leur joie se peint dans leurs yeux et s'exhale en bruyants éclats.

II.

Le seigneur de Lara est de retour ; et pourquoi Lara avait-il traversé les mers ? Après la mort de son père, trop jeune encore pour apprécier une telle perte, il s'était vu maître de lui-même ; héritage de douleur, redoutable empire que le cœur humain n'exerce qu'au prix de son repos ! — Sans avoir personne qui contrôlât ses actions, ou lui signalât, quand il en était temps encore, les mille sentiers qui conduisent au crime, c'est dans la fougue du jeune âge, et lorsqu'il avait le plus besoin d'être commandé, que Lara fut appelé à commander aux autres. Il est inutile de suivre sa jeunesse dans tous les détours de sa carrière ; la lice qu'avait parcourue sa destinée inquiète avait été courte, mais pourtant assez longue pour le laisser à demi brisé.

III.

Et Lara avait, jeune encore, quitté son pays natal ; mais depuis le moment où, pour la dernière fois, il avait agité sa main en signe d'adieu, on avait peu à peu perdu sa trace, jusqu'à ce qu'enfin son souvenir dans le cœur de tous s'était presque éteint. Son père était mort, et tout ce que les vassaux de Lara savaient de lui, c'est qu'il était absent ; privés de sa présence et de ses nouvelles, il n'était resté sur son compte que des conjectures pleines d'anxiété dans quelques-uns, et d'indifférence dans le grand nombre. C'est à peine si, dans son château, son nom est prononcé; son portrait noircit dans son cadre usé; un autre chef console la fiancée qui lui fut promise; les jeunes l'oublient, et les vieux sont morts : « Et cependant il est encore vivant! » s'écrie son héritier, impatient de porter un agréable deuil. Cent écussons décorent de leur sombre beauté l'antique et dernière résidence des Lara; mais dans ce long cortége de poudreux trophées il en est un qui manque, et le château gothique le saluerait avec joie.

IV.

Il revient enfin, sombre et solitaire; d'où? on l'ignore; pourquoi? c'est ce qui n'importe à personne; les premières félicitations terminées, ce n'est pas de son retour, mais de sa longue absence, qu'on eût pu s'étonner; toute sa suite se compose d'un page dans un âge encore tendre, et dont l'aspect annonce un étranger. Les années avaient marché; leur fuite est aussi rapide pour l'homme errant que pour l'homme sédentaire; mais le défaut de nouvelles d'un autre climat semblait avoir appesanti les ailes du Temps. Ils le voient, ils le reconnaissent, et pourtant le présent leur paraît douteux, et le passé un rêve. Il vit, et il est encore dans la force de l'âge, quoique la fatigue ait altéré ses traits, et que le temps ait laissé sur lui quelques traces de son passage. Quelles qu'aient pu être ses fautes, si toutefois on s'en souvient encore, les vicissitudes de la fortune peuvent l'avoir instruit; depuis longtemps on n'a appris de lui ni bien ni mal; son nom peut soutenir encore la gloire de sa race. Jadis son âme était hautaine et fière, mais ses fautes, après tout, ont été celles que l'amour du plaisir fait commettre à la jeunesse : quand le cœur n'est pas irrévocablement endurci, ce sont là des torts dont on se corrige, et qui n'imposent pas de longs remords.

V.

Et il est changé en effet; — il est facile de s'apercevoir

que, quel qu'il soit, il n'est pas ce qu'il a été : les rides qui sillonnent son front annoncent des passions, mais des passions éteintes ; on remarque en lui l'orgueil, mais non plus l'ardeur du jeune âge : un aspect glacial, le dédain de la louange, une mine altière, et des yeux qui d'un seul regard pénètrent la pensée d'autrui ; et ce ton léger, ce sarcasme [2], ces traits acérés d'un cœur que le monde a fait saigner, traits lancés comme en jouant, et infligeant des blessures que dissimulent ceux qui les reçoivent, voilà ce qu'on observe dans Lara, et je ne sais quoi encore, que ni sa parole ni son regard ne peuvent révéler ; l'ambition, la gloire, l'amour, ce but commun que tous poursuivent, que quelques-uns seulement savent atteindre, ne semblent plus s'agiter dans son cœur ; mais on voit que naguère ces passions y étaient vivantes ; et par moments des sentiments profonds et inexplicables viennent éclairer son visage livide.

VI.

Il n'aime pas qu'on l'interroge sur le passé ; il n'aime pas à raconter les merveilles des déserts dans les contrées lointaines qu'il a parcourues seul — et inconnu, — à l'en croire ; cependant, ces climats, il n'est pas croyable que ses yeux les aient vus en vain, et qu'il n'ait rapporté aucune expérience de ses relations avec les hommes, ses semblables ; mais ce qu'il a vu, il dédaigne de le faire connaître aux autres, comme peu digne de leur attention ; quand la curiosité devient trop pressante, son front se rembrunit, et sa parole est plus brève.

VII.

On est heureux de le revoir, et la société lui fait un accueil amical ; issu de haut lignage, allié aux plus hautes familles, il est admis dans les cercles des grands du pays ; il se mêle à leurs gais carrousels, et les voit couler leurs heures tristes ou joyeuses ; mais, simple spectateur de leurs plaisirs ou de leurs ennuis, il n'y prend aucune part ; il ne les suit pas dans cette lice où tous se précipitent, tenus en haleine par l'Espérance trompeuse qui fait luire à leurs yeux la fumée des honneurs, l'or plus substantiel, les faveurs de la beauté, le dépit d'un rival. On dirait qu'il est isolé au centre d'un cercle mystérieux dont l'approche est interdite ; il y a dans son regard quelque chose de sévère qui tient la frivolité à distance ; les âmes timides qui le voient de près l'examinent en silence, et se communiquent tout bas leurs terreurs ; le petit nombre des esprits sages et bienveillants avouent qu'ils le croient meilleur que son air ne semble l'annoncer.

VIII.

Chose étrange ! dans sa jeunesse, il était tout action et vie, altéré de plaisir, et ne haïssant pas les combats ; les femmes, — les champs de bataille, — l'Océan, — tout ce qui promettait des plaisirs ou des dangers, il avait tout goûté tour à tour ; — il avait tout épuisé ici-bas, et avait trouvé sa récompense, non dans un milieu froid et uniforme, mais dans un excès de jouissance ou de douleur ; car c'est dans cette intensité d'émotion qu'il cherchait un refuge contre sa pensée. La tempête de son cœur souriait avec mépris au faible choc des éléments ; dans l'extase de son cœur, il avait regardé le ciel, et lui avait demandé si par-delà le firmament il existait des ravissements comparables aux siens ; portant tout à l'excès, esclave de tous les extrêmes, comment s'est-il réveillé de ce rêve extravagant ? Hélas ! il ne le dit pas, — mais il s'est réveillé pour maudire ce cœur flétri qui a refusé de se briser.

IX.

Les livres (l'homme jusqu'alors avait été son seul livre) paraissent maintenant attirer davantage son attention, et souvent il lui est arrivé, par un soudain caprice, de se séquestrer complétement pendant plusieurs jours ; et alors ses domestiques, bien rarement appelés auprès de lui, disent avoir entendu toute la nuit le bruit de ses pas résonner dans la galerie sombre où sont rangés, en lugubre cortége, les portraits antiques de ses pères ; ils ajoutent à voix basse, et d'un air mystérieux, « qu'ils ont cru entendre prononcer des paroles qui ne semblaient pas venir d'une bouche mortelle. Oui, en rira qui voudra, il en est parmi eux qui ont vu ils ne savent trop quoi, mais enfin des choses fort extraordinaires. Pourquoi ses regards sont-ils si souvent fixés sur cette tête de mort, déterrée par des mains profanes, et constamment placée sur sa table, à côté de son livre ouvert, comme pour écarter toute autre présence que la sienne? Pourquoi veille-t-il à l'heure où tout le monde dort? Pourquoi n'entend-il point de musique et ne reçoit-il personne? Il doit y avoir dans tout cela quelque chose qui n'est pas bien; — mais le mal, où est-il? certaines gens pourraient le dire, — mais ce serait une trop longue histoire; et puis, ces personnes ont trop de discrétion et de prudence pour exprimer autre chose que des conjectures; mais si elles en voulaient dire davantage, — elles le pourraient. » C'est ainsi qu'à table les vassaux de Lara s'entretiennent de leur seigneur.

X.

Il était nuit, — la rivière transparente réfléchit la clarté des étoiles. Ses eaux sont si calmes qu'on les croirait immobiles, et pourtant elles s'enfuient avec la rapidité du bonheur, en reflétant dans leur miroir magique les immortelles clartés qui peuplent le firmament; ses rives sont bordées d'arbres nombreux et touffus et des fleurs les plus belles que l'abeille puisse choisir, telles que Diane enfant en eût composé sa guirlande et que l'Innocence les offrirait à l'objet de son amour. Les ondes se déroulent en replis sinueux et brillants comme les anneaux d'un serpent. Le silence était si profond, l'air et la terre si calmes, qu'une apparition même ne vous eût point effrayé, assuré que rien de mauvais ne pouvait se plaire à errer dans un tel lieu, par une telle nuit. Il fallait être bon pour jouir d'un pareil moment : ainsi pensa Lara, et il n'y resta pas longtemps, mais reprit en silence le chemin de son château. Son âme ne pouvait contempler de tels spectacles; ils lui rappelaient d'autres jours, des cieux plus purs, des lunes plus brillantes, des nuits plus douces et plus constamment belles, des cœurs qui aujourd'hui... — Non, non, que l'orage éclate sur son front! sa fureur passera sans même qu'il la sente. — Mais une nuit comme celle-ci, une nuit de beauté, c'est pour son âme une ironie amère.

XI.

Il rentra dans la salle solitaire, et sa grande ombre se projeta sur le mur. Là étaient peintes les choses des anciens temps; c'était tout ce qu'ils avaient laissé de leurs vertus et de leurs crimes, si on en excepte de vagues traditions, et les caveaux sombres qui recèlent leur poussière, leurs faiblesses et leurs fautes; et peut-être encore une demi-colonne de la page pompeuse qui transmet d'âge en âge des récits spécieux, et où la plume de l'Histoire, inscrivant son éloge ou son blâme, ment d'un air de vérité, et n'en ment pas moins véritablement. Il méditait en marchant à grands pas; la lune brillait à travers les jalousies serrées, éclairait les dalles du parvis, et la voûte haute et cannelée, et les figures de saints qui surmontaient les fenêtres gothiques, dans l'attitude de la Prière, et dont les formes fantastiques semblaient croître à l'œil, et vivre, — mais non d'une vie mortelle; et cependant ses cheveux noirs et hérissés, son front rembruni, et le large panache qui se balançait sur sa tête, le faisaient ressembler à un spectre, et prêtaient à son aspect tout ce que la tombe a de terreurs.

XII.

C'était l'heure de minuit, — tout dormait; la lampe solitaire jetait une clarté douteuse, comme si elle eût répugné à interrompre la nuit. Écoutez! quel murmure s'entend dans le château de Lara? — un son, — une voix, — un cri, — un cri d'alarme, — éclatant, prolongé; — et puis le silence! — Les ont-ils vraiment entendus, ces accents frénétiques qui les réveillent en sursaut? Ils se lèvent, et, moitié courageux, moitié tremblants, se précipitent à l'endroit où la voix a semblé appeler du secours; ils viennent tenant d'une main des flambeaux à demi allumés, et de l'autre leurs épées, qu'ils ont prises à la hâte en oubliant le ceinturon.

XIII.

Froid comme le marbre que couvrait son corps, pâle comme le rayon reflété sur son visage, gisait Lara; près de lui était son sabre à demi tiré du fourreau, et que sa main semblait avoir laissé échapper dans un mouvement de terreur surnaturelle ; pourtant il conservait sa fermeté, ou du moins l'avait conservée jusqu'à ce moment, et son front contracté semblait défier encore ; tout insensible qu'il était, une soif de meurtre mêlée d'effroi haletait sur ses lèvres ; on y voyait encore empreinte une menace à moitié articulée, l'imprécation d'un orgueilleux désespoir ; ses yeux à demi fermés conservaient encore, dans leur spasme, ce regard de gladiateur qui en était l'expression fréquente, et qui restait maintenant fixé dans un horrible repos. On le relève, — on le transporte ; — silence ! il respire, il parle ; les couleurs reparaissent sur ses joues basanées ; la pâleur de ses lèvres s'efface ; ses yeux obscurcis, égarés, roulent dans leur orbite ; chaque membre tressaillant encore a repris ses fonctions ; il parle, mais les mots qu'il prononce ne paraissent pas appartenir à sa langue natale ; dans ses paroles distinctes, mais étrangères à ceux qui l'écoutent, on ne tarde pas à reconnaître les accents d'un autre climat ; et en effet, elles s'adressent à une oreille qui ne l'entend pas, — hélas ! et ne peut l'entendre !

XIV.

Son page s'approche ; seul il paraît comprendre le sens de ses paroles ; on voit, par les altérations qu'éprouvent les couleurs de ses joues et de son front, que les discours de Lara ne sont pas de nature à être avoués par lui, ou interprétés par son page ; — cependant ce dernier, à la vue de l'état où se trouve son maître, témoigne moins de surprise que le reste des spectateurs. Il se penche sur Lara gisant, et lui répond dans cette langue inconnue qui semble être la sienne ; et Lara écoute ces douces paroles ; on dirait qu'elles calment les horreurs de son rêve, — si toutefois c'est un rêve qui a pu ainsi terrasser un cœur qui n'a nul besoin de douleurs idéales.

XV.

Quoi que sa démence ait rêvé, ou que ses yeux aient vu, c'est son secret ; s'il en conserve le souvenir, il ne le révélera pas. L'aurore reparaît et verse une vigueur nouvelle dans son corps ébranlé; il ne demande de soulagement ni aux médecins ni aux prêtres, et bientôt il est redevenu lui-même dans ses actes et ses discours. Il passe son temps de même manière qu'autrefois; sa bouche n'a pas plus de sourire, son front plus de sévérité que de coutume; et, si maintenant il voit venir la nuit avec plus d'inquiétude, il n'en laisse rien voir à ses vassaux étonnés, qui témoignent par leur tremblement qu'ils ont moins oublié leur effroi. Ils n'osent sortir seuls, et ne se hasardent dehors que deux à deux, ayant grand soin de ne pas approcher de la redoutable galerie; le souffle du vent dans les plis de la bannière, le bruit de la porte, le frôlement de la tapisserie, le parquet sonore, les grandes et lugubres ombres des arbres environnants, le vol de la chauve-souris, les murmures de la brise du soir, tout ce qu'ils voient, tout ce qu'ils entendent, à l'heure où la nuit vient rembrunir de son ombre les murs sombres et grisâtres, frappe leur pensée de terreur.

XVI.

Craintes inutiles! Cette heure de mystérieuse horreur n'est plus revenue, ou Lara a su feindre un oubli qui accroît l'étonnement de ses vassaux sans diminuer leurs craintes.— Le retour de sa raison lui a-t-il ôté le souvenir de ce qui s'est passé? on peut le croire; car, pas un mot, pas un regard, pas un geste de leur seigneur ne trahit devant eux un sentiment qui leur rappelle ce moment de fièvre de son esprit malade. Était-ce un songe? Était-ce sa voix qui articulait ces accents étranges et terribles? Venait-il de lui ce cri qui les a réveillés en sursaut? Était-ce bien lui dont le cœur oppressé et défaillant avait cessé de battre, dont le regard les fit reculer d'épouvante? Ceux qui ont vu ses souffrances en frissonnent encore; est-il donc le seul qui les ait oubliées? ou ce silence indiquerait-il que ce souvenir est entré trop avant dans sa mémoire pour être exprimé par des paroles, qu'il est fixé, indestructible, sans mélange, dans ce mystère corrosif qui ronge le cœur de manière à montrer l'effet tout en recélant la cause? Il n'en est point ainsi de lui. Effet et cause, il a tout enseveli dans son cœur; des yeux superficiels ne pourraient discerner le progrès de pensées que des lèvres mortelles ne peuvent révéler qu'à demi et que les paroles sont impuissantes à exprimer.

XVII.

Mélange inexplicable, on trouvait en lui beaucoup à aimer et à haïr; l'opinion variait sur son destin caché; mais, dans l'éloge ou le blâme, son nom n'était jamais oublié. Son silence donnait beaucoup à parler; — on cherchait à le deviner, — on l'épiait, — on eût voulu pénétrer le secret de sa destinée. Qu'avait-il été, qu'était-il cet inconnu qui venait comme une apparition, et dont on connaissait seulement les ancêtres? Un ennemi des hommes? mais quelques-uns disaient l'avoir vu surpasser la gaieté du cercle le plus joyeux; seulement ils avouaient qu'en l'observant de près on voyait la joie de son sourire s'effacer peu à peu et se perdre dans un rire moqueur. Ce sourire venait jusqu'à sa lèvre, mais n'allait jamais au delà. Nul n'avait retrouvé son rire dans son regard. Et pourtant ses yeux n'étaient pas sans douceur; quelquefois on voyait que la nature ne lui avait pas donné un cœur dur; mais, dès qu'on s'en apercevait, il semblait réprimer cette faiblesse comme indigne de sa fierté. Il s'endurcissait alors, dédaignant de lever un seul doute dans cette demi-estime que lui accordaient les autres hommes. On eût dit une pénitence que s'imposait un homme dont les affections avaient autrefois peut-être troublé le repos, une douleur vigilante qui le condamnait à haïr, pour avoir trop aimé.

XVIII.

Il y avait dans lui un mépris vital de toute chose, comme s'il eût épuisé le malheur. Il demeurait étranger sur la terre des vivants; esprit exilé d'un autre monde, et qui venait errer dans celui-ci; homme aux sombres pensées, qui se créait par goût des périls auxquels il échappait par hasard, mais vainement, car leur souvenir était pour lui une source d'exaltation et de regrets tout ensemble. Doué d'une plus grande capacité d'amour qu'il n'en est accordé à la plupart des enfants de la terre, ses premiers rêves de vertu dépassèrent la limite de la vérité, et à une jeunesse abusée succéda une virilité orageuse. Regrettant les années consumées dans la poursuite d'un fantôme et le gaspillage de facultés destinées à un plus digne emploi, il était resté avec des passions ardentes, dont la fureur, après avoir débordé et répandu la désolation sur sa voie, avait laissé ses meilleurs sentiments en proie à une lutte intestine et à d'amères réflexions sur sa vie agitée. Mais, conservant sa fierté et refusant de s'accuser lui-même, il attribuait à la nature une part du blâme, et rejetait toutes ses fautes sur l'enveloppe de chair qu'elle a donnée pour prison à l'âme et pour nourriture aux vers, jusqu'à ce qu'il en vînt à confondre le bien et le mal, et à prendre pour l'œuvre du destin les actes de la volonté. Il avait l'âme trop haute pour descendre à l'*égoïsme commun*; il savait parfois sacrifier son intérêt à celui d'autrui, non qu'il cédât à la pitié ou au sentiment du devoir, mais par je ne sais quelle étrange perversité de pensée qui le poussait avec un secret orgueil à faire ce que nul autre que lui n'eût voulu faire. Cette même impulsion, dans un moment de tentation, l'égarait pareillement dans la voie du crime : tant il planait au-dessus ou retombait au-dessous des hommes au milieu desquels il se sentait condamné à vivre ! tant il avait à cœur de se séparer en bien ou en mal de quiconque partageait sa condition mortelle ! Cette condition, il l'avait en horreur, et son âme avait fixé son trône bien loin du monde, dans des régions de son choix. De là, regardant froidement passer à ses pieds le reste des humains, son sang coulait plus calme dans ses veines : heureux s'il n'avait jamais été réchauffé par le crime ! heureux s'il avait toujours conservé cette lenteur glaciale ! Il est vrai qu'il vivait comme tout le monde et paraissait faire tout ce que faisaient les autres hommes ; il ne se révoltait pas brusquement contre les lois de la raison ; c'était dans son cœur et non dans sa tête qu'était sa démence. Rarement il s'égarait dans ses discours ; rarement il dévoilait ses pensées de manière à choquer ses auditeurs.

XIX.

Malgré cet air glacial et mystérieux et ce désir apparent de rester inconnu, il avait l'art (si toutefois ce n'était pas un don de la nature) de graver son souvenir dans le cœur des autres : ce n'était peut-être pas de l'amour, — ni de la haine, — ni rien de ce qui peut s'exprimer par des paroles ; mais nul ne le voyait impunément, et quand on l'avait vu on ne pouvait s'empêcher de s'enquérir de lui. Ceux à qui il parlait en gardaient mémoire, et ses paroles, même légères, faisaient impression : on ne pouvait dire ni comment ni pourquoi, mais il s'enlaçait forcément à l'esprit de ses auditeurs et y laissait imprimé un souvenir d'amour ou de haine ; quelle que fût la date du sentiment qu'il avait inspiré, amitié, intérêt ou aversion, l'impression était profonde et durable ; vous ne pouviez pénétrer son âme, et vous étiez tout étonné de voir qu'il avait trouvé le chemin de la vôtre ; sa présence vous poursuivait ; malgré vous, vous lui accordiez de l'intérêt. C'est en vain que vous tentiez de vous débattre dans ce filet intellectuel, son génie semblait d'autorité vous interdire de l'oublier.

XX.

On donne une fête où se rendent les chevaliers, les dames et tout ce que le pays a de plus distingué par la richesse et la naissance. Lara est du nombre des convives accueillis au château d'Othon. L'allégresse circule dans la salle étincelante de lumière ; le banquet et le bal déploient tour à tour leurs splendeurs ; et la danse, où brille un cortége de beautés charmantes, joint par une chaîne fortunée l'harmonie et la grâce. Heureux les cœurs jeunes et les mains jolies qui s'unissent dans ces groupes bien appareillés ! A ce spectacle, les fronts soucieux se dérident, la vieillesse sourit et se croit ramenée aux jours du bel âge ; la jeunesse elle-même, dans cet enivrement des cœurs, oublie que ces doux moments se passent sur la terre.

XXI.

Et Lara contemplait tout cela avec une joie tranquille : si son âme était triste, son front mentait ; il suivait des yeux toutes ces beautés agiles dont les pas légers ne réveillent pas d'échos. Appuyé contre un haut pilier, les bras croisés, le regard attentif, il n'a pas remarqué qu'un œil sévère est fixé sur lui. L'altier Lara n'a pas coutume d'endurer un regard scrutateur comme celui-là. Enfin il s'en aperçoit. La figure de cet homme lui est inconnue; mais il semble chercher la sienne, et la sienne seule. Une sombre investigation le préoccupe; son extérieur annonce un étranger; jusqu'à présent il a examiné Lara sans en être aperçu; enfin leurs yeux se rencontrent, empreints chez l'un d'une curiosité vive, chez l'autre d'un muet étonnement. L'émotion commence à se peindre dans le regard de Lara, comme si celui de l'étranger lui eût été suspect. Le visage fixe et sévère de l'inconnu semble en dire plus que le vulgaire ne peut en deviner.

XXII.

« C'est lui ! » s'écrie l'étranger, et cette parole est répétée à voix basse par tous ceux qui l'ont entendue. « C'est lui ! » — « Qui, lui ? » se demande-t-on de toutes parts, jusqu'à ce qu'enfin ces mots, devenus plus distincts, arrivent aux oreilles de Lara. Ils ont si rapidement circulé qu'il serait difficile de rester impassible devant l'étonnement général et le coup d'œil de cet inconnu. Mais Lara n'a point bougé, ses traits n'ont pas changé; — la surprise qui s'était d'abord manifestée dans son regard immobile et attentif s'est maintenant effacée; sans lever ni baisser les yeux, il les promène autour de lui, pendant que l'étranger continue à l'examiner, et, se rapprochant de lui, s'écrie avec une ironie hautaine : « C'est lui ! — comment est-il ici ? — qu'y fait-il ? »

XXIII.

C'en était trop; Lara ne pouvait laisser passer de telles questions, articulées d'un ton si haut et si menaçant. Fronçant le sourcil, mais d'un accent froid, où respire moins d'arrogance que de fermeté calme, il se tourne vers l'audacieux questionneur : — « Mon nom est Lara ! — quand je connaîtrai le tien, ne doute pas de mon empressement à reconnaître comme je le dois la courtoisie d'un tel chevalier. Je suis Lara ! — as-tu besoin d'en savoir davantage ? Je n'élude aucune question et ne porte pas de masque. »

— « Tu n'éludes aucune question ! — Réfléchis, — n'en est-il aucune à laquelle ton cœur doive répondre, et qui répugne à ton oreille ? Et moi, me crois-tu donc inconnu aussi ? Regarde-moi encore ! ta mémoire du moins ne t'a pas été donnée en vain. Oh ! jamais tu ne pourras annuler une moitié seulement de la dette qu'elle t'a imposée ; l'éternité te défend d'oublier. » Lara jette sur son visage un regard lent et investigateur, mais il n'y peut rien découvrir qu'il connaisse ou qu'il veuille consentir à connaître ; — sans daigner répondre, il secoue la tête d'un air de doute, et, laissant percer à demi son mépris, il se détourne pour s'éloigner ; mais le farouche étranger lui crie de rester : « Un mot ! — Je te somme de rester, et de répondre à un homme qui, si tu étais noble, serait pour le moins ton égal ; mais vu ce que tu as été et ce que tu es encore, — ne fronce pas le sourcil, mon seigneur ; si ce que je te dis est faux, il te sera facile de me contredire ; — mais vu ce que tu as été et ce que tu es encore, je n'ai pour toi que du mépris ; je me défie de ton sourire, mais ton air menaçant ne m'intimide pas. N'es-tu pas cet homme dont les actions.... »

— « Qui que je sois, je n'entendrai pas plus longtemps de telles paroles, un tel accusateur ; ceux qui y attachent de l'importance peuvent écouter le reste, et accepter pour vrais les contes merveilleux sans doute que tu as à leur faire, après avoir si bien et si courtoisement commencé. Qu'Othon fête ici un hôte si poli, je lui en témoignerai ma pensée et mes remerciements. » Othon, surpris, croit alors devoir intervenir : « Quelles que soient les révélations que vous ayez à vous faire, ce n'est ni le moment ni le lieu convenable ; vous ne devez pas troubler la joie de cette réunion par des paroles hostiles. Sir Ezzelin, si tu as quelque chose à dévoiler qui intéresse le comte Lara, tu peux attendre à demain pour l'expliquer ici ou ailleurs, comme il vous plaira à tous deux de le régler ; je me porte ton garant ; tu n'es pas inconnu, quoique récemment arrivé de pays lointains, comme le comte Lara ; une longue absence l'ait rendu en quelque sorte étranger parmi nous ; si, comme je le crois, le courage et les sentiments de Lara sont dignes de sa naissance, il ne démentira pas la noblesse de sa race, et ne refusera pas d'accéder à ce qu'exigent les lois de la chevalerie. »

— « Eh bien ! à demain, » répond Ezzelin ; « qu'on mette à l'épreuve notre mérite et notre sincérité à tous deux ; je ne dirai rien que de vrai ; j'y engage ma vie et mon épée, ainsi que ma part du séjour des élus ! » Que répond Lara ? Son âme se replie sur elle-même, soudainement absorbée dans une contemplation profonde ; les paroles et les regards de toute l'assemblée semblent dirigés sur lui seul ; mais il demeure silencieux ; il promène autour de lui des yeux distraits ; sa pensée est ailleurs, bien loin, — bien loin. — Hélas ! cet oubli de tout ce qui l'entoure n'annonce que trop des souvenirs profonds.

XXIV.

« A demain ! — oui, à demain ! » Ces mots sont les seuls qui s'échappent des lèvres de Lara ; sur son visage aucune émotion ne se trahit ; dans ses grands yeux la colère n'allume point de flammes ; cependant il y a quelque chose dans le ton de sa voix qui indique une détermination forte, bien qu'inconnue. Il prend son manteau, s'incline légèrement, et quitte l'assemblée. Au moment où il passe devant Ezzelin, il répond par un sourire au coup d'œil menaçant dont ce seigneur semble vouloir l'accabler : ce n'est pas le sourire de la gaieté, ni celui d'un orgueil contenu, exhalant par le dédain le courroux qu'il ne peut dissimuler : c'est le sourire d'un homme qui a dans son cœur la conscience de tout ce qu'il veut faire, de tout ce qu'il peut endurer. Cela annonce-t-il la paix et le calme d'une âme vertueuse, ou l'endurcissement sans remède d'un cœur vieilli dans le crime ? Hélas ! l'un et l'autre ont une assurance trop semblable pour qu'on puisse en croire les traits et le langage ; c'est par les actes, et par les actes seuls, qu'on peut discerner cette vérité dont la découverte est si difficile aux cœurs inexpérimentés.

XXV.

Et Lara appelle son page, et sort. Ce jeune serviteur obéit au moindre mot, au moindre signe de son maître ; seul il l'a suivi du sein de ces lointains climats où un soleil plus brillant échauffe les âmes ; pour Lara il a quitté sa terre natale ; appliqué à ses devoirs, et calme quoique jeune, silencieux comme celui qu'il sert, il montre une fidélité au-dessus de sa condition et de son âge. Bien qu'il connaisse la langue du pays de Lara, il est rare que ce dernier lui transmette ses volontés dans cette langue ; mais dès que Lara lui fait entendre quelques paroles dans l'idiome de sa patrie, il accourt et répond aussitôt ; ces accents connus, chers comme ses montagnes natales, éveillent dans son oreille leurs échos absents, et lui rappellent ses amis, sa famille, qu'il a quittés, abjurés pour un seul homme, — son ami, son tout ; sur la terre, il n'a point d'autre guide ; comment s'étonner de le voir rarement s'éloigner de lui ?

XXVI.

Svelte est sa taille, et délicats les traits de ce visage qu'a bruni son soleil natal, tout en respectant ses joues où monte souvent une rougeur involontaire ; ce n'est pas cet incarnat charmant de la santé dans lequel le cœur tout entier vient se réfléchir ; c'est la teinte maladive d'une souffrance secrète, c'est une rougeur fébrile et passagère. La flamme ardente de son regard semble venir d'en haut, allumée par une pensée électrique, malgré le voile de ses longs cils qui ombrage ses noires prunelles, et tempère leur ardeur d'une teinte mélancolique ; cependant on y lit moins de douleur que d'orgueil, ou si c'est de la douleur, c'en est une qui ne saurait être partagée : il ne se plaît ni aux amusements de son âge, ni aux espiègleries de jeune homme, ni aux tours de page ; on le voit pendant des heures entières tenir ses regards attachés sur Lara, et s'absorber dans cette contemplation inquiète. Lorsqu'il n'est pas avec son seigneur, il s'en va errer seul ; ses réponses sont brèves, jamais il ne fait de questions ; il a pour promenade les bois, pour délassement quelque livre étranger, pour lit de repos le bord d'un ruisseau limpide ; il semble, comme celui qu'il sert, vivre à part de tout ce qui captive les yeux ou remplit le cœur, ne point fraterniser avec les hommes, et n'avoir reçu de la terre que le présent amer — de l'existence.

XXVII.

S'il aime quelque chose au monde, c'est Lara ; mais son affection ne se manifeste que dans son respect et ses actes, dans de muettes attentions ; et sa sollicitude, qui devine ses désirs, les accomplit avant que sa bouche les ait exprimés. Et néanmoins il y a dans tout ce qu'il fait je ne sais quelle hauteur ; on voit que cette âme n'est pas de trempe à endurer les réprimandes. Son zèle est supérieur à celui que témoignent des mains serviles, mais il n'obéit que dans ses actes, son air commande ; on dirait que ce sont ses désirs, plus encore que ceux de Lara, qu'il exécute, et assurément il ne le sert pas pour un salaire. Son maître ne lui impose que des tâches légères, comme de tenir son étrier, de porter son épée, ou d'accorder son luth, ou quelquefois encore de lui lire des livres des temps passés, écrits en langues étrangères. Jamais il ne se mêle aux autres serviteurs ; il ne leur témoigne ni déférence ni dédain, mais une noble réserve qui fait voir combien peu il sympathise avec cette troupe familière ; quel que soit son rang ou sa naissance, son âme peut s'incliner devant Lara, mais non descendre jusqu'à eux. Il semble d'une extraction plus haute, et avoir connu de meilleurs jours. Sa main ne porte point l'empreinte de travaux serviles ; sa blancheur toute féminine, rapprochée du velouté de cette joue, semblerait annoncer un autre sexe, n'était son costume, je ne sais quoi dans son regard de plus hardi et de plus fier que n'en comporte le regard d'une femme, et une violence cachée plus en harmonie avec son climat brûlant qu'avec son corps délicat et frêle. Cette véhémence reste contenue dans son cœur, sans se trahir par des paroles ; mais à son air on la devine. Kaled est son nom, mais le bruit court qu'il en portait un autre avant de quitter les montagnes de sa patrie. Souvent il lui arrive d'entendre répéter ce nom tout haut, à côté de lui, sans y répondre, comme s'il n'était pas familier à son oreille; ou bien on le voit se retourner brusquement, comme s'il se rappelait tout à coup que c'est son nom qu'on vient de prononcer; à moins que ce ne soit la voix de Lara qui l'appelle, car alors l'oreille, les yeux, le cœur, en lui tout s'éveille.

XXVIII.

Il avait jeté les yeux sur la salle joyeuse, et avait remarqué, comme tout le monde, cette querelle imprévue. Quand il entendit autour de lui la foule s'étonner que l'orgueilleux Lara restât aussi calme, et supportât cette insulte infligée par un étranger, et à ce titre doublement blessante, le jeune Kaled rougit et pâlit tour à tour. Ses lèvres blanchirent, ses joues s'enflammèrent, et à son front monta cette froide sueur qui s'élève quand le cœur agité s'affaisse sous le poids de pensées devant lesquelles la réflexion recule. Oui, — il est des choses qu'il faut oser dès qu'on les a conçues, et dont l'exécution doit à peine attendre que la pensée en soit instruite. Quelle que fût l'idée qui préoccupât Kaled, elle suffit pour fermer ses lèvres et torturer son cerveau. Ses yeux restèrent fixés sur Ezzelin jusqu'au moment où Lara jeta en passant un sourire de dédain au chevalier. Quand Kaled vit ce sourire, il changea tout à coup de visage, comme s'il venait d'y reconnaître quelque chose; sa mémoire en lisait plus dans une telle expression que n'en disait aux autres l'aspect de Lara. Il s'élança rapidement auprès de lui, et dans un moment tous deux eurent disparu, laissant après eux dans la salle comme un vide. Tous les regards étaient tellement fixés sur Lara, tous les cœurs s'identifiaient tellement à cette scène, que du moment où sa grande ombre cessa de se projeter sur le portique et d'y relever la lueur éclatante des flambeaux, chacun sentit son cœur battre plus vite, et une émotion profonde soulever sa poitrine, comme lorsque nous sortons de quelque rêve bien noir auquel nous ne croyons pas, mais que nous redoutons toutefois, parce que le pire est toujours le plus près de la vérité. Ils sont donc partis, — mais Ezzelin est là, le visage pensif, l'air impérieux ; mais il ne reste pas longtemps ; avant qu'une heure se soit écoulée il tend la main à Othon, et sort.

XXIX.

La foule s'est retirée, et les convives reposent ; le châtelain courtois et ses hôtes empressés ont été demander le sommeil à leur couche accoutumée, où se calme la joie, où voudrait dormir la douleur, où l'homme fatigué des agitations de son être s'affaisse dans le doux oubli de la vie : là reposent les espérances fébriles de l'amour, les ruses de la perfidie, les tourments de la haine, les projets de l'ambition trompée ; sur tous les yeux l'oubli secoue ses ailes, et l'existence éteinte s'étend dans un cercueil. Quel autre nom donner à la couche du sommeil ? sépulcre de la nuit, foyer universel où gisent nus et sans défense la faiblesse et la force, le vice et la vertu ; heureux de respirer un moment sans avoir la conscience de son être, l'homme bientôt se réveille pour lutter contre la crainte de la mort, et pour fuir, bien que chaque jour éclaire pour lui de nouvelles douleurs, ce dernier sommeil, sans contredit le plus doux, puisque c'est le plus exempt de rêves.

NOTES DU CHANT PREMIER.

[1] Quoique le nom de Lara soit espagnol, comme aucun détail du poëme ne fixe ni le pays ni le temps dans lequel vivait le héros, le mot *vassal*, qui ne pourrait s'appliquer aux classes inférieures en Espagne, où il n'y a jamais eu de vassaux attachés au sol, a été mis ici pour désigner les compagnons de notre héros tout d'imagination. *B.*

[2] Un des caractères les plus remarquables de la poésie de lord Byron, malgré la diversité des formes qu'il a employées successivement et le puissant cachet d'originalité dont il les a marquées, est la ressemblance qui existe entre ses différents personnages, à tel point qu'entre les mains d'un écrivain moins supérieur l'effet général serait d'une monotonie désespérante. Tous ses héros, à peu d'exceptions près, sont des Childe-Harold ; tous ressentent tour à tour les poignantes sensations de la douleur et de la joie, tous ont un sens profond de ce qui est noble et honorable, tous sont exaspérés par la plus légère injure en conservant le masque du stoïcisme et en affectant le mépris du genre humain. La vigueur d'une première pas-

sion, l'éclat des sensations de la jeunesse, sont représentés uniformément comme ternis par une première imprudence, par les remords d'une faute, et la source des joies et des illusions comme tarie par une connaissance prématurée de la vanité et du néant des plaisirs de ce monde. Ces traits généraux sont communs à tous les sombres héros de lord Byron, depuis l'illustre pèlerin jusqu'à celui qui porte le turban d'Alp le renégat. A Byron seul il était permis d'offrir plusieurs fois au public le même caractère. Son génie si varié, qui puisait aux sources mêmes de la passion, savait tellement en combiner les effets, que l'intérêt était toujours éveillé quoique le principal personnage fût toujours à peu près jeté dans le même moule. Ce ne sera pas un des moins remarquables phénomènes littéraires de cet âge que, pendant une période de quatre ans, au milieu d'un grand nombre de talents poétiques élevés, un seul auteur, un auteur qui se servait de sa plume avec l'indolence superbe d'un homme de qualité, et choisissait des sujets toujours identiques, ait pu, malgré le sombre coloris dont il revêtait ses héros, conserver la faveur du public, que lui avait méritée sa première publication ; — et cependant les choses se sont passées ainsi entre lord Byron et le public. Sir Walter Scott.

LARA.

CHANT DEUXIÈME.

I.

Les ombres de la nuit pâlissent ; les vapeurs groupées en flocons autour des montagnes se fondent dans les lueurs du matin, et la lumière éveille le monde. L'homme a un jour de plus pour grossir son passé, et le conduire à peu de chose, si ce n'est à sa fin ; mais la puissante nature s'élance, comme de son berceau ; le soleil est au ciel et la vie sur la terre, les fleurs dans la vallée, la splendeur dans les rayons du jour, la santé dans le souffle de la brise, et la fraîcheur dans l'onde des ruisseaux. Homme immortel ! contemple l'éclat de tant de beautés, et dis-toi, dans la joie de ton cœur : « Tout cela est à moi ! » Regarde, pendant que tes yeux enchantés peuvent voir encore ; le jour n'est pas loin où tout cela ne sera plus à toi ; alors, pleure qui voudra sur ta cendre insensible ! ni la terre ni le ciel ne te donneront une larme ; il ne se formera pas un nuage, il ne tombera pas une feuille de plus pour cela, et la brise ne t'accordera pas un soupir; mais les vers se repaîtront de ta dépouille, et prépareront ton argile à fertiliser le sol.

II.

L'aube a paru, — il est midi. — Convoqués par Othon, les seigneurs sont assemblés dans son château. C'est l'heure désignée qui doit prononcer sur la réputation de Lara un arrêt de vie ou de mort; c'est l'heure où Ezzelin doit articuler son accusation; il dira la vérité quelle qu'elle soit : il en a donné sa parole, et Lara a promis de l'entendre à la face du ciel et des hommes. Pourquoi ne vient-il pas ? quand il s'agit de révélations si importantes, il me semble que le sommeil de l'accusateur est bien prolongé.

III.

L'heure est passée, et Lara est là, avec un air d'assurance et de froide patience. Pourquoi Ezzelin ne vient-il pas ? L'heure est passée, on murmure, et le front d'Othon se rembrunit. « Je connais mon ami ; je ne puis douter de sa parole ; s'il est vivant encore, attendez-vous à le voir ici ; la demeure où il a passé la nuit est située entre mes domaines et ceux du noble Lara ; mon château se fût trouvé honoré d'un pareil hôte, et sir Ezzelin n'eût pas dédaigné d'accepter l'hospitalité chez moi ; mais il en a été empêché par la nécessité de se procurer les preuves nécessaires pour se préparer à l'entrevue de ce jour; j'ai engagé ma parole pour lui, je l'engage encore, ou moi-même, s'il le faut, je rachèterai la tache imprimée à son honneur de chevalier. »

Il dit. — Lara lui répond : « Je suis venu ici, à ta demande, pour entendre les fables perfides d'un étranger dont les paroles auraient dû déjà blesser mon cœur, si je ne l'avais méprisé comme un insensé ou un ennemi indigne de ma colère. Je ne le connais pas, — mais il paraît qu'il m'a connu dans des pays où... Mais pourquoi m'arrêter à de pareils contes? représente-moi ce faiseur d'histoires, ou soutiens son engagement ici, chez toi, à la pointe de ton épée. »
— Soudain, le fier Othon rougit de colère ; il jette son gant

et tire son glaive. « Je préfère cette dernière alternative, et voilà comment je réponds pour mon hôte absent. »

D'un visage dont rien n'altère la livide pâleur, quelque près qu'il soit de sa tombe ou de celle d'autrui ; d'une main dont l'insouciante froideur annonce son habitude à manier le glaive, d'un regard calme, mais déterminé à ne point épargner son ennemi, Lara tire sans hésiter son arme du fourreau. En vain les seigneurs se pressent autour d'eux ; rien ne peut arrêter la fureur d'Othon. Ses lèvres laissent tomber des paroles insultantes ; elle doit être bonne l'épée qui pourra les soutenir.

IV.

Le combat fut court ; dans sa rage aveugle, le présomptueux Othon offre sa poitrine au fer de son adversaire : atteint par un coup adroit, il est blessé ; il tombe, mais sa blessure n'est pas mortelle. « Demande la vie ! » Il ne répond pas, et alors peu s'en faut qu'il ne se relève plus de ce carreau sanglant, car en ce moment le front de Lara se couvre d'une teinte infernale et devient presque noir ; il agite son glaive irrité avec plus de furie qu'au moment où la pointe de celui de son ennemi était dirigée contre sa poitrine ; auparavant il se maîtrisait, maintenant sa haine implacable déborde de son cœur ; il est si peu disposé à épargner son ennemi blessé, que, lorsqu'on vient arrêter son bras, il est tenté de tourner son arme altérée de sang contre ceux dont la pitié s'interpose entre Othon et lui ; mais ce premier mouvement cède à un moment de réflexion. Cependant ses regards restent attachés sur Othon ; on dirait qu'il dédaigne un combat inutile qui laisse la vie à un ennemi vaincu, et qu'il cherche à reconnaître à quelle distance du tombeau la blessure qu'il a faite a mis sa victime.

V.

On relève Othon, baigné dans son sang ; et le médecin défend qu'on lui adresse pour le moment aucune question, soit par geste, soit de vive voix ; les autres seigneurs se réunissent dans un château voisin ; et Lara irrité, et sans se soucier d'eux, Lara, vainqueur dans ce combat soudain dont il est la cause, s'éloigne à pas lents dans un silence hautain; il monte sur son coursier, prend le chemin de sa demeure, sans jeter un seul regard sur le château d'Othon.

VI.

Mais où était-il ce météore d'une nuit, qui brillait menaçant et a disparu avec le retour de la lumière? Où est cet Ezzelin qui est venu et s'est éloigné sans plus laisser de traces de ses intentions? Il a quitté le château d'Othon longtemps avant l'aurore et au milieu des ténèbres; mais la route est si bien battue qu'il n'était pas possible qu'il s'égarât; sa demeure était tout près; mais on ne l'y a pas trouvé, et le lendemain on a fait des recherches qui n'ont rien appris, sinon qu'il est absent. Sa chambre est vide, son coursier est dans l'étable; son hôte s'alarme; sa suite murmure et s'afflige. On fait des perquisitions le long de la route et dans le voisinage, tremblant de rencontrer les marques de la rage de quelques brigands, mais on ne trouve rien. Sur les buissons, pas une goutte de sang, pas un lambeau de son manteau déchiré; la victime, en tombant ou en se débattant, aurait foulé le gazon; ces indices ordinaires du meurtre n'existent pas. Des doigts sanglants n'ont point laissé sur le sol les marques de ces étreintes convulsives de mains agonisantes qui ont cessé de se défendre. Ces signes se trouveraient si un assassinat avait été commis; mais il n'en est rien, et on conserve le doute et l'espoir; on forme d'étranges soupçons, on prononce tout bas le nom de Lara; on parle de sa réputation équivoque; mais sitôt qu'il paraît on se tait; on attend l'absence de cet homme, que l'on redoute, pour reprendre l'entretien mystérieux et se livrer aux plus noires conjectures.

VII.

Les jours s'écoulent, et les blessures d'Othon sont guéries, mais non son orgueil. Il ne dissimule plus sa haine; il est puissant, il est l'ennemi de Lara et l'ami de quiconque lui veut du mal. Et maintenant il s'adresse aux tribunaux de son pays, et demande compte à Lara de la disparition d'Ezzelin. Quel autre que Lara pouvait avoir à redouter sa présence? Qui l'a fait disparaître, sinon l'homme sur qui eussent pesé les accusations promises, s'il eût vécu pour les articuler? La rumeur générale, rendue plus bruyante encore par l'ignorance; cette avidité de la foule pour tout ce qui est mystérieux; l'isolement apparent d'un homme qui ne cherche ni à se concilier la confiance, ni à captiver l'affection de personne; l'indomptable férocité qui se trahit en lui; son habileté à manier le glaive, lui qui n'a jamais fait la guerre; cette habileté, où donc son bras l'a-t-il acquise? cette férocité, comment lui est-elle venue? car ce n'est pas cette fureur aveugle et soudaine qu'un mot allume et qu'un mot peut calmer, c'est le sentiment profond d'une âme sans pitié pour l'objet sur lequel s'est fixée sa colère, d'une âme qu'une longue habitude du pouvoir et du succès a rendue inexorable : tout cela, joint à cette disposition naturelle de l'espèce humaine à condamner plutôt qu'à approuver, a fini par soulever contre Lara une tempête redoutable même pour lui, et telle que la voulaient ses ennemis; et maintenant il est appelé à répondre de l'absence d'un homme qui, vivant ou mort, ne cesse de le poursuivre.

VIII.

Le pays contenait un grand nombre de mécontents maudissant la tyrannie sous laquelle ils courbaient la tête; là plus d'un despote avide et cruel érigeait en loi ses caprices. De longues guerres au dehors, et de fréquentes discordes au dedans, avaient frayé la voie au carnage et à de coupables ambitions n'attendant qu'un signal pour renouveler les forfaits de ces troubles civils dans lesquels on ne reconnaît point de neutres, mais seulement des amis et des ennemis. Chaque seigneur, renfermé dans sa forteresse féodale, était souverain, obéi en parole et en action, abhorré au fond de l'âme. C'est ainsi que les domaines de Lara lui avaient été transmis en héritage, et avec eux des cœurs mécontents et des bras paresseux; mais sa longue absence de son pays natal l'avait laissé pur du crime de l'oppression, et depuis son retour la douceur de sa domination avait peu à peu banni tout sentiment d'effroi. Ses serviteurs seuls conservaient une sorte de terreur respectueuse, mais c'était pour lui plus que pour eux que leurs craintes étaient excitées. D'abord ils l'avaient jugé défavorablement, mais maintenant ils l'estimaient malheureux; ses nuits sans sommeil, son silence étrange, ils les attribuaient à une disposition maladive entretenue par la solitude; et bien que, depuis peu, ses habitudes d'isolement eussent jeté de la tristesse dans sa demeure, la bienveillance en égayait le seuil. Les malheureux n'en partaient jamais sans soulagement; pour eux du moins son âme connaissait la pitié. Il n'avait pour les grands que de la froideur, pour les puissants que du dédain, mais il aimait à reporter ses regards sur les humbles. Il leur parlait peu; mais sous son toit ils trouvaient souvent l'asile, jamais le reproche. Ceux qui l'observaient pouvaient voir que de jour en jour le nombre de ses vassaux augmentait; mais depuis la disparition d'Ezzelin surtout, il faisait parade de courtoisie et d'hospitalité. Peut-être que sa querelle avec Othon lui faisait redouter quelque piége préparé contre sa tête importune. Mais quel que fût son motif, il est certain qu'il se concilia dans le peuple plus de partisans que les seigneurs ses égaux. Si c'était calcul de sa part, ce calcul était sage. La foule le jugeait tel qu'elle le trouvait; réduits à l'exil par des maîtres cruels, ils ne lui demandaient qu'un abri, et il l'accordait. Nul paysan ne pleurait sa cabane par lui dévastée, et le serf n'avait point à se plaindre de sa condition: avec lui, l'avare vieillesse voyait son trésor en sûreté, et jamais le mépris ne venait insulter au pauvre. La jeunesse était retenue auprès de lui par les festins et l'espoir des récompenses, jusqu'à ce qu'il fût trop tard pour le quitter. A la haine, il offrait dans un prochain avenir les chères représailles d'une vengeance différée; à l'amour condamné par l'inégalité des rangs à soupirer en vain, il promettait la beauté de son choix, dignement conquise par la victoire. Maintenant tout est mûr, il n'attend plus que le moment de proclamer l'abolition d'un esclavage qui déjà n'existe plus que de nom. Ce moment est venu; c'est celui où Othon croit enfin s'être assuré la vengeance qu'il cherche depuis si longtemps. Ses sommations ont trouvé le criminel dans son château, environné de milliers de bras récemment délivrés de leurs chaînes féodales, défiant la terre, et ne doutant pas de la protection du ciel. Ce matin même il a affranchi les esclaves attachés à la glèbe : à dater de ce jour ils ne bêcheront le sol que pour creuser la tombe des tyrans! c'est là leur cri de guerre. Il faut un mot d'ordre au jour du combat pour justifier l'injustice et mettre en relief le bon droit. La religion, — la liberté, — la vengeance, — n'importe, il suffit d'un mot pour mener le genre humain au carnage, de quelques phrases factieuses, inventées et propagées par la ruse, pour faire régner le crime, et engraisser les loups et les vers.

IX.

Dans ces contrées, les grands avaient acquis une telle puissance, que leur monarque enfant régnait à peine; c'était un moment favorable pour augmenter les forces des factieux. Les serfs méprisaient le roi et le haïssaient, lui et les seigneurs. Ils n'attendaient qu'un chef contre la tyrannie; ils en trouvèrent un inséparablement lié à leur cause, et que les circonstances forçaient, dans l'intérêt de sa défense personnelle, à se plonger de nouveau au milieu des luttes des hommes. Séparé par une destinée mystérieuse de ceux que la nature ne lui avait pas donnés pour ennemis, Lara, depuis cette nuit fatale pour lui, s'était préparé à faire face à tout événement, mais non seul. Des motifs, peu importe lesquels, le portaient à éviter toute investigation dans sa conduite en des climats lointains; en confondant sa cause avec celle de tous, dût-il même succomber, il différait sa chute. Ce calme lugubre qu'il avait si longtemps conservé, l'orage qui, après s'être épuisé, s'était endormi dans son sein, réveillé tout à coup par des événements appelés, selon toute apparence, à pousser ses sombres destinées jusqu'à leur dernière limite, a fait explosion, et l'a rendu ce qu'il avait été naguère, ce qu'il est encore. Il n'a fait que changer de théâtre; il a peu de souci de la vie, et moins encore de la gloire, mais il n'en est que plus propre à jouer cette partie désespérée. Il sait qu'il est en butte à la haine des hommes; mais il sourit à la mort, pourvu qu'il entraîne ses ennemis dans sa chute. Que lui importe, à lui, la liberté des peuples? Il n'élève les humbles que pour courber les puissants. Il avait espéré le repos dans sa sombre tanière; mais l'homme et le destin viennent l'y assiéger : accoutumé aux attaques des chasseurs, qu'ils viennent, il est prêt à leur tenir tête; il leur faudra tuer leur proie, ils ne la prendront point au piége. Farouche, taciturne, sans ambition, il est resté jusqu'à ce jour spectateur calme sur le théâtre de la vie; mais ramené dans l'arène, il redevient chef redoutable et aguerri; — dans sa voix, — dans son aspect, dans ses gestes — éclate une nature sauvage, et le gladiateur perce dans son regard.

X.

Qu'ai-je besoin de décrire après tant d'autres les combats livrés, les vautours rassasiés, les flots de sang versé, les vicissitudes des champs de bataille, la force victorieuse, la faiblesse vaincue, les ruines fumantes, les murs croulants? Cette lutte ressemble à toutes les autres, si ce n'est que des passions cruelles lui prêtent leur funeste acharnement et en bannissent les remords. Nul ne demande quartier, car le cri de merci n'eût point été écouté; le prisonnier meurt sur le champ de bataille. Une égale fureur anime les deux partis, qui triomphent tour à tour; les champions de la liberté comme ceux de la tyrannie croient n'avoir immolé que peu d'ennemis tant qu'il en reste à immoler encore. Il est trop tard pour arrêter le glaive dévastateur; le pays est en proie à la désolation et à la famine. La torche est allumée, la flamme se propage, et le Carnage sourit aux victimes que chaque jour entasse.

XI.

Forts de l'énergie que leur donne l'impulsion nouvelle à laquelle ils obéissent, les partisans de Lara obtiennent d'abord des succès; mais cette inutile victoire devient la cause de leur ruine. Ils cessent de former leurs rangs à la voix de leur chef : ils se jettent aveuglément et sans ordre sur l'ennemi, et ne comprennent pas qu'autre chose est d'arracher la victoire; autre chose de s'en assurer la possession. L'amour du pillage, la soif de la vengeance, précipitent la perte de ces brigands indisciplinés. En vain Lara fait tout ce qu'un chef peut faire pour contenir la furie insensée de ses soldats; c'est vainement qu'il essaie de contenir leur opiniâtre ardeur. — La main qui alluma l'incendie ne peut réussir à l'éteindre. Leur habile ennemi pourra seul arrêter leurs ravages, et montrer à cette bande vagabonde sa folle erreur. Les retraites simulées, les embuscades nocturnes, les fatigues journalières, les combats différés, la longue privation des provisions attendues, le sommeil non abrité sous un ciel humide, le rempart opiniâtre, qui se rit de tout l'art de l'assiégeant, et lasse sa patience en trompant son espoir, ils n'avaient point songé à tout cela : un jour de bataille ils rivalisaient avec de vieux guerriers; mais ils préféraient l'enivrement du carnage et une mort prompte à des souffrances de tous les instants : la famine et les maladies déciment chaque jour leurs rangs; de la joie immodérée du triomphe, ils passent au mécontentement, et l'âme de Lara est la seule qui demeure inébranlable. Il lui en reste bien peu pour obéir à sa voix et seconder son bras, et une armée où l'on comptait plusieurs milliers de soldats se trouve réduite à une faible troupe; mais ce sont les plus résolus et les plus braves qui sont demeurés fidèles, et qui aujourd'hui regrettent une discipline qu'ils dédaignaient naguère. Un espoir reste encore, la frontière n'est pas loin; ils peuvent y trouver un refuge contre le glaive de leurs concitoyens, et porter dans le territoire d'un état voisin les douleurs d'un exilé et la haine d'un proscrit : sans doute il est dur de dire adieu à la terre natale, mais il est plus dur encore de choisir entre la soumission et la mort.

XII.

La résolution en est prise, — ils marchent. — La nuit propice leur prête son flambeau pour éclairer leur fuite ténébreuse et furtive. Déjà ils voient sa tranquille lumière dormir sur la surface des flots qui séparent les deux États;

déjà ils aperçoivent...— est-ce bien là la rive? arrière! elle est bordée de bataillons ennemis. Que faire? revenir sur ses pas ou fuir? — Que voient-ils briller derrière eux? c'est la bannière d'Othon; — c'est la lance de ceux qui les poursuivent! Ces feux allumés sur la hauteur, sont-ce les feux des bergers? Hélas! ils jettent une clarté trop grande pour que la fuite soit possible : coupés de toutes parts, ils sont comme traqués dans leur désespoir; moins de sang a souvent acheté une victoire plus importante.

XIII.

Ils s'arrêtent un moment — pour reprendre haleine. Marcheront-ils en avant ou attendront-ils qu'on vienne à eux? peu importe. — S'ils chargent les ennemis rangés en bataille sur la rive, qui sait? quelques-uns peut-être parviendront à rompre leur ligne, quelque serrés que soient leurs rangs. « C'est à nous de les attaquer; il y aurait lâcheté à les attendre! » Tous les glaives sont tirés, la main de chaque cavalier a saisi les rênes. Dans la première parole que va prononcer Lara, combien auront entendu la voix de la mort!

XIV.

Il a tiré son glaive. — Il y a trop de calme dans son air pensif pour que ce soit celui du désespoir; il y a là plus d'indifférence qu'il ne sied au brave d'en montrer dans un pareil moment, s'il a quelque sensibilité pour ses semblables. Il porte ses regards sur Kaled qui, toujours à ses côtés, est trop fidèle pour manifester le moindre effroi; c'est peut-être la clarté douteuse de la lune qui répand sur les traits du jeune page cette teinte inaccoutumée de pâleur et de deuil, expression profonde de la sincérité de son zèle, et non de sa terreur. Lara l'a remarqué; il pose sa main sur la sienne, et, dans cet instant critique, elle ne tremblait pas; sa bouche était muette; son cœur battait à peine, ses yeux semblaient dire : « Nous ne nous séparerons pas! Tes soldats peuvent succomber, tes amis peuvent fuir : adieu à la vie, mais non à toi! » Lara donne le signal, et la petite troupe serre ses rangs et se précipite sur les lignes de l'ennemi. Les coursiers obéissent à l'éperon, les cimeterres flamboient, l'acier résonne. Inférieurs en nombre, mais non en courage, ils opposent à l'audace le désespoir, et font face à l'ennemi. Le sang mêle ses flots à ceux du fleuve qui conserve jusqu'au matin sa couleur pourprée.

XV.

Donnant ses ordres, ralliant les siens, les animant par son exemple, partout où l'ennemi gagne du terrain, où ses guerriers succombent, Lara les encourage de la voix, brandit son glaive ou frappe, et cherche à leur inspirer un espoir que lui-même n'a plus. Nul ne fuit, car ils savent que la fuite serait vaine; mais ceux qui lâchaient pied reviennent sur leurs pas pour frapper encore en voyant les plus intrépides de leurs ennemis reculer devant le regard et les coups de leur chef: maintenant qu'il est presque seul et entouré d'ennemis, tantôt il porte la mort dans leurs rangs, tantôt il rallie le petit nombre des siens; il ne s'épargne pas. — Tout à coup il croit voir l'ennemi ployer. — Voilà le moment venu, il élève son bras en l'air, il agite... — Pourquoi cette tête ornée d'un panache s'est-elle soudainement affaissée? Le coup est parti; — la flèche lui est entrée dans le sein! Ce geste fatal l'a laissé à découvert, et la Mort a rabattu ce bras orgueilleux. La parole de triomphe expire sur ses lèvres; cette main qu'il a levée, comme elle perd sa vigueur! Pourtant elle retient machinalement le glaive, pendant que la main gauche laisse échapper les rênes; Kaled s'en empare. Étourdi par sa blessure, et penché sans mouvement sur l'arçon de sa selle, Lara ne s'est pas aperçu que son page inquiet entraîne son coursier hors de la mêlée: cependant ses soldats continuent à combattre; trop grande est la confusion maintenant pour que ceux qui tuent fassent attention à ceux qui meurent!

XVI.

Le jour luit sur des mourants et des morts, des cuirasses pourfendues, des têtes sans cimier; le coursier, sans son cavalier, est couché par terre; l'effort de son dernier râle a fait rompre les sanglantes courroies de sa selle; près de lui palpitent encore d'un reste de vie le talon qui l'éperonnait, la main qui tenait ses rênes; il en est qui sont gisants aux bords de ce fleuve dont les ondes semblent insulter aux lèvres des mourants; cette soif haletante, dont sont dévorés ceux qui meurent de l'ardente mort du soldat, pousse en vain la bouche brûlante à implorer une goutte, — une dernière goutte, afin de se rafraîchir pour la tombe. Ils se traînent avec des mouvements faibles et convulsifs sur le gazon ensanglanté; les restes défaillants de leur vie se consument en ce dernier effort; enfin ils atteignent l'onde et se baissent pour boire. Ils sentent déjà sa fraîcheur, déjà leurs lèvres s'en approchent. — Pourquoi s'arrêtent-ils? Ils n'ont plus de soif à satisfaire, — ils ne l'ont point étanchée, et pourtant ils ne l'éprouvent plus; c'était une douleur poignante, — ils viennent de l'oublier!

XVII.

Sous un tilleul écarté du théâtre de ce combat qui, sans lui, n'eût jamais eu lieu, est couché un guerrier qui respire, mais voué à la mort; c'est Lara qui voit sa vie s'écouler rapidement avec son sang : celui qui fut son page, et qui maintenant est son seul guide, Kaled, agenouillé, se penche sur son côté entr'ouvert, et essaie avec son écharpe d'étancher ce sang qui, à chaque convulsion du mourant, jaillit à flots plus noirs, puis, à mesure que sa respiration devient plus faible et plus rare, s'épanche goutte à goutte et non moins fatalement : il peut à peine parler, mais il fait signe à Kaled que ses efforts sont vains et ne font qu'ajouter à sa souffrance. Il serre la main qui cherche à adoucir cette angoisse, et remercie par un triste sourire ce page sombre qui ne craint rien, ne sent rien, est étranger à tout, et ne voit que ce front glacé appuyé sur ses genoux, que ce pâle visage dont les yeux presque éteints sont la seule lumière qui pour lui brille ici-bas.

XVIII.

Les vainqueurs arrivent après avoir longtemps cherché Lara sur le champ de bataille; leur victoire n'est rien tant que Lara ne sera pas en leur pouvoir; ils voudraient le faire enlever, mais ils voient que ce serait inutile; et lui, il les regarde avec un calme dédain; il se réconcilie avec le destin qui le soustrait par la mort à la haine des vivants; et Othon accourt, et, mettant pied à terre, il regarde couler le sang de l'ennemi qui répandit le sien, et l'interroge sur son état. Lara, sans lui répondre, le regarde à peine, comme s'il l'avait déjà oublié, et se tourne vers Kaled; — à dater de ce moment, ses paroles, on les entend, mais nul ne peut les comprendre. Il parle dans cette langue inconnue à laquelle l'attache irrésistiblement quelque souvenir étrange. Ils s'entretiennent d'autres événements; — mais ce qu'ils disent, — Kaled seul le sait; seul il a l'intelligence des paroles de Lara; et il lui répond à demi-voix, pendant qu'on les contemple dans un muet étonnement; tous deux, en ce moment suprême, semblent presque oublier le présent dans le passé, partager ensemble je ne sais quelle destinée distincte, dont nul autre qu'eux ne peut pénétrer le mystère.

XIX.

Leur entretien est long, quoiqu'ils se parlent avec un accent affaibli. — Ceux qui les entendent ne peuvent juger de ce qu'ils disent que par le ton de leur voix. A ce compte on pourrait croire, aux intonations du jeune Kaled, que sa mort est plus proche que celle de Lara, tant elles sont tristes, émues, entrecoupées, les paroles prononcées par ses lèvres pâles qui remuent à peine; la voix de Lara, quoique basse, était d'abord distincte et calme, jusqu'au moment où la mort est venue lui communiquer son râle; mais c'est en vain qu'on essaierait de lire sur son visage ce qui se passe au dedans de lui, tant ses traits ont conservé un caractère impénitent, sombre, impassible; seulement à sa dernière agonie son regard s'est tourné affectueusement vers son page; il y eut un moment où les accents de Kaled ayant cessé de se faire entendre, Lara leva la main et montra l'Orient, soit que la venue du jour frappât sa vue, car en cet instant le soleil paraissait à l'horizon et chassait devant lui les nuages, soit que le souvenir de quelque événement lui fît diriger sa main vers les lieux qui en avaient été le théâtre. Kaled parut ne point le savoir lui-même, mais il se détourna comme s'il eût eu en horreur le jour qui se levait; il éloigna ses regards de la lumière matinale pour les reporter sur le front de Lara — où tout devenait nuit; néanmoins il conservait encore le sentiment, quoique sa perte eût été pour lui un bienfait; car quelqu'un ayant approché de lui la croix du salut, et lui ayant fait toucher le saint rosaire, dont le secours pouvait être nécessaire à son âme sur le point de partir, il jeta sur ces objets sacrés un coup d'œil profane et se prit à sourire. — Le ciel lui pardonne, si ce fut le dédain; et Kaled, sans proférer une parole, sans détourner du visage de Lara ses yeux pleins de désespoir, d'un air mécontent, d'un geste brusque, repoussa la main qui tenait le gage sacré, comme si sa vue ne pouvait que troubler le mourant, paraissant ignorer que de ce moment commençait sa vie véritable, cette vie d'immortalité assurée à ceux-là seulement dont la foi au Christ est éprouvée.

XX.

Mais Lara a jeté un soupir profond et pénible; le voile qui couvre ses yeux s'est épaissi; ses membres se sont étendus convulsivement, et sa tête est retombée sur les genoux faibles qui la soutiennent sans se lasser; il presse la main qu'il tient sur son cœur. — Ce cœur ne bat plus, mais Kaled ne quitte pas son étreinte glacée; il interroge, et interroge en vain les mouvements de ce cœur qui ne lui répond pas. « Il bat! » — Arrière, vain rêveur! il n'est plus. — Ce que tu regardes fut autrefois Lara.

XXI.

Il le contemple, comme si n'avait pas encore passé l'esprit hautain de cette humble argile; ceux qui l'entourent l'arrachent à sa rêverie, mais ne peuvent détourner son regard fixe et immobile; et lorsqu'on l'a relevé du lieu où il supportait dans ses bras ce corps inanimé, lorsqu'il voit cette tête, que son sein voudrait soutenir encore, rouler comme de la terre rendue à la terre, il ne s'est point élancé sur cette chère dépouille, il n'a point arraché les boucles brillantes de sa noire chevelure; mais il se roidit debout, et continue à regarder, puis il chancelle et tombe, ne respirant guère plus que celui qu'il a tant aimé. Que celui qu'*il* a aimé! Oh! jamais pareil amour ne brûla dans une poitrine d'homme! Ce moment critique a enfin révélé ce long secret qui n'était caché qu'à demi; sous ses vêtements qu'on écarte pour rappeler à la vie ce cœur dont les douleurs semblent finies, on découvre une femme; Kaled a repris ses sens, et ne rougit pas; — que lui font désormais son honneur et son sexe?

XXII.

Et Lara ne repose pas où reposent ses pères; mais on lui a creusé sa tombe aussi avant, au lieu même où il est mort; et son sommeil mortel n'en est pas moins profond, quoiqu'un prêtre n'ait pas béni sa sépulture et que nul marbre ne la décore; et il a été pleuré par une douleur solitaire, moins bruyante, mais plus durable que celle qu'un peuple accorde au trépas de son chef. Toutes les questions qu'on fit à Kaled sur le passé furent inutiles; on employa vainement la menace, elle garda le silence jusqu'à la fin : elle ne dit pas d'où elle était venue, ni pourquoi elle avait tout quitté pour un homme qui semblait peu aimant. Pourquoi l'aimait-elle? Questionneur insensé! — tais-toi. — L'amour au cœur de l'homme est-il l'œuvre de sa volonté? Il était peut-être pour elle affectueux et tendre : ces esprits sévères et sombres ont des pensées que ne peut discerner l'œil du vulgaire; et quand ils aiment, vos sourieurs ne sauraient deviner comment battent ces cœurs forts, avares de paroles. Ce n'étaient pas des liens ordinaires qui enchaînaient à Lara le cœur et l'esprit de Kaled; mais cette étrange histoire, elle ne l'a jamais révélée, et les lèvres qui auraient pu la dire sont maintenant scellées à jamais.

XXIII.

On déposa Lara en terre; sur sa poitrine, outre la blessure qui avait donné le repos à son âme, on trouva de nombreuses cicatrices qui n'y avaient pas été mises par cette guerre récente : où que se fût passé l'été de sa vie, il semble que ses jours ont dû s'écouler au milieu des combats; mais on ne sait rien ni de sa gloire ni de ses crimes ; ces cicatrices indiquent seulement qu'il y a eu quelque part du sang versé, et Ezzelin, qui eût pu dire le reste, ne revint plus ; — cette nuit fatale fut sans doute sa dernière.

XXIV.

Cette nuit-là même, si l'on en croit le récit des paysans, à l'heure où la lumière de Cynthie allait disparaître devant l'aurore, où un nuage de vapeur voilait presque son disque pâlissant, un serf, qui s'était levé de bonne heure pour travailler dans la forêt et y gagner le pain de ses enfants, traversait la vallée intermédiaire ; en passant près de la rivière qui sépare les terres d'Othon des vastes domaines de Lara, il entendit un bruit de pas ; — un cheval et son cavalier sortirent du bois ; sur le devant de la selle était un objet qu'enveloppait un manteau ; le cavalier avait la tête baissée, et on ne pouvait voir son visage. Étonné de cette apparition à une pareille heure, et pressentant qu'il y avait là un crime, le villageois se tint à l'écart, et se mit à épier l'inconnu ; celui-ci, arrivé au bord du fleuve, s'élança de son cheval, et, soulevant le fardeau qu'il portait, monta sur la rive et le lança dans l'onde ; puis il resta immobile, puis il jeta çà et là des regards inquiets, puis les reporta sur les flots dont il suivit le courant, comme si leur surface trahissait quelque chose, tout à coup il s'arrêta, se baissa. Autour de lui étaient épars des monceaux de pierres charriées par les pluies d'hiver ; il prit les plus pesantes, et les lança avec un soin tout particulier. Pendant ce temps le serf s'était approché, en rampant, d'un endroit d'où sans être vu il pouvait tout observer de plus près ; il vit flotter quelque chose qui ressemblait à la poitrine d'un homme ; il crut même distinguer sur les vêtements je ne sais quoi qui brillait comme une étoile de métal ; mais avant qu'il eût le temps de bien observer ce que c'était, une pierre énorme atteignit le cadavre flottant, qui coula à fond. Il revint à la surface, mais sans qu'il fût possible de le distinguer, laissa empreinte sur les flots une couleur pourprée, puis disparut entièrement. Le cavalier continua de regarder, jusqu'à ce que le dernier cercle imprimé à la surface de l'eau se fût évanoui ; alors il se retourna, et, courbé sur son cheval, s'éloigna à toute bride. Sa figure était masquée ; le villageois, dans sa terreur, ne put distinguer les traits du mort, si toutefois c'en était un ; mais s'il est vrai qu'il y eût une étoile sur sa poitrine, tel est le signe que portent les chevaliers, et l'on sait qu'Ezzelin en avait une dans la nuit qui précéda cette matinée. Si c'est ainsi qu'il a péri, Dieu veuille avoir son âme ! On n'a pu découvrir son corps ; les vagues l'ont porté dans l'Océan, et la charité aime à croire que Lara fut étranger à sa mort [1].

XXV.

Et Kaled, — Lara, — Ezzelin ne sont plus, tous trois privés de pierre funéraire. Tous les efforts ont été vains pour éloigner la première du lieu où le sang de son chef avait coulé ; la douleur, il est vrai, avait abattu cette âme trop fière ; elle versait peu de larmes ; ses plaintes n'étaient jamais bruyantes ; mais voulait-on l'arracher de cette place où elle se figurait presque le voir encore, elle devenait furieuse, ses yeux étincelaient comme ceux d'une tigresse à qui on enlève ses petits ; si on la laissait consumer en ce lieu ses journées solitaires, elle passait son temps à s'entretenir avec des êtres fantastiques, tels que les enfante le cerveau agité de la Douleur, et leur adressait ses tendres plaintes ; elle s'asseyait sous l'arbre où ses genoux avaient soutenu sa tête ; là, elle croyait le voir encore dans la posture où elle l'avait vu tomber, et se rappelait ses paroles, ses regards, son étreinte mourante ; elle avait coupé sa chevelure d'ébène qu'elle conservait précieusement dans son sein, d'où elle la retirait souvent pour en essuyer la terre et en étancher le sang de la blessure d'un fantôme. Elle lui faisait des questions et répondait pour lui, puis se levait brusquement et lui faisait signe de fuir devant un spectre imaginaire, puis s'asseyait au pied d'un tilleul et cachait son visage dans ses mains amaigries, ou traçait sur le sable des caractères inconnus. — Cela ne pouvait durer longtemps. Elle repose à côté de celui qu'elle aima ; son secret, elle ne l'a dit à personne ; son amour, elle ne l'a que trop bien prouvé.

NOTES DU CHANT DEUXIÈME.

¹ L'incident dont il est question dans cette strophe fut suggéré à lord Byron par le récit de la mort du duc de Gandia. Burchard nous en a transmis les détails les plus dramatiques, dont voici la substance :

« Le 8 juin, le cardinal de Valenza et le duc de Gandia, fils du pape, soupaient avec leur mère Vanozza près de l'église Saint-Pierre-aux-Liens. Plusieurs autres personnes étaient présentes à ce festin. L'heure du départ approchant, le cardinal rappela à son frère qu'il était temps de retourner au palais apostolique. Ils montèrent sur leurs chevaux, ou plutôt sur leurs mules, suivis d'une faible escorte, et marchèrent ensemble jusqu'au palais du cardinal Sforza. Là, le duc informa le cardinal qu'avant de se rendre chez lui, il avait une visite amoureuse à faire. Il renvoya donc toute sa suite, excepté son *stafiero* et une personne masquée qui était venue lui rendre visite pendant le souper, et depuis un mois ou environ se rendait chaque jour au palais apostolique. Il mit cette personne en croupe sur sa mule, et s'avança dans la rue des Juifs. Là, il quitta son domestique, lui ordonnant de l'attendre jusqu'à une certaine heure ; après quoi il pouvait retourner au palais. Or, cette nuit-là, le duc fut assassiné, et son corps jeté dans la rivière. Son domestique fut également assailli et mortellement blessé. En vain chercha-t-on à le sauver ; sa situation était si désespérée, qu'il ne put donner aucun renseignement sur le meurtre de son maître. Au matin, les serviteurs du duc, ne le voyant pas paraître, commencèrent à s'alarmer, et un d'eux informa le pontife de l'excursion de ses fils et de l'absence du duc. Le pape fit peu d'attention à cette nouvelle : il conjectura que le duc avait été attiré par quelque courtisane pour passer la nuit avec elle, et que, n'osant pas quitter la maison en plein jour, il attendait la nuit pour revenir chez lui. Cependant, lorsque le soir arriva, et qu'il se vit trompé dans son attente, il tomba dans une profonde anxiété, et commença à faire interroger différentes personnes pour obtenir des renseignements. Parmi ces derniers était un homme nommé Giorgio Schiavoni, qui, ayant déchargé du bois de charpente de son bateau sur le rivage, était resté à bord pour le veiller. Ayant été interrogé pour savoir s'il n'avait pas vu jeter quelqu'un dans la rivière la nuit précédente, il répondit qu'il avait vu deux hommes à pied qui débouchèrent de la rue, et regardèrent attentivement autour d'eux pour observer si personne ne passait. Ne rencontrant personne, ils s'en allèrent ; et quelque temps après deux autres revinrent, et se mirent de nouveau à observer les lieux ; puis ils donnèrent le signal à leur compagnon. Alors s'avança un homme monté sur un cheval blanc, ayant derrière lui un cadavre dont la tête et les bras pendaient d'un côté, et les pieds de l'autre ; les deux personnes à pied soutenaient le corps pour l'empêcher de tomber. Ils s'avancèrent ainsi jusqu'à l'endroit où l'égout de la ville se décharge dans la rivière, puis, tournant la tête du cheval vers la rive, les deux personnes prirent le cadavre par la tête et les pieds, et, réunissant toutes leurs forces, le précipitèrent dans les flots. L'homme à cheval leur demanda s'ils avaient fini; à quoi ils répondirent: *Signor, si*. Il se tourna alors vers le fleuve, et, voyant un manteau emporté par le courant, il demanda quel était cet objet blanchâtre. On lui répondit que c'était le manteau. Alors l'un d'eux jeta des pierres, et le fit s'enfoncer. Les délégués du pontife reprochant à Georgio de n'avoir rien révélé au gouverneur, celui-ci répondit qu'il avait vu dans sa vie plus de cent cadavres jetés ainsi dans la rivière à la même place, et qu'on n'avait jamais fait d'enquête sur ces événements; qu'en conséquence, il avait regardé cela comme un fait sans importance. On rassembla aussitôt les pêcheurs et les matelots, et on leur ordonna de fouiller la rivière. La nuit d'après, ils trouvèrent le corps du duc. Ses habits étaient intacts; il avait trente ducats dans sa bourse. Il était percé de neuf blessures : une à la gorge, et les autres à la tête et sur tout le corps. Lorsque le pontife apprit que son fils avait ainsi été massacré et jeté dans la rivière, il s'abandonna à *toute sa douleur*, et, s'enfermant dans sa chambre, pleura amèrement. Le cardinal de Ségovie et plusieurs autres amis du pape restèrent à la porte sans pouvoir être admis. Depuis le mercredi soir jusqu'au samedi suivant, le pape ne prit point de nourriture, et ne dormit point depuis le jeudi matin jusqu'au jeudi d'après. Cependant, cédant aux prières de ses amis, il commença à réprimer sa douleur, et consentit à ne pas porter préjudice à sa propre santé en n'écoutant que son propre chagrin. »(*Histoire de Léon X*, par Roscoe, p. 265, t. 1er.)

MÉLODIES HÉBRAÏQUES.

AVERTISSEMENT.

Les poëmes suivants furent composés, à la demande de mon ami l'honorable Douglas Kinnaird, pour faire partie d'un choix de mélodies hébraïques. Ils ont été publiés avec la musique, arrangée par MM. Braham et Nathan.

Janvier 1815.

ELLE MARCHE DANS SA BEAUTÉ[1].

I.

Elle marche dans sa beauté, semblable à la nuit des climats sans nuages et des cieux étoilés ; tout ce qu'ont de plus beau la lumière et l'ombre est réuni dans ses traits et dans ses yeux, brillant de ces molles et tendres clartés que refuse le ciel à la splendeur du jour.

II.

Une ombre de plus, un rayon de moins diminuerait de moitié cette grâce ineffable qui ondoie dans les tresses de sa noire chevelure, ou éclaire doucement ce visage où des pensers d'une sérénité suave disent combien est pure cette demeure, combien elle leur est chère.

III.

Et sur cette joue, et sur ce front si doux, si calme, si éloquent, ce sourire séduisant, ces teintes animées, annoncent des jours passés dans la vertu, une âme en paix avec tous, un cœur dont l'amour est innocent !

LA HARPE DU ROI-POETE.

I.

La harpe du roi-poëte, du chef des peuples, du bien-aimé du ciel, cette harpe que tu avais sanctifiée, ô Musique ! à qui tu avais donné des sons tirés des profondeurs de ton âme, et que tu ne pouvais entendre sans pleurer, que tes pleurs redoublent, ses cordes sont brisées ! Elle adoucissait les hommes au cœur d'airain ; elle leur donnait des vertus qu'ils n'avaient pas ; nulle oreille si insensible, nulle âme si froide qui ne s'émût, qui ne s'embrasât à ses sons; et la harpe de David était devenue plus puissante que son trône!

II.

Elle disait les triomphes de notre roi ; elle glorifiait notre Dieu et lui portait notre hommage ; elle faisait résonner nos vallées joyeuses ; les cèdres s'inclinaient ; les montagnes tressaillaient; ses sons montaient vers le ciel et y demeuraient! Depuis, on a cessé de l'entendre sur la terre ; mais à la voix de l'Amour et de la Dévotion sa mère, l'âme s'éveille encore et déploie ses ailes, écoutant des sons qui semblent venir du ciel, et bercée par des rêves que ne peut interrompre la clarté du jour.

SI LA-HAUT NOUS AIMONS ENCORE.

I.

Si là-haut nous aimons encore, si dans ce monde situé par delà les limites du nôtre le cœur conserve sa tendresse, si les yeux y sont les mêmes, sauf les larmes, — qu'il serait doux d'habiter ces sphères inconnues! qu'il serait doux de mourir à l'instant même! de s'envoler loin de la terre et de voir toutes nos craintes s'absorber dans ta lumière, ô Éternité!

II.

Il doit en être ainsi : ce n'est pas pour nous que nous tremblons au bord de la tombe, et que, nous efforçant de franchir le gouffre, nous nous retenons aux derniers liens de l'existence. Ah! croyons que dans cet avenir le cœur retrouvera les cœurs qu'il aima, qu'ils se désaltéreront ensemble aux ondes immortelles et seront inséparablement unis.

LA SAUVAGE GAZELLE.

I.

La sauvage gazelle peut bondir avec joie sur les collines de Juda, et s'abreuver à tous les ruisseaux qui arrosent le saint territoire; elle peut déployer son agilité aérienne, et son brillant regard peut reluire de fierté et de joie.

II.

Ici, Juda a vu des pas aussi agiles, des yeux plus brillants, et, dans ces lieux témoins d'un bonheur qui n'est plus, de plus belles habitantes. Les cèdres se balancent sur le Liban; mais les vierges de Juda, au port plus majestueux encore, elles sont parties!

III.

Les palmiers qui ombragent ces plaines sont plus heureux que la race dispersée d'Israël; car, prenant racine dans le sol, ils y demeurent et y déploient leur grâce solitaire : ils ne peuvent quitter le lieu qui les a vus naître; ils ne pourraient vivre sur un autre sol.

IV.

Mais nous, il nous faut errer, malheureux et flétris; il nous faut mourir en terre étrangère; et là où sont les cendres de nos pères, peut-être les nôtres ne reposeront jamais : il ne reste plus une pierre de notre temple, et la dérision est assise sur le trône de Solyme.

AH! PLEUREZ SUR CEUX QUI PLEURENT.

I.

Ah! pleurez sur ceux qui pleurent au bord des fleuves de Babylone, dont les autels sont déserts et la patrie un songe; pleurez sur la harpe brisée de Juda; pleurez; — où habitait leur Dieu habitent ceux qui n'ont point de Dieu!

II.

Où lavera Israël ses pieds ensanglantés? Quand Sion reprendra-t-elle ses chants si doux? Quand la mélodie de Juda réjouira-t-elle encore les cœurs qui battaient à sa voix céleste?

III.

Tribus aux pieds errants, aux cœurs fatigués, comment vous envoler? où trouverez-vous un lieu de repos? le ramier a son nid, le renard sa tanière; tout homme a une patrie; — Israël n'a qu'une tombe.

SUR LES RIVES DU JOURDAIN.

I.

Sur les rives du Jourdain errent les chameaux de l'Arabe. Sion voit sur sa colline prier les sectateurs des faux dieux; l'adorateur de Baal s'incline sur le mont Sinaï; et cependant, là, — là même, — ô Dieu! tu laisses dormir ton tonnerre!

II.

Là, — où ton doigt écrivit sur des tables de pierre, là, — où brilla ton ombre aux regards de ton peuple, ta gloire enveloppée dans son vêtement de feu, toi que nul vivant ne peut voir sans mourir!

III.

Oh! dans l'éclair fais étinceler ton regard; arrache la lance à la main brisée de l'oppresseur. Combien de temps encore les tyrans fouleront-ils ton sol? Combien de temps, ô Dieu! ton temple restera-t-il sans culte?

LA FILLE DE JEPHTÉ.

I.

O mon père! — puisque notre pays et notre Dieu demandent que ta fille expire, puisque ta victoire fut achetée par ton vœu, — frappe ce sein nu que je te présente!

II.

Mes chants de deuil ont cessé; les montagnes ne doivent plus me revoir. Immolée par la main que j'aime, le coup sera pour moi sans douleur.

III.

Et n'en doute pas, ô mon père! — le sang de ton enfant est pur comme la bénédiction que j'implore avant qu'il coule, comme la dernière pensée qui adoucit ma dernière heure.

IV.

Laisse là les lamentations des vierges de Solyme; que rien ne trouble la fermeté du juge et du héros. J'ai gagné pour toi la grande bataille; mon père et mon pays sont libres!

V.

Quand ce sang que j'ai reçu de toi aura jailli, quand la

voix que tu aimes sera muette, que ma mémoire soit encore ton orgueil, et n'oublie pas que j'ai souri en mourant!

O BEAUTÉ RAVIE DANS TA FLEUR!

I.

O beauté ravie dans ta fleur! un lourd tombeau ne pèsera pas sur toi; mais sur ton gazon fleuriront les roses, prémices de l'année, et le sauvage cyprès y balancera son doux et mélancolique ombrage.

II.

Et souvent aux bords des flots bleus de cette onde murmurante, la Douleur viendra incliner sa tête; et, nourrissant sa pensée de longues rêveries, elle ne quittera qu'à regret ce lieu, et y marchera doucement, l'insensée! comme si le bruit de ses pas pouvait troubler le repos des morts!

III.

Écartons tout cela! nous savons que les larmes sont vaines, que la Mort n'écoute ni n'entend nos douleurs. Cela nous empêchera-t-il de nous plaindre? y aura-t-il une larme de moins? Et toi-même — qui me dis d'oublier, ton visage est pâle, tes yeux sont humides.

MON AME EST SOMBRE.

I.

Mon âme est sombre; — oh! hâte-toi de faire résonner la harpe que je puis encore entendre; et que sous tes doigts gracieux ses touchants murmures viennent caresser mon oreille; s'il me reste au fond du cœur une espérance chérie, elle s'éveillera au charme de ses accords; si mes yeux ont encore une larme, elle coulera, et cessera de brûler mon cerveau.

II.

Mais que ta mélodie soit mélancolique et grave, que tes premiers accents ne respirent pas la gaieté : je te le dis, ménestrel, il faut absolument que je pleure, ou ce cœur gros de tristesse va se briser; car il a été nourri dans la douleur, et depuis longtemps il souffre dans le silence et l'insomnie. Le moment de sa plus grande souffrance est arrivé ; il faut qu'il éclate ou cède au charme de l'harmonie.

JE TE VIS PLEURER.

I.

Je te vis pleurer ; une grosse larme apparut brillante sur ton œil d'azur ; il me sembla voir une goutte de rosée sur une violette ; je te vis sourire, — auprès de toi le saphir perdit son éclat ; il ne put rivaliser avec les vivants rayons qui emplirent ton regard.

II.

Comme les nuages reçoivent du soleil une teinte harmonieuse et foncée, que peut à peine effacer l'ombre du soir qui s'approche, c'est ainsi que tes sourires communiquent leur joie pure à l'esprit le plus sombre ; leurs rayonnantes clartés laissent après elles une teinte lumineuse qui continue à éclairer le cœur.

TES JOURS SONT FINIS.

I.

Tes jours sont finis, ta renommée commence ; les chants de ta patrie racontent les triomphes du fils de son choix, le carnage dont fuma son épée, les exploits qu'il a accomplis, les victoires qu'il a remportées, la liberté qu'il a reconquise.

II.

Tu es tombé, mais tant que nous serons libres, tu ne connaîtras pas la mort ! Le sang généreux que tu as versé dédaigna d'abreuver la terre : c'est lui qui circule dans nos veines, c'est ton âme que nous respirons.

III.

Ton nom, quand nous chargerons l'ennemi, sera notre cri de guerre ! ta mort, le sujet des chants que les voix de nos vierges entonneront en chœur ! Des larmes seraient une insulte à ta gloire ; nous ne te pleurerons pas !

CHANT DE SAUL AVANT SA DERNIÈRE BATAILLE.

I.

Chefs et guerriers ! si la flèche ou l'épée me perce en guidant au combat l'armée du Seigneur, que le cadavre d'un roi n'arrête pas votre marche ; plongez votre acier dans le cœur des enfants de Gath !

II.

Toi qui portes mon arc et mon bouclier, si tu vois les soldats de Saül reculer devant l'ennemi, étends-moi sanglant à tes pieds ! Que je subisse le destin qu'ils n'auront pas osé affronter.

III.

Adieu aux autres ; mais ne nous séparons pas, héritier de mon trône, fils de mon cœur. Brillant est le diadème, sans limites la puissance, ou royale la mort qui nous attend aujourd'hui !

SAUL.

I.

Toi dont la magie peut évoquer les morts, fais apparaître le prophète à mes regards. « Samuel, lève la tête du cercueil ! Roi, regarde le fantôme du prophète ! » La terre s'entr'ouvrit ; il était debout au milieu d'un nuage : s'écartant de son linceul, la lumière changeait de couleur. La mort était peinte dans ses yeux fixes et vitreux ; sa main était flétrie et ses veines desséchées ; les os de ses pieds, réduits et décharnés, brillaient d'une effrayante blancheur. De ces lèvres immobiles, de ce corps qu'aucune respiration n'animait, sortit une voix creuse, semblable au bruit d'un vent souterrain. Saül, à cette vue, tomba à terre comme tombe le chêne soudainement frappé de la foudre.

II.

« Qui trouble mon sommeil ? Quel est celui qui évoque les morts ? Est-ce toi, ô roi ? Regarde ces membres dépourvus de sang et glacés : ils sont à moi ; c'est ainsi que seront les tiens demain quand tu seras venu me rejoindre. Avant la fin du jour qui s'approche, ainsi seras-tu, ainsi ton fils. Adieu, mais seulement pour un jour, puis nous mêlerons nos poussières. Toi et ta race, vous serez gisants et percés par les flèches d'un grand nombre d'arcs; et le glaive qui est à ton côté, ta main le tournera contre ton cœur. Sans couronne, sans vie, sans tête, tomberont le fils et le père, la maison de Saül.

TOUT EST VANITÉ.

I.

Gloire, sagesse, amour, puissance, étaient mon partage; j'avais la santé et la jeunesse; les vins les plus rares emplissaient ma coupe; des formes charmantes me prodiguaient leurs caresses; j'échauffais mon cœur au soleil de la beauté, et sentais mon âme s'allanguir; tout ce que la terre peut donner de splendeur royale, tout ce qu'un mortel peut en désirer, je l'avais.

II.

Je cherche dans ma mémoire quels sont les jours que je pourrais consentir à revivre au prix de tout ce que cette vie et cette terre ont de plus séduisant. Nul jour ne s'est levé, nulle heure ne s'est écoulée d'un plaisir sans amertume, et nul joyau ne parait ma puissance qui ne fût douloureux autant qu'il était brillant.

III.

Avec de l'adresse et des charmes on rend inoffensif le serpent des campagnes; mais celui qui s'enlace autour du cœur, oh! qui a la puissance de le charmer? Il n'écoute point la voix de la sagesse; l'harmonie ne peut rien sur lui; mais son dard ne cesse de percer l'âme condamnée à endurer ce supplice.

QUAND LE FROID DE LA MORT ENVELOPPE CETTE ARGILE SOUFFRANTE.

I.

Quand le froid de la mort enveloppe cette argile souffrante, où va l'âme immortelle? Elle ne peut mourir, elle ne peut rester; mais elle part en laissant derrière elle son obscure poussière. Alors, dégagée du corps, suit-elle dans les cieux la route de chaque planète, ou remplit-elle à la fois les royaumes de l'espace, œil universel à qui tout se découvre?

II.

Éternelle, illimitée, toujours nouvelle, pensée invisible, mais qui voit tout, tout ce que renferment la terre et le ciel sera présent à son regard et à son souvenir. Tous ces faibles et obscurs vestiges du passé, que la mémoire a peine à retenir, l'âme les embrasse d'un coup d'œil, et tout ce qui fut lui apparaît à la fois.

III.

Son regard remontera à travers le chaos avant que la création eût peuplé la terre, et, pénétrant aux limites du ciel le plus lointain, le suivra jusqu'à l'heure où commença son cours. Évoquant devant elle tout ce que l'avenir doit créer ou détruire, sa vue s'étendra sur tout ce qui sera; elle verra s'éteindre les soleils, s'écrouler les systèmes, immobile elle-même dans son éternité.

IV.

Au-dessus de l'amour, de l'espérance, de la haine, ou de la crainte, elle vivra pure et sans passion : un siècle fuira pour elle comme une année terrestre; ses années auront la durée d'un moment. Toujours, toujours, sans avoir besoin d'ailes, sur tout, à travers tout, volera sa pensée; objet éternel et sans nom, ayant oublié ce que c'est que de mourir.

VISION DE BALTHAZAR.

I.

Le roi était sur son trône; les satrapes remplissaient la salle du festin. Mille lampes brillantes éclairaient le splendide banquet; mille coupes d'or, estimées divines dans Juda,— les vases de Jéhovah,— contenaient le vin du Gentil qui n'a pas de Dieu.

II.

A cette même heure, dans cette même salle, on vit apparaître sur le mur les doigts d'une main qui écrivait comme sur du sable; c'étaient les doigts d'un homme; — une main solitaire parcourait les lettres, et les traçait comme eût fait une baguette.

III.

A cette vue, le monarque tressaillit et fit cesser les réjouissances; son visage devint pâle, et tremblante sa voix. « Qu'on fasse venir les hommes de science, les plus sages de la terre; qu'ils expliquent les paroles effrayantes qui troublent notre royale joie. »

IV.

Ils sont bons les prophètes de la Chaldée; mais ici échoua leur habileté, et les lettres inconnues restèrent inexpliquées, terribles; et les vieillards de Babylone sont sages et savants, mais en cette occasion leur sagesse fut inutile; ils regardèrent — et restèrent confondus.

V.

Un captif dans le pays, un étranger, un jeune homme, entendit les ordres du roi; il comprit le sens de ces mots mystérieux. Tout autour les lampes brillaient, la prophétie était là devant ses yeux; il la lut cette nuit-là; — le lendemain prouva qu'elle était vraie.

VI.

« La tombe de Balthazar est prête; la fin de son royaume est venue; lui-même a été pesé dans la balance; argile méprisable, il a été trouvé trop léger. Le linceul sera son manteau royal, la pierre funèbre son dais; le Mède est à ses portes! le Persan sur son trône! »

SOLEIL DE CEUX QUI NE DORMENT PAS.

Soleil de ceux qui ne dorment pas! astre mélancolique! dont la tremblante clarté luit à travers les larmes, et nous fait voir les ténèbres que tu ne peux dissiper, comme tu ressembles au bonheur qui a laissé un profond souvenir!

Ainsi luit le passé, cette lumière des anciens jours, dont les rayons impuissants brillent sans échauffer; nocturne lumière que contemple la Douleur qui veille; lueur distincte, mais lointaine, — claire, — mais si froide!

SI J'AVAIS UN CŒUR FAUX COMME TU LE PENSES.

I.

Si j'avais un cœur faux comme tu le penses, je n'aurais pas eu besoin d'errer loin de la Galilée; je n'avais qu'à abjurer ma croyance pour effacer la malédiction qui est, dis-tu, le crime de ma race.

II.

Si le méchant ne triomphe jamais, alors Dieu est avec toi! Si l'esclave est le seul qui pèche, tu es libre et sans tache! Si l'exilé sur la terre est proscrit là-haut, vis dans ta foi; moi, je veux mourir dans la mienne.

III.

Pour cette foi j'ai perdu plus que tu ne peux me donner, comme le sait le Dieu qui permet que tu prospères; dans sa main sont mon cœur et mon espérance, — et dans la tienne, la contrée et la vie que pour lui j'abandonne.

REGRETS D'HÉRODE APRÈS LA MORT DE MARIAMNE [2].

I.

O Mariamne! le cœur qui fit verser ton sang saigne maintenant pour toi; la vengeance est étouffée par la douleur, et le délire du remords succède à la fureur. O Mariamne! où es-tu? Tu ne peux entendre mon amère justification, et si tu le pouvais, — tu me pardonnerais maintenant, dût le ciel rester sourd à ma prière.

II.

Est-elle donc morte? — Ont-ils donc osé obéir à la frénésie de ma jalouse démence? Ma colère a porté l'arrêt de mon désespoir. Le glaive qui l'a frappée se balance au-dessus de ma tête. — Mais tu es froide et glacée, femme adorée dont je suis l'assassin! Et c'est vainement que mon sombre cœur soupire après celle qui plane là-haut solitaire, et laisse ici mon âme indigne d'être sauvée.

III.

Elle n'est plus, celle qui partagea mon diadème ; elle est morte, emportant mon bonheur dans sa tombe. J'ai arraché de la tige de Juda cette fleur qui ne s'épanouissait que pour moi. A moi le crime, à moi l'enfer, à moi l'éternelle désolation du cœur ; je les ai trop méritées ces tortures qui me consument sans relâche.

SUR LE JOUR DE LA DESTRUCTION DE JÉRUSALEM PAR TITUS.

I.

Du sommet de la dernière colline d'où l'on découvre ton temple, jadis sacré, je te vis, ô Sion ! quand tu tombas au pouvoir de Rome : c'était ton dernier soleil qui se couchait, et les flammes de ta ruine se réflétèrent dans le dernier regard que je fixai sur tes remparts.

II.

Je cherchai des yeux ton temple ; je cherchai le toit de mes pères, et un moment j'oubliai mon prochain esclavage ; je n'aperçus que le feu de la mort qui dévorait ton sanctuaire, et les bras enchaînés qui rendaient la vengeance inutile.

III.

Que de fois cette colline où j'étais spectateur, avait réfléchi l'éclat des derniers rayons du soleil, pendant que moi, assis sur la hauteur, je regardais la lumière descendre le long de la montagne étincelante qui dominait ton temple !

IV.

C'était sur cette même montagne que je me trouvais alors ; mais je ne fis pas attention à la clarté mourante du crépuscule. Oh ! que n'ai-je vu briller à sa place la lumière de la foudre, et le tonnerre éclater sur la tête du vainqueur !

V.

Mais les dieux des païens ne profaneront jamais le sanctuaire où daigna régner Jéhovah ; et tout dispersé et méprisé que soit ton peuple, toi seul, ô Père! seras l'objet de notre culte.

ASSIS AU BORD DES FLEUVES DE BABYLONE.

I.

Assis au bord des fleuves de Babylone, nous pleurions au souvenir de ce jour où notre ennemi, rouge de sang et de carnage, fit sa proie des hauts lieux de Solyme ; où les filles désolées de Sion, les yeux en pleurs, se virent au loin dispersées.

II.

Pendant que nous regardions avec tristesse couler à nos pieds ces flots libres d'entraves, nos vainqueurs nous ont demandé des chants ; mais non, jamais l'étranger n'obtiendra de nous ce triomphe! Que ma main soit séchée avant que ma harpe résonne pour l'ennemi de Sion.

III.

Cette harpe est suspendue au saule. O Jérusalem! il faut que ses sons soient libres ; c'est le seul gage que m'ait laissé de toi le jour qui a vu finir ta gloire, et jamais je ne mêlerai ses accords à la voix de nos spoliateurs.

LA DESTRUCTION DE SENNACHÉRIB.

I.

L'Assyrien s'est élancé sur nous comme le loup sur un troupeau ; et ses cohortes étincelaient de pourpre et d'or ; et leurs lances brillaient comme les étoiles dans la mer, lorsque, la nuit, elle roule ses vagues d'azur sur le rivage de Galilée.

II.

Nombreuses comme les feuilles des forêts, quand l'été déploie sa verdure, parurent au coucher du soleil les bannières de cette armée ; comme les feuilles des forêts lorsqu'a soufflé l'automne, cette armée, le lendemain, fut flétrie et dispersée.

III.

Car l'Ange de la Mort déploya ses ailes au vent et souffla en passant à la face de l'ennemi; et les yeux des soldats endormis furent glacés par le froid de la mort, et leurs cœurs battirent une fois encore, puis se turent pour jamais!

IV.

Et là gisait le coursier avec ses naseaux ouverts; mais ils n'étaient plus soulevés par le souffle de son orgueil; et l'écume de son agonie blanchissait le gazon, froide comme celle que déposent les vagues sur les roches où elles se brisent.

V.

Là gisait le cavalier, le visage décomposé et pâle, la rosée sur son front et la rouille sur sa cuirasse; et les tentes étaient silencieuses, les bannières abandonnées, les lances couchées par terre, les clairons muets.

VI.

Et les veuves d'Assur font retentir leurs gémissements; et, dans le temple de Baal, les idoles sont brisées; et la puissance des Gentils, sans que le glaive l'ait frappée, s'est fondue comme la neige sous le regard du Seigneur.

UN ESPRIT PASSA DEVANT MOI.

(EXTRAIT DE JOB.)

I.

Un esprit passa devant moi : je vis sans voile la face de l'Immortalité. — Un profond sommeil fermait tous les yeux, excepté les miens. — Et elle était là, devant moi, — sans forme, — mais divine : le long de mes os, ma chair effrayée tressaillit; mes cheveux humides se dressèrent, et une voix parla ainsi :

II.

« L'homme est-il plus juste que Dieu? L'homme est-il plus pur que celui devant qui les séraphins eux-mêmes sont faillibles? Créatures d'argile! — vains habitants de la poussière! l'insecte vous survit, et êtes-vous plus justes? Choses d'un jour! vous êtes flétries avant que la nuit vienne, inattentives et aveugles à l'inutile lumière de la Sagesse! »

NOTES.

[1] Ces stances furent écrites par lord Byron en revenant d'un bal où il avait vu madame (aujourd'hui lady) Wilmot Horton, femme du gouverneur de Ceylan. Ce jour-là, mistriss W. H. parut tout en larmes avec de nombreuses paillettes sur ses vêtements.

[2] Mariamne, femme d'Hérode le Grand, ayant été soupçonnée d'infidélité par son mari, fut mise à mort. C'était une femme d'une beauté sans égale et d'un puissant génie. Son malheur fut d'avoir été aimée jusqu'à la frénésie par un homme qui avait plus ou moins trempé dans le meurtre de son aïeul, de son père, de son frère et de son oncle, et qui avait par deux fois ordonné qu'on la sacrifiât dans le cas où lui-même viendrait à mourir. Peu après cet acte de cruauté, Hérode fut poursuivi par le fantôme de Mariamne, jusqu'à ce que le désordre de son esprit troublât sa santé et le mit au tombeau. MILLMAN.

LE SIÉGE DE CORINTHE[1].

A JOHN HOBHOUSE,

CE POÈME EST DÉDIÉ PAR SON AMI.

AVERTISSEMENT.

22 janvier 1816.

« En 1715, la grande armée des Turcs, sous le premier visir, voulant s'ouvrir un passage au cœur de la Morée et former le siége de Napoli di Romani, la plus forte place du pays, jugea qu'il valait mieux commencer par assiéger Corinthe ; en conséquence, les Turcs livrèrent plusieurs assauts. La garnison se trouvait affaiblie, et le gouverneur, voyant qu'il était impossible de résister à des forces aussi considérables, songea à capituler ; mais pendant les pourparlers, le feu prit par accident dans le camp des Turcs à un magasin à poudre dont l'explosion fit périr cinq à six cents infidèles. Cet événement causa une telle exaspération aux Turcs, qu'ils refusèrent toute espèce d'accommodement, donnèrent l'assaut avec impétuosité, emportèrent la ville et massacrèrent le gouverneur Minotti et toute la garnison. Ceux qui furent épargnés restèrent prisonniers de guerre ; parmi eux se trouvait Antonio Bembo, provéditeur extraordinaire. »

Histoire des Turcs, t. III, p. 151.

LE SIÉGE DE CORINTHE.

En l'an de grâce dix-huit cent dix, nous étions une société de gais pèlerins qui voyagions par terre et par mer. Oh ! nous n'engendrions pas mélancolie ; passant les rivières à gué, gravissant les hautes collines, nous ne donnions pas à nos chevaux un seul jour de répit ; souvent une caverne ou un hangar nous servit de chambre à coucher ; sur le lit le plus dur nous dormions d'un profond somme ; enveloppés dans notre rude capote, sur le plancher plus rude encore de notre barque agile, ou étendus sur la grève ayant les selles de nos chevaux pour oreillers, nous nous réveillions le lendemain frais et dispos; nous donnions libre carrière à nos pensées et à nos paroles; nous avions la santé et l'espérance; les fatigues, les contre-temps des voyages, mais point de chagrin; nous comptions parmi nous des gens de tous les pays, de toutes les religions : — il y en avait qui disaient leur rosaire; les uns professaient le culte de la mosquée, les autres de l'église, et quelques-uns, si je ne me trompe, n'en professaient aucun : à tout prendre, on eût cherché bien loin, qu'on n'eût pu trouver une réunion plus mélangée ni plus joyeuse.

Mais il en est qui sont morts, d'autres sont partis, d'autres sont dispersés au loin et solitaires; d'autres sont dans les rangs des rebelles, sur ces collines qui dominent les vallées de l'Épire, aux lieux où la Liberté se réfugie encore de temps à autre, et venge dans le sang les maux de l'oppression; d'autres sont dans des contrées lointaines; d'autres enfin sont inquiets et agités dans leur patrie; mais jamais, oh! non, jamais, nous ne nous réunirons encore pour voyager et nous égayer ensemble.

Mais ces rudes journées se sont gaiement passées; et maintenant qu'elles coulent pour moi lentes et monotones, mes pensées, comme les hirondelles, rasent la surface des mers, et voyageur ailé, me transportent de nouveau à travers cieux et champs; voilà ce qui fait que ma Muse s'éveille, et, que souvent, trop souvent, j'invite à me suivre au loin le petit nombre de ceux qui veulent bien souffrir mes vers. Étranger, — veux-tu m'accompagner maintenant, et t'asseoir avec moi au sommet de l'Acro-Corinthe?

I.

Bien des générations ont passé sur Corinthe; elle a essuyé le souffle de la tempête et de la guerre; pourtant Corinthe est debout encore, forteresse toute prête aux mains de la Liberté. La fureur des ouragans, le choc des tremblements de terre ont laissé intact son roc blanchissant, clef de pierre d'une contrée qui, toute déchue qu'elle soit, vue de cette colline, est belle et grande encore ; limite placée entre deux mers qui, roulant à droite et à gauche leurs flots pourprés, comme si elles allaient se combattre, s'arrêtent et laissent à ses pieds expirer leur colère. Mais si tout le sang versé sous ses remparts depuis le jour qui vit mourir le frère de Timoléon, ou celui qui éclaira la déroute du despote de la Perse, jaillissait tout à coup de la terre qui en fut abreuvée, Corinthe verrait bientôt cette mer de sang franchir l'inutile barrière de son isthme ; ou si l'on pouvait réunir les ossements de tous ceux que le glaive y a moissonnés, cette pyramide rivale, s'élevant sous ce ciel transparent, dépasserait en hauteur l'Acropolis qui semble caresser les nuages de son front couronné de tours [2].

II.

Sur la cime sombre du Cithéron brille l'éclat de deux fois dix mille lances ; de là, dans toute l'étendue de la plaine de l'isthme, de l'un à l'autre rivage, la tente est dressée, le croissant étincelle le long des lignes belliqueuses des musulmans ; là s'avancent les spahis [3] basanés, sous le commandement de leurs pachas barbus. Aussi loin que la vue peut s'étendre, la plage est couverte de cohortes en turban ; le chameau de l'Arabe s'agenouille ; le Tartare fait caracoler son coursier ; le Turcoman a quitté son troupeau [4] pour ceindre le cimeterre : le tonnerre de l'artillerie fait taire le mugissement des flots. La tranchée est ouverte ; le souffle du canon donne des ailes aux globes sifflants de la mort ; à chaque instant des fragments se détachent des murailles ébranlées par le pesant boulet ; et du haut des remparts, au milieu des nuages de fumée et de poussière, un feu redoutable et bien nourri répond aux sommations des infidèles.

III.

Mais celui qui se tient le plus près des remparts et en presse la chute avec le plus d'ardeur, versé dans la science funeste de la guerre plus qu'aucun des fils d'Othman, et d'un courage aussi fier que le fut jamais un chef vainqueur sur le champ du carnage ; celui qu'on voit presser les flancs de son coursier, voler de rang en rang et d'exploits en exploits, repousser les sorties des assiégés et rallier les musulmans en fuite ; ou qui, lorsqu'une batterie bien défendue est demeurée imprenable, met courageusement pied à terre, et rend une nouvelle vigueur aux soldats qui ralentissaient leur feu ; le premier, le plus ardent des guerriers que le sultan de Stamboul s'enorgueillit de compter dans cette armée, soit qu'il conduise ses bataillons à l'ennemi, qu'il ajuste le tube meurtrier, qu'il manie la lance, ou fasse décrire un cercle rapide à son redoutable cimeterre, — c'est Alp, le renégat de l'Adriatique !

IV.

Il est né à Venise, — d'une famille illustre ; mais récemment exilé de sa patrie, il porte contre ses concitoyens ces armes dont ils lui ont enseigné l'usage, et maintenant son front rasé est ceint d'un turban. A travers mille vicissitudes, Corinthe, ainsi que la Grèce, avait enfin passé sous la domination de Venise ; et là, sous ses remparts, dans les rangs des ennemis de la Grèce et de Venise, il combattait avec toute l'ardeur d'un converti nouveau et fervent qui sent bouillonner dans son cœur le souvenir de mille injures. Venise n'était plus pour lui ce qu'autrefois elle se glorifiait d'être, « Venise la libre ; » et dans le palais de Saint-Marc, des délateurs ténébreux avaient confié à « la gueule du Lion » une accusation anonyme dirigée contre lui : il eut le temps de fuir et de sauver sa vie, pour en passer le reste au milieu des camps ; c'est alors qu'il apprit à sa patrie à regretter sa perte : vainqueur de la croix, il l'abaissa devant le croissant, et chercha dans les combats la vengeance ou la mort.

V.

Coumourgi [5], — celui dont la dernière scène orna le triomphe d'Eugène, alors que sur la plaine sanglante de Carlowitz, le dernier et le plus redoutable de ceux qui succombèrent, il mourut sans regretter la vie, mais en maudissant la victoire des chrétiens ; — Coumourgi, — ne durera-t-elle pas la gloire de ce dernier conquérant de la Grèce, jusqu'à ce que des mains chrétiennes aient rendu aux Grecs la liberté que Venise leur donna naguère? Un siècle s'est écoulé depuis qu'il a rétabli la domination musulmane, et maintenant il commande l'armée des Ottomans. Il a placé à la tête de l'avant-garde Alp, qui a justifié cette confiance par plus d'une cité réduite en cendres, et prouvé par plus d'un exploit de mort combien son cœur est affermi dans sa foi nouvelle.

VI.

Les remparts commencent à faiblir; l'artillerie les foudroie sans relâche; les batteries envoient sur les créneaux une pluie continue de boulets; les couleuvrines échauffées font retentir leurs détonations; çà et là une maison est incendiée par l'explosion des bombes; l'édifice s'écroule sous le souffle volcanique du projectile éclaté; la flamme s'en échappe en longues colonnes rougeâtres, ou, dispersée en innombrables météores, va éteindre dans les cieux ses terrestres étoiles; des torrents de fumée viennent s'ajouter aux nuages, et finissent par former une vaste atmosphère de soufre, impénétrable aux rayons du soleil.

VII.

Mais Alp n'est pas seulement animé par la vengeance longtemps différée, lorsqu'il apprend aux guerriers musulmans à s'ouvrir le chemin de la brèche; car dans ces murs est renfermée une jeune fille; il espère la conquérir sans le consentement d'un père inexorable qui la lui a refusée dans sa colère, alors que sous son nom chrétien il avait aspiré à sa main virginale. En des temps plus heureux, quand son âme s'ouvrait à la joie et que le nom de traître ne planait pas encore sur lui, que de fois le carnaval l'avait vu briller dans les salons ou la gondole! que de fois il avait donné les plus douces sérénades que jamais beauté italienne ait entendues s'exhaler à minuit des flots de l'Adriatique!

VIII.

Et beaucoup pensèrent que la jeune Francesca avait donné son cœur; car depuis ce temps, sa main, recherchée par des partis nombreux, n'avait été accordée à personne et était demeurée libre des chaînes de l'Église; et lorsque l'Adriatique porta Lanciotto aux rivages musulmans, la jeune fille devint pensive et pâle; le sourire abandonna ses lèvres; on la voyait plus souvent au confessionnal, plus rarement aux bals et aux fêtes; ou, si elle y paraissait, ses yeux baissés y dédaignaient les cœurs qu'ils avaient subjugués; ses regards étaient distraits, sa parure moins brillante, sa voix moins vive au milieu des chants, ses pas légers moins rapides parmi ces danses que d'autres voyaient interrompre à regret au lever de l'aurore.

IX.

Minotti avait été envoyé par l'État pour gouverner le pays qui s'étend depuis Patras jusqu'à la mer d'Eubée, et que les généraux de Venise avaient soustrait à la domination musulmane à l'époque où Sobieski avait abattu son orgueil sous les remparts de Bude et sur les rives du Danube; Minotti, investi des pouvoirs du doge, était venu occuper les remparts de Corinthe alors que la paix, longtemps exilée de la Grèce, lui souriait de nouveau, avant que la perfidie eût violé cette trêve qui l'avait affranchie du joug des infidèles. Sa fille charmante l'avait accompagné, et jamais beauté plus ravissante n'avait paru sur ce rivage depuis le jour où l'épouse de Ménélas, abandonnant son seigneur et sa patrie, apprit aux mortels quels maux accompagnent d'illégitimes amours.

X.

Le rempart est en ruines; la brèche est ouverte; demain, aux premiers rayons de l'aube, les assiégeants se fraieront une voie à travers cette masse disjointe, et l'assaut redoutable sera donné. Tous les postes sont assignés d'avance : déjà est prête cette troupe d'élite de Tartares et de Musulmans; ces *enfants perdus*, qui méprisent jusqu'à la pensée de la mort, s'ouvrent un passage à coups de cimeterre, ou payent de leurs cadavres la route des braves qui les suivent, prenant pour marchepied — le dernier qui succombe.

XI.

Il est minuit : sur les brunes montagnes le disque de la

froide lune verse ses rayons ; la mer roule ses flots d'azur ; le ciel bleu s'étend là-haut, comme un autre océan, parsemé de ces îles de lumière qui rayonnent d'un éclat si merveilleux, si éthéré. Qui n'a pas souvent, après les avoir contemplées dans leur splendeur, ramené à regret ses regards sur la terre, et souhaité des ailes pour prendre son vol et se mêler à leurs éternelles clartés ? Les vagues des deux mers reposent calmes, transparentes, azurées comme l'air ; à peine si leur écume ébranle les cailloux de la plage, et leur murmure est doux comme celui des ruisseaux. Les vents dorment assoupis sur les vagues ; les bannières laissent retomber leurs plis le long des lances qui les supportent, et que surmonte un lumineux croissant ; rien ne vient interrompre ce profond silence, si ce n'est la voix de la sentinelle répétant le mot d'ordre, le hennissement aigu du coursier ou l'écho de la colline qui répond ; et le vaste murmure qui plane, de l'une à l'autre rive, sur cette sauvage armée, pareille à une forêt dont le vent agiterait le feuillage, quand monte dans l'air la voix du muezzin pour faire entendre à minuit le signal accoutumé de la prière. Sa parole cadencée et plaintive s'élève sur la plaine comme la voix d'un esprit solitaire ; il y a dans son harmonie je ne sais quoi de triste et de doux, comme lorsque la brise touche les cordes d'une harpe, et y éveille cette mourante et vague mélodie inconnue à la musique humaine. Elle résonne à l'oreille des assiégés comme l'annonce prophétique de leur chute ; elle communique à l'assiégeant lui-même je ne sais quelle impression lugubre et terrible ; c'est ce frisson inexplicable et soudain pendant lequel le cœur cesse un instant de battre, pour accélérer ensuite ses pulsations, comme honteux de la sensation étrange que son silence a produite ; c'est ce tressaillement que nous donne le tintement soudain d'une cloche funèbre, son glas n'annonçât-il que la mort d'un inconnu.

XII.

La tente d'Alp est dressée sur le rivage ; les bruits expirent, la prière est dite ; les sentinelles sont posées, la ronde de nuit est faite, tous les ordres sont donnés et exécutés : encore une nuit d'anxiété, et demain la vengeance et l'amour lui payeront avec usure ce long retard. Il ne lui reste plus que quelques heures ; il a besoin de repos pour réparer ses forces que réclamera plus d'un exploit sanglant ; mais ses pensées se pressent dans son âme comme des vagues agitées. Il est seul au milieu de cette armée ; il n'est point animé de ce fanatisme impatient d'arborer le croissant sur la croix, et, faisant bon marché de sa vie, assuré que le paradis l'attend avec ses houris et leur immortel amour ; il ne ressent point cette exaltation brûlante du patriote bravant les fatigues et prodiguant son sang pour défendre le sol natal. Il est seul, — renégat armé contre son pays ; il est seul au milieu des guerriers qu'il commande, sans un cœur, sans un bras auquel il puisse se fier. Ils le suivent, car il est vaillant, et avec lui on est assuré d'un riche butin ; ils lui obéissent, car il sait l'art de plier et de conduire les volontés du vulgaire : mais ils ne lui pardonnent que difficilement son origine chrétienne. Ils lui envient jusqu'à la gloire parjure dont il s'est couvert sous un nom musulman, et n'ont pas oublié que leur chef le plus brave fut autrefois un Nazaréen redouté. Ils ne savent pas jusqu'où peut descendre l'orgueil d'un cœur qui a vu ses sentiments déçus et flétris ; ils ne savent pas combien est brûlante la haine dans des âmes passées de la douleur à un farouche endurcissement, et tout ce qu'il y a de force dans le zèle faux et fatal de ceux que la vengeance a convertis. Il les gouverne ; — on peut gouverner les pires de tous les hommes avec de l'audace et la résolution ferme de dominer ; tel est l'empire du lion sur le chacal : le chacal fait lever la proie, le lion l'immole ; puis la cohue hurlante accourt se gorger des débris de la victoire.

XIII.

La tête d'Alp brûle d'une chaleur fébrile ; son cœur bat avec une rapidité convulsive ; en vain il se retourne sur sa couche, appelant le repos ; sitôt qu'il commence à sommeiller, il se réveille en sursaut avec un poids sur le cœur. Le turban presse douloureusement son front brûlant ; sa cotte de mailles pèse comme du plomb sur sa poitrine ; et cependant il a souvent et longtemps dormi tout armé sur une couche plus dure et sous un ciel plus inclément que celui qui étend son pavillon sur sa tête. Il ne peut dormir, il ne peut attendre le jour dans sa tente ; il se lève et porte ses pas le long du rivage, où des milliers d'hommes dorment couchés sur le sable. Ils n'ont rien pour appuyer leur tête ; plus nombreux sont leurs périls, plus pénibles leurs travaux, et pourtant ils dorment ; pourquoi lui n'en ferait-il pas autant ? Ils rêvent le butin qui leur est promis ; et pendant que tous ces hommes goûtent paisiblement ce sommeil, leur dernier peut-être, il erre, lui, dans sa veille douloureuse, et porte envie à ceux que son regard contemple.

XIV.

Il sent son âme un peu soulagée par la fraîcheur de la nuit. L'air froid, mais calme, humecte son front d'un baume éthéré ; derrière lui est le camp ; — en face le golfe de Lépante, dentelé de criques et de baies ; le haut sommet des montagnes de Delphes est couronné d'une neige immuable, éternelle, la même qu'ont respectée mille étés glorieux qui ont lui sur ce golfe, sur ces montagnes, sur ce climat ; elle ne se fond pas comme l'homme devant la puissance du Temps. Le tyran et l'esclave disparaissent devant les rayons du soleil ; mais ce voile blanc que salue ton regard sur ces montagnes, ce voile si léger, si fragile, pendant que la tour s'écroule, que l'arbre se brise, il continue à briller du haut de ses créneaux rocheux. Elle a la forme d'un mont escarpé, la hauteur d'un nuage ; on dirait un drap mortuaire suspendu là par la Liberté, alors qu'elle s'exila à regret de cette terre bien-aimée où longtemps son génie prophétique avait parlé par la voix des Muses ; à chaque pas ses pieds chancelants foulaient des campagnes flétries, des autels brisés ; c'est en vain qu'en rencontrant ces monuments glorieux elle essayait de rallumer sa flamme dans des âmes découragées ; inutiles efforts ! attendons que de meilleurs jours aient lui, et qu'il se soit levé ce soleil qui éclaira la déroute des Perses et vit sourire le Spartiate expirant.

XV.

Alp a ces temps illustres présents à sa mémoire, en dépit de sa trahison et de ses crimes ; et pendant qu'il se promène ainsi dans le silence de la nuit, pendant que, méditant sur le passé et le présent, il évoque le souvenir des morts glorieux qui dans les mêmes lieux ont versé leur sang pour une meilleure cause, il sent quelle gloire faible et souillée attend le chrétien parjure qui mène au combat une horde en turban, dirige un siége criminel, et dont le triomphe est un sacrilége. Tels n'étaient pas ces héros que ressuscite son imagination, ces guerriers dont la cendre dort autour de lui : leurs phalanges combattirent sur cette terre dont les remparts n'étaient pas alors inutiles ; ils tombèrent martyrs, mais immortels ; et maintenant leurs noms vivent dans le souffle de la brise, dans le murmure des flots ; les bois sont peuplés de leur gloire ; la colonne muette, solitaire, grisâtre, réclame avec leur argile sainte un droit de parenté ; leur ombre voltige autour de la montagne sombre ; leur mémoire brille dans le cristal des fontaines ; le faible ruisseau, le fleuve majestueux associe pour jamais leur renommée à ses ondes. En dépit du joug qui pèse sur elle, cette terre appartient encore à la Gloire et à eux ; son nom est le signal qui réveille le monde. Quand l'homme veut accomplir un acte glorieux, il se tourne vers la Grèce, et, s'inspirant à son souvenir, il s'apprête à marcher sur la tête des tyrans ; il la regarde, puis s'élance à la conquête d'un tombeau ou de la liberté.

XVI.

Alp continue à rêver en silence sur la plage, aspirant la fraîcheur de la nuit. Elle n'a ni flux ni reflux, cette mer qui roule éternellement, toujours la même : c'est à peine si ses vagues, dans leur plus grande colère, dépassent d'une verge la limite de la plage ; la lune impuissante les voit couler sans qu'elles se soucient de son départ ou de sa venue ; calmes ou agitées, au large ou le long des côtes, elle n'influe en rien sur leur cours. Le rocher découvert jusqu'à sa base, et que le flot a respecté, plane sur la lame mugissante qui ne vient pas jusqu'à lui; le bas de la plage est bordé d'une bande d'écume que la mer y a déposée depuis des siècles, et qu'un étroit ruban de sable jaune sépare de la verte pelouse du rivage.

En se promenant sur la grève, Alp s'était approché des remparts; il n'en était plus qu'à une portée de carabine; mais les assiégés ne l'avaient point aperçu; autrement, comment aurait-il pu échapper à leur feu? Des traîtres étaient-ils glissés parmi les chrétiens, ou leurs mains étaient-elles engourdies, leurs cœurs glacés? Je l'ignore; mais sur les murailles, la lumière d'aucun mousquet ne brilla, aucune balle ne partit, quoiqu'il se tînt sous le feu du bastion qui flanquait la porte du côté de la mer; il entendait la voix de la sentinelle, et peu s'en fallait qu'il ne comprît les paroles d'humeur qui lui échappaient en se promenant de long en large sur le pavé sonore. Et il vit, au pied des murailles, des chiens décharnés qui faisaient sur les morts leur hideux carnaval; trop occupés pour aboyer contre lui, ils dévoraient en grognant les carcasses et les membres. Ils avaient enlevé la peau du crâne d'un Tartare, comme on détache la pelure d'une figue mûre, et on entendait crier leurs crocs blancs contre le crâne plus blanc encore qui glissait de leurs mâchoires fatiguées [6]. Rongeant nonchalamment les os des morts, à peine s'ils pouvaient se soulever sur le théâtre de leur festin, tant ils avaient amplement réparé un long jeûne aux dépens de ceux qui étaient tombés pour leur servir cette nuit de pâture. Alp reconnut aux turbans étendus à terre qu'il y avait là les cadavres des plus braves de sa troupe. Les châles de leur coiffure étaient verts et cramoisis; chaque tête n'avait qu'une longue touffe de cheveux [7], tout le reste était rasé et nu. Les chiens avaient englouti les crânes; les cheveux restaient encore entremêlés dans leurs mâchoires. Mais tout près du rivage, au bord du golfe, un vautour battait des ailes à un loup échappé des collines, mais que la présence des chiens tenait à distance et empêchait de prendre sa part de la curée humaine. Toutefois il s'était approprié un quartier de cheval que becquetaient les oiseaux de proie sur les sables de la baie.

XVII.

Alp détourna la vue de ce spectacle hideux : au milieu des combats sa fermeté n'avait point été ébranlée ; mais il préférait la vue d'un guerrier expirant dans les flots de son sang encore chaud, dévoré par la soif brûlante de l'agonie et se débattant en vain contre le trépas, au spectale de ces morts pour qui toute douleur a cessé, et qui ne sont plus qu'un cadavre putride. Il y a dans l'heure du péril je ne sais quoi qui exalte l'orgueil sous quelque forme que se présente la mort ; car la Gloire est là pour publier les noms de ceux qui succombent, et les actes de vaillance ont pour témoin l'Honneur ! Mais quand tout est fini, il y a quelque chose d'humiliant pour la nature humaine à parcourir cette plaine sanglante, jonchée de morts sans sépulture ; à voir les vers de la terre, les oiseaux de l'air, les bêtes des forêts, s'y donner rendez-vous, regarder l'homme comme leur proie, et se réjouir de son trépas.

XVIII.

Près de là sont les ruines d'un temple construit par des mains depuis longtemps oubliées ; deux ou trois colonnes et de nombreux fragments de marbre et de granit que les herbes recouvrent, voilà tout ce qui en reste ! Sois maudit, ô Temps ! qui ne laisseras pas plus debout les choses à naître que celles qui nous ont précédés ! Sois maudit, ô Temps ! qui n'épargneras jamais du Passé qu'autant qu'il en faudra pour que l'Avenir pleure sur ce qui fut et sur ce qui sera : ce que nous avons vu, nos enfants le verront, débris des choses qui ont disparu, fragments de pierre élevés par des créatures d'argile !

XIX.

Il s'assit sur la base d'une colonne, et passa sa main sur son front, comme un homme plongé dans une profonde rêverie ; son attitude était penchée ; sa tête était abaissée sur sa poitrine, brûlante, agitée, oppressée ; ses doigts erraient convulsivement sur son front, comme la main se promène sur le clavier sonore pour préluder à l'air qu'elle veut en tirer. Pendant qu'il est ainsi absorbé dans sa morne tristesse, tout à coup il a entendu gémir le vent de la nuit. Est-ce bien le vent qui, soufflant à travers les fentes de quelque rocher, a exhalé ce son doux et plaintif? Il relève la tête et regarde la mer; mais elle est aussi unie qu'une glace; il regarde les longues herbes, — pas un brin ne se balance; ce son si doux, d'où peut-il donc provenir? Il regarde les bannières; — les bannières ne bougent pas; il en est de même des feuilles sur la colline du Cithéron, et pas un souffle n'arrive jusqu'à sa joue; d'où vient donc le léger bruit qu'il a subitement entendu? Il tourne la tête à gauche; — ses yeux ne l'abusent-ils pas? là est assise une femme jeune et belle!

XX.

Il a tressailli d'une terreur plus grande que si un ennemi armé était près de lui. « Dieu de mes pères! que vois-je? Qui es-tu et que viens-tu faire si près d'un camp ennemi? » Sa main tremblante se refuse à faire le signe de la croix, de cette croix à laquelle il n'a plus foi. Il allait y recourir involontairement; mais sa conscience l'arrête. Il regarde, il voit. Il reconnaît ce visage si beau, cette taille gracieuse : c'est Francescà qui est auprès de lui, la vierge qui aurait pu être sa fiancée! Les couleurs de la rose sont encore sur ses joues, mais mêlées à des teintes moins vives. Où est le charme attrayant de ses lèvres charmantes? Il a disparu ce sourire qui animait leur incarnat. Le calme Océan qui est là devant eux a moins d'azur que ses beaux yeux; mais ils sont immobiles comme ces froides vagues, et leur regard, quoique brillant, est glacé; la robe légère qui presse sa taille laisse à découvert son sein éblouissant; à travers les flots de sa noire chevelure qui retombe sur ses épaules, on aperçoit ses bras nus, blancs et arrondis; et avant de répondre, elle lève vers le ciel une main si pâle et si transparente, qu'à travers on eût pu voir briller la lune.

XXI.

« J'ai quitté mon repos pour venir à celui que j'aime le

plus au monde, afin que je sois heureuse et qu'il soit béni. J'ai franchi les gardes, les portes, les remparts ; à travers les ennemis et tous les obstacles, je suis arrivée sans crainte jusqu'à toi. On dit que le lion se détourne et s'enfuit à l'aspect d'une vierge dans l'orgueil de sa pureté ; le Tout-Puissant, qui protége l'innocence contre le tyran des forêts, a daigné pareillement étendre sur moi sa merci, et me dérober aux mains de l'infidèle. Je viens, — et si je viens en vain, jamais, non, jamais, nous ne nous reverrons ! Tu as commis un crime effroyable en abandonnant la foi de tes pères ; mais rejette loin de toi le turban, fais le signe de la croix, et sois pour toujours à moi ; efface de ton cœur la tache noire qui le souille, et demain va nous voir réunis pour ne plus nous quitter. »

— « Et où dresser notre couche d'hyménée ? au milieu des mourants et des morts ? car demain nous livrons au carnage et aux flammes les enfants et les autels des chrétiens. Demain, au lever de l'aurore, j'en ai fait le serment, nul autre que toi et les tiens ne sera épargné ; mais toi, je te transporterai dans un lieu enchanteur, où nos mains seront unies, où nous oublierons nos douleurs. C'est là que tu seras ma fiancée, après que j'aurai derechef abaissé l'orgueil de Venise, après que ses fils abhorrés auront senti ce bras, qu'ils ont voulu avilir, châtier avec un fouet de scorpions ceux que le vice et l'envie ont fait mes ennemis. »

Elle posa sa main sur la sienne ; — quoique cette impression fût légère, elle porta un frémissement subit jusqu'à la moelle de ses os, glaça son cœur, et le mit dans l'impuissance de se mouvoir. Quelque faible que fût cette étreinte pleine d'un froid si mortel, il lui était impossible de dégager sa main. Jamais l'étreinte d'un objet si cher n'avait porté à son cœur ce sentiment de crainte qu'il éprouvait cette nuit, alors qu'il sentait ses veines se glacer sous le contact de ces doigts minces, longs et blancs. La chaleur brûlante de son front disparut, son cœur devint muet et comme pétrifié, lorsque, portant les yeux sur ce visage, il vit combien son aspect était différent de ce qu'il l'avait connu : blanc, mais pâle, — il n'était plus éclairé par ce rayon de l'intelligence qui animait naguère les traits de la physionomie et les faisait mouvoir, comme les vagues étincelant sous un chaud soleil; et ses lèvres avaient le calme, l'immobilité de la mort, et nul souffle n'arrivait avec ses paroles, et nulle respiration ne soulevait son sein, et le cours du sang paraissait suspendu dans ses veines. Bien que ses yeux brillassent, ses paupières étaient immobiles, et leur regard était vague et fixe comme celui d'un somnambule marchant dans son rêve inquiet; semblable aux figures d'une tapisserie, qui vous regardent d'un air lugubre; mouvantes sous la bise, par une soirée d'hiver, aperçues à la vacillante lueur d'une lampe qui s'éteint, ces formes inanimées semblent revivre à la vue épouvantée; on dirait dans l'obscurité qu'elles vont descendre des sombres murailles d'où leurs images nous menacent, et où elles se balancent, ballottées par le souffle qui agite la toile.

« Si ce n'est pour l'amour de moi, que ce soit du moins pour l'amour du ciel; — je te le dis encore, — arrache le turban de ton front parjure, et promets-moi d'épargner les fils de ta patrie outragée, — sinon c'en est fait de toi, et tu ne verras plus, — je ne dis pas la terre, elle n'est plus pour nous, — mais le ciel et moi. Si tu m'accordes ce que je te demande, bien qu'un sort funeste doive être ton partage, il effacera à moitié ton crime, et la porte de la miséricorde peut s'ouvrir encore pour toi; mais que tu diffères un instant de plus, et tu subis la malédiction de celui dont tu as déserté la loi; lève vers le ciel un dernier regard, et vois son amour se fermer à jamais pour toi. Il y a en ce moment près de la lune un léger nuage; — il marche, et bientôt il l'aura dépassée; — si, lorsque ce voile vaporeux aura cessé de nous dérober son disque, ton cœur n'est pas changé, alors Dieu et les hommes seront vengés; terrible sera ton destin, plus terrible encore ton immortalité dans le mal. »

Alp leva les yeux, il vit au ciel le nuage dont elle lui parlait; mais son cœur était gonflé et égaré par un indomptable orgueil; cette passion mauvaise, la première qui avait régné dans son cœur, roulait comme un torrent par-dessus toutes les autres. *Lui!* demander grâce! lui! se laisser effrayer par les paroles insensées d'une vierge timide! lui, que Venise outragea, jurer de sauver ses fils dévoués à la tombe! Non, quand ce nuage serait plus terrible que le tonnerre, et destiné à le foudroyer.

Sans répondre un mot, il fixe sur le nuage un regard attentif; il suit son mouvement; le nuage est passé: la lumière de la lune tombe à plein sur sa figure; alors il parle ainsi: — « Quel que soit mon destin, je ne sais point changer, — il est trop tard! Dans l'orage, le roseau tremble et plie, puis se relève; l'arbre se brise. Je dois rester ce que m'a fait Venise, son ennemi en tout, sauf mon amour pour toi; mais tu es en sûreté; oh! fuis avec moi! » A ces mots il se retourne; mais elle est partie! Il n'a plus auprès de lui que la colonne de marbre. A-t-elle disparu sous terre? s'est-elle évanouie dans l'air? Il ne sait, — ses yeux n'ont rien vu, — mais là il n'y avait plus rien.

XXII.

La nuit est passée, le soleil resplendit comme pour éclairer un jour de fête. L'Aurore se dégage, légère et brillante, de son manteau de vapeurs, et midi luira sur une chaude journée. Entendez-vous la trompette et le tambour, et les sons lugubres de la trompe barbare, et les bannières dont le vent agite les plis, et les coursiers qui hennissent, et le bruit de cette multitude qui se meut, et le cliquetis de l'acier, et ces cris au loin répétés: « Aux armes! aux armes! » Les queues de cheval sont enlevées de terre, les glaives sortent des fourreaux, les rangs se forment, on n'attend plus que le signal. Tartares, Spahis, Turcomans, levez vos tentes, marchez à l'avant-garde, montez à cheval, donnez de l'éperon, entourez la plaine afin de couper toute retraite aux assiégés, et que, jeune ou vieux, aucun chrétien n'échappe, pendant que l'infanterie, s'avançant en masses redoutables, s'ouvrira, au prix de son sang, un passage à travers la brèche! Les coursiers sont bridés et hennissent sous la main qui les guide, toutes les têtes sont recourbées sur le poitrail, toutes les crinières flottent au souffle des vents, tous les mors sont blanchis d'écume; les lances sont en arrêt, les mèches allumées, les canons pointés, tout prêts à mugir et à détruire les murailles qu'ils ont déjà entamées; les phalanges des janissaires se forment; Alp les commande, son bras est nu ainsi que la lame de son cimeterre; le khan et les pachas sont tous à leur poste; le visir lui-même est à la tête de l'armée. Quand la couleuvrine donnera le signal, en avant! ne laissez personne de vivant à Corinthe, pas un prêtre à ses autels, pas un chef dans ses palais, pas un âtre dans ses maisons, pas une pierre sur ses murailles. Dieu et le Prophète! — Allah hu! que ce cri redoutable monte jusqu'aux cieux! « La brèche est là qui nous attend; les échelles sont préparées pour l'escalade; vos mains sont sur la garde de vos sabres; qui peut vous arrêter? Celui qui le premier abattra la croix rouge pourra me demander ce qu'il voudra, je promets de le lui accorder! » Ainsi dit Coumourgi, l'intrépide visir; on lui répond en brandissant les sabres et les lances, et mille voix font entendre les acclamations d'une belliqueuse joie. — Silence! — Attention au signal. — Feu!

XXIII.

Tels on voit des loups se précipiter sur un buffle sauvage; le noble animal mugit, ses yeux jettent des flammes; malheur au premier que sa fureur rencontre! il le pétrit sous ses pieds redoutables, ou le fait voler dans les airs, avec ses cornes sanglantes: ainsi les musulmans s'avancent contre les remparts; ainsi sont repoussés les premiers assaillants; le boulet brise les cuirasses, immole les guerriers, et laboure la terre que jonchent leurs cadavres comme des morceaux de verre brisé; des rangs entiers tombent moissonnés comme l'herbe qui couvre la plaine quand sur la fin du jour le faucheur a terminé sa tâche; tant le carnage est grand parmi les premiers qui se présentent devant la brèche!

XXIV.

Ainsi qu'on voit les grandes marées assaillir les hauts rochers du rivage, et en détacher d'énormes blocs par leurs attaques incessantes, jusqu'à ce que leurs blanches cimes s'écroulent avec le fracas du tonnerre, comme les avalanches dans les vallées des Alpes : ainsi les fils de Corinthe, épuisés et accablés par le nombre, succombent à la fin aux assauts continus et répétés de la multitude des Ottomans. Ils serrent leurs rangs devant l'armée des infidèles, et tombent par masses compactes sans reculer d'un pas, et disputant le terrain pied à pied. Il n'y a là de muet que la mort; les coups de tranchant et de pointe, les détonations de la carabine, les supplications des vaincus, les cris des vainqueurs, se mêlent aux décharges de l'artillerie. Les villes lointaines qui entendent ce bruit se demandent de quel côté s'est rangée la victoire, si elles doivent se réjouir ou s'affliger de cette voix tonnante qui mugit à travers les montagnes, et remplit leurs échos de sons nouveaux et terribles. Ce jour-là elle fut entendue à Salamine et à Mégare, et même, assure-t-on, dans la baie du Pirée.

XXV.

Depuis la pointe jusqu'à la garde, les épées et les sabres sont rougis de sang; mais la ville est prise, et le pillage commence; après le combat vient le massacre. Des cris perçants s'élèvent des maisons saccagées; entendez-vous les pas des fuyards clapoter dans le sang qui ruisselle dans les rues glissantes? çà et là, aux endroits où une position favorable se présente, des groupes de dix ou douze hommes résolus s'arrêtent, font volte-face, et, adossés à une muraille, tiennent l'ennemi en échec ou meurent en combattant.

Dans l'un de ces groupes on remarque un vieillard; ses cheveux sont blancs, mais son bras de vétéran est redoutable encore; il a vaillamment soutenu le poids de cette sanglante journée; les cadavres de ceux qu'il a immolés forment un demi-cercle autour de lui; aucune blessure encore ne l'a atteint; tout en reculant, il continue à combattre et ne se laisse pas entourer. Sous son corselet brillant, d'anciens combats ont laissé plus d'une cicatrice; mais toutes les blessures qui couvrent son corps datent d'une époque antérieure; quoique vieux, bien peu de jeunes hommes pourraient lutter contre son bras de fer. Les ennemis auxquels il tient tête à lui seul sont plus nombreux que les cheveux de sa tête grise. De droite à gauche son sabre se promène ; plus d'une mère ottomane pleurera dans ce jour un fils qui n'était point né encore quand Minotti, n'ayant pas encore vingt ans, avait pour la première fois trempé son glaive dans le sang musulman. Il eût pu être le père de tous ceux à qui ce jour-là son courroux fit mordre la poussière. Il avait fait payer à plus d'un père le fils que la guerre lui avait autrefois ravi, et depuis le jour où ce fils avait expiré dans le détroit des Dardanelles [8], son bras terrible avait sacrifié à ses mânes plus d'une hécatombe humaine. Si le carnage apaise les ombres de ceux qui ne sont plus, l'ombre de Patrocle se vit immoler moins de victimes que le fils de Minotti, mort sur la limite qui sépare l'Europe de l'Asie. Il fut inhumé sur ce rivage où depuis des milliers d'années tant de guerriers ont trouvé leur tombeau. Il ne reste rien d'eux pour nous dire où ils reposent et comment ils ont succombé, pas une pierre sur leur gazon, pas un ossement dans leur tombe ; mais ils vivent dans des chants qui confèrent l'immortalité.

XXVI.

Entendez-vous le cri d'Allah ? Voici venir une troupe des musulmans les plus braves : celui qui marche à leur tête a le bras nu ; les coups de ce bras impitoyable n'en sont que plus rapides ; découvert jusqu'à l'épaule, il leur montre la route du carnage ; c'est à ce signe qu'on le reconnaît dans les combats. D'autres guerriers offrent à l'ennemi avide l'appât d'une plus riche dépouille ; plus d'un cimeterre a une poignée plus riche, aucun une lame plus rouge ; d'autres ont le front ceint d'un turban plus magnifique ; — Alp ne se fait reconnaître qu'à son bras nu ; vous le trouverez au plus fort de la mêlée ! Sur ce rivage nulle bannière n'est plus rapprochée de l'ennemi que la sienne ; nul drapeau dans l'armée musulmane que les Delhis suivent plus volontiers. Il resplendit comme une étoile détachée des cieux. Où apparaît ce bras terrible, là combattent ou combattaient tout à l'heure les plus vaillants ; là les cris qui demandent vainement quartier au sabre vengeur du Tartare; là le héros qui meurt en silence sans daigner pousser un gémissement, ou celui qui, affaibli par sa blessure, étreignant le sol ensanglanté, rassemble le peu de forces qui lui reste pour immoler encore un ennemi.

XXVII.

Le vieillard, resté debout et intrépide, a suspendu la marche d'Alp. « Rends-toi, Minotti; sauve tes jours et ceux de ta fille. » — « Jamais, renégat, jamais! quand la vie que tu m'offres durerait éternellement. »

— « Francesca! — ô ma fiancée! — doit-elle aussi périr victime de ton orgueil? » — « Elle est en sûreté. » — « Où? où? » — « Dans le ciel, où n'ira jamais ton âme parjure, — loin de toi, innocente et pure. » Un sourire farouche erre sur les lèvres de Minotti lorsqu'il voit Alp chanceler en entendant ces paroles, comme si son glaive l'eût frappé.

— « O Dieu! quand est-elle morte? » — « La nuit dernière, et je ne pleure point le départ de son âme; il ne restera personne de ma noble race pour être esclave de Mahomet et de toi; viens! » — Il est vain ce défi; — Alp est déjà avec les morts! Pendant que les paroles de Minotti entraient dans son cœur plus pénétrantes, plus vengeresses que n'eût pu faire la pointe de son glaive s'il eût eu le temps de frapper, du portail d'une église voisine, longtemps défendue, où avaient pris position le petit nombre de braves échappés à la mort, il est parti une balle qui a étendu Alp sur le carreau; avant que personne ait pu voir la blessure ouverte dans le crâne de l'infidèle, il tourne sur lui-même et tombe pour ne plus se relever; au moment de sa chute, un éclair brille dans ses yeux comme une flamme, et fait bientôt place aux ténèbres éternelles qui couvrent son cadavre palpitant. Il ne lui reste de vie qu'un léger frémissement qui parcourt tous ses membres. Ses compagnons l'étendent sur le dos; son front et sa poitrine sont souillés de poussière et de sang, et de ses lèvres sort, en se coagulant, le sang de la vie, fraîchement épanché de ses profondes veines; mais son pouls est sans mouvement; pas un sanglot d'agonie n'échappe à ses lèvres;

ni parole, ni soupir, ni râle, ne l'accompagnent dans la mort ; avant que sa pensée même pût prier, il a passé, sans espoir dans la miséricorde divine, resté jusqu'au bout — un renégat.

XXVIII.

Ses compagnons et ses ennemis poussent un grand cri, ceux-ci de joie, ceux-là de fureur, puis le combat recommence ; les glaives se heurtent, les lances percent, les coups de tranchant et de pointe s'échangent, les guerriers mordent la poussière. De rue en rue, Minotti dispute pas à pas la dernière portion de terrain qui lui reste des pays soumis à son commandement ; les débris de sa troupe valeureuse le secondent de leurs bras et de leur courage. On peut encore tenir dans l'église d'où est partie la balle providentielle qui, par le trépas d'Alp, a vengé à demi la chute de la ville : c'est là qu'ils se dirigent en laissant derrière eux une traînée de sang et de cadavres ; c'est ainsi que, le visage tourné vers l'ennemi, chacun de leurs coups infligeant une blessure, le chef chrétien et sa troupe se joignent à ceux qui sont renfermés dans l'église ; c'est là qu'ils pourront un moment respirer, abrités par le massif édifice.

XXIX.

Répit passager ! Les guerriers en turban, dont la foule s'accroît sans cesse, continuent à s'avancer avec des cris de rage et une vigueur nouvelle. Leur nombre est si grand que, même pour eux, la retraite est impossible, car ils ne sont plus séparés que par un étroit espace du lieu où les chrétiens se défendent encore ; et c'est en vain que les plus avancés chercheraient à fuir à travers cette épaisse colonne, il leur faut de toute nécessité combattre ou mourir. Ils meurent ; mais avant que leurs yeux soient fermés, des vengeurs s'élèvent sur leurs cadavres ; de nouveaux combattants viennent, furieux, combler les rangs éclaircis pour succomber à leur tour, et les bras des chrétiens se sont lassés de frapper que de nouveaux assaillants continuent à surgir. Les Ottomans sont arrivés à la porte ; sa masse d'airain résiste encore ; de toutes les issues partent des balles meurtrières, et de toutes les fenêtres brisées s'échappe une pluie de soufre ;

mais le portail chancelle et faiblit, — l'airain cède, les gonds crient, — la porte s'ébranle, — tombe : — tout est fini; plus de résistance; c'en est fait de Corinthe!

XXX.

Sombre, farouche, Minotti, resté seul, est debout sur les marches de l'autel : au-dessus de lui brille l'image de la Madone, sous des teintes célestes, avec des yeux de lumière et des regards d'amour; on l'a placée au-dessus de cet autel sacré pour fixer nos pensées sur des choses divines, alors qu'agenouillés nous la voyons, avec l'Enfant-Dieu sur ses genoux, nous sourire doucement et offrir au ciel le tribut de nos prières. Elle sourit encore; elle sourit au milieu du carnage qui l'entoure : Minotti lève vers elle ses yeux âgés; puis, après s'être signé en soupirant, il prend une torche allumée, et reste immobile et silencieux. Les musulmans entrent et s'avancent la flamme et le fer à la main

XXXI.

Les caveaux creusés sous le pavé de mosaïque renferment les morts des siècles passés; leurs noms sont gravés sur les dalles; mais le sang dont elles sont teintes empêche de les lire; les armoiries sculptées, les couleurs bizarres du marbre veiné, tout cela est taché de sang, tout cela est couvert de tronçons de glaives, de cimiers brisés; le parvis est semé de morts, et, au-dessous, d'autres morts reposent glacés dans une longue rangée de cercueils; à la pâle clarté qui pénètre à travers une grille, on peut les voir réunis dans leur majesté sombre; la Guerre a pénétré dans leur noire demeure; à côté des tombeaux elle a rassemblé ses sulfureux trésors, entassés en masses épaisses auprès de ces morts décharnés : c'est là que, pendant le siége, les chrétiens ont établi leur magasin principal; une traînée de poudre récemment faite y communique : c'est la ressource dernière et fatale que s'est réservée Minotti contre son ennemi victorieux.

XXXII.

Les musulmans arrivent; peu de chrétiens combattent encore, ou ils combattent en vain : faute d'ennemis vivants, et pour apaiser la soif de vengeance maintenant éveillée, les barbares vainqueurs percent de coups les cadavres des morts, tranchent des têtes inanimées, renversent les statues de leurs niches, dépouillent les chapelles de leurs riches offrandes, et leurs profanes mains se disputent les vases d'argent que les saints ont bénits. Ils s'avancent vers le grand autel; il offre en ce moment un spectacle éblouissant à voir. Voici sur la table sainte la coupe d'or consacrée; massive et profonde, comme un prisme resplendissant elle brille aux regards des spoliateurs : ce matin même elle a contenu le vin sacré, changé par le Christ en son sang divin, et qu'ont bu au lever du jour ses adorateurs pour fortifier leurs âmes avant de marcher au combat. Quelques gouttes restent encore au fond du calice. Autour de l'autel sont rangés douze candélabres splendides, composés du métal le plus pur; cette dépouille, c'est la dernière et la plus riche de toutes.

XXXIII.

Déjà ils s'approchent, déjà la main étendue des plus avancés va atteindre ce trésor, quand le vieux Minotti étend sa torche et en touche le salpêtre. L'explosion s'est faite. — Église, caveaux, autel, butin, cadavres, musulmans, chrétiens, tout ce qui reste des vivants et des morts, lancé en l'air avec l'édifice brisé, expire dans un effroyable mugissement! La ville en ruines, les murailles renversées, les vagues refoulées, — les collines ébranlées, et qui ont failli s'entr'ouvrir comme dans un tremblement de terre, — les mille objets informes emportés vers le ciel dans un nuage de flamme par l'explosion terrible, ont proclamé la fin de la lutte acharnée qui a trop longtemps désolé ce rivage; tout ce qui avait vie ici-bas monte dans les airs comme des fusées; plus d'un guerrier de haute taille, consumé et rétréci par la flamme, n'est plus qu'un mince charbon qui jonche la plaine. Une pluie de cendres inonde la terre; les uns tombent dans le golfe, et des milliers de cercles se dessinent sur sa surface; d'autres vont tomber au loin dans la campagne, et l'isthme est jonché de leurs cadavres. Sont-ce des chrétiens ou des musulmans? Que leurs mères les voient et le disent! Lorsqu'ils dormaient dans leurs berceaux, et que chaque mère contemplait en souriant le doux sommeil de son fils, elle était loin de penser qu'un jour ces membres délicats seraient arrachés et dispersés. Celles qui leur ont donné le jour ne pourraient maintenant les reconnaître; ce rapide moment n'a pas laissé trace de figure ou de forme humaine, si ce n'est çà et là un crâne ou un ossement : la plage est au loin couverte de soliveaux enflammés, de pierres calcinées et fumantes, profondément enfoncées dans le sol. Tous les êtres vivants qui entendirent ce fracas épouvantable disparurent : les oiseaux s'envolèrent; les chiens sauvages s'enfuirent en hurlant et laissèrent là les cadavres sans sépulture; les chameaux abandonnèrent leurs gardiens; le bœuf lointain brisa son joug; — le coursier, plus rapproché du choc, s'élança dans la plaine en brisant sa sangle et ses rênes; la grenouille fit entendre dans ses marais un coassement plus fort et plus discordant; les loups remplirent de leurs hurlements l'écho des montagnes caverneuses, ébranlé encore par le prolongement de la détonation. Les chacals firent entendre leur vagissement plaintif[9], semblable à celui d'un enfant ou au cri d'un chien qu'on châtie; les ailes subitement tendues, les plumes hérissées, l'aigle s'envola de son aire et se rapprocha du soleil; à la vue des nuages épaissis au-dessous de lui, et des flots de fumée qui venaient l'assaillir, il éleva plus haut son vol en jetant de grands cris. — Ainsi fut Corinthe perdue et conquise.

NOTES.

[1] *Le Siége de Corinthe*, qui paraît, d'après le manuscrit, avoir été commencé en juillet 1815, fut publié en janvier 1816. M. Murray ayant offert mille guinées pour le manuscrit de ce poëme et celui de *Parisina*, le poëte répondit : — « Votre offre est extrêmement libérale et bien au-dessus de la valeur de ces deux poëmes; mais je ne dois ni ne veux l'accepter, car je ne puis consentir à les publier séparément. Je ne dois pas hasarder la faveur, méritée ou non, que m'ont value mes premiers poëmes, sur des compositions qui, je le sens, ne sont point ce qu'elles devraient être, quoiqu'elles puissent très bien passer comme des ouvrages sans prétention, et paraître avec quelques poésies légères à la suite des publications pré-

cédentes. Je vous renvoie votre mandat, et je désire que vous ne m'exposiez pas de nouveau à la tentation. Ce n'est point par dédain pour l'idole universelle que je refuse, ni parce que je me trouve trop riche; mais le devoir ne doit pas être subordonné au fait. Je suis charmé que le nom du *copiste* vous soit d'un favorable augure pour la moralité du poëme; mais il ne faudrait pas trop vous y fier, car mon copiste écrirait tout ce que je lui demanderais en toute innocence de cœur. » [Le copiste était lady Byron. Lord Byron donna carte blanche à M. Gifford pour retrancher ce qui lui déplairait dans le poëme. M. Gifford usa singulièrement de cette confiance sans bornes, et, entre autres méprises, biffa un des plus beaux passages du poëme.]

² *Le Giaour, le Corsaire, la Fiancée d'Abydos, Lara, le Siége de Corinthe*, se succédèrent avec une rapidité extraordinaire, et obtinrent un succès d'enthousiasme.

Outre leurs beautés intrinsèques, ces poëmes reçoivent un nouveau charme du climat romantique sous lequel ils nous transportent, et des costumes orientaux, si éblouissants et si exacts. La Grèce, le berceau de la poésie, que nous connaissons grâce aux études de notre enfance, nous fut présentée au milieu de ses ruines, et pliant sous la douleur. Ses ravissants paysages dédiés aux dieux, qui, pour être détrônés de leur Olympe, n'en conservent pas moins le prestige poétique, se reflètent et posent devant nous dans les vers de Byron. Puis, au-dessus, cette haute moralité qui ressort de la comparaison entre la Grèce antique et la Grèce moderne, entre les philosophes et les héros qui habitèrent jadis ce beau pays, et leurs descendants réduits à obéir à des Scythes ou à cacher dans les âpres retraites de leurs montagnes classiques une indépendance sauvage et précaire. Le style et les descriptions orientales, si harmonieuses qu'elles jettent du charme jusque sur les absurdités de ces contes orientaux, servent à rehausser des beautés qui auraient pu se passer d'ornements si gracieux. L'impression merveilleuse produite par ce genre de poésie me confirme dans ma croyance à un principe que nul ne conteste, mais que presque personne n'applique; savoir : que chaque auteur doit, à l'exemple de lord Byron, définir, avant tout, d'une façon nette et précise, le lieu de la scène, le personnage et le sujet qu'il veut représenter devant le lecteur. SIR WALTER SCOTT.

³ Les lanciers turcs sont restreints au service militaire, et s'arment à leurs frais.

⁴ Les Turcomans mènent une vie errante et patriarcale; ils habitent sous des tentes.

⁵ Ali Coumourgi, favori de trois sultans et grand-visir d'Achmet III, après avoir repris en une seule campagne le Péloponèse sur les Vénitiens, fut blessé mortellement à la bataille de Peterwaradin, dans la plaine de Carlowitz, en Hongrie, au moment où il s'efforçait de rallier ses gardes. Il mourut le lendemain, de ses blessures. Le dernier ordre qu'il donna fut celui de décapiter le général Brenner et quelques autres prisonniers allemands. Ses dernières paroles furent : — « Oh! que ne puis-je traiter

ainsi tous ces chiens de chrétiens! » Paroles et conduite dignes de Caligula. Sans bornes étaient l'ambition et la présomption de ce jeune homme. Comme on lui disait que le prince Eugène, qui s'avançait contre lui, était un grand général : —« Eh bien! dit-il, ma gloire s'en augmentera d'autant.»

6 J'ai vu de mes propres yeux un pareil spectacle sous les murs du sérail de Constantinople, dans les petites cavités creusées par le Bosphore dans le rocher qui forme une terrasse étroite entre le mur et les flots. Je crois que Hobhouse en a parlé dans son voyage. Ces cadavres étaient probablement ceux de janissaires réfractaires.

7 Cette touffe ou longue tresse n'est jamais coupée. Les Turcs croient que c'est par là que Mahomet les transportera en paradis.

8 Dans la bataille navale qui se livra entre les Turcs et les Vénitiens à l'embouchure des Dardanelles.

9 Je crains d'avoir commis une trop grande licence poétique en transplantant le chacal d'Asie en Grèce, où je n'en ai jamais aperçu; mais ils habitent en grand nombre les ruines d'Éphèse. Ils choisissent les décombres pour leur retraite et suivent les armées.

PARISINA[1].

A SCROPE BERDMORE DAVIES

LE POEME SUIVANT EST DÉDIÉ

Par celui qui a longtemps admiré ses talents et apprécié son amitié.

22 janvier 1816.

AVERTISSEMENT.

Le poëme suivant repose sur un événement rapporté par Gibbon dans les *Antiquités de la maison de Brunswick*. Je crains qu'aujourd'hui un pareil sujet ne paraisse indigne d'être mis en vers sous les yeux d'un lecteur prude ou blasé. Les poëtes dramatiques de la Grèce, et quelques-uns de nos meilleurs écrivains ont été d'un avis différent ; je pourrais leur joindre Alfieri et Schiller sur le continent. Le récit de Frizzi nous apprend comment se sont passées les choses. Le nom d'*Azo* a été substitué à celui de Nicolas, comme plus poétique.

« Sous le règne de Nicolas III, Ferrare fut ensanglantée par une tragédie domestique. Averti par un valet, le marquis d'Este découvrit de ses propres yeux la liaison incestueuse de sa femme Parisina et de Hugo son fils naturel, beau et vaillant jeune homme. Ils furent décapités dans la prison par ordre d'un époux et d'un père, qui dévoila ainsi sa honte et survécut à leur exécution. On doit le plaindre s'ils étaient coupables ; s'ils étaient innocents, il fut encore plus malheureux ; dans aucun des deux cas, je ne puis approuver une pareille sévérité de la part d'un père. »

Œuvres mêlées de Gibbon, t. III, p. 470.

PARISINA.

I.

C'est l'heure où sous la feuillée le rossignol module ses chants ; c'est l'heure où la voix des amants soupire tout bas des serments si doux, où le souffle de la brise forme avec le murmure de l'onde voisine un concert qui enchante l'oreille solitaire. Sur les fleurs la rosée scintille ; au firmament brillent les étoiles; sur les flots un azur plus foncé, sur le feuillage un vert plus sombre, et au ciel ce clair-obscur, cette brune clarté, cette ombre suave et pure qui suit le déclin du jour alors que le crépuscule disparaît devant la présence de la lune.

II.

Mais ce n'est pas pour écouter le bruit de la cascade que Parisina quitte son palais ; ce n'est pas pour regarder les clartés célestes qu'elle marche dans l'ombre de la nuit ; et si elle s'assied dans le bocage, ce n'est pas pour respirer les parfums de la fleur épanouie. — Elle écoute, mais ce n'est pas le chant du rossignol, — bien que son oreille attende des accents tout aussi doux. Un bruit de pas s'entend à travers l'épais feuillage, et sa joue devient pâle, — et son cœur bat avec vitesse. A travers les feuilles frémissantes une voix douce arrive jusqu'à elle, et le sang revient à sa joue, et son sein se soulève : un moment encore, et ils seront ensemble : — ce moment est passé, — et son amant est à ses genoux.

III.

Et maintenant, que leur importe le monde et ses vicissitudes ? Les êtres qui y vivent, — la terre, le ciel, ne sont rien à leur esprit et à leurs yeux. Aussi insensibles que les morts eux-mêmes à tout ce qui est autour, au-dessus, au-dessous d'eux, on dirait que, ne respirant que l'un pour l'autre, tout le reste a disparu pour eux. Leurs soupirs même sont pleins d'une joie si profonde, que si elle ne diminuait, cette démence du bonheur consumerait les cœurs soumis à son ardente puissance : l'idée de crime, de péril, ne leur vient point dans ce rêve tumultueux de leur tendresse. Parmi ceux qui ont ressenti le pouvoir de cette passion, qui la crainte a-t-elle arrêté dans de pareils moments? qui a songé à leur peu de durée? Mais quoi?—déjà les voilà passés ! Hélas ! il faut nous réveiller avant de savoir que ces douces visions ne reviendront plus.

IV.

Ils s'éloignent lentement et avec regret de ce lieu témoin de leurs coupables joies; malgré l'espoir et la promesse de se revoir, ils s'affligent comme si cette séparation était la dernière. Le soupir fréquent, — le long embrassement, — la lèvre qui voudrait ne plus se détacher, pendant que se reflète sur le visage de Parisina ce ciel qui, elle le craint, ne lui pardonnera jamais, comme si chacune de ses étoiles, témoin silencieux, avait vu de là-haut sa faiblesse, — le soupir fréquent, le long embrassement, les retiennent enchaînés dans ce lieu. Mais le moment est venu, et il faut se séparer, le cœur douloureusement oppressé, avec ce frisson profond et glacé qui suit de près les actions criminelles.

V.

Et Hugo est retourné à son lit solitaire pour y convoiter l'épouse d'un autre; mais elle, il lui faut reposer sa tête coupable près du cœur confiant d'un époux. Une agitation fébrile semble troubler son sommeil. Sa joue enflammée trahit les rêves qui l'occupent; dans son insomnie elle murmure un nom qu'elle n'oserait prononcer à la clarté du jour; elle presse son époux contre ce cœur qui palpite pour un autre : et lui s'éveille à cette douce étreinte; il prend ces soupirs en songe, ces caresses brûlantes pour celles qu'il avait accoutumé de bénir, et heureux à cette pensée, peu s'en faut qu'il ne pleure de tendresse sur celle qui l'adore jusque dans son sommeil.

VI.

Il la presse, endormie, sur son cœur, et prête l'oreille à ses paroles entrecoupées : il entend... — Pourquoi le prince Azo a-t-il tressailli comme s'il avait entendu la voix de l'Archange? Et il a raison de tressaillir. — Jamais arrêt plus redoutable ne tonnera sur sa tombe quand il s'éveillera pour ne plus dormir et pour comparaître devant le trône de l'Éternel. Il a raison, — son repos ici-bas est détruit pour toujours par ce qu'il vient d'entendre. Le nom qu'elle a murmuré en dormant a révélé son crime et le déshonneur de son époux. Et quel est-il ce nom, dont le son sur sa couche a retenti terrible comme la vague irritée qui rejette une planche sur la rive, et lance sur la pointe des rocs le malheureux qui s'enfonce pour ne plus reparaître, tant il est violent le choc dont son âme est assaillie? Et quel est-il ce nom? C'est celui d'Hugo, — de son... — Certes, il ne l'eût jamais soupçonné! — D'Hugo! — lui, cet enfant d'une femme qu'il a aimée, — ce fils né pour son malheur, — ce fruit de sa jeunesse imprudente, alors qu'il trahit la confiance de Bianca, l'imprudente jeune fille, qui s'était fiée à sa foi et dont il avait refusé de faire son épouse.

VII.

Il porta la main à son poignard; mais il le remit dans le fourreau avant de l'en avoir entièrement tiré. — Quelque indigne qu'elle fût de vivre, il ne put se résoudre à immoler tant de beauté; — et puis elle était là, souriante, endormie. — Non, non, il fit plus, il ne voulut pas la réveiller, mais il la contempla avec un regard...; — si elle se fût réveillée en ce moment, ce regard eût suffi pour glacer ses sens et la replonger dans le sommeil. — De grosses gouttes d'une sueur froide sillonnaient le front d'Azo et brillaient à la lueur de la lampe. Elle ne parle plus, — mais tranquille elle dort, — pendant que dans sa pensée, à lui, ses jours sont comptés.

VIII.

Le lendemain il interroge, et apprend de la bouche d'un grand nombre de témoins la preuve de tout ce qu'il craint de savoir, leur crime actuel, ses futures douleurs; les suivantes de Parisina, qui ont longtemps agi de connivence avec elle, cherchent à sauver leurs jours, et rejettent sur elle — le blâme, — la honte, — le châtiment; elles dévoilent tout; elles font connaître les moindres détails qui peuvent confirmer pleinement la vérité de leur récit, et bientôt le cœur et l'oreille d'Azo, torturés par ces révélations, n'ont rien de plus à sentir ou à entendre.

IX.

Il n'était point homme à souffrir les délais : dans la chambre du conseil, le chef de l'antique maison d'Este est assis sur son trône de justice ; ses nobles et ses gardes sont présents ; les deux coupables sont devant lui, tous deux jeunes, — et *l'une* combien belle! Lui, il est désarmé, ses mains sont enchaînées. O Christ ! faut-il qu'un fils paraisse en cet état devant son père ! Et pourtant il faut qu'Hugo se présente ainsi devant le sien, qu'il entende sa bouche irritée lui prononcer sa sentence et raconter sa honte ! et néanmoins il ne paraît pas accablé, quoique jusque-là sa bouche soit restée muette.

X.

Tranquille, pâle, silencieuse, Parisina attend son arrêt. Que son sort est changé! Tout à l'heure encore l'expression de son regard répandait la joie dans la salle brillante où les plus hauts seigneurs étaient fiers de la servir, — où les beautés s'essayaient à imiter sa douce voix, — son charmant maintien, à reproduire dans leur port, dans leurs manières, les grâces de leur reine ; alors, — si une larme de douleur eût coulé de ses yeux, mille guerriers se fussent élancés, mille glaives fussent sortis du fourreau pour venger sa querelle. Maintenant — qu'est-elle? et que sont-ils? Peut-elle commander? voudraient-ils obéir? Tous plongés dans une silencieuse indifférence, les yeux baissés, le sourcil froncé, les bras croisés, l'air glacial, dissimulent à peine le sourire de mépris qui effleure leurs lèvres ; ses chevaliers, ses dames, sa cour — sont là ; et lui, le mortel de son choix dont la lance en arrêt n'eût attendu qu'un ordre de ses yeux, qui — si son bras était libre un moment — viendrait la délivrer ou mourir, l'amant de l'épouse de son père, — lui aussi, il est enchaîné à côté d'elle, et il ne voit pas ses yeux gonflés nager dans les larmes, moins pour sa propre infortune que pour la sienne à lui ; ces paupières — où des veines d'un violet tendre erraient sur l'albâtre le plus pur qui ait jamais appelé le baiser, — pleines maintenant d'un feu livide, semblent comprimer plutôt que voiler ses yeux pesants, immobiles, et qui lentement s'emplissent de larmes.

XI.

Et lui aussi il aurait pleuré sur elle, sans tous ces regards fixés sur lui. Sa douleur, s'il en éprouvait, restait assoupie; son front s'élevait hautain et sombre ; quelle que fût l'affliction que ressentît son âme, il ne pouvait consentir à s'humilier devant la foule; pourtant il n'osait regarder Parisina : le souvenir des heures qui ne sont plus, — son crime, — son amour, — son état actuel, — le courroux de son père, — la haine des gens de bien, — sa destinée dans ce monde et dans l'autre, — et sa destinée à elle ! — oh! le courage lui manquait pour contempler ce front où la mort est empreinte! autrement, son cœur ému eût trahi des remords. pour tous les maux qu'il avait causés.

XII.

Et Azo prit la parole : — « Hier encore, une épouse et un fils faisaient mon orgueil; ce rêve a été dissipé ce matin; avant la fin du jour, je n'aurai plus ni l'un ni l'autre. Ma vie languira solitaire; eh bien! — soit : — tout le monde à ma place eût fait ce que je fais; ces nœuds sont rompus, — non par moi; soit encore : — le châtiment est prêt! Hugo, le prêtre t'attend, et puis — la récompense de ton crime! Va-t'en! adresse au ciel tes prières avant que les étoiles du soir aient paru; — vois si tu peux y trouver le pardon; sa miséricorde peut encore t'absoudre. Mais ici, il n'y a point de lieu sur la terre où toi et moi nous puissions seulement une heure respirer ensemble : adieu! Je ne te verrai pas mourir; — mais toi, objet fragile! tu verras sa tête — va-t'en! Je ne puis achever; va! femme au cœur dissolu; ce sang, ce n'est pas moi qui le verse, c'est toi; va! si tu peux survivre à cette vue, et délecte-toi dans la vie que je te donne. »

XIII.

Et ici le sombre Azo se cacha le visage, — car il sentit sur son front se gonfler et battre ses artères, comme si tout son sang eût reflué à son cerveau; il resta donc quelque temps la tête baissée, et passa sa main tremblante sur ses yeux, pour les dérober aux regards de l'assemblée. Cependant Hugo, levant ses mains enchaînées, demande à son père de l'entendre un moment : son père, silencieux, le lui accorde.

« Ce n'est pas que je craigne la mort, — car tu m'as vu à tes côtés m'ouvrir un chemin sanglant sur les champs de bataille; tu sais qu'elle ne fut pas oisive l'épée que m'ont enlevée tes esclaves, et qu'elle a répandu à ton service plus de sang que n'en fera couler la hache qui m'attend. Tu m'as donné la vie, libre à toi de la reprendre; c'est un présent dont je n'ai pas à te remercier; je n'ai pas non plus oublié les injures de ma mère, son amour méprisé, son honneur sacrifié, la honte qu'elle a léguée à son enfant; mais elle dort dans le cercueil où ton fils, ton rival, va bientôt descendre. Son cœur brisé, — ma tête coupée, — attesteront du sein de la tombe toute la tendresse de ton premier amour, de ta paternelle sollicitude. Il est vrai que je t'ai offensé, — mais offense pour offense; — cette femme, estimée ton épouse, cette autre victime de ton orgueil, tu savais qu'elle m'était depuis longtemps destinée. Tu la vis, tu convoitas ses charmes, — et, me reprochant ton propre crime, — ma naissance, tu me représentas à elle — comme ne la méritant pas, comme indigne d'être son époux, et pourquoi? parce que je n'étais pas le légitime héritier de ton nom, parce que je ne pouvais, par droit de naissance, m'asseoir sur le trône d'Este; et cependant, si j'avais encore quelques étés à vivre, mon nom éclipserait en gloire le nom d'Este, et cette gloire serait à moi seul. J'eus une épée, — j'ai un cœur capable de me conquérir un cimier aussi superbe qu'on en ait vu jamais briller dans toute la longue succession de tes ancêtres couronnés; les éperons de chevalier ne sont pas toujours portés avec le plus de gloire par ceux dont la naissance est la plus haute; et les miens, en lançant mon cheval de bataille, lui ont fait dépasser souvent plus d'un chef de naissance princière, alors que je chargeais l'ennemi au cri électrisant de « Este et victoire! » Je ne plaiderai pas la cause d'un coupable; je ne te demanderai pas de laisser moissonner au temps ce petit nombre d'heures et de jours que je pouvais avoir à vivre avant de devenir une cendre insensible; le délire de mon passé devait être court, il l'a été. Malgré le mépris attaché à ma naissance et à mon nom, et bien que ton aristocratique orgueil dédaignât d'honorer un être tel que moi, — cependant quelques-uns des traits de mon père se reconnaissent dans les miens et dans mon âme; — je suis toi tout entier. C'est de toi que je tiens — ce que j'ai au cœur d'indomptable; — de toi... — pourquoi te vois-je tressaillir? — de toi me sont venus dans toute leur vigueur mon bras fort, mon âme de feu; — j'ai reçu de toi, non seulement la vie, mais encore tout ce qui m'a fait tien. Vois l'ouvrage de ton coupable amour! Il t'a puni en te donnant un fils trop semblable à toi! Je n'ai rien de bâtard dans l'âme, car comme la tienne elle ne veut d'aucun joug; et pour ce qui est de ma vie, ce don passager que tu m'as fait, et que tu vas si tôt reprendre, je n'y attachais pas plus de prix que toi, alors que le casque armait ton front, et que côte à côte nous faisions sur les morts galoper nos coursiers; le passé n'est rien, — et l'avenir ne peut que reproduire le passé; et néanmoins je regrette de n'avoir pas alors vu terminer ma carrière; car, bien que tu aies causé la ruine de ma mère, que tu te sois approprié la fiancée qui m'était destinée, pourtant je sens que tu es encore mon père; et quelque dur que soit ton arrêt, il n'est pas injuste, même venant de toi. Engendré dans le crime, je meurs dans la honte; ma vie finit comme elle a commencé : le fils a failli comme a failli son père, et dans moi tu dois nous punir tous deux. Aux yeux des hommes ma faute semble la plus grande, mais entre nous Dieu jugera! »

XIV.

Il dit, — et, croisant ses bras, fit résonner les fers dont ils étaient chargés; et parmi tous les chefs qui étaient là rangés, pas un qui ne sentît ses oreilles blessées en entendant le cliquetis de ses lugubres chaînes; puis tous les regards se portèrent sur les funestes charmes de Parisina. Comment va-t-elle supporter son arrêt de mort? Elle était restée, comme je l'ai dit, paisible et pâle, cause vivante des malheurs d'Hugo; ses yeux immobiles, mais ouverts et hagards, ne s'étaient pas une seule fois tournés à droite ou à gauche; — pas une fois ses charmantes paupières ne s'étaient fermées, ou n'avaient voilé ses regards; mais, venant à se dilater, elles formaient comme un cercle blanc autour de ses prunelles d'azur. — Et là elle se tenait debout, le regard vitreux, comme s'il y eût eu de la glace dans son sang tourné; mais de temps à autre une grosse larme lentement amassée glissait de la longue frange noire de ses blanches paupières : c'était une chose non à entendre raconter, mais à voir! Et ceux qui la virent s'étonnèrent que des yeux humains laissassent tomber de telles larmes. Elle voulut parler, — la parole à moitié articulée s'arrêta dans son gosier et ne forma qu'un sourd gémissement où tout son cœur sembla s'exhaler. Ce bruit cessa, — elle essaya encore une fois de parler, et alors sa voix éclata dans un cri prolongé; puis elle tomba à terre comme un marbre ou comme une statue renversée de sa base, plus semblable à un objet n'ayant jamais eu vie, — à une image inanimée de l'épouse d'Azo, — qu'à la femme coupable et pleine de vie, poussée au crime par ses passions comme par autant d'aiguillons irrésistibles, mais ne pouvant supporter la révélation de ses fautes et le désespoir. Elle vivait encore, — et on la fit trop tôt revenir de cet évanouissement pareil à la mort. — Mais sa raison ne revint pas tout entière. Ses facultés avaient cédé à la tension trop forte de la douleur; et, de même qu'un arc détendu par la pluie ne décoche plus que des traits égarés, de même les fibres fragiles de son cerveau n'envoyaient plus que des pensées vagues et sans suite. — Pour elle il n'y avait plus de passé; — l'avenir était une nuit ténébreuse où elle entrevoyait à peine un sentier douloureux et sombre, comme un voyageur qui, égaré dans un désert par une nuit d'orage, marche à la lueur des éclairs. Elle craignait, — elle sentait que quelque chose de coupable pesait sur son cœur comme un poids glacé; — elle savait qu'il y avait là du crime, de la honte; que quelqu'un devait mourir, — mais qui? Elle l'avait oublié. — Était-elle vivante encore? étaient-ce bien la terre qu'elle foulait? le ciel, qu'elle voyait là-haut? des hommes qui l'entouraient? ou étaient-ce des démons, ces êtres qui la regardaient avec des yeux menaçants, elle qui ne voyait autrefois devant elle que des visages souriants et amis? Tout était confus et vague dans son esprit égaré et discordant; c'était un chaos d'espérances et de craintes insensées. Partagée entre le rire et les pleurs, poussant jusqu'au délire la douleur et la joie, elle était en proie à un rêve convulsif; car tel était le caractère du changement qui s'était fait en elle : oh! c'est vainement qu'elle tentera de se réveiller!

XV.

Les cloches du couvent, balancées dans la tour grisâtre, font entendre leur tintement lent et monotone, qui va retentir douloureusement dans les cœurs. Ecoutez! l'hymne résonne dans les airs. C'est le chant entonné pour les morts, ou pour les vivants qui le seront bientôt! Pour l'âme d'un homme qui va quitter ce monde, l'hymne de mort s'élève, la cloche funèbre sonne. Il touche au terme de sa vie mortelle; il est agenouillé aux pieds d'un moine; chose douloureuse à dire, — déchirante à voir : — il est agenouillé sur la pierre nue et froide; le billot est devant lui, les gardes l'environnent, — le bourreau est là prêt à frapper, — son bras est nu, afin que le coup soit prompt et sûr; il examine le tranchant de la hache qu'il a tout à l'heure aiguisée; et cependant tout autour la foule silencieuse forme un cercle pour voir mourir un fils par l'ordre de son père!

XVI.

C'est un délicieux moment encore que celui qui précède le coucher de ce soleil qui, par un ironique contraste, éclaire ce jour tragique de ses plus beaux rayons; ses feux du soir tombent à plein sur le tête condamnée d'Hugo, pendant qu'il fait au moine sa dernière confession, et qu'avec les sentiments d'une contrition sainte il écoute, humblement prosterné, l'absolution qui efface nos mortelles souillures. Le soleil éclaire cette tête inclinée, attentive, et ces cheveux châtains dont les boucles retombent sur son cou nu; mais ses rayons surtout, reflétés sur la hache qui brille auprès de lui, la font reluire d'un vif et funèbre éclat. — Oh! elle est amère cette heure suprême! Les plus insensibles ont éprouvé un frisson de terreur : le crime est odieux, l'arrêt est juste, et pourtant ce spectacle fait frémir !

XVII.

Elles sont achevées les dernières prières de ce fils déloyal, — de cet amant audacieux : son rosaire est dit, sa confession faite, son dernier moment est venu ; — déjà on l'a dépouillé de son manteau ; on va maintenant couper sa brune chevelure ; c'est fait, elle est tombée sous les ciseaux. — Le vêtement qu'il portait, — l'écharpe que Parisina lui avait donnée, — ne doivent pas l'accompagner dans la tombe. On les lui fait quitter, et un mouchoir va lui bander les yeux ; mais non, — sa fierté repousse cette dernière humiliation. Ses sentiments, jusque-là comprimés, se font jour à demi dans l'explosion d'un dédain profond, au moment où la main du bourreau s'avance pour couvrir ces yeux qui n'en ont pas besoin, et qui sauront regarder la mort en face. « Non, — ma vie, mon sang, sont à vous, mes mains sont enchaînées, — mais qu'on me laisse mourir les yeux libres ! — frappe ! » — Ce disant, il mit sa tête sur le billot ; ce fut là sa dernière parole : « Frappe ! » Et la hache brillante s'abattit, — et sa tête roula, — et son corps sanglant et palpitant alla retomber sur la poussière, qui but la pluie de sang échappée à flots de ses veines. Ses yeux et ses lèvres s'agitèrent dans une convulsion rapide, — puis restèrent pour toujours immobiles. Il mourut comme doit mourir l'homme qui a failli, sans ostentation, sans orgueil ; il avait fléchi les genoux et prié ; il n'avait point dédaigné l'assistance d'un prêtre, ni désespéré de la bonté divine. Et pendant qu'il était agenouillé devant le prieur, son cœur était pur de tout sentiment terrestre. Son père courroucé, — son amante, qu'étaient-ils pour lui dans ce moment ? Plus de reproche, — plus de désespoir, — plus de pensée que pour le ciel, — plus de paroles que pour la prière, — sauf le peu de mots qui lui échappèrent quand, présentant sa tête à la hache du bourreau, il demanda à mourir les yeux non voilés, seuls adieux qu'il laissa aux témoins de son supplice.

XVIII.

Silencieux comme les lèvres que venait de fermer la mort, tous les spectateurs retinrent leur souffle ; mais un frisson électrique parcourut la foule quand descendit la hache meurtrière sur celui dont la vie et l'amour se terminaient ainsi ; chacun refoula dans son cœur un soupir imparfaitement étouffé ; mais nul autre bruit saisissant ne s'entendit que celui de la hache résonnant avec un son lugubre sur le billot ; nul autre, un seul excepté : — quel est ce cri déchirant qui fend l'air, ce cri de démence et d'horreur, pareil à celui d'une mère à qui son enfant est ravi par un coup mortel et soudain ? Ces accents montent vers le ciel, comme ceux d'une âme en proie à d'éternels tourments. C'est d'une des fenêtres du palais d'Azo qu'est partie cette voix horrible ; et tous les regards se sont portés dans cette direction ; mais on ne voit ni n'entend plus rien ! C'était le cri d'une femme, et jamais le désespoir n'en poussa de plus effrayant ; et ceux qui l'entendirent souhaitèrent pour elle que ce fût le dernier.

XIX.

Hugo n'est plus ; et depuis ce jour Parisina n'a reparu ni dans le palais ni dans les jardins ; son nom, comme si elle n'eût jamais existé, — fut banni de toutes les bouches, pareil à ces mots que s'interdisent la décence ou la crainte ; jamais on n'entendit le prince Azo parler de son épouse ou de son fils ; nul tombeau ne consacra leur mémoire ; on ne les inhuma point en terre sainte, du moins le chevalier qui mourut ce jour-là. Mais le destin de Parisina est resté caché, comme la poussière des morts sous les planches du cercueil. Vécut-elle dans un couvent ? y acheta-t-elle péniblement le pardon du ciel par des années de pénitence et de remords, par les austérités, le jeûne, et les nuits sans sommeil ? mourut-elle par le poison ou par le poignard en punition de son audacieux et criminel amour ? ou bien, succombant à de moins longues tortures, le coup qui trancha la vie d'Hugo mit-il aussi fin à la sienne, et la pitié du ciel permit-elle que le brisement subit de son cœur mît un terme à ses tourments? Nul ne le sait et nul ne le saura jamais. Mais quelle qu'ait été sa fin ici-bas, sa vie avait commencé et se termina dans la douleur!

XX.

Et Azo trouva une autre épouse, et d'autres fils grandirent à ses côtés, mais nul aussi beau et aussi vaillant que celui qui se consumait dans la tombe; ou s'ils le furent, il n'accorda à leurs mérites que des regards distraits, ou ne les vit qu'avec un soupir étouffé. Mais jamais une larme ne sillonna sa joue, jamais un sourire ne dérida son front; et sur ce front majestueux se gravèrent les rides de la pensée, ces sillons que creuse avant le temps le soc brûlant de la douleur, ces cicatrices de l'âme mutilée que laisse après elle la guerre dont elle est le théâtre. Il n'y avait plus pour lui de joie ou de douleur; il ne lui restait ici-bas que des nuits sans sommeil, des jours qui lui pesaient, une âme morte au blâme ou à la louange, un cœur se fuyant lui-même, — ne voulant point fléchir, — ne pouvant oublier, et livré aux pensées, — aux émotions les plus intenses, au moment même où il semblait le plus calme. La glace la plus épaisse ne durcit l'onde qu'à sa surface; — au-dessous l'eau vive continue à couler, et coulera toujours. C'est ainsi que son cœur, sous sa couche de glace, continuait à être assailli par ces pensées que la nature y enracina trop profondément pour que nous puissions les bannir en même temps que nos larmes. Lorsque, faisant effort sur nous-mêmes, nous arrêtons au passage ces eaux que le cœur épanche, nous ne les tarissons pas pour cela; — ces larmes refoulées retournent à leur source; là, dans un cristal plus limpide, dans un lit plus profond, elles demeurent invisibles, inépanchées, mais vives, et jamais plus abondantes que lorsqu'elles se révèlent le moins. Agité intérieurement par d'involontaires retours de tendresse pour ceux qu'il avait fait mourir, impuissant à combler le vide qui faisait son tourment; sans l'espoir de les retrouver aux célestes demeures où se réunissent les âmes des justes; avec la conscience qu'il n'avait prononcé qu'une condamnation méritée, qu'eux-mêmes avaient été les instruments de leur malheur, la vieillesse d'Azo n'en fut pas moins misérable. Quand des branches sont gâtées, si une main habile les émonde, l'arbre acquiert une vigueur nouvelle et reverdit avec orgueil; mais si la foudre dans sa colère sillonne et brûle les rameaux, le reste du tronc se dessèche et ne produit plus une seule feuille.

NOTES.

1 Voici les faits historiques tels qu'ils sont rapportés par Frizzi dans son *Histoire de Ferrare*:

« Ce fut une année malheureuse pour le peuple de Ferrare, car un événement tragique ensanglanta la cour du souverain. Nos annales, soit imprimées, soit manuscrites, à l'exception de l'ouvrage grossier et incorrect de Sardi et d'un autre, nous ont conservé les détails de cette tragédie. J'ai supprimé plusieurs circonstances, surtout dans le récit de Bandelli, qui écrivait un siècle plus tard, et qui ne s'accorde pas avec les écrivains contemporains.

« Le marquis, dans l'an 1405, avait eu de Stella dell' Assassino un fils nommé Ugo, beau et héroïque jeune homme. Parisina Malatesta, seconde femme de Nicolo, traitait cet enfant, comme font ordinairement les marâtres, avec peu d'égards, au grand regret du marquis, qui le chérissait d'une façon toute particulière. Un jour, elle demanda à son époux la permission de faire un voyage. Le marquis y consentit, à la condition que Hugo l'accompagnerait. Il espérait, par tous ces moyens, parvenir à faire cesser l'aversion qu'elle avait conçue pour celui-ci. Son but, hélas! ne fut que trop fidèlement atteint, puisque, pendant ce voyage, non seulement elle cessa de le haïr, mais en devint passionnément amoureuse. Après son retour, le marquis n'eut plus d'occasion de renouveler ses anciens reproches. Il arriva qu'un jour un domestique du marquis, nommé Zoese, d'autres disent Giorgio, passant devant l'appartement de Parisina, en vit sortir une de ses femmes tout épouvantée et fondant en larmes. Lui en ayant demandé le motif, celle-ci répondit que sa maîtresse l'avait battue pour une faute légère; et, donnant carrière à son ressentiment, elle ajouta qu'il lui serait facile de s'en venger en dévoilant la liaison criminelle qui existait entre Parisina et son beau-fils. Le serviteur prit acte de cette déclaration, et rapporta le tout à son maître. Celui-ci refusa de croire à cette horrible nouvelle; mais, hélas! il ne se convainquit que trop de sa réalité en regardant lui-même, le 18 mai, par une ouverture qu'il avait fait pratiquer dans le plafond de la chambre de sa femme. Il entra aussitôt dans une grande fureur, et donna l'ordre de les arrêter, ainsi que Aldobrandino Rangoni de Modène et deux suivantes, comme coupables d'avoir favorisé cette liaison incestueuse.

« Il ordonna qu'on les fit paraître sur-le-champ devant un tribunal, et les juges durent prononcer leur sentence selon les formes ordinaires de la loi : c'était la peine de mort. Quelques personnes intercédèrent en faveur des coupables, entre autres Ugoccion Contrario, qui avait beaucoup d'influence sur l'esprit de Nicolo, et aussi son vieux serviteur Alberto dal Sale. Tous les deux, baignés de larmes et embrassant ses genoux, implorèrent sa pitié, donnant toutes les raisons qu'ils pouvaient inventer pour excuser les coupables, faisant valoir toutes les considérations qui devaient l'engager à déguiser au public ces détails scandaleux; mais sa colère le rendit inflexible, et il donna l'ordre que la sentence fût mise à exécution.

« Dans la nuit du 21 mai, Hugo, et après lui Parisina, furent décapités dans la prison même, et dans cet effroyable cachot que l'on voit aujourd'hui au-dessous de la chambre Aurora, au pied de la tour du Lion, à l'extrémité de la rue Giovecca. Zoese, celui qui l'avait dénoncée, accompagna Parisina en lui donnant le bras, jusqu'au lieu de l'exécution. Elle crut, pendant tout le chemin, qu'elle allait être précipitée dans une basse-fosse, et demandait à chaque pas si elle approchait. On lui répondit qu'elle devait périr par la hache. Elle s'informa de ce qu'était devenu Hugo, et, ayant appris qu'il était mort, elle s'écria en soupirant amèrement : — « Désormais je ne tiens plus à la vie ! » Lorsqu'elle fut près du billot, elle se dépouilla elle-même de ses ornements, et, s'enveloppant la tête d'un voile, elle la tendit au coup fatal qui termina cette lugubre scène. Rangoni subit ensuite le même sort. Ils furent enterrés tous trois, comme on le voit par le registre de la bibliothèque de Saint-François, dans le cimetière de ce couvent. On ne sait rien du sort des femmes.

« Le marquis passa éveillé toute cette nuit horrible en se promenant à grands pas dans sa chambre. Il s'informa auprès du capitaine si Hugo était mort. Celui-ci lui ayant répondu que oui, il s'abandonna à toute sa douleur, s'écriant avec beaucoup de gémissements : — « Oh ! que ne suis-je mort, puisque j'ai été forcé à condamner ainsi mon fils Hugo ! » Et, se mettant à ronger avec ses dents une canne qu'il tenait à la main, il passa le reste de la nuit à gémir et à pleurer, appelant à plusieurs reprises son cher Hugo. Le lendemain, il réfléchit qu'il lui fallait justifier sa conduite, puisqu'elle ne pouvait rester secrète. Il ordonna qu'on en rédigeât le procès-verbal, et l'envoya à toutes les cours d'Italie.

« En recevant cette nouvelle, le doge de Venise, Francesco Foscari, donna l'ordre, sans publier ses motifs, de suspendre les préparatifs d'un tournoi qui, sous les auspices du marquis et aux frais de la ville de Padoue, devait se donner sur la place Saint-Marc pour célébrer son avènement à la dignité de doge.

« Non content de cette double exécution, le marquis, poussé par un inconcevable besoin de vengeance, ordonna en outre que plusieurs femmes mariées, bien connues pour tenir la même conduite que Parisina, fussent comme elle décapitées; entre autres Barberina, ou, comme quelques-uns l'appellent, Laodomia Romei, femme du principal juge, subit sa sentence dans le lieu ordinaire des exécutions, ou autrement dans le quartier Saint-Jacques, devant la forteresse actuelle au-delà de Saint-Paul. On ne peut dire combien étrange parut cette conduite dans un prince qui avait des motifs pour être, sur ce chapitre, plus indulgent que les autres. Quelques-uns cependant l'approuvèrent. »

Cette citation de Frizzi a été traduite par lord Byron, et ajoutée à la première édition de *Parisina*.

MONODIE

SUR LA MORT DE R. B. SHÉRIDAN,

PRONONCÉE AU THÉATRE DE DRURY-LANE.

Un soir d'été, quand le dernier rayon du jour expirant s'efface parmi les pleurs du crépuscule, qui n'a pas senti le charme de cette heure suave descendre sur son cœur comme la rosée sur la fleur? Plein d'un sentiment pur qui absorbe et saisit l'âme, à cette pause mélancolique de la nature, à ce moment où elle reprend haleine, pont sublime jeté par le Temps entre la lumière et les ténèbres, qui n'a pas éprouvé ce calme profond et solennel, cette pensée muette à qui il faut pour s'épancher, non des paroles, mais des larmes, cette harmonie sainte, — ce regret, cette sympathie glorieuse pour les soleils qui disparaissent? Ce n'est pas une douleur poignante, c'est une douce tristesse qui n'a pas de nom, chère aux âmes tendres, distinctement sentie, — mais sans amertume; mélancolie suave, larme transparente, où n'entre aucune souffrance mondaine, aucun sentiment d'égoïsme; larme versée sans honte, — et secrète sans douleur!

Pareil à l'émotion que nous inspire cette heure où la lumière du jour décroît le long des collines, est le sentiment qui pénètre notre cœur et nos yeux quand meurt tout ce qui, dans le Génie, peut mourir. Une haute intelligence s'est éclipsée; — une puissance a passé du jour aux ténèbres, — ne laissant après elle aucune lumière égale à la sienne, aucun nom rival de son nom, ce foyer où venaient converger tous les rayons de la gloire! l'éclair de l'esprit, — la lumière de l'intelligence, — la flamme de la poésie, — l'éclat de l'éloquence, ont disparu avec leur soleil; — mais il nous reste les créations durables d'un esprit immortel; fruits d'un matin brillant, d'un midi glorieux; portion impérissable de celui qui est mort trop tôt; mais ce n'est là qu'une petite partie d'un tout admirable; lumineux segments du cercle de cette âme qui embrassait tout, — éclairait tout de ses rayons, sachant tour à tour égayer, — émouvoir, — plaire, — ou frapper de terreur. Dans les conseils de la nation, ou à la table des festins, il savait à son gré remuer les sentiments des hommes; les voix les plus hautes l'applaudissaient à l'envi, et les plus superbes renommées se faisaient une gloire de le louer. Quand s'éleva la clameur de l'Indostan opprimé [2], en appelant au ciel de la tyrannie de l'homme, il fut le tonnerre, — la verge vengeresse, le châtiment, — la voix déléguée de Dieu, cette voix qui, parlant par sa bouche, ébranla les nations, et arracha, à force de splendeur, l'hommage involontaire des sénats vaincus et tremblants.

C'est ici qu'à nos yeux charmés apparaissent dans toute leur jeunesse et leur fraîcheur les gaies créations de sa muse, le dialogue incomparable, — l'impérissable saillie dont la source ne tarissait jamais, les portraits animés, beaux de ressemblance, et portant à nos cœurs la vérité qui les inspira : ces êtres merveilleux de son imagination, qu'anima le souffle de sa pensée, vous pouvez encore les voir ici, dans leur premier séjour brillants du feu divin de ce nouveau Prométhée, auréole de la lumière des anciens jours, ils attestent encore la splendeur de l'astre paternel.

Mais s'il est des hommes à qui les erreurs fatales où tombe la sagesse donnent une lâche joie, des hommes qui triomphent quand des âmes d'une trempe céleste sont en dissonnance avec leur harmonie native, qu'ils s'arrêtent : — ah! ils ignorent que ce qui leur paraît vice n'est peut-être que du malheur [3]. Il est dur le destin de celui sur qui le regard public est sans cesse fixé, pour lui décerner l'éloge ou le blâme; point de repos à son nom; et puis le martyre de la gloire plaît à la sottise. L'ennemi secret, dont l'œil toujours ouvert vous surveille, — tout à la fois accusateur, — juge, — espion; les concurrents hostiles, — les sots, — les jaloux, — les vaniteux, — les envieux qui vivent des douleurs d'autrui, — voilà la meute ardente à tout ravaler, qui traque la

Gloire jusqu'au tombeau, épie toutes les fautes que le Génie audacieux doit en partie à son ardeur innée, dénature la vérité, et, entassant mensonge sur mensonge, élève peu à peu une pyramide de calomnie! c'est là le partage réservé au talent. Mais si à ces maux se joignent la pauvreté hâve et l'incurable maladie, si le Génie est réduit à descendre de ses hautes régions pour guerroyer contre la misère qui assiége sa porte [4], pour apaiser l'exigence insolente, pour faire face à la rage sordide, — lutter contre le déshonneur, et ne trouver dans l'espérance qu'un renouvellement de caresses déloyales, que les nœuds dont le serpent de la perfidie vous enlace; si de tels maux viennent assaillir l'homme, faut-il s'étonner que le plus fort succombe? Les poitrines qui ont le don de sentir avec énergie renferment des cœurs électriques; — chargés du feu céleste, noircis par de rudes collisions, déchirés au-dedans, entourés de nuages, l'aile des ouragans les emporte au sein d'une atmosphère pesante, où la pensée, devenue foudre, s'allume, éclate et gronde.

Mais si ces choses ont existé, c'est loin de notre scène comique; une tâche plus douce nous est dévolue : celle de rendre à la Gloire l'hommage qui lui est dû, de pleurer le flambeau qui vient de s'éteindre, et d'apporter l'obole de nos louanges en payement des plaisirs que nous lui devons depuis si longtemps. Vous, orateurs qui siégez encore dans nos conseils, pleurez l'héroïque vétéran de vos combats! le digne rival de la merveilleuse constellation des *trois* [5]! celui dont les paroles étaient des étincelles d'immortalité! Et vous, poëtes, à qui la muse du drame est chère, il fut votre maître, soyez *ici* ses émules! Hommes à la parole spirituelle, à la conversation éloquente [6], il fut votre frère, — c'est à vous de porter ses cendres! Tant qu'une intelligence presque illimitée, complète autant que diverse [7], tant que l'éloquence, — l'esprit, — la poésie — et la gaieté, cette aimable consolatrice des terrestres soucis, auront des droits sur notre âme, — tant que nous serons fiers de reconnaître la noble prééminence du talent, — nous chercherons longtemps en vain son égal, et, contemplant avec douleur tout ce qui nous reste de lui, nous gémirons que la nature n'ait formé qu'un tel homme, et ait brisé le moule — où fut jeté Shéridan.

NOTES.

1 Shéridan mourut le 7 juillet 1816, et cette monodie fut écrite à Diodati le 17 du même mois, à la requête de Douglas Kinnaird. — « J'ai fait aussi bien que j'ai pu, dit lord Byron ; mais, lorsque je n'ai pas choisi moi-même mon sujet, je me dégage de toute responsabilité. » Une épreuve du poëme avec ces mots : *A la requête d'un ami,* lui étant tombée entre les mains : — « Je vous prie, écrit-il, d'effacer cela, ou sinon d'ajouter : *Par un homme de qualité,* ou *un homme d'esprit.* »

2 Voyez les éloges que Pitt, Fox, Burke, prodiguèrent au discours de Shéridan contre Hastings dans la chambre des communes. Pitt pria la chambre de s'ajourner, afin d'examiner la question plus froidement, et de ne point juger sous le coup de cet enchantement.

3 Une seule fois je vis Shéridan pleurer : c'était pendant un splendide dîner où j'avais l'honneur d'être assis à ses côtés. Une observation que l'on fit devant lui sur la bêtise des whigs, qui refusaient des places pour garder leurs principes, lui fit venir les larmes aux yeux. — « Monsieur, il est facile à lord G., au comte G., au marquis B., à lord H., qui depuis des milliers d'années possèdent, soit d'aujourd'hui, soit par héritage, quelques grosses sinécures, de parler de leur patriotisme et de se préserver de la tentation ; mais connaissent-ils quelle force il a fallu pour résister à ceux qui, avec tout autant d'orgueil, autant de talent au moins et plus de passions, n'ont jamais su, pendant tout le cours de leur vie, ce que c'était que d'avoir un schelling dans sa poche ? » Et en prononçant ces mots il pleura. Je l'ai souvent entendu répéter qu'il n'avait jamais eu un schelling à lui. Aussi était-il obligé de faire de nombreux emprunts. En 1815, je le rencontrai chez mon homme d'affaires. Après nous être serré la main, il sortit. Avant de m'occuper de mes propres affaires, je ne pus m'empêcher d'interroger cet homme sur celles de Shéridan. — « Oh ! répliqua l'attorney, c'est toujours pour la même chose, pour empêcher une saisie. — Et qu'allez-vous faire ? lui dis-je. — Rien, quant à présent. Qui est-ce qui voudrait poursuivre le vieux Sherry ? à quoi cela avancerait-il ? » Et il se mit à rire et à raconter les bons mots de Shéridan. Tel était Shéridan : il pouvait attendrir jusqu'à un attorney ! Depuis Orphée, on n'avait rien vu de pareil. *B.* 1821.

4 Ceci est un fait. Quelques jours avant sa mort, Shéridan écrivit à M. Rogers : — « Je suis absolument sans argent et plongé dans l'affliction... Ils vont briser mes fenêtres, pénétrer dans la chambre de miss Shéridan et m'enlever. Cent cinquante livres me sauveraient... Pour l'amour de Dieu, venez me voir. » M. Moore alla sur-le-champ porter la somme de-

mandée. Ce billet est du 13 mai. Le 14 juillet, les restes de Shéridan furent déposés dans Westminster. Le drap mortuaire fut tenu par le duc de Bedfort, le comte de Lauderdale, le comte Mulgrave, le lord-évêque de Londres, lord Holland et le comte Spencer.

⁵ Fox, Pitt, Burke. « Lorsqu'on demandait à Fox quel était le meilleur discours qu'il eût entendu, il répondait : « Celui de Shéridan sur le procès d'Hastings, dans la chambre des communes. » Lorsqu'il le prononça, Fox lui conseilla de le répéter ; mais Shéridan s'appliqua à ce que son second discours fût aussi différent que possible du premier ; il n'atteignit pas la même hauteur, malgré les éloges de Burke qui s'écriait par intervalle : « Voilà le véritable style, quelque chose entre la poésie et la prose, et mieux que l'une et l'autre ! » *B.* 1821.

⁶ J'ai souvent rencontré Shéridan dans le monde : il était éblouissant. Je l'ai vu écraser Whitbread, embarrasser Mme de Staël, réduire Colman au silence et surpasser sans peine des hommes d'une haute capacité. Je l'ai rencontré dans White-Hall avec les Melbourne, chez le marquis de Tavistock, chez Robins l'huissier-priseur, chez sir Humphry Davis, chez Rogers ; en un mot, dans les cercles les plus élevés et les plus spirituels ; et il se montrait partout également bon convive et homme aimable. » *B.* 1821.

⁷ « Lord Holland m'a raconté un trait curieux de la sensibilité de Shéridan. Une nuit que nous émettions nos différents avis sur les hommes marquants de l'époque, je dis : — « Tout ce que Shéridan a fait est un chef-d'œuvre dans son genre. Il a écrit la meilleure comédie (*l'École de la Médisance*), le meilleur opéra (bien supérieur, selon moi, à cette pasquinade de Gilles, l'opéra du *Mendiant*), la meilleure farce (*le Critique* : la seule chose qu'on puisse dire, c'est que c'est trop bon pour une farce) ; enfin, pour terminer dignement, il a prononcé le plus beau discours qu'on ait jamais entendu dans le parlement. » Quelqu'un rapporta cette conversation à Shéridan qui fondit en larmes. Pauvre Brinsley ! si c'étaient des larmes de joie, j'aime mieux avoir dit ces quelques paroles véridiques, qu'avoir fait l'*Iliade* ou prononcé sa fameuse philippique. Je n'ai jamais éprouvé autant de plaisir qu'en apprenant que mes éloges lui avaient causé un moment de satisfaction. » *B.* 17 *décembre* 1821.

LE
PRISONNIER DE CHILLON.

AVERTISSEMENT.

Lorsque ce poëme fut écrit, je ne connaissais pas suffisamment l'histoire de Bonnivard, autrement j'aurais cherché à agrandir mon sujet en parlant de son courage et de ses vertus ; je dois les renseignements suivants à la bonté d'un citoyen de la république de Genève, qui s'honore de cet homme digne des meilleurs temps de l'antique liberté.

« François de Bonnivard, fils de Louis de Bonnivard, originaire de Seyssel et seigneur de Lunes, naquit en 1496. Il fit ses études à Turin. En 1510, Jean-Aimé de Bonnivard, son oncle, lui résigna le prieuré de Saint-Victor, qui aboutissait aux murs de Genève et qui formait un bénéfice considérable.

« Ce grand homme (Bonnivard mérite ce titre par la force de son âme, la droiture de son cœur, la noblesse de ses intentions, la sagesse de ses conseils, le courage de ses démarches, l'étendue de ses connaissances et la vivacité de son esprit),— ce grand homme, qui excitera l'admiration de tous ceux qu'une vertu héroïque peut encore émouvoir, inspirera encore la plus vive reconnaissance dans les cœurs des Genevois qui aiment Genève. Bonnivard en fut toujours un des plus fermes appuis : pour assurer la liberté de notre république il ne craignit pas de perdre souvent la sienne ; il oublia son repos, il oublia ses richesses, il ne négligea rien pour affermir le bonheur d'une patrie qu'il honora de son choix. Dès ce moment il la chérit comme le plus zélé de ses citoyens ; il la servit avec l'intrépidité d'un héros, et il écrivit son histoire avec la naïveté d'un philosophe et la chaleur d'un patriote.

« Il dit, dans le commencement de son *Histoire de Genève*, que, *dès qu'il eut commencé à lire l'histoire des nations, il se sentit entraîné par son goût pour les républiques, dont il épousa toujours les intérêts*. C'est ce goût pour la liberté qui lui fit sans doute adopter Genève pour sa patrie.

« Bonnivard, encore jeune, s'annonça hautement comme le défenseur de Genève contre le duc de Savoie et l'évêque.

« En 1519, Bonnivard devint le martyr de sa patrie. Le duc de Savoie étant entré dans Genève avec cinq cents hommes, Bonnivard craignit le ressentiment du duc ; il voulut se retirer à Fribourg pour en éviter les suites ; mais il fut trahi par deux hommes qui l'accompagnaient, et conduit par ordre du prince à Grolée, où il resta prisonnier pendant deux ans. Bonnivard était malheureux dans ses voyages ; comme ses malheurs n'avaient point ralenti son zèle pour Genève, il était toujours un ennemi redoutable pour ceux qui la menaçaient, et par conséquent il devait être exposé à leurs coups. Il fut rencontré en 1530 sur le Jura par des voleurs, qui le dépouillèrent et qui le mirent encore entre les mains du duc de Savoie. Ce prince le fit enfermer dans le château de Chillon, où il resta sans être interrogé jusqu'en 1536 ; il fut alors délivré par les Bernois, qui s'emparèrent du pays de Vaud.

« Bonnivard, en sortant de sa captivité, eut le plaisir de trouver Genève libre et réformée. La république s'empressa de lui en témoigner sa reconnaissance et de le dédommager des maux qu'il avait soufferts ; elle le reçut bourgeois de la ville au mois de juin 1536 ; elle lui donna la maison habitée autrefois par le vicaire-général, et elle lui assigna une pension de deux cents écus d'or tant qu'il séjournerait à Genève. Il fut admis dans le conseil des deux-cents en 1537.

« Bonnivard n'avait pas fini d'être utile : après avoir travaillé à rendre Genève libre, il réussit à la rendre tolérante. Bonnivard engagea le conseil à accorder aux ecclésiastiques et aux paysans un temps suffisant pour examiner les propositions qu'on leur faisait. Il réussit par sa douceur : on prêche toujours le christianisme avec succès quand on le prêche avec charité.

« Bonnivard fut savant : ses manuscrits, qui sont dans la bibliothèque publique, prouvent qu'il avait bien lu les auteurs classiques latins et qu'il avait approfondi la théologie et l'histoire. Ce grand homme aimait les sciences et il croyait qu'elles pouvaient faire la gloire de Genève : aussi il ne négligea rien pour les fixer dans cette ville naissante. En 1551 il donna sa bibliothèque au public : elle fut le commencement de notre bibliothèque publique, et ses livres sont en partie les rares et belles éditions du quinzième siècle qu'on voit dans notre collection. Enfin, pendant la même année, ce bon patriote institua la république son héritière, à condition qu'elle emploierait ses biens à entretenir le collége dont on projetait la fondation.

« Il paraît que Bonnivard mourut en 1570, mais on ne peut l'assurer, parce qu'il y a une lacune dans le Nécrologe depuis le mois de juillet 1570 jusqu'en 1571.

SONNET SUR CHILLON.

Souffle éternel de l'âme indépendante, ô Liberté! tu n'es jamais plus brillante que dans les cachots; car là c'est dans le cœur que tu habites, — le cœur que nul autre amour que le tien ne peut captiver; et lorsque tes fils sont consignés aux fers, — et à la ténébreuse horreur d'un humide caveau, leur martyre fonde la victoire de leur patrie, et la gloire de l'indépendance vole sur les ailes de tous les vents. Chillon! ta prison est un lieu saint, et ton triste pavé un autel; — car il a été foulé par Bonnivard, et ses pas y ont laissé leur empreinte comme dans un champ! — ces traces, qu'on se garde de les effacer! elles en appellent de la Tyrannie à Dieu.

LE PRISONNIER DE CHILLON[1].

I.

Mes cheveux sont blancs[2], mais ce n'est pas l'œuvre des années; ils n'ont pas non plus blanchi en une seule nuit, comme cela est arrivé à d'autres à la suite de frayeurs soudaines. Ce n'est pas la fatigue qui a courbé mes membres : ils se sont rouillés dans un vil repos, car ils ont été la proie d'un cachot; et j'ai eu le sort de ceux à qui on a interdit, comme un fruit défendu, la jouissance de la terre et de l'air; mais ce fut pour la religion de mon père que j'endurai la captivité, que je recherchai la mort. Mon père est mort sur le chevalet, martyr de sa fidélité à sa croyance; et pour la même cause, ses enfants ont habité une prison ténébreuse. De sept que nous étions — nous ne sommes plus qu'un; six jeunes hommes et un vieillard ont fini comme ils avaient commencé, fiers de la rage de la persécution; l'un de mes frères sur le bûcher, et deux sur le champ de bataille, ont scellé leur croyance de leur sang, et sont morts comme leur père, pour le Dieu renié par leurs ennemis; — trois ont été jetés dans un cachot, et c'est moi qui en suis le dernier débris.

II.

Il y a sept piliers de structure gothique dans les cachots profonds et antiques de Chillon; il y a sept colonnes massives et grisâtres, qu'éclaire obscurément une lueur triste et captive, un rayon de soleil égaré et comme perdu à travers les crevasses de l'épaisse muraille, rampant sur l'humide pavé comme le météore qu'un marais exhale; et à chaque pilier il y a un anneau, et à chaque anneau une chaîne; ce fer est un métal corrodant, car sur mes membres ses dents imprimées ont laissé des marques qui ne s'effaceront plus jusqu'à ce que j'aie pour jamais quitté ce jour nouveau pour moi, et que ne peuvent supporter sans douleur mes yeux, qui n'ont point vu se lever ainsi le soleil pendant bien des années, — je n'en puis dire le nombre, j'ai cessé d'en faire le long et pénible compte le jour où le dernier de mes frères succomba et mourut, et où, vivant encore, je demeurai gisant à ses côtés.

III.

Chacun de nous fut enchaîné à un des piliers, et nous étions trois, — et pourtant chacun de nous était seul; nous ne pouvions bouger d'un seul pas, nous n'apercevions les traits l'un de l'autre qu'à la clarté pâle et livide qui nous rendait méconnaissables à nous-mêmes : ainsi réunis,—et pourtant séparés, les fers aux mains, la tristesse au cœur, c'était une douceur encore, dans cette privation des éléments purs de la terre, de pouvoir converser, de nous consoler mutuellement, de nous faire part de nos espérances, de nous faire des récits d'autrefois, d'entonner des chants héroïques et courageux; mais ces chants mêmes se refroidirent; nos voix, autrefois pleines et sonores, prirent un son lugubre et discordant; on eût dit l'écho des murs de la prison; peut-être était-ce une illusion, — mais elles me semblaient avoir perdu leur accent accoutumé.

IV.

J'étais l'aîné des trois, c'était à moi à soutenir le courage des autres et à les consoler; — je fis de mon mieux et les autres aussi. Le plus jeune, que mon père aimait parce qu'il avait les traits de notre mère, — avec ses yeux bleus comme l'azur du ciel, c'est pour lui surtout que j'étais douloureusement ému; et comment ne pas l'être en voyant pareil oiseau dans un tel nid? car il était beau comme le jour, — (quand le jour était beau pour moi comme pour les aiglons, alors que j'étais libre), — beau comme un jour polaire, cet enfant du soleil au vêtement de neige, dont la durée embrasse la longue clarté d'un été sans sommeil; il en avait la pureté et l'éclat. Doué d'une gaieté aimable, il n'avait de larmes que pour les malheurs d'autrui, et alors elles coulaient abondantes comme les ruisseaux qui sillonnent le flanc des montagnes, à moins qu'il ne pût soulager les maux dont il ne pouvait supporter la vue.

v.

L'autre avait une âme aussi pure; mais la nature l'avait formé pour combattre contre son espèce; robuste de corps, son intrépidité eût bravé le monde entier armé contre lui; il était fait pour mourir avec joie en combattant au premier rang, — mais non pour languir dans les chaînes. Le bruit de ses fers abattit son courage, je le vis s'affaisser en silence. — Peut-être en fut-il de même de moi; mais je me fis effort pour ranimer ces restes d'une famille si chère. C'était un chasseur des montagnes, il y avait poursuivi le daim et le loup; pour lui ce cachot était un gouffre, et des pieds captifs le pire de tous les maux.

vi.

Au pied des murs de Chillon, le lac Léman étend ses vastes ondes à une profondeur de mille pieds; c'est du moins ce qu'a mesuré la sonde, du haut des blancs créneaux que les flots environnent[3]; vagues et murailles forment autour de ce lieu un double rempart, et en font comme une tombe vivante. Le caveau sombre où nous étions est situé au-dessous de la surface du lac; chaque jour nous entendions les clapotements de l'onde résonner au-dessus de nos têtes, et il m'est arrivé, quand un vent impétueux se jouait dans le ciel, heureux et libre, de sentir son écume pénétrer à travers les barreaux; et alors le roc lui-même s'ébranlait, et moi je n'en étais point ému, car j'aurais vu venir en souriant la mort, qui m'eût affranchi de mes fers.

VII.

J'ai dit que le moins jeune de mes frères était plongé dans l'accablement; j'ai dit que son cœur puissant languissait abattu; il refusait toute nourriture, non parce qu'elle était rude et grossière, car nous étions habitués au régime des chasseurs, et c'était là le moindre de nos soucis; au lait de la chèvre des montagnes on avait substitué l'eau des fossés; notre pain était celui qu'ont trempé les larmes des captifs depuis des milliers d'années, depuis le jour où pour la première fois l'homme condamna son semblable à vivre comme une brute dans une cage de fer. Mais qu'était cela pour lui et pour nous? Il n'y avait pas là de quoi affaiblir son courage ou son corps; l'âme de mon frère était de celles qu'eût glacées le séjour même d'un palais, sans la faculté de parcourir les flancs escarpés de la montagne et d'y respirer un air libre. Mais pourquoi différer encore la vérité? — Il mourut. Je le vis, et je ne pus soutenir sa tête ni atteindre jusqu'à sa main mourante, — pas même quand la mort l'eut glacée, malgré les inutiles efforts que je fis pour briser ou ronger mes fers. Il mourut,—et ils détachèrent sa chaîne et creusèrent pour lui une étroite fosse dans le sol humide de notre prison. Je les suppliai en grâce de l'inhumer dans un endroit éclairé par le jour; — c'était une pensée folle, mais je me figurais que même après sa mort ce cœur d'homme libre ne pouvait reposer dans un semblable cachot. J'aurais pu m'épargner cette inutile demande; — ils ne firent qu'en rire froidement, — et l'enterrèrent là : une terre aplatie et sans gazon recouvrit celui qui nous était si cher; au-dessus resta suspendue sa chaîne vide, digne monument d'un pareil homicide!

VIII.

Mais lui, le favori, la fleur de notre maison, le plus aimé de tous depuis sa naissance, l'image de sa mère par sa beauté, l'enfant chéri de la famille, l'objet de la suprême pensée d'un père martyr et de ma dernière sollicitude, celui pour qui je ménageais ma vie, afin qu'il fût moins malheureux maintenant et libre un jour; lui aussi qui jusque-là avait conservé une gaieté naturelle ou inspirée, lui aussi fut atteint, et je vis de jour en jour cette jeune fleur se flétrir sur sa tige... O Dieu! c'est quelque chose d'effrayant à voir que le départ de l'âme humaine, sous quelque forme que ce spectacle se présente : — je l'ai vue s'échapper au milieu des flots de sang : — je l'ai vue sur les vagues courroucées de l'Océan, lutter dans l'agitation d'une agonie convulsive; j'ai contemplé sur sa couche pâle et sépulcrale le Crime en proie à ses terreurs délirantes : mais c'étaient là des spectacles d'horreur. — Ici rien de semblable; ici une mort lente, mais sûre; il s'éteignit dans une résignation si calme; il se vit décliner, dépérir avec tant de tranquillité et de douceur; sans une larme pour lui-même, son âme tendre ne s'affligeait que sur ceux qu'elle laissait après elle; et pendant tout ce temps sa joue avait une fraîcheur qui semblait donner un démenti à la mort, et dont les teintes ne disparurent que lentement et par degrés, comme les couleurs d'un arc-en-ciel qui s'efface. — Ses yeux conservaient un éclat transparent qui illuminait en quelque sorte la prison; pas une parole de murmure, — pas un soupir sur sa fin prématurée, — quelques mots d'entretien des jours meilleurs, — quelques mots d'espérance pour soutenir mon courage; — car j'étais accablé par le sentiment de cette perte, la dernière et la plus grande de toutes; et puis les soupirs arrachés à la faiblesse de la nature expirante, et qu'il s'efforçait d'étouffer, devinrent de moments en moments plus lents et plus rares : j'écoutai, mais je n'entendis plus rien; — j'appelai, car mes craintes m'avaient rendu insensé; je savais que mes cris étaient vains; mais mon effroi ne voulait pas des conseils de ma raison : j'appelai, il me sembla entendre un son. D'un bond impétueux je brisai ma chaîne; je m'élançai vers lui : — il n'était plus; seul *je* restais dans ce noir séjour, seul *je* vivais, seul *je* respirais l'air humide et maudit de mon cachot; le dernier, le seul, le plus cher anneau qui existât encore entre moi et le gouffre éternel, et qui me rattachât à ma race malheureuse, venait de se rompre en ce lieu fatal. De mes deux frères, l'un était sous terre, l'autre dessus, — tous deux avaient cessé de vivre : je pris cette main qui était là immobile; hélas! la mienne était tout aussi froide; je n'avais plus la force de me mouvoir, mais je sentis que j'étais vivant encore, sentiment qui rend l'âme frénétique quand nous savons que ceux que nous aimons ne le seront plus jamais. Je ne sais pourquoi je ne pus mourir; je n'avais plus d'espérance terrestre, — mais j'avais la foi, et elle m'interdisait une mort égoïste.

IX.

Ce qui m'arriva alors en ce séjour, je ne le sais pas bien, — je ne l'ai jamais su; — je perdis d'abord l'impression de la lumière et de l'air, puis aussi de l'obscurité : je n'avais aucune pensée, aucun sentiment, — rien; — j'étais comme une pierre parmi ces pierres, je végétais aussi inerte que le rocher stérile au milieu des brouillards; pour moi tout était vide, froid, décoloré; ce n'était ni la nuit — ni le jour; ce n'était pas même la lumière du cachot, si insupportable à ma vue fatiguée : c'était un vide absorbant l'espace, une immobilité — sans lieu fixe; il n'y avait pour moi ni étoiles, — ni terre, — ni temps, — ni devoir, — ni changement, — ni vertu, — ni crime, mais le silence, et une respiration muette qui ne tenait ni de la vie ni de la mort; une mer de repos stagnant, mer sombre, sans limite, silencieuse, immobile.

X.

Une lueur arriva à mon cerveau : — c'était le gazouillement d'un oiseau; il cessa, puis recommença; jamais l'oreille n'entendit de chant aussi doux; la mienne en fut reconnaissante; mes yeux surpris et charmés errèrent autour de moi, et en cet instant ils ne virent pas ma misère; mais peu à peu mes sens reprirent leur cours accoutumé; je vis le pavé et les murs de ma prison se clore sur moi comme auparavant; je vis la vacillante lueur du soleil ramper comme elle avait fait jusqu'à ce jour; mais dans la crevasse qui lui laissait un passage était posé cet oiseau, aussi joyeux, aussi familier, et même plus, que s'il eût été sur un arbre ; c'était un oiseau charmant, avec des ailes d'azur et un chant qui disait des milliers de choses, et semblait les dire toutes pour moi ! Je n'avais jamais vu, je ne verrai jamais son pareil. Il semblait, comme moi, avoir besoin d'un compagnon ; mais il n'était pas la moitié aussi affligé, et il était venu pour m'aimer alors qu'il n'y avait plus personne au monde qui pût m'aimer comme lui ; il était venu sur le bord de mon cachot pour me consoler et me rappeler au sentiment et à la pensée. Je ne sais s'il était libre, ou s'il avait quitté sa cage pour se poser dans la mienne ; mais je connaissais trop la captivité, cher oiseau, pour désirer la tienne ! Je ne sais si c'était un habitant du paradis qui, sous cette forme ailée, était venu me voir ; car, — le ciel me pardonne cette pensée, qui me fit tout à la fois et pleurer et sourire ! je me suis souvent figuré que c'était l'âme de mon frère qui m'était venue visiter ; mais il finit par s'envoler, et alors je vis bien qu'il était mortel, — sans quoi il ne serait pas ainsi parti en me laissant doublement seul, — seul comme le cadavre sous le drap mortuaire, — seul comme un nuage solitaire isolé dans le ciel par un jour radieux, alors que dans le reste du firmament brille un azur sans tache ; sorte de menace déplacée, suspendue dans l'atmosphère alors que le ciel est bleu et la terre riante.

XI.

Et il se fit dans mon sort une espèce de changement ; mes gardiens devinrent compatissants, je ne sais pourquoi : ils étaient accoutumés à la vue de la souffrance ; mais cela fut ainsi : — on ne rattacha pas les anneaux de ma chaîne brisée, et j'eus la liberté de faire le tour de ma prison, de la parcourir dans sa largeur, puis dans sa longueur, puis dans tous les sens. Je fis aussi le tour de chaque pilier, reprenant ma promenade où je l'avais commencée, mais évitant avec soin de marcher sur la tombe de mes frères, dont aucune élévation du sol n'indiquait la place ; et s'il arrivait par mégarde que mes pas profanassent leur humble sépulture, ma respiration devenait pénible, oppressée, et je sentais mon cœur défaillir.

XII.

Je creusai des marches dans le mur; ce n'était pas pour m'échapper, car la terre renfermait tous ceux qui sous une forme humaine m'avaient aimé; et désormais ce globe ne pouvait être pour moi qu'une prison plus vaste. Je n'avais ni enfant, — ni père, — ni parents, — ni compagnon de misère; cette idée me vint et me fit plaisir, car rien que de penser à eux m'eût rendu fou; mais j'étais curieux de monter aux barreaux de ma fenêtre, et de reposer une fois encore sur les hautes montagnes un regard paisible et charmé.

XIII.

Je les vis : — elles étaient les mêmes, elles n'étaient pas changées comme moi; je vis sur leur sommet leurs mille ans de neige, — à leurs pieds le lac immense, et le Rhône rapide aux flots d'azur; j'entendis les torrents bondir et murmurer dans leur lit de rochers et à travers les buissons brisés; je vis de loin resplendir la ville aux blanches murailles, et des voiles plus blanches encore effleurant l'onde; j'aperçus aussi une petite île qui semblait me sourire, la seule qu'on pût découvrir : c'était une petite île verdoyante, qui ne paraissait guère plus étendue que le sol de ma prison; mais dans son enceinte il y avait trois grands arbres, et sur elle soufflait la brise des montagnes, et autour d'elle coulaient des eaux limpides; et il y croissait de jeunes fleurs aux belles couleurs, aux doux parfums. Les poissons nageaient le long des murs du château, et tous paraissaient joyeux; l'aigle volait emporté sur les ailes de l'aquilon naissant; il me sembla ne l'avoir jamais vu fuir aussi rapidement, et alors de nouvelles larmes mouillèrent mes paupières, et je me sentis troublé, — et je regrettai d'avoir quitté ma chaîne récente; et quand je redescendis, l'obscurité de mon sombre séjour retomba sur moi comme un poids pesant, comme une tombe fraîchement creusée qui se ferme sur celui que nous voulions sauver, — et cependant mon regard épuisé avait presque besoin d'un tel repos.

XIV.

Le temps s'écoula; si ce furent des mois, des années ou des jours, je l'ignore, — je n'en tenais pas le compte; je n'avais aucun espoir de rouvrir mes yeux à la lumière, et de voir dissiper les ténèbres qui les couvraient; enfin, des hommes vinrent me mettre en liberté : je ne demandai pas pourquoi, je ne m'occupai pas de savoir où l'on allait me conduire. Être libre ou prisonnier avait fini par m'être indifférent; j'avais appris à aimer le désespoir. Lors donc que ces hommes se présentèrent, et mirent fin à ma captivité, ces lourdes murailles étaient devenues pour moi une sorte d'ermitage. — Je les regardais comme ma propriété! Il me sembla presque qu'on venait m'arracher une seconde fois au toit paternel. Je m'étais lié d'amitié avec les araignées; je suivais des yeux leur silencieux travail; j'aimais à voir les souris jouer au clair de la lune; et pourquoi aurais-je été moins sensible que ces animaux? nous habitions le même séjour; et moi, leur monarque à tous, j'avais droit de vie et de mort, — et cependant, chose singulière, nous avions appris à vivre tous en paix. — Mes chaînes et moi, nous étions devenus amis, tant une longue communion contribue à nous faire ce que nous sommes : — et moi-même, ce ne fut qu'en soupirant que je me vis libre [4].

NOTES.

[1] Lord Byron écrivit ce beau poëme dans une petite auberge du village d'Ouchy, près de Lausanne, où il fut retenu par le mauvais temps pendant deux jours, en juin 1816, — « Ajoutant ainsi, dit M. Moore, un attrait de plus aux environs de ce lac déjà immortel. »

[2] « Ma sœur m'écrit qu'elle a lu ce poëme à M. de Luc, vieillard âgé de quatre-vingt-dix ans, né en Suisse, et qu'il en a été enchanté. Il était avec Rousseau à Chillon, et il avoue que la description est scrupuleusement exacte. Je me rappelai ce nom, et voici ce que je trouvai effectivement dans *les Confessions* :

« De tous ces amusements, celui qui me plut davantage fut une promenade autour du lac que je fis en bateau avec *de Luc* père, sa bonne, ses *deux fils* et ma Thérèse. Nous mîmes sept jours à cette tournée par le plus beau temps du monde. Je gardai le souvenir des sites qui m'avaient frappé à l'autre extrémité du lac, dont je fis la description, quelques années après, dans *la Nouvelle Héloïse.* » (Vol. III, liv. VIII.)

« Ce de Luc nonagénaire doit être un des deux fils. Il vit en Angleterre, infirme, mais conservant toutes ses facultés. Il est extraordinaire qu'il ait vécu si longtemps, et non moins bizarre d'avoir fait ce voyage avec Jean-Jacques, et d'avoir lu dans sa vieillesse un poëme d'un Anglais qui avait fait précisément la même circumnavigation. » *B. 9 avril 1817.*

3 Le château de Chillon est situé entre Clarens et Villeneuve. Cette dernière ville s'élève à l'extrémité du lac de Genève ; le Rhône débouche à gauche de Chillon ; en face sont les hauteurs de la Meillerie et la chaîne des Alpes, au-dessus de Boveret et de Saint-Gingo ; derrière, un torrent descend le long d'une colline ; le lac baigne les murs, et il a à cet endroit huit cents pieds de profondeur, mesure française. L'intérieur est distribué en prisons, dans lesquelles on renferma d'abord les protestants, puis après eux les prisonniers d'État. Le long du mur est une poutre noircie par le temps, et sur laquelle les prisonniers étaient exécutés. Dans les cachots sont sept piliers, ou plutôt huit : ce dernier ne fait qu'un avec la muraille. Le pavé conserve encore la trace des pas de Bonnivard, qui resta là enfermé plusieurs années. C'est près de ce château que Rousseau a placé la catastrophe qui termine son livre ; c'est là que Julie tomba dans l'eau en voulant sauver un de ses enfants. Le château est vaste et s'aperçoit de très loin sur les bords du lac ; les murailles sont blanches. *B.*

« L'histoire des premiers temps de ce château, » dit M. Tennant, qui le visita en 1821, « est très obscure. Quelques historiens placent sa fondation en 1120, et d'autres en 1235 ; mais on ignore le nom de son fondateur. Charles V, duc de Savoie, assiégea Chillon, disent les chroniques, et le prit en 1536. Il y trouva de grands trésors et quelques malheureux qui gémissaient dans les prisons, et au nombre desquels était le grand Bonnivard. Sur le pilier où l'on dit que cet infortuné fut enchaîné, j'ai vu, gravé à la main, le nom de l'auteur dont le beau poëme a plus contribué à sauver de l'oubli les noms de Chillon et de Bonnivard que les maux réels qu'a soufferts cet infortuné. »

4 L'intention de Byron n'était pas de peindre en particulier le caractère de Bonnivard. Le but du poëme, comme celui du célèbre morceau de Sterne sur le prisonnier, était de considérer l'effet général de la captivité, son influence délétère sur l'intelligence, jusqu'à ce que l'infortuné arrive à ne faire qu'un avec sa prison et ses chaînes. Cette dégradation mentale repose sur des faits. Dans les Pays-Bas, où la détention perpétuelle remplace la peine capitale, on en a de nombreux exemples. A certains jours de l'année, ces victimes d'une législation qui s'appelle *humaine* sont exposées sur la place publique, pour empêcher qu'on oublie leur crime et le châtiment qu'il a reçu. Avec leurs cheveux gras, leurs traits hagards, leurs yeux que blesse la lumière du soleil, leurs oreilles qu'étonne ce bruit dont ils ont perdu l'habitude, ces malheureux ressemblent plutôt à des fantômes grossièrement taillés à l'image des hommes qu'à

des êtres doués d'une âme. On nous a assuré qu'ils devenaient généralement fous ou idiots, selon que l'esprit ou le corps l'emportait, lorsque tout rapport harmonieux entre eux était rompu.

On dira peut-être que ce singulier poëme est plus attachant qu'agréable. La prison de Bonnivard est, comme celle d'Ugolin, un sujet trop lugubre pour que le peintre ou le poëte puisse jamais parvenir à en adoucir l'horreur. Quelque sombre qu'en soit le coloris, ce poëme rivalise avec les autres ouvrages de lord Byron, et il est impossible de le lire sans se sentir le cœur brisé à la vue de ce qu'a souffert cette innocente victime. WALTER SCOTT.

LE RÊVE[1].

I.

Notre vie est double; le sommeil a son monde à lui, monde limitrophe de ce que nous nommons à tort la mort et l'existence : le sommeil a son monde à lui, vaste domaine de fantastique réalité; et dans leur développement les rêves respirent; ils ont des larmes, des tourments, et sont susceptibles de joie; ils laissent un poids sur les pensées de notre réveil, ils enlèvent un poids aux fatigues de notre veille. Ils divisent notre être, ils deviennent une portion de nous-mêmes et de notre temps; ils sont comme les messagers de l'éternité; ils passent comme des esprits du passé, — ils parlent comme des sibylles de l'avenir, ils exercent sur nous un pouvoir, — une tyrannie de plaisir et de douleur; ils font de nous ce que nous n'étions pas, — ce qu'ils veulent; ils nous effraient des visions du passé, nous font trembler devant des ombres évanouies. — Cela est-il vrai? Le passé est-il autre chose qu'une ombre? Que sont les rêves? Des créations de l'âme? — L'âme peut produire des substances, peupler les mondes de sa création d'êtres plus brillants que tout ce qui a existé jusqu'à ce jour, et animer des formes qui survivront à toute chair. Je voudrais retracer une vision que j'ai rêvée peut-être dans le sommeil; car en elle-même, une pensée, une pensée du sommeil peut embrasser des années, et résumer une longue vie en une heure.

II.

Je vis deux êtres dans tout l'éclat de la jeunesse; ils étaient sur une colline verdoyante et d'une pente douce, la dernière d'une longue chaîne de collines qu'elle terminait comme un promontoire, excepté qu'il n'y avait pas d'océan qui baignât sa base, mais un vivant paysage, et une mer de bois et de maisons, et les demeures des hommes çà et là disséminées, et la fumée s'élevant des toits rustiques en ondoyants flocons; — cette colline était couronnée d'un diadème d'arbres rangés en cercle, qu'y avait placés non le caprice de la nature, mais celui de l'homme : ces deux êtres, une jeune fille et un jeune homme, étaient là qui contemplaient, — elle, ce spectacle beau comme elle, — mais lui ne regardait qu'elle ; et tous deux étaient jeunes, et l'une était belle ; et tous deux étaient jeunes, — mais leur jeunesse ne se ressemblait pas. Comme la lune charmante au bord de l'horizon, la jeune fille touchait au moment d'être femme ; le jeune homme comptait quelques étés de moins, mais son cœur avait de beaucoup devancé son âge, et à ses yeux il n'y avait qu'un visage aimé sur la terre, et ses rayons l'éclairaient en ce moment ; il l'avait contemplé jusqu'à ce que dans son cœur son empreinte fût devenue ineffaçable ; il ne vivait, ne respirait qu'en elle ; elle était sa voix ; il ne lui disait rien, mais dès qu'elle parlait, toutes ses fibres étaient ébranlées ; elle était sa vue, car ses regards suivaient les siens ; il ne voyait que par ses yeux, qui coloraient pour lui tous les objets ; — il avait cessé de vivre dans lui-même ; elle était sa vie, l'océan où venait aboutir le cours de ses pensées ; au son de sa voix, au contact de sa main, son sang refluait ou coulait plus rapide, et son visage changeait tumultueusement, — sans que son cœur connût la cause de son agonie. Mais elle ne partageait pas ces tendres sentiments ; ses soupirs n'étaient pas pour lui ; il était pour elle un frère, — et pas davantage ; c'était beaucoup, car elle n'avait point de frère, si ce n'est celui à qui son amitié enfantine avait donné ce nom ; elle était l'unique rejeton d'une race antique et honorée [2]. — C'était un nom qui lui plaisait et lui déplaisait tout ensemble. — Et pourquoi ? Le temps le lui apprit douloureusement — quand elle en aima un autre ; *en ce moment* même elle en aimait un autre, et elle était au sommet de cette colline, regardant au loin si son coursier volait rapide comme son impatience.

III.

Il survint un changement dans l'esprit de mon rêve. Je vis un vieux manoir, et devant ses murs un coursier caraponné : dans un antique oratoire se trouvait le jeune homme dont j'ai parlé ; — il était seul et pâle, et se promenait de long en large; bientôt il s'assit, prit une plume, et traça des mots que je ne pus deviner; puis il appuya sur ses mains sa tête inclinée, et parut en proie à une agitation convulsive; — puis il se leva, et de ses dents et de ses mains tremblantes déchira en morceaux ce qu'il avait écrit, mais il ne versa pas de larmes. Et il se calma, et une sorte de tranquillité parut sur son front. En ce moment, la femme qu'il aimait entra; elle souriait, son visage était serein, et pourtant elle savait qu'elle était aimée de lui; — elle savait, car c'est une chose qui s'apprend vite, que sur le cœur de ce jeune homme se projetait son ombre, et elle voyait qu'il était malheureux, mais elle ne voyait pas tout[3]. Il se leva, et lui prit la main avec une froide douceur; un instant, d'ineffables pensées se peignirent dans ses traits, puis elles s'évanouirent ainsi qu'elles étaient venues; il laissa retomber la main qu'il tenait, et s'éloigna à pas lents; mais ce n'était point un adieu qu'il venait de lui dire, car ils se séparèrent en souriant; il franchit la porte du vieux manoir, et, montant sur son coursier, il poursuivit sa route; et depuis, jamais plus il ne repassa cet antique seuil.

IV.

Il survint un changement dans l'esprit de mon rêve. L'adolescent était devenu homme : dans les déserts des climats brûlants il s'était fait une patrie, et son âme s'abreuvait des rayons de leur soleil; des hommes à figure étrange et basanée l'entouraient; lui-même n'était plus ce qu'il avait été; il errait de mer en mer, de rivage en rivage. Une foule d'images se pressaient autour de moi comme des vagues, mais il faisait partie de toutes; et la dernière me le fit voir se reposant de la chaleur du midi, couché parmi des colonnes abattues, à l'ombre des murs en ruines qui avaient survécu aux noms de ceux dont ils étaient l'ouvrage; il dormait; à côté de lui paraissaient des chameaux, et près d'une source étaient attachés de nobles coursiers; et un homme veillait, vêtu d'une robe flottante, pendant qu'autour de lui dormait le reste de sa tribu; et au-dessus de leur tête se déployait un firmament bleu et sans nuage, d'une transparence si belle et si pure, que dans le ciel il n'y avait de visible que Dieu [4].

V.

Il survint un changement dans l'esprit de mon rêve. La femme objet de son amour était devenue l'épouse d'un autre qui ne l'aimait pas mieux que lui. — Elle était dans sa patrie, à mille lieues de la sienne, à lui. — Là elle vivait entourée d'une ceinture de beaux enfants, filles et garçons. — Mais quoi! ses traits portaient l'empreinte de la douleur, le reflet prononcé d'un combat intérieur, et ses yeux inquiets et abattus semblaient chargés de pleurs qu'ils n'avaient pu répandre. D'où pouvait provenir sa peine? — Elle avait tout ce qu'elle aimait, et celui qui l'avait tant aimée n'était pas là pour troubler, par de coupables espérances, de criminels désirs, ou une affliction mal comprimée, la pureté de ses pensées. D'où pouvait provenir sa peine? Elle ne l'avait point aimé; elle ne lui avait jamais donné lieu de se croire aimé; il ne se pouvait qu'il entrât pour quelque chose dans le chagrin qui minait son âme, — et qu'il fût pour elle un spectre du passé.

VI.

Il survint un changement dans l'esprit de mon rêve. Le pèlerin était de retour, — je le vis debout devant un autel; — une gente fiancée était auprès de lui. La figure de la jeune fille était belle, mais ce n'était point l'étoile qui avait lui sur son adolescence. Pendant qu'il était à l'autel, son front prit le même aspect, il éprouva le même tremblement qui, dans la solitude de l'antique oratoire, avait naguère agité son sein; et puis, — comme alors, — d'ineffables pensées se peignirent dans ses traits; — puis elles s'évanouirent ainsi qu'elles étaient venues, et il parut calme et tranquille, et il prononça les vœux nécessaires; mais il n'entendit pas ses propres paroles, et tous les objets tournèrent autour de lui. Dès lors il ne vit plus ni ce qui était, ni ce qui aurait dû être; mais le vieux manoir, et la grande salle accoutumée, et l'appartement qu'il se rappelait encore, et le lieu, le jour, l'heure, le soleil et l'ombre, tout ce qui se rattachait à ce lieu et à cette heure, et enfin celle qui était l'arbitre de sa destinée, toutes ces choses lui revinrent en mémoire, et se placèrent entre la lumière et lui. Qu'avaient-elles à faire là en un pareil moment[5]?

VII.

Il survint un changement dans l'esprit de mon rêve. La femme qu'il aimait, — oh! comme la maladie de l'âme l'avait changée! son intelligence avait déserté sa demeure, ses yeux n'avaient plus leur éclat accoutumé, et son regard n'avait plus rien de terrestre; elle était devenue la souveraine d'un royaume fantastique; ses pensées étaient des combinaisons de choses sans suite, et des formes impalpables et inaperçues des autres yeux étaient familières aux siens. C'est là ce que le monde appelle folie; mais la folie des sages est d'un caractère bien plus profond, et c'est un don redoutable que le regard de la Mélancolie; qu'est-ce autre chose que le télescope de la Vérité, qui dépouille la distance de ses illusions, nous fait voir la vie de près dans toute sa nudité, et ne rend la froide réalité que trop réelle.

VIII.

Il survint un changement dans l'esprit de mon rêve. Le Pèlerin était seul comme auparavant; les êtres qui l'entouraient tout à l'heure étaient partis ou en guerre avec lui; il était en butte aux traits du malheur et du désespoir, assiégé par la Haine et l'Hostilité; la douleur était mêlée à tout ce qu'on lui servait, jusqu'à ce qu'enfin, comme cet ancien roi de Pont[6], les poisons avaient fini par former sa nourriture, et avaient perdu sur lui tout pouvoir; il vivait de ce qui eût donné la mort à d'autres hommes; il avait pris pour amis les montagnes; il conversait avec les étoiles et l'esprit vivant de l'univers, et ils lui enseignaient la magie de leurs mystères; pour lui le livre de la Nuit était ouvert, et les voix de l'abîme lui révélaient une merveille, un secret. — Eh bien, soit!

IX.

Mon rêve est fini; il n'y survint aucun autre changement. C'était un rêve étrange que celui qui me traçait ainsi, presque comme une réalité, le cours de ces deux destinées, — l'une se terminant dans la folie, — toutes deux dans le malheur.

NOTES.

¹ Dans la première édition de ce poëme, lord Byron lui avait donné pour titre *la Destinée*. M. Moore dit que le poëte répandit plus d'une larme en l'écrivant, et caractérise cet ouvrage avec beaucoup de justesse en le nommant la plus mélancolique et la plus pittoresque *story of wandering life* (histoire d'une vie errante) qui soit jamais sortie de la plume et du cœur d'un homme. Ce poëme fut écrit à Diodati en juillet 1816.

² « Notre mariage, dit lord Byron en 1821, devait éteindre des inimitiés pour lesquelles nos pères avaient répandu tant de sang; il devait réunir deux riches patrimoines; il devait au moins ne donner qu'un seul cœur à deux personnes rapprochées par l'âge : elle est mon aînée de deux ans... —Et — voyez quel a été le résultat!... »

³ J'ai longtemps aimé M. A. C., et je ne le lui ai jamais dit, quoiqu'elle l'ait découvert d'elle-même. Je me rappelle mes sensations, mais je ne puis les décrire. *Tablettes de Byron*, 1822.

⁴ Ce portrait est on ne peut plus ressemblant : cette description de l'Orient est achevée. Le fond du tableau, le premier plan, le ciel, toutes les parties en sont disposées avec une telle harmonie, qu'aucun détail n'éclipse la figure principale. C'est souvent dans la plus légère et imperceptible touche que l'on aperçoit le plus la main du maître. Il suffit d'un rayon sorti du foyer de l'imagination du poëte pour inonder de lumière l'esprit du lecteur. WALTER SCOTT.

⁵ Cette touchante peinture reproduit avec exactitude plusieurs détails que lord Byron a racontés en prose dans son *memoranda* sur sa disposition d'esprit la veille de son mariage. Il se peint marchant à grands pas, en proie aux réflexions les plus mélancoliques à la vue de ses habits de noces. Le jour même de la célébration, il se promena seul dans la campagne, jusqu'à ce qu'on vint l'avertir pour la cérémonie. Ce fut à l'église qu'il vit, pour la première fois de la journée, sa fiancée et sa famille. Il s'agenouilla, répéta les mots consacrés après le prêtre; mais un nuage obscurcissait ses yeux; ses pensées étaient ailleurs, et, lorsqu'il se réveilla en entendant les félicitations de ceux qui l'entouraient, il était marié! MOORE.

⁶ Mithridate.

LAMENTATION DU TASSE.

I.

Qu'elles sont longues les années! — comme elles pèsent sur les fibres agitées du poëte, sur son âme au vol d'aigle, ces longues années d'outrage, de calomnie, d'injustice; cette accusation de folie, cette solitude d'un cachot [1], ce cancer de l'âme ulcérée, alors qu'une soif impatiente de lumière et d'air dévore le cœur; et ces barreaux abhorrés, dont l'ombre hideuse, interceptant les rayons du soleil, porte au cerveau, par l'intermédiaire de ma prunelle convulsive, une sensation brûlante de pesanteur et de tristesse; et la Captivité sans voile, debout avec un rire moqueur sur le seuil de cette porte qui ne s'ouvre jamais, et ne laisse passer à travers les barreaux que le jour et des aliments sans saveur que j'ai mangés seul, jusqu'à ce qu'enfin ils ont perdu leur insociable amertume. Et je puis prendre mes repas comme une bête féroce, couché dans la caverne qui est ma tanière, — et peut-être — ma tombe [2]. Tout cela m'a miné et peut me miner encore; mais je dois le supporter. Je ne m'abaisse pas au désespoir, car j'ai lutté contre mon supplice; je me suis fait des ailes qui m'ont servi à franchir l'étroite enceinte des murs de mon cachot, et j'ai délivré de l'oppression le saint Sépulcre, et je me suis transporté au milieu des hommes et des choses divines; et mon génie, planant sur la Palestine, a chanté la guerre sacrée entreprise en l'honneur de l'Homme-Dieu qui habita la terre et qui est au ciel, ce Dieu qui a daigné fortifier et mon corps et mon âme. Afin de rendre mes souffrances méritoires, j'ai employé le temps de ma captivité à chanter les pieux exploits des libérateurs de Solyme.

II.

Mais j'ai terminé; — il est achevé ce travail plein de charmes; ô toi, fidèle ami! qui pendant plusieurs années as soutenu mon courage, si je mouille de larmes ton dernier feuillet, sache que mes infortunes ne m'en ont arraché aucune. Mais toi, ô ma jeune création! ô fille de mon âme! qui venais te jouer autour de moi et me sourire, dont la vue me faisait oublier mes malheurs, et toi aussi tu es partie, — et avec toi mes délices : et c'est pourquoi je pleure, et mon cœur saigne après ce dernier coup porté à un roseau déjà brisé. Maintenant que je ne l'ai plus, que me restera-t-il? car j'ai encore des douleurs à endurer, — et comment? je ne sais — Mais il y a dans mon intelligence une vigueur innée qui me fournira des ressources. Je ne me suis pas laissé abattre, parce que je n'avais pas de remords ni de motifs d'en avoir; ils m'ont appelé fou, — et pourquoi? ô Léonore! ne répondras-tu pas, *toi*, à cette question [3]? En effet, il y avait folie à moi d'oser élever mon amour jusqu'à toi; mais ce n'était pas une folie de l'intelligence : je connaissais mon tort, et si je supporte ma punition sans fléchir, ce n'est pas que je la ressente moins. Tu étais belle, et je n'étais point aveugle, voilà le crime pour lequel on m'a séquestré du genre humain; mais, en dépit des tortures qu'on m'inflige, je puis encore, dans mon cœur, multiplier ton image; l'amour heureux se dissipe par la satiété; les amants malheureux sont les amants fidèles; leur destinée est de voir dépérir tout sentiment, hormis un seul; et dans cette passion unique s'absorbent toutes les autres, comme des fleuves rapides se jettent dans l'Océan; mais notre océan, à nous, est sans fond et sans rivage.

III.

J'entends au-dessus de ma tête les cris prolongés et furieux de ceux dont le corps et l'âme sont également captifs; j'entends les coups de fouet qui les déchirent, et leurs hurlements qui redoublent, et leurs blasphèmes à demi articulés! Il y a ici des hommes infectés d'un mal moral pire que la frénésie, des hommes qui se plaisent à tourmenter des âmes déjà maladives, à obscurcir encore par d'inutiles tortures le peu de lumière qui leur est laissée, à servir comme elle veut l'être la méchanceté cruelle de leur tyran [4]; c'est avec ces hommes et avec leurs victimes que je suis classé; c'est au milieu de tels bruits et de tels spectacles que j'ai vécu de longues années, et que peut-être je terminerai ma vie : eh bien, soit! — alors du moins je goûterai le repos.

IV.

J'ai été patient, je le serai encore; j'avais oublié la moitié de ce que je voulais oublier, mais ces souvenirs se réveillent. — Oh! que ne puis-je oublier comme on m'oublie! — Serai-je sans colère contre ceux qui m'ont renfermé dans ce lazaret d'innombrables douleurs, où le rire n'est pas de la gaieté, ni la pensée de l'intelligence, ni les paroles un langage, ni les hommes des hommes; où les cris répondent aux imprécations, les clameurs aux coups; où chacun est torturé dans un enfer à part? — car nous sommes une foule dans nos solitudes. Ici les habitants sont nombreux, mais séparés les uns des autres par un mur dont l'écho répète les cris insensés de la folie. — Quand tous peuvent entendre, nul ne prête l'oreille à la voix de son voisin, — 'nul! excepté un seul, le plus misérable de tous, qui n'était pas fait pour être assimilé à ces êtres, et enchaîné entre des malades et des insensés. Serai-je sans colère contre ceux qui m'ont mis ici, qui m'ont avili dans l'opinion des hommes, m'ont privé de l'usage de mon intelligence, ont flétri mes pensées comme choses à fuir et à craindre? Ces angoisses, ne les leur rendrai-je pas? ne connaîtront-ils pas aussi à leur tour les gémissements étouffés de cette souffrance intérieure qui lutte pour être calme, de cette froide douleur qui déconcerte le stoïcisme et ruine son triomphe? Non! — je suis trop fier encore pour vouloir me venger; — j'ai pardonné aux princes leurs outrages, et je ne demande qu'à mourir. Oui, sœur de mon souverain! pour l'amour de toi je déracine toute amertume de mon 'cœur; qu'a-t-elle à faire où tu habites! — Ton frère hait, — je ne puis haïr [5]; tu n'as point de pitié, — je garde mon amour.

V.

Vois un amour qui ne sait pas désespérer, mais qui, ayant conservé toute son ardeur, est encore ce qu'il y a de meilleur en moi ; il habite dans les profondeurs de mon cœur clos et silencieux, comme habite la foudre au sein du nuage qui la recèle, enveloppée dans son noir et tournoyant linceul, jusqu'au moment où, la nue venant à être heurtée, le dard céleste part et vole ! C'est ainsi qu'au choc électrique de ton nom, la pensée vive et prompte s'allume dans tout mon être, et pendant quelque temps tous les objets voltigent autour de moi tels qu'ils furent jadis ; — ils s'évanouissent, — je redeviens le même. Et pourtant ce ne fut point l'ambition qui donna naissance à mon amour ; je connaissais ton rang et le mien, et je savais qu'une princesse ne peut être l'amante d'un poëte ; nulle parole, nul soupir ne trahit cet amour, il se suffisait à lui-même, il renfermait sa propre récompense ; et s'il s'est révélé dans mes yeux, hélas ! ils ont été assez punis par le silence des tiens, et toutefois je ne m'en plaignis point. Tu étais pour moi une relique sainte enfermée dans une châsse de cristal ; je t'adorais à une distance respectueuse, baisant avec humilité le sol consacré par ta présence, non parce que tu étais une princesse, mais parce que l'Amour t'avait revêtue de gloire et avait donné à tes traits une beauté qui me frappait d'effroi ; — oh ! non, ce n'était pas de l'effroi, c'était ce religieux respect inspiré par Dieu même ; et dans cette sévérité adorable il y avait quelque chose qui surpassait toute douceur. — Je ne sais comment cela se faisait, — mais ton génie dominait le mien, mon étoile restait muette devant toi : — s'il y eut présomption à aimer ainsi sans but, cette fatalité douloureuse m'a coûté cher ; mais tu es pour moi d'un prix qui surpasse tout à mes yeux, et sans *toi* je mériterais d'habiter cette cellule où m'a plongé l'injustice. Ce même Amour à qui je dois mes chaînes leur a ôté une moitié de leur poids ; et, bien que l'autre moitié soit pesante encore, il m'a donné la force de la porter, d'élever vers toi un cœur où tu règnes sans partage, et de tromper les calculs de la douleur.

VI.

Il n'y a rien là qui doive étonner. — Depuis ma naissance mon âme s'est enivrée d'amour, l'amour s'est mêlé à tout ce que j'ai vu ici-bas; je me suis fait des idoles même des objets inanimés; au milieu des fleurs sauvages et solitaires, parmi les rochers au pied desquels elles croissent, je me créais un paradis où je m'étendais à l'ombre des arbres ondoyants et rêvais sans compter les heures. Cette vie errante m'attirait des réprimandes; et les sages, me voyant, secouaient leurs vieilles têtes blanchies, et disaient qu'avec de tels matériaux on ne faisait que des hommes malheureux; qu'un pareil enfant finirait dans la douleur, et que les châtiments seuls pourraient me corriger; — et alors ils me frappaient; et moi, je ne pleurais pas, mais je les maudissais dans mon âme, et retournais à mes retraites chéries pour y pleurer seul et me plonger derechef dans ces rêves qui naissent sans sommeil. Et à mesure que mes années augmentaient, je ne sais quel trouble confus, quelles douces peines vinrent remplir mon âme haletante; et tout mon cœur s'exhala en un besoin unique, mais indéfini, mobile, jusqu'au jour où je trouvai l'objet que je cherchais, — et cet objet était toi; et alors je perdis mon être, qui s'absorba tout entier dans le tien. — Le monde disparut, — *tu* anéantis pour moi la terre.

VII.

J'aimais la solitude; — mais je ne m'attendais guère à passer je ne sais quelle portion de ma vie séquestré de l'existence et n'ayant de communication qu'avec des insensés et leurs tyrans; si j'avais été leur égal, depuis longtemps mon âme, comme la leur, eût contracté la corruption de son tombeau; mais qui m'a vu dans les convulsions de la démence? qui m'a entendu délirer? Peut-être dans nos cellules nous souffrons plus que le matelot naufragé sur sa plage déserte; l'univers entier est devant lui, *mon* univers à moi est *ici*; c'est à peine le double de l'espace qu'on devra accorder à mon cercueil. *Lui* du moins en mourant peut lever les yeux, et son dernier regard peut maudire le ciel; — les miens ne se lèveront pas pour l'accuser, quoique la voûte de mon cachot s'interpose comme un nuage entre le ciel et moi.

VIII.

Cependant je sens quelquefois décliner mon intelligence[6]; mais j'ai la conscience de son déclin; — je vois des lumières inaccoutumées briller dans ma prison; parfois un étrange démon me tourmente et m'inflige mille petites douleurs imperceptibles à l'homme sain et libre, mais qui sont beaucoup pour moi, qu'ont si longtemps fait souffrir les tristesses du cœur, le défaut d'espace, tout ce qui se peut endurer, tout ce qui peut avilir. J'avais cru n'avoir d'ennemi que l'homme; mais il se peut que des esprits se soient ligués avec lui. — Toute la terre m'abandonne, — le ciel m'oublie; — en l'absence de toute protection, les puissances du mal peuvent essayer sur moi leur pouvoir — et triompher de la créature épuisée qu'elles attaquent. Pourquoi mon âme est-elle éprouvée dans cette fournaise comme l'acier dans le feu? parce que j'ai aimé, parce que j'ai aimé ce qu'on ne pouvait voir sans aimer, à moins d'être plus ou moins qu'un homme, et que moi.

IX.

Il fut un temps où je sentais vivement; — ce temps n'est plus; — mes cicatrices se sont durcies, sans quoi ma tête se serait brisée contre ces barreaux, quand un rayon de soleil venait à les traverser comme pour insulter à ma misère; — si je supporte, si j'ai supporté tout ce que je viens de dire et bien d'autres choses encore qu'aucune parole ne peut exprimer, — c'est que je n'ai pas voulu mourir en sanctionnant par une mort volontaire le mensonge stupide à l'aide duquel on m'a emprisonné ici; je n'ai pas voulu imprimer à ma mémoire, comme un sceau infamant, l'accusation de folie, appeler sur mon nom flétri la pitié des hommes, et signer moi-même la sentence prononcée par mes ennemis. — Ce nom sera immortel. — Un jour ma prison sera un temple que les nations viendront visiter en souvenir de moi. Ferrare! quand tu ne seras plus la résidence de tes ducs, quand tu tomberas et verras s'écrouler pierre à pierre tes palais déserts, le laurier d'un poëte sera ta plus belle couronne, — la prison d'un poëte ton plus grand titre de gloire, pendant que l'étranger contemplera étonné tes remparts dépeuplés[7]! Et toi, Léonore, toi qui avais honte d'être aimée d'un homme tel que moi, — qui rougissais d'apprendre que tu pouvais être chère à d'autres qu'à des monarques, va dire à ton frère que mon cœur, indompté par la douleur, les années, l'ennui, — et peut-être aussi par une teinte de l'infirmité qu'on a voulu m'imputer, — car comment résister à la longue infection d'une telle tanière, de cet antre qui communique sa pourriture à l'intelligence? — va lui dire que mon cœur t'adore encore, — et ajoute — que lorsque les tours et les créneaux qui protégent ses banquets, ses danses et ses fêtes seront oubliés ou délaissés, cette cellule, — oui, — cette cellule sera un lieu consacré! Mais toi, quand cette magie dont l'environnent la naissance et la beauté aura disparu, tu auras une moitié du laurier qui ombragera ma tombe[8]. Nulle puissance sur la terre ne pourra séparer nos deux noms, comme rien pendant la vie n'a pu t'arracher de mon cœur. Oui, Léonore! ce sera notre destinée d'être unis pour toujours, — mais trop tard[9].

NOTES,

[1] Le biographe du Tasse, l'abbé Serassi, a prouvé, de manière à ne laisser aucun doute, que la première cause du supplice du poëte fut le désir qu'il avait d'échapper, soit momentanément, soit tout à fait, à la servitude de la cour d'Alphonse. En 1575, le Tasse résolut de visiter Rome et de profiter des indulgences du jubilé. « Ce voyage, dit l'abbé, augmenta les soupçons que l'on avait conçus sur son désir de s'attacher à une autre cour, et fut la source des infortunes du poëte. A son retour à Ferrare, le duc refusa de lui donner audience; il se vit repoussé des maisons de toutes les personnes qui dépendaient de la cour. Aucune des promesses qu'on lui avait faites par la bouche du cardinal Albano ne fut accomplie. C'est alors que le Tasse, après avoir souffert pendant quelque temps ces affronts, se voyant disgracié par le duc et la princesse, abandonné par ses amis, insulté par ses ennemis, ne put se contenir plus longtemps dans les bornes de la modération, et, donnant carrière à son ressentiment, se répandit en expressions injurieuses contre la maison d'Este, maudissant

les services qu'il avait pu rendre, rétractant tous les éloges qu'il avait pu donner dans ses vers à ses princes ou à ceux de leur suite, et les désignant tous comme une bande de poltrons, d'ingrats et de débauchés. A la suite de ces paroles, il fut arrêté et conduit à l'hôpital de Santa-Anna, et renfermé seul dans une cellule, comme un fou. » (Serassi, *Vita del Tasso.*)

² Dans l'hôpital de Santa-Anna, on montre une cellule sur la porte de laquelle est gravée cette inscription : *Rispettate, ó posteri, la celebrità di questa stanza, dove Torquato Tasso, infermo più di tristezza che delirio, ditenuto dimoro anni vij, mesi ij, scrisse verse e prose, e fù rimesso in libertà al instanza della citta di Bergamo, nel giorno rj Luglio,* 1586.

La prison est au-dessous du rez-de-chaussée de l'hôpital. Le jour ne parvient qu'à travers une fenêtre grillée, laquelle donne sur une petite cour qui est commune à toutes les autres prisons. Cette cellule a neuf pieds de long sur cinq ou six de large, et sept environ de haut ; le bois de lit a été emporté morceaux par morceaux par les visiteurs que le culte du poëte a amenés à Ferrare ; la porte elle-même est fort endommagée par de nombreuses entailles. Le poëte fut enfermé dans cette chambre vers le milieu de mars 1579, et il y resta jusqu'au mois de décembre 1580, où il fut transporté dans une chambre plus vaste, où il pouvait, selon ses propres expressions, *philosopher* et se *promener*. L'inscription est inexacte quant au motif positif de son élargissement : sa liberté avait en effet été promise à la ville de Bergame, mais elle ne lui fut accordée que grâce à l'intercession de Vincenzo Gonzagua, prince de Mantoue. HOBHOUSE.

³ Dans une lettre à son ami Scipion Gonzague, quelque temps après son arrestation, le Tasse s'écrie : — « Ah ! malheureux que je suis ! j'avais l'intention d'écrire, outre deux poëmes épiques sur les plus beaux sujets, quatre tragédies dont j'ai le plan dans ma tête ; j'avais également esquissé plusieurs ouvrages en prose sur les sujets les plus élevés et de l'utilité la plus universelle. Je voulais combiner la philosophie et l'éloquence de telle façon que le monde aurait conservé de moi un souvenir éternel. Hélas ! je voulais entourer ma vie de gloire et d'illustration ; mais aujourd'hui, accablé sous le poids de mes malheurs, j'ai perdu tout espoir de conquérir un nom glorieux. La crainte d'une captivité éternelle augmente ma mélancolie ; les outrages que l'on me fait souffrir la redoublent. Ma barbe est hideuse ; mes habits, ma chevelure, sont en désordre. Assurément, si CELLE qui a si peu répondu à mon amour me voyait dans un pareil état et dans une pareille affliction, elle aurait pitié de moi. » (*Opere*, t. X, p. 387.)

⁴ Pendant la première année de sa captivité, le Tasse souffrit toutes les tortures de la solitude. Il avait été confié à la garde d'un geôlier qui, quoique poëte lui-même et homme de lettres, ne se faisait remarquer que par la plus impitoyable obéissance aux ordres de son souverain. Son nom était Agostino Mosti. Le Tasse, dans une lettre à sa sœur, dit, en parlant de la conduite de son geôlier à son égard : — « *E a usa meco ogni sorte di rigore ed inumanità.* » HOBHOUSE.

⁵ Peu de temps après, le Tasse fit un appel à la clémence d'Alphonso

dans un *canzone* d'une grande beauté, qui ne put toucher le cœur de son persécuteur.

6 « Je ne me plains pas, écrivait le Tasse quelque temps après son arrestation, de ce que mon cœur est accablé d'une tristesse sans fin, de ce que ma tête est pesante, de ce que mes soupirs et mes prières n'obtiennent point de réponse, de ce que mon corps est devenu débile et maigre : je n'accorde à toute cette douleur qu'une larme passagère ; mais ce qui m'afflige, c'est l'infirmité de mon esprit. Mon intelligence dort et ne pense pas ; mon imagination paresseuse ne crée plus rien ; mes sens négligent de me fournir les images des choses, ma main se refuse à écrire, ma plume oublie son devoir. Il semble que je sois enchaîné dans mes mouvements, et je plie sous un affaissement moral que rien ne peut peindre. »

7 Ceux qui croient aux châtiments terrestres sont priés d'observer que la cruauté d'Alphonse obtint sa récompense, même de son vivant : il survécut à l'affection de ses sujets et de ses serviteurs, qui l'abandonnèrent à son lit de mort. Son corps fut enterré sans aucun honneur ; ses dernières volontés ne furent pas exécutées ; son testament fut détruit ; son parent, don César, fut excommunié par le Vatican ; et, après une lutte qui dura peu de temps, Ferrare se vit délivrée pour toujours de la domination de la maison d'Este.

8 En juillet 1586, après une captivité de sept ans, le Tasse sortit de sa prison. Espérant recueillir la succession de sa mère et voulant embrasser encore une fois sa sœur Cornélie, il se rendit à Naples, où il fut accueilli par de nombreux témoignages d'admiration. En descendant à Mola di Gaeta, il reçut un singulier témoignage de l'enthousiasme qu'avait partout excité son talent : Marco di Sciarra, fameux capitaine d'une troupe nombreuse de bandits, envoya complimenter le poëte, et lui offrit non seulement le libre passage, mais une escorte pour la route, lui assurant que lui et ses compagnons seraient fiers d'exécuter tous ses ordres. (Voyez MANSO, *Vita del Tasso*, p. 249.)

9 Dans la bibliothèque de Ferrare, on conserve les manuscrits originaux de la *Jérusalem* du Tasse et du *Pastor fido* de Guarini, avec des lettres du Tasse et une de Titien à l'Arioste, ainsi que l'encrier, la chaise, le tombeau et la maison de ce dernier ; mais comme l'infortune fixe davantage l'attention de la postérité, la cellule où fut renfermé le Tasse dans l'hôpital de Santa-Anna attire beaucoup plus de visiteurs que le monument de l'Arioste. Au moins, cela m'a paru ainsi. Il y a deux inscriptions, l'une sur la porte d'entrée, la seconde dans la prison ; elles engagent le visiteur à déployer toute son indignation à ce spectacle, avertissement dont certes il n'a pas besoin. Ferrare est bien déchue et presque dépeuplée ; cependant le château existe encore en entier, et j'ai vu la cour où Parisina et Hugo eurent la tête tranchée, suivant le dire de Gibbon.

BEPPO[1],

HISTOIRE VÉNITIENNE.

> ROSALINDE. — Adieu, monsieur le voyageur ; voyez-vous, vous grasseyez et vous portez un costume étranger. Dépouillez les avantages que vous tenez de votre pays ; oubliez où vous êtes né ; regrettez que Dieu vous ait donné les traits que vous portez ; sinon, c'est à peine si je croirai que vous ayez mis le pied dans une gondole.
> SHAKSPEARE, *Comme il vous plaira*, acte IV, scène I.
> *Note des Commentateurs.*
>
> C'est-à-dire que vous avez été à Venise, ville très fréquentée par les jeunes Anglais de qualité de cette époque, et qui était alors ce que Paris est maintenant, — le siège de toute sorte de dissolutions.

I.

On sait, ou du moins on doit savoir, que dans tous les pays catholiques, quelques semaines avant le mardi-gras, la population s'en donne à cœur joie ; on achète le repentir avant de se faire dévot ; et, sans distinction de rang ou d'état, chacun appelle à son aide le violon, la bonne chère, la danse, le vin, les masques, et autres choses qu'on peut avoir en les demandant.

II.

Dès que la nuit a couvert le ciel de son manteau sombre (et plus il fait noir mieux cela vaut), commence l'heure moins prisée des époux que des amants ; et la pruderie rejette au loin ses chaînes ; et la gaieté mobile se hausse sur la pointe des pieds, riant avec tous les galants qui l'assiégent ; et il y a des chansons et des refrains, des cris et des fredons, des guitares et toute sorte de musique.

III.

Et il y a des costumes brillants, mais fantastiques, des masques de tous les temps et de toutes les nations, des Turcs et des Juifs, des arlequins et des paillasses, des tours de force, des Grecs, des Romains, des niais d'Amérique et des Indous ; on peut prendre le vêtement qu'on préfère, excepté l'habit ecclésiastique, car dans ce pays-là il n'est permis à personne de se moquer du clergé; — ainsi, gare à vous, libres penseurs! je vous en avertis.

IV.

Mieux vaudrait vous ceindre de ronces en guise d'habit et de culottes que de porter sur vous une seule nippe irrévérencieuse envers les moines; dussiez-vous jurer que ce n'est que pour rire, on vous enverrait cuire au brasier de l'enfer; il n'est fils de bonne mère qui n'attisât pour vous les feux du Phlégéton; pas un qui voulût dire une messe pour ralentir l'ébullition de la chaudière où l'on ferait bouillir vos os, à moins pourtant de payer double.

V.

Mais, à cette exception près, vous pouvez porter tout ce qu'il vous plaît, en fait de pourpoint, de cape ou de manteau, tels que vous pourriez les choisir à Moumouth street et à la foire aux chiffons, dans un but de gravité ou de bouffonnerie; et l'on trouve même en Italie des lieux semblables; seulement leur nom est plus joli, et prononcé avec un accent plus doux; car, si j'en excepte Covent-Garden, je ne connais point en Angleterre de place appelée *Piazza*.

VI.

Cette époque de réjouissance s'appelle carnaval, mot qui, traduit, signifie « adieu à la chair. » On l'a nommé ainsi parce que le nom répond à la chose, et que pendant toute la durée du carême on se nourrit de poisson frais ou salé. Mais pourquoi on prélude au carême avec tant de gaieté, c'est ce que je ne saurais dire; peut-être est-ce par la même raison qui fait que nous trinquons avec nos amis au moment de les quitter, avant le départ de la diligence ou du paquebot.

VII.

Et ainsi ils disent adieu aux plats de viande, aux mets solides, aux ragoûts fortement épicés, et vivent pendant quarante jours de poissons mal apprêtés, n'ayant point de sauces pour les assaisonner; circonstance qui fait naître bien des soupirs et des grimaces, et plus d'un jurement qui répugnerait à ma muse, parmi les voyageurs accoutumés dès leur enfance à manger leur saumon au moins avec la sauce aux anchois.

VIII.

C'est pourquoi je prends l'humble liberté de recommander aux amateurs de « sauces au poisson », avant de s'embarquer, de prier leur cuisinier, leur femme ou leur ami de faire un tour au Strand, et d'acheter en gros (ou, s'ils sont déjà partis, de leur expédier par la voie la plus sûre) une provision de *ketchup*, de *soy*, de vinaigre du Chili et de sauce d'Harvey, ou, par le Seigneur! vous courez risque de mourir de faim pendant le *carême*;

IX.

C'est-à-dire si vous êtes de la religion romaine, et qu'étant à Rome vous vouliez faire comme les Romains, selon le proverbe; — car nul étranger n'est obligé de faire maigre : si donc vous êtes ou protestant, ou malade, ou femme, et que vous préfériez dîner en pécheur, avec un ragoût, — dînez, et allez au diable! Mon intention n'est pas d'être impoli, mais c'est là le châtiment, pour ne rien dire de pis.

X.

Parmi tous les lieux où le carnaval était le plus gai au temps jadis, par les danses, les chansons, les sérénades, les bals, les masques, les mimes, les mystères, et par plus d'amusements que je n'en puis ou n'en pourrais jamais énumérer, Venise portait le grelot entre toutes les villes; — et au moment que j'ai choisi pour y placer mon histoire, la cité, fille de la mer, était dans toute sa gloire.

XI.

Elles ont encore de jolis visages ces Vénitiennes, des yeux noirs, des sourcils arqués, une expression charmante, comme celles qu'ont copiées d'après les Grecs les anciens artistes, mal imités par les modernes; et lorsqu'on les voit appuyées sur leurs balcons, on les prendrait pour autant de Vénus du Titien (la meilleure est à Florence; — allez la voir, si vous voulez), ou on les dirait détachées d'un tableau de Giorgione,

XII.

Dont les teintes sont d'une vérité et d'une beauté suprêmes; et parmi tous les tableaux du palais Manfrini, celui-là, quel que soit le mérite des autres, est, selon moi, le plus ravissant : peut-être sera-t-il aussi de votre goût, et c'est pour cela que j'en parle dans mes rimes : ce n'est qu'un portrait de son fils, de sa femme et de lui; mais quelle femme! l'amour doué de vie [3];

XIII.

L'amour plein de vie et grand comme nature, non l'amour idéal, non la beauté idéale, qui n'est qu'un beau nom, mais quelque chose de mieux, quelque chose de si réel, que tel devait être exactement le ravissant modèle; un objet qu'on achèterait, qu'on mendierait ou qu'on volerait s'il n'y avait pas impossibilité et honte à le faire : la figure rappelle, avec un peu de tristesse peut-être, une figure que vous avez vue, mais que vous ne verrez plus;

XIV.

Une de ces images qui voltigent autour de nous quand nous sommes jeunes et que nous fixons nos regards sur tous les visages. Hélas! les charmes qui nous apparaissent un moment, la grâce suave, la jeunesse, la fraîcheur, la beauté qui agréent, nous en revêtons des êtres sans nom, astres dont nous ignorons, et ignorerons toujours, et la position et le cours, comme la pléiade égarée qu'on n'aperçoit plus ici-bas [4].

XV.

Je disais donc que les Vénitiennes sont comme un portrait de Giorgione, et telles elles sont en effet, surtout vues à leur balcon (car la beauté gagne quelquefois à être regardée de loin), alors qu'elles se montrent, comme une héroïne de Goldoni, en dehors de la jalousie ou par-dessus la rampe; et, à vrai dire, elles sont pour la plupart très jolies et aiment un peu à se laisser voir, ce qui est vraiment dommage;

XVI.

Car les regards amènent des œillades, les œillades des soupirs, les soupirs des désirs, les désirs des paroles, et les paroles une lettre qui vole sur les ailes de Mercures aux pieds légers, lesquels font ce métier parce qu'ils n'en savent pas de meilleur ; et alors Dieu sait tout le mal qui peut résulter quand l'amour lie deux jeunes gens d'une même chaîne, les rendez-vous coupables, les lits adultères, les enlèvements, les brisements de vœux, de cœurs et de têtes.

XVII.

Shakspeare, dans *Desdémona*, a représenté le sexe vénitien comme plein de beauté, mais de réputation suspecte ; et aujourd'hui encore, de Venise à Vérone, il est probable que les choses sont ce qu'elles étaient, excepté cependant que nous ne voyons plus un mari, sur un simple soupçon, étouffer une femme de vingt ans parce qu'elle a un « *cavalier servente.* »

XVIII.

Leur jalousie, si toutefois ils sont jaloux, est, à tout prendre, de bonne composition, non pareille à celle de ce noir démon d'Othello qui étouffe les femmes dans un lit de plume ; mais plus digne de ces joyeux compagnons qui, lorsque le joug matrimonial les fatigue, au lieu de se tourmenter le cerveau pour une femme, en prennent sur-le-champ une autre — ou celle d'un autre.

XIX.

Vîtes-vous jamais une gondole ? Dans le doute, je vais vous en faire une description exacte : c'est un long bateau couvert, fort commun ici, sculpté à la proue, construit d'une façon légère, mais compacte, manœuvré par deux rameurs qu'on nomme « gondoliers; » il glisse sur l'eau avec un air lugubre pareil à un cercueil placé dans un canot, et nul ne peut découvrir ce que vous y dites ou y faites.

XX.

Ces gondoles remontent et descendent les longues lagunes, ou passent sous le Rialto nuit et jour, vite ou lentement ; autour des théâtres, leur noire multitude attend sous sa livrée sombre, — mais il s'en faut de beaucoup qu'elles soient destinées à la tristesse, car parfois elles recèlent beaucoup de gaieté, comme les voitures de deuil quand les funérailles sont finies

XXI.

Mais je reviens à mon histoire. C'était, il y a quelques années, trente ou quarante ans, plus ou moins; le carnaval était à son moment le plus brillant, de même que toute espèce de bouffonnerie et de déguisement; une certaine dame alla voir les mascarades; je ne sais ni ne puis deviner son vrai nom; nous l'appellerons donc Laure, s'il vous plaît, parce que c'est un nom qui entre dans mon vers avec facilité.

XXII.

Elle n'était ni vieille, ni jeune, ni à cet âge que certaines gens appellent un « certain âge, » quoique ce soit, à mon sens, l'âge le plus incertain, vu que personne n'a pu me dire, et que je n'ai jamais pu, par sollicitations, cadeaux ou larmes, obtenir encore de qui que ce soit de nommer, définir, de vive voix ou par écrit, la période précise désignée par ce mot; — ce qui, sans contredit, est on ne peut plus absurde.

XXIII.

Laure était encore dans sa fraîcheur; elle avait mis le temps à profit. Le temps, de son côté, n'avait pas voulu être avec elle en reste de politesse, et l'avait traitée avec ménagement, en sorte qu'habillée elle avait fort bonne mine partout où elle allait; une jolie femme est toujours bien accueillie, et le déplaisir avait rarement rembruni le front de Laure : ses lèvres ne cessaient de sourire, et la flatterie de ses yeux noirs récompensait les regards attachés sur elle.

XXIV.

C'était une femme mariée; c'est commode, parce que dans les pays chrétiens on se fait une loi de regarder avec plus d'indulgence les faux pas d'une femme mariée; tandis que s'il arrive aux demoiselles de faire quelque folie (à moins que dans l'intervalle un hyménée opportun ne vienne apaiser le scandale), je ne sais trop comment elles peuvent s'en tirer, à moins qu'elles ne s'arrangent de manière à tenir la chose secrète.

XXV.

Son mari naviguait sur l'Adriatique, et faisait aussi de temps à autre des voyages dans d'autres mers; et quand il était en quarantaine (précaution de quarante jours contre la maladie) sa femme montait parfois à son étage le plus élevé, d'où elle pouvait facilement apercevoir son vaisseau. C'était un marchand qui faisait le commerce avec Alep; son nom était Giuseppe, et par abréviation, Beppo.

XXVI.

Il était basané comme un Espagnol, brûlé par le soleil dans ses voyages, et partant d'une taille avantageuse; quoique teint, pour ainsi dire, dans une tannerie, c'était un homme plein de sens et de vigueur; — jamais marin ne gouverna mieux un navire. *Elle*, de son côté, quoique ses manières montrassent fort peu de rigueur, passait pour une femme à principes rigides, tellement qu'elle était presque réputée invincible.

XXVII.

Mais il y avait plusieurs années qu'ils ne s'étaient vus; certaines gens croyaient que son vaisseau avait fait naufrage; d'autres, qu'il s'était endetté et ne se pressait pas de revenir dans sa patrie; plusieurs offraient de parier, ceux-ci qu'il reviendrait, ceux-là qu'il ne reviendrait pas; car jusqu'à ce que la perte les ait rendus sages, la plupart des hommes aiment à appuyer leur opinion d'une gageure.

XXVIII.

On dit que leur dernière séparation avait été fort pathétique, comme le sont fréquemment ou doivent l'être les séparations; et ils eurent un pressentiment prophétique qu'ils ne devaient plus se revoir (sorte de sentiment moitié morbide, moitié poétique, que j'ai vu à une ou deux personnes), le jour où il laissa tristement agenouillée sur le rivage cette Ariane de l'Adriatique.

XXIX.

Et Laure attendit longtemps et versa quelques larmes;

elle fut même tentée de prendre le deuil, ce qu'elle aurait fort bien pu faire. Elle perdit presque entièrement l'appétit, et ne put dormir la nuit d'un sommeil tranquille ; au moindre bruit des volets et des jalousies, elle s'imaginait que c'était un voleur ou un esprit ; elle jugea donc prudent de se pourvoir d'un vice-mari, *spécialement* pour *la protéger*.

XXX

En attendant que Beppo fût de retour de sa longue croisière et vînt de nouveau réjouir son cœur fidèle, elle choisit (et que ne choisiront-elles pas, pour peu que vous ayez l'air de contrarier leur choix ?), elle choisit un homme dont certaines femmes raffolent tout en en disant du mal ;—c'était un petit-maître, dûment reconnu pour tel, un comte réunissant, disait-on, les avantages de la fortune à ceux de la naissance, et très libéral dans ses plaisirs.

XXXI.

Et puis c'était un comte, et puis il savait la musique et la danse, le violon, le français et le toscan, et ce dernier talent n'est pas d'une acquisition facile, veuillez bien le croire ; car il est peu d'Italiens qui parlent l'étrusque pur. Il était aussi juge compétent en matière d'opéra, et connaissait le fort et le fin du brodequin et du cothurne ; et nul auditoire vénitien ne pouvait laisser passer un chant, une scène, un air, dès qu'il avait crié : « Seccatura ! »

XXXII.

Son « bravo ! » était décisif, et ce témoignage flatteur était attendu par l'académie dans un respectueux silence ; les musiciens tremblaient lorsqu'il promenait autour de lui son regard, dans la crainte qu'une fausse note ne leur échappât. Le cœur harmonieux de la prima donna battait violemment, tant elle redoutait la terrible condamnation de son « bah ! » ; le soprano, la basse, et jusqu'à la haute-contre, le souhaitaient à cinq brasses sous le Rialto.

XXXIII.

Il patronisait les *improvisatori*, et lui-même était homme à improviser quelques stances, savait faire des vers, chanter une chanson, conter une histoire, vendait des tableaux, et était aussi bon danseur que peuvent l'être les Italiens, quoique, en cela, ils cèdent assurément la palme aux Français; enfin c'était un *cavaliero* parfait, et il passait pour un héros, même aux yeux de son valet de chambre.

XXXIV.

Et puis il était fidèle autant qu'amoureux; en sorte qu'aucune femme (bien que ces dames soient un peu sujettes à jeter les hauts cris) ne pouvait se plaindre qu'il eût jamais mis de jolies âmes en peine; son cœur était de ceux qui nous attachent le plus, de cire pour recevoir, de marbre pour retenir. C'était l'un de ces amants de la bonne vieille école, qui deviennent plus constants à mesure qu'ils se refroidissent.

XXXV.

Il ne faut pas s'étonner qu'avec de tels avantages il eût tourné une tête de femme, quelque sage et posée qu'elle fût; — d'ailleurs Laure n'espérait plus que Beppo revînt; légalement il était comme n'existant plus : on n'avait reçu de lui ni lettres ni nouvelles, il ne donnait aucun signe de vie, et déjà elle avait attendu plusieurs années; et véritablement, lorsqu'un homme ne veut pas nous faire savoir qu'il est vivant, il est *mort*, ou doit l'être.

XXXVI.

D'ailleurs (et Dieu sait que c'est un très grand péché) en deçà des Alpes chaque femme a pour ainsi dire le droit d'avoir *deux* hommes; je ne saurais dire qui a le premier introduit cet usage, mais les *cavaliers serventes* sont chose commune, et personne n'y fait la moindre attention; on peut appeler cet état de choses (pour ne rien dire de plus) un *second* mariage qui corrompt le *premier*.

XXXVII.

Le mot en usage autrefois était « cicisbeo; » mais il est devenu vulgaire et indécent; les Espagnols donnent à ce personnage le nom de « *cortejo*, » car la même mode existe depuis quelque temps en Espagne; elle a pénétré du Pô jusqu'au Tage, et peut-être un jour franchira-t-elle la mer. Mais Dieu garde la vieille Angleterre de telles pratiques!

car alors que deviendraient les dommages-intérêts et les divorces?

XXXVIII.

Toutefois je pense, avec tout le respect que je dois à la partie célibataire du beau sexe, que les femmes mariées méritent la préférence dans le tête-à-tête ou la conversation générale, — et cela soit dit sans application spéciale à l'Angleterre, à la France, ou à toute autre nation, — parce que ces dames connaissent le monde, sont à leur aise, et, étant naturelles, plaisent naturellement.

XXXIX.

Il est bien vrai que la jeune miss, tendre bouton près d'éclore, est quelque chose de charmant; mais au premier abord elle est timide et gauche, tellement alarmée qu'elle en est alarmante; rougissant ou ricanant toujours; moitié pétulante, moitié boudeuse, et regardant sa maman, dans la crainte qu'il n'y ait à redire dans ce qui se passe autour d'elle; il y a de l'enfant dans tout ce qu'elle dit; — et puis, elles sentent toutes la tartine de beurre.

XL.

Donc « *cavalier servente* » est le mot en usage dans la bonne société, pour exprimer cet esclave surnuméraire, dont le poste est auprès de la dame, qui fait en quelque sorte partie de son vêtement, et n'obéit qu'à sa parole. Son emploi n'est pas une sinécure, comme bien vous pensez; il va chercher le carrosse, les domestiques, la gondole, et porte l'éventail, la palatine, les gants et le châle.

XLI.

Avec toutes ces habitudes pécheresses, je dois dire que l'Italie est un pays qui me plaît beaucoup, à moi qui aime à voir chaque jour briller le soleil, et la vigne, sans avoir besoin d'espalier, courir en festons d'arbre en arbre, semblable au décor d'une comédie ou d'un mélodrame qui attire la foule, quand le premier acte se termine par une danse au milieu des vignobles imités du midi de la France.

XLII.

J'aime, par un soir d'automne, sortir à cheval sans être

obligé de recommander à mon domestique d'avoir bien soin de rouler mon manteau en bandoulière, parce que le temps n'est pas des plus sûrs; je sais aussi que sur ma route, où la vue est charmée par le méandre des vertes allées, si quelque obstacle m'arrête, ce sont des voitures qui ploient sous le poids des raisins; — en Angleterre, ce serait du fumier, des boues, ou une charrette de brasseur.

XLIII.

J'aime aussi à dîner avec des becfigues, à voir le soleil se coucher avec l'assurance qu'il se lèvera demain, non en jetant un regard timide et clignotant à travers les brouillards du matin, comme l'œil terne et dolent d'un homme ivre, mais avec le ciel tout entier à lui; que la journée sera belle et sans nuage, et que je ne serai pas forcé d'emprunter la lueur de ces chandelles de deux liards allumées au milieu des vapeurs qu'exhale la chaudière fumante de Londres.

XLIV.

J'aime la langue de l'Italie, ce doux latin bâtard, suave comme les baisers d'une bouche de femme, qui résonne comme s'il était écrit sur du satin, avec ses syllabes où le doux midi respire, et ses liquides qui coulent avec tant de facilité qu'aucun son discordant n'y offense l'oreille, comme dans nos langues rudes et gutturales du nord, que nous sommes obligés de siffler et de cracher.

XLV.

J'en aime aussi les femmes (pardonnez-moi ma folie), depuis la paysanne à la joue fraîche et brune, aux grands yeux noirs qui vous envoient une volée de ces rayons qui disent tant de choses, jusqu'à la grande dame au front mélancolique, au teint plus clair, au regard vague et humide, le cœur sur les lèvres, l'âme dans les yeux, douce comme son climat, et radieuse comme son ciel.

XLVI.

Ève de cette terre, qui est encore le paradis! beauté italienne! n'as-tu pas inspiré Raphaël, qui mourut dans tes bras, et qui, dans les œuvres que nous légua son pinceau, rivalise avec tout ce que nous connaissons du ciel ou pouvons désirer? — Comment, même avec l'enthousiasme de la lyre, peindre par des paroles la gloire passée et actuelle pendant qu'ici-bas le génie de Canova peut créer encore?

XLVII.

« Angleterre! avec tous tes défauts je t'aime encore, » disais-je à Calais, et je ne l'ai pas oublié; j'aime à parler et à deviser autant qu'il me plaît; j'aime le gouvernement (mais ce n'est pas celui que nous avons); j'aime la liberté de la presse et de la plume; j'aime l'*Habeas corpus* (quand nous le possédons); j'aime un débat parlementaire, surtout quand il ne se prolonge pas trop tard.

XLVIII.

J'aime les impôts, pourvu qu'ils ne soient pas en trop grand nombre; j'aime un feu de charbon de terre, quand il n'est pas trop coûteux; j'aime le bifteck autant qu'un autre, et n'ai pas de répugnance pour un pot de bière; j'aime la température quand elle n'est pas trop pluvieuse, c'est-à-dire que j'aime deux mois de l'année. Et qu'ainsi Dieu sauve le régent, l'Église et le roi! ce qui veut dire que j'aime tout et toute chose.

XLIX.

Notre armée permanente et nos marins licenciés, la taxe des pauvres, la réforme, la dette nationale et la mienne, nos petites émeutes seulement pour montrer que nous sommes un peuple libre, nos légères banqueroutes dans la gazette, notre climat brumeux, nos femmes glaciales, toutes ces choses, je puis les pardonner ou les oublier; j'ai d'ailleurs beaucoup de vénération pour nos récentes gloires, et suis fâché seulement que nous les devions aux tories.

L.

Mais je reviens à mon histoire de Laure, — car je m'aperçois que la digression est un péché qui, peu à peu, devient très ennuyeux pour moi, et pourrait fort bien aussi déplaire au lecteur, — l'indulgent lecteur qui peut devenir plus exigeant, et, sans égard pour les aises de l'auteur, manifester le désir formel de savoir où il veut en venir : position critique et embarrassante pour un poëte.

LI.

Oh ! que n'ai-je l'art d'écrire facilement des choses d'une lecture facile ! que ne puis-je escalader le Parnasse où siégent les muses qui inspirent ces jolis poëmes dont le succès est assuré ! avec quel empressement j'imprimerais (pour enchanter le monde) une histoire grecque, syrienne ou assyrienne, et vous vendrais, mêlés à du sentimentalisme occidental, des échantillons du plus bel orientalisme !

LII.

Mais je suis un de ces gens qui n'ont point de nom (un dandy manqué revenu de voyage) ; quand j'ai besoin d'une rime pour accrocher mon vers vagabond, je prends la première que me présente le Lexique de Walker ; ou si je n'en puis trouver une bonne, j'en mets une mauvaise, moins soucieux que je ne devrais l'être de la critique des épilogueurs ; je serais même tenté de descendre à la prose, mais les vers sont plus à la mode : — va donc pour les vers.

LIII.

Le comte et Laure firent leur nouvel arrangement, qui, comme cela arrive parfois, dura sans interruption pendant une demi-douzaine d'années ; ce n'est pas qu'ils n'eussent aussi leurs petits démêlés, ces bouffées de jalousie qui n'ont jamais amené de rupture : dans ces sortes d'affaires, il en est bien peu sans doute qui n'aient éprouvé ces bourrasques de bouderie, depuis les pécheurs de haut parage jusqu'à la canaille.

LIV.

Mais, somme toute, c'était un heureux couple, aussi heureux que pouvait les rendre un amour illégitime : le galant était tendre, la dame était belle, leurs chaînes étaient si légères qu'elles ne valaient pas la peine qu'on les brisât ! Le monde les voyait d'un œil d'indulgence ; les dévots seuls souhaitaient « que le diable les emportât ! » Il ne les emporta point ; bien souvent il attend, et laisse les vieux pécheurs servir d'hameçon aux jeunes.

LV.

Mais ils étaient jeunes : oh! que serait l'amour sans la jeunesse, et que serait la jeunesse sans l'amour? La jeunesse lui donne joie, douceur, vigueur, vérité, cœur, âme, et tous ces dons qui semblent venir d'en haut; mais avec les années, il languit, il devient déplaisant; — c'est l'une de ces choses que l'expérience n'améliore pas : ce qui explique peut-être pourquoi les vieillards sont toujours si ridiculement jaloux.

LVI.

C'était le temps du carnaval, comme je l'ai déjà dit trente-six stances plus haut. Laure fit donc les préparatifs que vous faites quand vous vous proposez d'aller passer la soirée au bal de madame Boehm, soit comme spectateur, soit comme acteur; la seule différence, c'est que — *ici* nous avons six semaines de figures masquées.

LVII.

Laure, quand elle était habillée, était (comme je l'ai déjà dit) la plus jolie femme qu'on pût voir, fraîche comme l'ange peint sur l'enseigne d'une nouvelle auberge, ou le frontispice d'un nouveau *magasine* contenant les modes du mois dernier, colorié, et avec une feuille de papier de soie entre la gravure et le titre, de peur que les parties du discours ne tachent les parties de la toilette.

LVIII.

Ils se rendirent au *Ridotto* : — c'est une salle où l'on va danser, souper, et danser encore; son nom véritable serait peut-être celui de bal masqué; mais cela n'est d'aucune importance pour mon récit; c'est, sur une petite échelle, une réunion semblable à notre Vauxhall, excepté qu'elle ne saurait être gâtée par la pluie. La compagnie était « *mêlée* » (par le mot que je souligne, je veux dire qu'elle ne méritait pas votre attention);

LIX.

Car par « *compagnie mêlée* » on entend qu'à l'exception de vous, de vos amis, et d'une cinquantaine d'autres que vous pouvez saluer sans hauteur, le reste n'est qu'une réunion de gens de bas étage, peste des lieux publics, où ils affrontent bassement le regard fashionable de quatre cents personnes bien nées, appelées « *le monde* », je ne sais trop pourquoi, quoique je les aie connues.

LX.

C'est ce qui a lieu en Angleterre ; c'est du moins ce qui avait lieu sous la dynastie des dandys, à laquelle a peut-être succédé depuis quelque autre classe d'imitateurs imités. — Hélas ! comme ils déclinent vite et sans retour les démagogues de la mode ! tout est fragile ici-bas ; comme on perd vite l'empire du monde, par l'amour, par la guerre, et quelquefois par la gelée !

LXI.

Napoléon fut écrasé par le Thor septentrional, qui assomma son armée avec son marteau de glace ; il se vit arrêté par les *éléments*[5], comme un baleinier, ou un novice qui ouvre pour la première fois une grammaire française ; il avait plus d'un motif de se défier des chances de la guerre ; et quant à la Fortune, — mais je n'ose la maudire, parce que plus j'y réfléchis, plus je me sens disposé à croire à sa divinité ;

LXII.

Elle gouverne le présent, le passé, l'avenir ; elle nous porte bonheur à la loterie, en amour et en mariage ; je ne puis dire qu'elle ait encore beaucoup fait pour moi, non que je veuille déprécier ses faveurs ; elle et moi nous n'avons pas encore clos nos comptes, et nous verrons comment elle me dédommagera de mes mésaventures passées ; en attendant, je n'importunerai plus cette déesse, si ce n'est pour lui adresser mes remerciements quand elle aura fait ma fortune.

LXIII.

Pour venir, — et revenir à notre histoire ; — le diable l'emporte cette histoire ! Elle me glisse sans cesse entre les doigts, obligée qu'elle est de se ployer aux caprices de la stance, — ce qui fait qu'elle languit : ce rhythme une fois commencé, je ne puis l'interrompre ; comme les chanteurs de nos théâtres, je suis tenu de suivre l'air et la mesure ;

mais si je parviens à me tirer de ce mètre-ci, j'en prendrai un autre la première fois que j'en aurai le loisir.

LXIV.

Ils se rendirent au *Ridotto*. (C'est un endroit où je me propose d'aller moi-même demain, uniquement pour donner à mes pensées quelque diversion, car je me sens un peu triste; et je m'amuserai à deviner quelle espèce de visage chaque masque recèle; et comme j'ai une tristesse qui parfois ralentit le pas, je ferai naître ou trouverai quelque chose qui la retienne en arrière pendant une demi-heure.)

LXV.

Cependant Laure traverse la foule joyeuse, le sourire dans les yeux et sur les lèvres : aux uns elle parle à demi-voix, aux autres tout haut; à ceux-ci elle fait une révérence, à ceux-là un léger salut, se plaint de la chaleur; à peine elle a parlé, son amant apporte la limonade; elle y goûte un peu; puis, promenant autour d'elle ses regards, blâme et plaint à la fois ses amies les plus chères de s'être aussi ridiculement accoutrées.

LXVI.

L'une a de faux cheveux; une autre, trop de fard; une troisième, — où a-t-elle acheté cet effroyable turban? une quatrième est si pâle qu'elle va sans doute s'évanouir; une cinquième a l'air commun, gauche et provincial; la soie blanche d'une sixième a une teinte jaune; la mousseline si mince d'une septième sans doute lui portera malheur; et voilà qu'une huitième paraît : — « Je n'en veux pas voir davantage! » de peur que, comme les rois de Banquo, elles n'atteignent la vingtaine.

LXVII.

Pendant qu'elle regardait ainsi les autres, tous les yeux se fixaient sur elle; elle entendait les éloges que les hommes lui donnaient à voix basse, et résolut de ne pas bouger qu'ils n'eussent fini; les femmes seules trouvèrent tout à fait surprenant qu'à son âge elle eût encore tant d'adorateurs; — mais les hommes sont si dépravés, que ces créatures au front d'airain sont toujours de leur goût.

LXVIII.

Pour ma part, je n'ai jamais pu comprendre pourquoi des femmes sans pudeur... — mais je ne veux pas discuter maintenant une chose qui est le scandale du pays ; seulement je ne vois pas pourquoi il en serait ainsi ; et si j'étais en robe à rabat, de manière à pouvoir déclamer autant qu'il me plairait, je prêcherais sur cette matière tant et tant, que Wilberforce et Romilly citeraient mon homélie dans leurs prochains discours.

LXIX.

Pendant que Laure regardait et était regardée, souriant et parlant sans savoir comment ni pourquoi ; pendant que les dames de sa connaissance contemplaient d'un œil jaloux ses airs et son triomphe, et que des cavaliers élégamment vêtus défilaient devant elle, s'inclinaient en passant, et se mêlaient à son babil, un homme, plus que tous les autres, tenait ses regards fixés sur elle avec une rare persévérance.

LXX.

C'était un Turc couleur d'acajou ; Laure le vit et fut d'abord contente, parce que les Turcs sont grands partisans de la philogynie, bien que la manière dont ils en usent avec leurs femmes soit déplorable ; on dit qu'ils achètent une pauvre femme comme on achète un cheval, et la traitent comme un chien : ils en ont plusieurs, quoiqu'ils ne les fassent jamais voir ; la loi leur accorde quatre épouses, et des concubines « *ad libitum.* »

LXXI.

Ils les enferment, les voilent et les gardent chaque jour ; c'est à peine si on leur permet de voir leurs parents du sexe masculin ; en sorte que leurs moments ne s'écoulent pas aussi gaiement qu'on le suppose parmi les nations du nord ; et puis leur réclusion doit leur donner un air pâle ; et comme les Turcs abhorrent les longues conversations, leurs journées se passent à ne rien faire ou à se baigner, à soigner leurs enfants, à faire l'amour et à se parer.

LXXII.

Elles ne savent pas lire, et par conséquent ne se mêlent pas de critique littéraire ; ni écrire, ce qui fait qu'elles n'affectent pas le rôle de muses ; elles ne font ni jeux de mots ni épigrammes, n'ont ni romans, ni sermons, ni pièces de théâtres, ni revues. — Le savoir dans le harem vous ferait bientôt un joli schisme! mais fort heureusement que ces beautés-là ne sont pas des « bas-bleus. » Nul Botherby ne s'empresse de venir leur montrer « un passage charmant dans le dernier poëme qui a paru. »

LXXIII.

Là, point de rimeur antique et solennel qui, ayant toute sa vie pêché à la gloire pour n'attraper jamais qu'un goujon à la fois, n'en continue pas moins sa pêche avec ostentation, et reste ce qu'il était, le « Triton des fretins », le sublime de la médiocrité, le fou de sens rassis, l'écho d'un écho, le pédagogue des femmes beaux-esprits, des poëtes en herbe, — et, pour tout dire, un sot,

LXXIV.

Débitant fièrement ses oracles en phrases pompeuses, laissant tomber un *bon* approbateur qui n'est pas *bon* en droit ; bourdonnant comme les mouches autour de toute clarté nouvelle, la plus bleue des mouches bleues ; vous fatiguant de son blâme, vous torturant de ses éloges, avalant toute crue le peu de réputation qu'il peut attraper, traduisant des langues dont il ne connaît pas même l'alphabet, et suant des pièces si médiocres que de mauvaises seraient meilleures.

LXXV.

On déteste un auteur qui n'est qu'auteur, un de ces hommes en uniforme de fou, barbouillés d'encre, si nerveux, si habiles, si susceptibles et si jaloux, qu'on ne sait que leur dire ni qu'en penser, à moins de gonfler ces ballons d'orgueil avec une paire de soufflets ; les plus fats d'entre les fats sont préférables à ces rognures de papier, à ces mouchures mal éteintes du flambeau de la nuit.

LXXVI.

Nous en voyons plusieurs de cette espèce ; nous en voyons d'autres aussi qui sont hommes du monde, qui connaissent le monde comme des hommes doivent le connaître : Scott,

Rogers, Moore, et tous ces confrères d'élite, qui pensent à autre chose encore qu'à la plume ; mais pour les enfants de la sottise, ces hommes qui voudraient passer pour des gens d'esprit et ne savent pas être des gens comme il faut, je les laisse à leur «*le thé est prêt* » de chaque jour, à leur élégante coterie, à leur femme de lettres.

LXXVII.

Les pauvres et chères musulmanes dont je parle n'ont aucun de ces hommes instructifs et agréables ; l'*un* d'eux serait pour elles une nouvelle invention, aussi inconnue que les cloches dans un clocher turc ; je pense qu'il ne serait peut-être pas mal (bien que les projets les mieux semés produisent quelquefois une mauvaise récolte) d'envoyer un auteur en mission pour prêcher dans ces pays-là notre usage chrétien des parties du discours.

LXXVIII.

Point de chimie qui leur révèle ses gaz ; pas de cours de métaphysique ; aucune bibliothèque circulante qui recueille au passage les romans religieux, les contes moraux, les tableaux de mœurs contemporaines ; point d'expositions annuelles de peinture ; elles ne suivent pas le cours des étoiles du haut de leurs mansardes, et, grâce à Dieu, n'étudient pas les mathématiques.

LXXIX.

Pourquoi j'en rends grâce à Dieu, peu importe ; on croira facilement que j'ai mes raisons pour cela ; et comme elles n'ont peut-être rien de bien flatteur, je les garde pour ma vie (à venir) en prose ; je crois que j'ai une certaine prédisposition à la satire, et néanmoins il me semble qu'à mesure qu'on vieillit on est plus enclin à rire qu'à gronder, bien que le rire, sitôt qu'il est passé, nous laisse doublement sérieux.

LXXX.

O gaieté et innocence ! vous qui êtes l'eau et le lait de la vie ! heureux mélange, boisson de plus heureux jours ! dans ce siècle de péché et de carnage, l'homme abominable n'étanche plus sa soif avec un breuvage aussi pur. N'importe, je vous aime toutes deux, et toutes deux vous aurez mon hommage. Oh! qui nous rendra le vieux Saturne et son règne de sucre candi? — En attendant, je bois à votre retour avec de l'eau-de-vie.

LXXXI.

Le Turc de notre Laure continuait à la regarder fixement, moins à la manière musulmane qu'à la mode chrétienne, qui semble dire : « Madame, je vous fais beaucoup d'honneur, et tant qu'il me plaira de vous regarder, vous aurez la complaisance de ne pas bouger de place. » Si l'on pouvait conquérir une femme en la regardant, Laure était conquise; mais cela n'était pas possible avec elle : elle avait soutenu trop longtemps et trop bravement le feu de l'ennemi pour baisser pavillon devant le coup d'œil étrange de cet inconnu.

LXXXII.

Le matin allait paraître ; à cette heure-là je conseille aux dames qui ont passé la nuit à danser ou à tout autre exercice, de faire leurs préparatifs de retraite, et de quitter la salle avant le lever du soleil, parce qu'en l'absence des lustres et des bougies, il est à craindre que son éclat ne les pâlisse tant soit peu.

LXXXIII.

J'ai vu dans mon temps quelques bals et quelques fêtes, et il m'est arrivé pour quelque sotte raison de rester jusqu'à la fin : alors je regardais (j'espère que ce n'est point un crime), pour voir quelle était la dame qui soutenait le mieux le grand jour; et, bien que j'en aie vu des milliers dans la fleur de l'âge, de charmantes et qui plaisaient et peuvent plaire encore, je n'en ai vu qu'une dont l'éclat pouvait, après la danse et les étoiles disparues, soutenir la présence du matin.

LXXXIV.

Je ne dirai pas le nom de cette Aurore, et cependant je le *pourrais*, car elle n'était pour moi que cette admirable invention de Dieu, une femme charmante, que nous aimons tous à voir; mais je serais blâmable de citer des noms propres; pourtant, si vous désirez découvrir cette belle, allez au prochain bal de Londres ou de Paris, vous y remarquerez encore son visage, effaçant tous les autres par sa fraîcheur.

LXXXV.

Laure, qui savait le danger qu'il y avait à s'exposer à la clarté du jour après avoir passé sept heures au bal au milieu de trois mille personnes, jugea qu'il était temps de faire sa révérence ; le comte la suivait, portant son châle, et ils étaient sur le point de quitter la salle ; mais voyez le malheur ! ces maudits gondoliers s'étaient mis juste à la place où ils n'auraient pas dû se trouver.

LXXXVI.

En cela ils ressemblent à nos cochers, et la cause en est exactement la même, — la foule ; ils se poussent, se heurtent, avec des blasphèmes à se disloquer la mâchoire, et font un vacarme non interrompu. Chez nous MM. de Bow-Street[6] maintiennent l'ordre, et ici une sentinelle est à deux pas ; mais malgré tout cela, il s'échange bien des juremens et des mots révoltants qu'on ne peut redire ni supporter.

LXXXVII.

Le comte et Laure trouvèrent enfin leur gondole, et voguèrent jusqu'à leur demeure sur l'onde silencieuse, s'entretenant du bal auquel ils venaient d'assister, des danseurs et danseuses, ainsi que de leur toilette, entremêlant le tout d'un peu de médisance ; déjà la barque s'approchait de l'escalier de leur palais, lorsque Laure, assise à côté de son adorateur, aperçut tout à coup le musulman qui se tenait là devant eux.

LXXXVIII.

« Monsieur, » dit le comte, dont le front commença singulièrement à se rembrunir, « votre présence inattendue en ce lieu m'oblige à vous en demander le motif. Je veux croire que c'est une méprise ; je l'espère du moins, et, pour couper court à tout compliment, je l'espère dans *votre* intérêt ; vous me comprenez, sans doute, ou je me ferai comprendre. » — « Monsieur, » dit le Turc, « ce n'est pas du tout une méprise.

LXXXIX.

« Cette dame est *ma femme* ! » Jugez de l'étonnement qui se peignit sur le visage de la dame ; elle changea de couleur, et ce n'était pas sans raison ; mais là où une Anglaise s'évanouirait, les Italiennes ne vont pas si loin; elles se bornent à se recommander un peu à leurs saints, et puis reviennent à elles, complétement ou peu s'en faut; ce qui épargne beaucoup d'esprit de corne de cerf, de sels, d'eau jetée au visage, et de lacets coupés, comme c'est l'usage en pareil cas.

XC.

Elle dit, — que dit-elle? pas un mot; mais le comte, considérablement calmé par ce qu'il venait d'entendre, invite poliment l'étranger à entrer : « Nous discuterons ces matières beaucoup mieux à la maison, » lui dit-il; « ne nous ridiculisons pas en public, en faisant une scène et une esclandre; tout ce que nous y gagnerions serait de faire causer et rire à nos dépens. »

XCI.

Ils entrent et demandent qu'on serve le café. — Le café vient, breuvage que prennent également les Turcs et les chrétiens, quoique la manière de le préparer ne soit pas la même. Alors Laure, qui a recouvré ses esprits, et à qui la parole est revenue, s'écrie : « Beppo! quel est votre nom païen? Dieu me bénisse! votre barbe est d'une merveilleuse longueur! Comment se fait-il que vous soyez resté si longtemps absent? Ne comprenez-vous pas combien c'était mal à vous?

XCII.

« Êtes-vous bien *réellement* et *véritablement* Turc? Avez-vous épousé d'autres femmes? Est-il vrai qu'elles se servent de leurs doigts en guise de fourchette? sur ma parole, voilà le plus joli châle que j'aie jamais vu! voulez-vous me le donner? On dit que vous ne mangez point de porc. Comment avez-vous fait pendant tant d'années pour... — Dieu me bénisse! ai-je jamais? non, non, jamais je n'ai vu un homme jaunir à ce point! Votre foie est-il malade?

XCIII.

« Beppo! cette barbe ne vous sied pas bien; avant que vous ayez vieilli d'un jour, elle sera coupée : pourquoi la portez-vous? Oh! j'oubliais; — dites-moi, ne trouvez-vous pas que ce climat-ci est plus froid? Quel air vous avez! Vous ne sortirez pas dans ce singulier costume, de peur que quelqu'un ne vous reconnaisse et n'aille conter votre histoire. Comme vos cheveux sont courts! mon Dieu! comme ils ont grisonné! »

XCIV.

Que répondit Beppo à toutes ces questions? je n'en sais rien. Il avait été jeté sur le rivage où fut Troie anciennement, où aujourd'hui il n'y a plus rien ; comme de raison, on en avait fait un esclave, lui donnant pour tout salaire du pain et la bastonnade, jusqu'à ce que, certaines bandes de pirates ayant débarqué dans une baie voisine, il s'était réuni à ces vauriens, avait prospéré, et était devenu un renégat de réputation équivoque.

XCV.

Et il devint riche, et avec la richesse lui vint un si violent désir de revoir sa patrie, qu'il regarda comme un devoir d'y rentrer, et de ne pas rester toute sa vie écumeur de mer ; il lui arrivait parfois de sentir en lui-même un vide, comme Robinson dans son île ; il loua donc un navire venant d'Espagne et se rendant à Corfou : c'était une belle polacre, ayant douze hommes d'équipage et chargée de tabac.

XCVI.

Il s'embarqua, non sans courir de grands risques, emportant avec lui ses richesses (acquises Dieu sait comment), et il gagna le large, quelque téméraire que fût cette entreprise ; *il* dit que la *Providence* l'avait protégé ; — pour ma part, je ne dis rien, — de peur de différer d'opinion avec lui ; — n'importe, le navire fut équipé, mit à la voile et eut une heureuse traversée, sauf trois jours de calme à la hauteur du cap Bone.

XCVII.

Arrivé à Corfou, il transporta à bord d'un autre navire son chargement, sa personne et son équipage, et se fit passer pour un marchand turc, faisant le commerce de diverses marchandises dont je ne me rappelle plus le nom. Quoi qu'il en soit, il se tira d'affaire par cette ruse, sans quoi on l'aurait peut-être fusillé ; et c'est ainsi qu'il débarqua à Venise, pour y reprendre sa femme, sa religion, sa maison et son nom chrétien.

XCVIII.

Sa femme le reçut; le patriarche le rebaptisa (notez qu'il fit un cadeau à l'église); il quitta ensuite le costume qui le déguisait, et emprunta pour un jour les habits du comte. Ses amis, après sa longue absence, ne l'en estimèrent que davantage, voyant qu'il avait de quoi leur donner d'excellents dîners, dans lesquels il leur prêtait souvent à rire par ses histoires; — mais je n'en crois pas la moitié.

XCIX.

Quoi qu'il eût souffert dans sa jeunesse, l'opulence et le plaisir de conter indemnisèrent sa vieillesse; bien que Laure le fît quelquefois enrager, j'ai su que le comte et lui ne cessèrent pas d'être amis. Me voilà arrivé au bout d'une page qui, étant terminée, terminera cette histoire; il serait à désirer qu'elle eût fini plus tôt; mais une fois entamées, les histoires s'allongent on ne sait trop comment [7].

NOTES.

[1] *Beppo* fut écrit à Venise en octobre 1817, et acquit, aussitôt après sa publication (mai 1818), une immense popularité. Les lettres de Byron prouvent qu'il attachait dans le principe peu d'importance à cette composition; il était loin de croire avoir ouvert une nouvelle route où son esprit était destiné à obtenir les plus beaux triomphes. — « J'ai composé, dit-il à M. Murray, un poëme *humorous* dans le genre de Whistlecraft; il est fondé sur une anecdote vénitienne qui m'a beaucoup amusé; il a pour titre *Beppo* : c'est l'abréviation de Giuseppo, qui est le Joseph italien. On y trouve de la politique et beaucoup d'audace. » — Et ailleurs : — « Whistlecraft est mon modèle immédiat; mais Berni est le père de ce genre de composition. Il convient, selon moi, on ne peut mieux à notre langue. Nous en ferons l'épreuve : cela servira au moins à prouver que je puis traiter des sujets gais, et à me justifier de l'accusation de monotonie. » Lord Byron voulait que M. Murray acceptât *Beppo* comme un cadeau, ou, pour nous servir de son expression, — « comme compris dans le traité relatif au quatrième chant de *Childe-Harold*. » — Il ajoutait : — « Je vous en enverrai d'autres dans le même genre, car je connais le *genre de vie* des Italiens; et quant aux *vers* et à la peinture des *passions*, je suis encore passablement vigoureux. »

² Roger Ascham, précepteur de la reine Élisabeth, dit dans son *Maître d'école* : — « Quoique je n'aie passé que neuf jours à Venise, j'y ai vu, dans ce court intervalle, plus de libertés pécheresses que je n'en ai entendu rapporter à Londres en neuf ans. »

³ Cette description ne paraît pas être basée sur l'histoire. Suivant Vasari et d'autres, Giorgione ne fut jamais marié, et mourut jeune.

⁴   *Quæ septem dici, sex tamen esse solent.*
           Ovid.

⁵ Lorsque Brummel fut obligé de se retirer en France, il ne savait pas un mot de français, et il prit une grammaire pour étudier cette langue. Notre ami Scrope Davies, auquel on demandait quels étaient les progrès de Brummel en français, répondit que — « Brummel avait été arrêté, comme Napoléon, par les *éléments*. » J'ai mis ce calembour dans *Beppo*. C'est un échange de politesse, et non un vol : car Scrope a fait son profit dans plusieurs dîners, comme il en est convenu lui-même, de bons mots que je lui avais dits le matin. B. 1821.

⁶ Les officiers de paix.

⁷ « Vous me demandez, dit lord Byron dans une lettre écrite en 1820, un volume sur l'Italie. Je suis peut-être plus en état que tout autre Anglais de connaître, en effet, les habitudes de ce peuple, ayant vécu avec des Italiens et dans certains endroits où aucun Anglais n'avait résidé avant moi (dans la Romagne, par exemple); mais il y a plusieurs raisons pour lesquelles je ne voudrais pas traiter un pareil sujet. Leur morale n'est pas notre morale, leurs mœurs ne sont pas nos mœurs : nous ne les comprendrions pas ; leur éducation couventuelle, l'amoureux servage de leurs cavaliers, leurs habitudes de pensée et de vie domestique, sont entièrement différentes des nôtres, et la différence est d'autant plus frappante que vous vivez plus intimement avec eux. Je ne connais pas de moyens de faire connaître un peuple à la fois réservé et débauché, sérieux de caractère et bouffon dans ses amusements, susceptible d'impressions, de passions, qui sont à la fois *soudaines* et *durables*, ce que vous ne trouverez dans aucune autre nation. Ils n'ont pas de société, au moins ce que nous appelons ainsi, comme on peut le voir dans leurs comédies. Ils n'ont pas de véritable comédie, même dans Goldoni, parce qu'il n'existe pas de société que l'on puisse peindre sur le théâtre. Leurs *conversazioni* ne sont pas du tout une société. Ils vont au théâtre pour parler, et en compagnie pour se taire. Les femmes s'asseyent en cercle, les hommes se rassemblent en groupes, ou bien encore ils jouent au *loto reale* de très petites sommes. Leurs académies sont des concerts comme les nôtres, avec une meilleure musique et plus de dehors. Ce qu'ils ont de mieux, ce sont les bals de carnaval et les mascarades, alors que chacun abdique sa raison pour six semaines. Après leur dîner et leur souper, ils improvisent des vers et font des plaisanteries, mais dans un goût qui ne nous conviendrait nullement, à nous autres gens du Nord. Quant à leur intérieur, l'opposition est encore plus grande. Les femmes, depuis celle du pêcheur jusqu'à la plus grande dame, ont certaines règles, certaines traditions, certain décorum, qui forment en

quelque sorte les règles du jeu de l'amour, règles qui souffrent peu de déviations ; elles sont extrêmement tenaces, et jalouses comme des furies, ne permettant même pas à leurs amants de se marier si elles peuvent l'empêcher, et les gardant à côté d'elles en public, et dans leur intérieur aussi près qu'elles le peuvent ; en un mot, elles changent le mariage en adultère régularisé. Un mot explique cette conduite : elles se marient pour leur famille et aiment pour elles-mêmes. L'exacte fidélité envers un amant est un devoir d'honneur, tandis qu'elles regardent leur mari comme un marchand qu'il faut contenter, et voilà tout. Lorsqu'on parle du caractère d'une personne, femme ou homme, on ne la juge pas d'après sa conduite comme épouse ou comme époux, mais comme maîtresse ou comme amant. Si j'avais à écrire un in-quarto, je ne pourrais qu'amplifier ce que je viens de résumer en peu de mots. »

MAZEPPA[1].

AVERTISSEMENT.

« Celui qui remplissait alors cette place était un gentilhomme polonais, nommé Mazeppa, né dans le palatinat de Podolie ; il avait été élevé page de Jean-Casimir, et avait pris à sa cour quelque teinture des belles-lettres. Une intrigue qu'il eut dans sa jeunesse avec la femme d'un gentilhomme polonais, ayant été découverte, le mari le fit lier tout nu sur un cheval farouche, et le laissa aller en cet état. Le cheval, qui était du pays de l'Ukraine, y retourna, et y porta Mazeppa, demi-mort de fatigue et de faim. Quelques paysans le secoururent : il resta longtemps parmi eux, et se signala dans plusieurs courses contre les Tartares. La supériorité de ses lumières lui donna une grande considération parmi les Cosaques ; sa réputation, s'augmentant de jour en jour, obligea le czar à le faire prince de l'Ukraine. »

(VOLTAIRE, *Histoire de Charles XII*, p. 196.)

« Le roi, fuyant et poursuivi, eut son cheval tué sous lui ; le colonel Giéta, blessé et perdant tout son sang, lui donna le sien. Ainsi on remit deux fois à cheval dans la fuite ce conquérant qui n'avait pu y monter pendant la bataille. » — P. 216.

« Le roi alla par un autre chemin avec quelques cavaliers. Le carrosse où il était se rompit pendant la marche : on le remit à cheval. Pour comble de disgrâce, il s'égara pendant la nuit dans un bois ; là, son courage ne pouvant plus suppléer à ses forces épuisées, les douleurs de sa blessure devenues plus insupportables par la fatigue, son cheval étant tombé de lassitude, il se coucha quelques heures au pied d'un arbre, en danger d'être surpris à tout moment par les vainqueurs qui le cherchaient de tous côtés. » — P. 218 [2].

MAZEPPA.

I.

C'était après la terrible journée de Pultawa, alors que la fortune abandonna le royal Suédois ; tout autour, le sol était jonché des cadavres d'une armée qui avait combattu et versé son sang pour la dernière fois. La puissance et la gloire des armes, déesses inconstantes comme les hommes, leurs adorateurs, avaient passé au czar victorieux, et les murs de Moscou étaient en sûreté une fois encore, jusqu'au jour redoutable et funeste qui, dans une année plus mémorable, devait éclairer la honte et la défaite d'un nom plus haut, d'une armée plus puissante, un naufrage plus grand, une chute plus profonde, coup de tonnerre qui vint frapper un homme et ébranler le monde.

II.

Telle était la fortune de la guerre; Charles, blessé, avait enfin appris à fuir; la nuit, le jour, le voyaient traverser en fugitif les campagnes et les rivières, couvert de son sang et de celui de ses sujets; car des milliers périssaient pour protéger cette fuite, et pas une voix ne s'élevait pour gourmander l'ambition à cette heure d'abaissement où la vérité n'avait plus rien à redouter du pouvoir; son cheval est tué, Giéta lui donne le sien, — et va mourir prisonnier des Russes. Celui-là aussi succombe après plusieurs lieues d'inutiles fatigues courageusement soutenues; et c'est dans la profondeur des forêts, à la lueur lointaine des feux des sentinelles et de ceux des ennemis qui l'entourent, c'est là qu'il faut qu'un roi étende son corps fatigué. Est-ce pour conquérir de tels lauriers, un tel repos, que les nations s'épuisent en efforts? Accablé de douleur et de fatigue, on le dépose au pied d'un arbre; le sang de ses blessures est figé; ses membres sont engourdis; la nuit est froide et sombre; la fièvre qui échauffe son sang lui refuse la faveur passagère d'un sommeil agité: et cependant, au milieu de tout cela, il supporte en roi son adversité, et dans cette extrémité douloureuse, il fait de ses souffrances les vassales de sa volonté: elles demeurent en lui muettes et subjuguées, comme naguère autour de lui les nations.

III.

Quelques généraux l'accompagnent, — hélas! bien peu, débris échappés au désastre d'une seule journée; mais cette petite troupe est héroïque et fidèle. Tous s'étendent par terre, tristes et silencieux, auprès du monarque et de son coursier ; car le danger met de niveau l'homme et la brute, et la nécessité les rend égaux. Parmi eux est Mazeppa, l'hetman de l'Ukraine, le guerrier calme et intrépide ; il prépare sa couche sous un chêne vieux et robuste comme lui. Mais d'abord, bien qu'exténué par cette longue marche, le prince des Cosaques panse son coursier, lui fait une litière de feuilles, peigne sa crinière et ses fanons, desserre sa sangle, lui ôte la bride, et se réjouit de le voir manger ; car jusqu'à ce moment il avait craint que son cheval fatigué ne refusât de brouter sous la rosée de la nuit : mais il était aussi robuste que son maître, et peu difficile en fait de litière et de nourriture. Il était vif et docile tout à la fois, et faisait tout ce qu'on exigeait de lui ; velu, agile et vigoureux, il emportait son maître en vrai coursier tartare, obéissait à sa voix, venait à son appel, et le reconnaissait au milieu d'une foule : eût-il été entouré de milliers d'hommes, — par une nuit ténébreuse et sans étoiles, — depuis le coucher du soleil jusqu'à son lever, ce cheval suivait son maître comme un faon.

IV.

Cela fait, Mazeppa étend sur la terre son manteau, et pose sa lance contre le tronc du chêne. Il examine si ses armes sont en bon état, si elles n'ont pas souffert de la longue marche de cette journée, si la poudre est dans le bassinet, si la pierre est solidement attachée au chien ; — il parcourt de la main la poignée et le fourreau de son sabre, regarde s'ils n'ont point endommagé son ceinturon. — Alors seulement le guerrier vénérable tire de son havresac et de sa cantine ses petites provisions, qu'il offre en totalité ou en partie au monarque et à ses compagnons, avec beaucoup moins de façons que ne feraient des courtisans à un banquet. Charles, avec un sourire, partage un instant ce frugal repas, pour manifester une gaieté feinte, et se montrer supérieur à la fois et à ses blessures et à son malheur ; — puis il dit : « De toute notre troupe, bien qu'elle se compose de gens au cœur ferme, au bras fort, également aguerris aux escarmouches, à la marche ou au métier de fourrageur, nul, j'en suis sûr, n'en a moins dit et n'en a plus fait que toi, Mazeppa ! Depuis Alexandre, jamais on n'a vu sur terre de couple aussi bien assorti que ton Bucéphale et toi : toute la gloire de la Scythie doit baisser pavillon devant la tienne, quand il s'agit de franchir au galop les champs et les rivières. » Mazeppa répondit : « Maudite l'école où j'ai appris à monter à cheval ! » — « Pourquoi cela, vieil hetman, » reprit Charles, « puisque tu as si bien appris à exceller dans cet art ? » Mazeppa dit : « Ce serait une longue histoire, et nous avons encore bien du chemin à faire, avec une escarmouche par-ci par-là contre un ennemi qui est dix contre un, avant que nos chevaux puissent brouter à l'aise au delà du rapide Borysthène ; et, Sire, vos membres doivent avoir besoin de repos ; je servirai de sentinelle à votre troupe. » — « Je veux, » dit le monarque suédois, « que tu me contes cette histoire, peut-être me procurera-t-elle le bienfait du sommeil ; car en ce moment c'est vainement que mes yeux l'appellent. »

— « Eh bien ! dans cet espoir, Sire, je vais remonter le cours de mes soixante-dix ans de souvenirs. J'étais, je crois, dans mon vingtième printemps, — oui, c'est cela ; — à cette époque Casimir était roi, — Jean-Casimir ; — j'ai été son page pendant six ans, dans mon jeune âge ; c'était un monarque savant, ma foi ! et qui ne ressemblait guère à votre majesté : il ne faisait pas la guerre, celui-là, et ne gagnait pas des royaumes pour les reperdre ensuite ; et, sauf les débats de la diète de Varsovie, son règne s'écoula dans un repos tout à fait messéant. Ce n'est pas qu'il n'eût aussi ses tracas ; il aimait les muses et les femmes ; et quelquefois elles sont si fantasques, qu'il lui arriva souvent de souhaiter d'être au milieu des camps ; mais sa mauvaise humeur une fois passée, il prenait une autre maîtresse ou un nouveau livre ; et puis il donnait des fêtes prodigieuses, — tout Varsovie accourait à son palais pour admirer sa cour splendide et la dignité princière de ses dames et de ses seigneurs : c'était le Salomon de la Pologne ; ainsi l'appelaient ses poëtes, à l'exception d'un seul, qui, ne recevant pas de pension, fit une satire, et se vanta de ne pas savoir flatter. C'était une cour de tournois et de bateleurs, où chacun s'essayait à versifier : je me rappelle avoir moi-même fait des vers, et composé des odes que je signais : « Thyrsis au désespoir. » Il y avait là un certain palatin, un comte de haut lignage, riche comme une mine de sel ou d'argent ; il était fier, vous le croirez sans peine, comme s'il fût venu du ciel : peu de personnes au-dessous du trône étaient aussi riches que lui en noblesse et en écus ; à force de contempler ses trésors, de méditer sur sa généalogie, il avait fini par en perdre la tête et s'imaginer, par je ne sais quelle confusion d'idées, que le mérite de ces choses lui appartenait ; sa femme ne partageait pas cette opinion, — elle était plus jeune que lui de trente ans, — et chaque jour son joug lui devenait de plus en plus insupportable ; en sorte qu'après je ne sais combien de vœux, d'espérances et de craintes, quelques larmes d'adieu à la vertu, un ou deux songes agités, quelques regards jetés sur la jeunesse de Varsovie, quelques chansons, quelques danses, elle attendit les chances habituelles, ces accidents heureux qui rendent si tendres les dames les plus froides, pour décorer le comte de titres nouveaux qu'on dit être des passe-ports pour le ciel, et dont, chose étrange, se vantent rarement ceux qui les ont le plus mérités.

v.

« J'étais alors un joli garçon ; à soixante-dix ans il doit m'être permis de dire que dans mon jeune temps, vassaux, chevaliers, hommes ou jeunes gens, bien peu pouvaient me le disputer en agréments frivoles ; car j'avais vigueur, jeunesse, gaieté, un visage qui n'était pas comme celui que vous voyez, mais aussi gracieux que maintenant il est rébarbatif ; car le temps, les soucis et la guerre, en labourant mon front, en ont pour ainsi dire déraciné mon âme ; et mes parents auraient peine à me reconnaître en comparant ce que je suis à ce que j'étais ; au reste, ce changement s'est effectué longtemps avant que la vieillesse eût choisi mes traits pour y écrire ses annales. Vous savez que les années n'ont point fait décliner ma force, mon courage, mon intelligence, sans quoi je ne serais pas ici, à cette heure, à vous conter de vieilles histoires, sous un chêne, n'ayant pour dais qu'un ciel sans étoiles. Mais je poursuis : la beauté de Thérésa, — il me semble la voir en ce moment passer entre moi et ce châtaignier, tant son souvenir est encore vif et chaud ; et cependant je ne puis trouver d'expressions pour vous dire comment était faite celle que j'aimais tant : elle avait cet œil asiatique, fruit du mélange de la beauté turque avec notre sang polonais ; noir comme le ciel qui est au-dessus de nous ; mais il s'en échappait une lumière tendre comme le premier lever de la lune au milieu de la nuit. Ces grands yeux noirs, qu'on voyait nager dans des flots de clartés ruisselantes, et qui semblaient se fondre à leurs propres rayons, étaient tout amour, moitié langueur, moitié flamme ; on eût dit le regard de ces saints qui expirent sur le bûcher en levant vers le ciel des yeux ravis, comme si c'était pour eux une joie de mourir. Son front ressemblait à un lac par un beau jour d'été, alors que le soleil dore de ses feux l'onde transparente, que ses vagues ne laissent échapper aucun murmure, et que le ciel se mire dans son cristal. Ses joues et ses lèvres... — Mais à quoi bon poursuivre ? — Je l'aimais alors, — je l'aime encore ; et ceux qui me ressemblent, heureux ou malheureux, aiment avec une farouche énergie. Et néanmoins, jusque dans notre fureur, nous aimons encore, et nous sommes poursuivis dans notre vieillesse par l'ombre vaine du passé : tel est encore aujourd'hui Mazeppa.

VI.

« Nous nous vîmes, — nos regards se rencontrèrent ; — je la vis et je soupirai ; elle ne me parla pas, et pourtant elle me répondit. Il y a des milliers d'accents et de signes que nous entendons, que nous voyons, et que nul ne peut définir ; — étincelles involontaires de la pensée, qui s'échappent du cœur oppressé, et forment un étrange langage, à la fois mystérieux et intense ; anneaux de cette chaîne brûlante qui unit à leur insu de jeunes cœurs et de jeunes âmes ; métal électrique qui, on ne sait comment, sert de fil conducteur à la flamme absorbante. — Je vis, et soupirai, — et pleurai en silence, et néanmoins je restai, quoique à regret, dans les limites d'une timide réserve; enfin je lui fus présenté, et nous pûmes de temps à autre nous entretenir sans éveiller le soupçon. — Ce fut alors, et alors seulement, que je souhaitai de parler, que je m'y résolus; mais, faibles et tremblantes, les paroles expiraient sur mes lèvres. Un jour enfin, — il est un jeu, un passe-temps sot et frivole, avec lequel on trompe l'ennui de la journée; c'est..., — j'en ai oublié le nom; — nous y jouâmes elle et moi, je ne sais par quel étrange hasard; je me souciai peu de gagner ou de perdre; c'était assez pour moi d'être à portée d'entendre et de voir l'être que j'aimais le plus. — Je l'observais comme une sentinelle (puissent les nôtres faire aussi bien leur devoir par cette nuit sombre!), quand je crus m'apercevoir, et je ne me trompai pas, qu'elle était pensive, ne faisait aucune attention à son jeu, était insensible à la perte ou au gain, et cependant continuait à jouer pendant des heures entières, comme si sa volonté l'eût enchaînée à cette place, mais dans un tout autre but que celui de gagner. Alors il me vint une pensée rapide comme l'éclair, c'est qu'il y avait dans son air quelque chose qui me disait de ne pas désespérer; et sur-le-champ je parlai : mes paroles étaient incohérentes, — elles n'avaient pas grande éloquence; cependant elle m'écouta; — c'est assez : — qui écoute une première fois écoutera une seconde; son cœur assurément n'est pas de glace, et un refus n'est pas sans appel.

VII.

« J'aimai, et je fus aimé. — On dit, Sire, que vous n'avez jamais connu ces douces faiblesses; si cela est, j'abrégerai le récit de mes joies ou de mes douleurs; il vous semblerait absurde ou inutile; mais tous les hommes ne sont pas nés pour régner, ou sur leurs passions, ou, comme vous, sur eux-mêmes et sur les peuples à la fois. Je suis, — ou plutôt *j'étais* — prince; j'ai commandé à des milliers d'hommes, j'ai pu les conduire au chemin du péril et du carnage; mais

je n'ai jamais pu exercer sur moi-même le même empire.
— Mais continuons : j'aimai et je fus aimé ; en vérité, c'est une destinée heureuse ; mais ce bonheur, lorsqu'il est à son comble, se termine dans la douleur. — Je la voyais en secret, et l'heure qui me conduisait au boudoir de cette dame était livrée au supplice de l'attente. Mes jours et mes nuits n'étaient rien, — je ne vivais plus que pour cette heure, à laquelle ma mémoire, durant le long intervalle entre le jeune âge et la vieillesse, ne m'offre rien à comparer. — Je donnerais l'Ukraine pour revivre une fois encore de tels moments, — pour redevenir page, l'heureux page qui était maître d'un cœur tendre et de sa propre épée, et n'avait pour tout trésor que ces dons de la nature, la jeunesse et la santé. — Je la voyais en secret ; il en est qui pensent qu'il y a double plaisir à se voir ainsi ; je n'en sais rien. — J'aurais donné ma vie pour pouvoir l'appeler mienne à la face du ciel et de la terre ; car je murmurais souvent d'être obligé de ne la voir qu'à la dérobée.

VIII.

« Bien des yeux sont ouverts sur les amants ; il en fut ainsi de nous : — dans ces occasions, le diable devrait au moins être civil. — Le diable ! il est possible que je l'accuse à tort : ce fut peut-être l'ouvrage de quelque saint malencontreux qui, fatigué de son oisiveté, exhala contre nous sa bile pieuse. — Quoi qu'il en soit, une belle nuit, des espions mis en embuscade nous surprirent et s'emparèrent de nous. Le comte était un peu plus qu'irrité, — j'étais désarmé ; mais quand j'eusse été couvert d'acier de pied en cape, qu'eussé-je pu faire contre le nombre ? — C'était dans le voisinage de son château, loin de la ville et de tout secours, et presque à la pointe du jour ; je crus que mes moments étaient comptés, et qu'un autre soleil ne se lèverait pas pour moi ; après avoir fait une prière à la vierge Marie, et peut-être aussi à un saint ou deux, je me résignai à mon sort, et l'on me conduisit à la porte du château. Je n'ai jamais su ce qu'était devenue Thérésa ; depuis cette époque nos destinées ont été séparées. — Elle était grande, comme bien vous le pensez, la colère de l'orgueilleux comte palatin; et certes ce n'était pas sans raison; mais ce qui le rendait surtout furieux, c'était la crainte que cet accident n'affectât sa généalogie future; il n'en revenait pas de voir imprimer une telle tache à son écusson, lui qui était le plus noble de sa race; comme il était à ses propres yeux le premier des hommes, il croyait l'être aussi aux yeux des autres, et surtout aux miens. Corbleu! un page lui faire cet affront! encore si c'eût été un roi, il eût pu se résigner à la chose; mais un morveux de page! — Je compris sa rage, — mais je ne saurais la peindre.

IX.

— « Amenez le cheval! » — Le cheval fut amené; c'était vraiment un noble animal, un coursier tartare, de la race de l'Ukraine, qui paraissait avoir dans les membres la vitesse de la pensée; mais il était sauvage, sauvage comme le daim sauvage, jusqu'alors indompté, et vierge encore de la bride et de l'éperon. — Il avait été pris la veille seulement; hennissant, la crinière hérissée, résistant fièrement, mais en vain, tout écumant de colère et de terreur, l'enfant du désert est amené vers moi; ils m'attachent sur son dos, ces lâches esclaves; ils m'y enchaînent par des liens redoublés, puis, le laissant libre, le frappent d'un coup de fouet soudain : — En avant! — en avant! — et nous voilà lancés! — Les torrents sont moins impétueux et moins prompts.

X.

« En avant! — en avant! — J'avais perdu la respiration, — je ne vis point de quel côté le cheval se précipitait : à peine si le jour venait de paraître; et lui, couvert d'écume, il volait. — En avant! — en avant! — Les derniers sons de voix humaine que j'entendis, au moment où j'étais ainsi dardé loin de mes ennemis, furent les éclats de rire féroces qui venaient de cette valetaille, et que le vent apporta un instant à mon oreille : furieux, je dégageai ma tête et brisai la corde qui fixait mon cou à la crinière du cheval en guise de bride, et, me relevant à demi avec de convulsifs efforts, je leur envoyai ma malédiction avec un hurlement; mais le bruit des pas de mon coursier, la rapidité foudroyante de son galop, les empêchèrent peut-être de m'entendre : j'en serais fâché, — car je souffrirais de savoir que je n'ai pu leur rendre leur insulte. Je la leur ai bien rendue plus tard : de ce château, de son pont-levis et de ses fortifications, il ne reste pas aujourd'hui une pierre, un fossé ou une barrière, ni dans ses champs une touffe d'herbe, sauf celle qui croît sur un pan de mur à l'endroit où était la pierre du foyer. Vous passeriez par là bien des fois sans vous douter qu'il y avait là une forteresse; j'ai vu ses tourelles en flammes, leurs créneaux fendus et croulants, et le plomb fondu coulant comme une pluie de la toiture brûlée et noircie, dont l'épaisseur n'a point été à l'épreuve de ma vengeance. Dans ce jour de douleur où, voué par eux à la mort, j'étais lancé comme sur le rayon d'un éclair, ils étaient loin de prévoir qu'un jour je viendrais avec dix mille hommes de cavalerie remercier le comte de sa cavalcade incivile. Ils me jouèrent un vilain tour lorsque, me donnant un cheval sauvage pour guide, ils m'attachèrent à son flanc blanchi d'écume : je leur en ai joué un qui valait le leur, — car le temps finit par mettre toutes choses de niveau ; — et pourvu que nous sachions attendre le moment propice, il n'y a point de puissance humaine, si elle n'a pas été pardonnée, qui puisse échapper aux recherches patientes, aux longues veilles de celui qui couve comme un trésor le souvenir d'un outrage.

XI.

« En avant! en avant! mon coursier et moi nous volions sur les ailes des vents, laissant loin derrière nous toute habitation humaine; nous fendions l'air comme ces météores qui traversent les cieux, lorsqu'avec un bruit soudain l'aurore boréale vient dissiper la nuit. Nous n'avions sur notre route ni ville ni village, mais une plaine immense et déserte que bornait à l'horizon une noire forêt; et sauf les créneaux de quelques forteresses élevées autrefois contre les Tartares, et que j'apercevais de loin sur les hauteurs, je ne voyais aucune trace d'homme; l'année précédente, une armée turque avait passé dans ces lieux, et là où le spahi a imprimé le sabot de son cheval, la verdure fuit le sol ensanglanté. Le ciel était sombre, terne et grisâtre, et une sourde brise glissait avec des gémissements auxquels j'aurais bien voulu mêler les miens ; — mais emporté par la rapidité de ma course au loin, au loin, je ne pouvais ni soupirer ni prier. Une pluie de sueur froide découlait de mon front sur la crinière hérissée du cheval qui, continuant à ronfler de fureur et d'effroi, poursuivait son vol rapide. Quelquefois je m'imaginais qu'il allait ralentir sa course ; mais non, le poids léger de mon corps n'était rien pour sa robuste colère ; ce n'était pour lui qu'un aiguillon ; chaque mouvement que je faisais pour délivrer mes membres gonflés de leur douloureuse étreinte, ajoutait à sa rage et à son épouvante. J'essayai de faire entendre ma voix, — elle était faible et basse, et néanmoins elle le faisait tressaillir comme si on l'eût frappé du fouet ; et à chacun de mes accents il bondissait comme si le bruit soudain d'une trompette eût résonné à son oreille ; cependant mes liens étaient trempés de mon sang qui coulait le long de mes membres, et mon gosier était dévoré d'une soif plus brûlante que la flamme.

XII.

« Nous arrivâmes à la forêt sauvage : — elle était si vaste que d'aucun côté je n'en pus découvrir les limites. Çà et là s'élevaient des arbres antiques et vigoureux que n'auraient pu faire ployer les vents les plus violents qui soufflent des solitudes de la Sibérie, et dépouillent en passant les bois de leur feuillage ; — mais ces arbres étaient en petit nombre, et l'espace qui les séparait était rempli à perte de vue par de jeunes et verts arbustes ; ceux-ci étaient dans tout le luxe de leur parure annuelle. On était loin encore de ces soirées d'automne qui frappent de mort les feuilles des bois, et les dispersent colorées d'un rouge sans vie, pareil au sang coagulé des corps restés sur le champ de bataille lorsqu'une longue nuit d'hiver a gelé toutes ces têtes sans sépulture, et les a tellement durcies que le bec du corbeau s'efforce vainement d'entamer leurs joues glacées : c'était un immense et sauvage taillis, parsemé çà et là d'un châtaignier, d'un chêne vigoureux, d'un pin robuste, mais à une grande distance les uns des autres, — fort heureusement pour moi, sans quoi je m'en fusse mal trouvé. — Les branches pliaient devant nous sans me déchirer, et je trouvai la force de supporter mes blessures, déjà cicatrisées par le froid. — J'étais rassuré par mes liens contre le danger de tomber; nous glissâmes comme le vent à travers le feuillage, laissant derrière nous les arbustes, les arbres et les loups; la nuit, je les entendis nous suivre à la piste; j'entendis sur nos talons résonner leur galop qui lasse la rage du limier et le feu du chasseur: partout où nous allâmes, ils nous suivirent et ne nous quittèrent même pas au lever du soleil. A la pointe du jour je les vis derrière nous à une verge au plus de distance, nous suivant en longue file à travers le bois, de même que, la nuit, le bruit de leurs pas furtifs, qui faisaient frissonner les feuilles, avait frappé mon oreille. Oh! que n'aurais-je pas donné alors pour pouvoir, armé d'une épée ou d'une lance, mourir en combattant au milieu de cette horde, et ne succomber du moins qu'après avoir immolé plus d'un ennemi! Quand mon cheval avait commencé sa course, je souhaitais de la voir bientôt terminée; mais maintenant je doutais de sa vigueur et de sa vitesse! Appréhension vaine! sa nature agile et sauvage lui avait donné la vigueur d'un chevreuil des montagnes. La neige qui, de ses éblouissants tourbillons, aveugle et accable le villageois à deux pas de sa cabane, dont il ne franchira pas le seuil, égale à peine dans sa chute la rapidité avec laquelle il traversa l'enceinte de la forêt, infatigable, indompté et plus que sauvage; furieux comme un enfant gâté à qui on refuse quelque chose; ou, plus furieux encore, — comme une femme contrariée et qui veut faire à sa tête.

XIII.

« Nous avions franchi la forêt; il était plus de midi, et quoiqu'on fût au mois de juin, l'air était froid; peut-être mon sang s'était-il refroidi dans mes veines: la souffrance prolongée dompte les plus courageux. Je n'étais pas alors ce que je semble maintenant ; mais, impétueux comme un torrent d'hiver, je laissais éclater mes sentiments avant d'en avoir pu moi-même déterminer les motifs. Si l'on considère la fureur, le ressentiment et les craintes auxquels j'étais livré, les tortures que j'endurais, le froid, la faim, la douleur, la honte et le désespoir qui m'oppressaient : me voir ainsi nu et garrotté, moi, né d'une race d'hommes dont le sang, quand on les irrite et qu'un pied téméraire les foule, ressemble à celui du serpent à sonnettes levant sa crête et prêt à percer son ennemi ; comment s'étonner que ce corps épuisé s'affaissât un moment sous le poids de ses maux ? La terre fuyait sous moi, les cieux roulaient alentour ; il me sembla que je tombais ; je me trompais, j'étais trop bien attaché. Mon cœur défaillit, mon cerveau devint douloureux, battit un instant, puis cessa de battre : les cieux tournèrent comme une immense roue ; je vis les arbres vaciller comme des hommes ivres, et un faible éclair passa sur mes yeux qui ensuite ne virent plus rien : celui qui meurt ne peut mourir plus que je ne mourus alors. Accablé par la torture de cette course infernale, je sentais les ténèbres qui me couvraient s'éloigner, puis revenir encore ; je fis effort pour sortir de cette léthargie, mais ne pus réussir à rappeler mes sens : j'éprouvais ce qu'éprouverait un homme flottant sur une planche au milieu de l'Océan, ballotté sur l'onde, tantôt submergé, tantôt soulevé par les vagues qui le lancent vers une rive déserte. Ma vie onduleuse ressemblait à ces clartés fantastiques qui, au milieu de la nuit, luisent à nos yeux fermés, dans les premiers accès de la fièvre ; mais cette sensation disparut sans beaucoup de douleur, pour faire place à un trouble confus bien plus pénible ; j'avoue que je redouterais d'éprouver de nouveau la même souffrance au moment où je mourrai ; et pourtant je conjecture que nous devons en ressentir beaucoup plus avant de redevenir poussière ; n'importe, j'ai plus d'une fois découvert hardiment mon front devant la mort.

XIV.

« Le sentiment me revint ; où étais-je ? Glacé, engourdi,

étourdi, je sentis à chaque pulsation la vie reprendre peu à peu possession de mon être ; puis j'éprouvai pendant quelque temps une douleur convulsive qui rendit son cours à mon sang épaissi et glacé ; des bruits discordants arrivaient à mon oreille ; je sentis de nouveau mon cœur tressaillir ; la vue me revint, bien qu'obscurcie, comme si un épais cristal eût été placé entre les objets et moi. Il me sembla entendre auprès de moi le bruissement des vagues ; j'entrevis aussi le ciel parsemé d'étoiles ; — ce n'est point un songe ; le sauvage coursier nage dans un fleuve plus sauvage encore ! La rivière large et brillante étend au loin ses ondes en poursuivant son cours, et nous sommes au milieu, luttant contre les flots et nous dirigeant vers un rivage inconnu et silencieux. L'eau m'a tiré de mon engourdissement, et son baptême a rendu à mes membres roidis une vigueur passagère. Le poitrail de mon coursier brise les vagues qu'intrépide il affronte, et nous continuons d'avancer. Enfin nous atteignons la rive glissante ; c'était un port de salut qui avait peu de prix pour moi, car derrière nous tout était lugubre et sombre, et devant nous je ne voyais que ténèbres et terreurs. Combien d'heures de la nuit ou du jour je restai dans cette suspension de mes souffrances, je ne le puis dire ; à peine savais-je si ce souffle que j'aspirais était encore de la vie.

XV.

Le coursier sauvage, dont le poil est humide, dont la crinière ruisselle, les jambes fléchissent et les flancs fument, redouble d'efforts pour gravir la rive escarpée. Nous parvenons au sommet : une plaine immense se déroule à travers les ténèbres de la nuit, et semble s'étendre bien loin, bien loin, bien loin, comme ces précipices que nous voyons dans nos rêves; l'œil ne peut en découvrir les limites ; çà et là, quelques taches blanchâtres, quelques touffes d'un sombre gazon, se détachaient en masses confuses à la clarté de la lune qui se levait à ma droite ; mais rien dans cette ténébreuse solitude n'annonçait la présence d'une habitation humaine ; pas de clarté vacillante brillant dans le lointain comme un astre hospitalier : pas même un feu follet qui vînt se jouer de mes maux : cette dérision m'eût fait du bien alors ; sans pouvoir m'abuser, elle eût été bienvenue : car, au milieu de mes souffrances, elle m'eût rappelé quelque chose de la demeure des hommes.

XVI.

« Nous continuâmes à avancer, — mais d'un pas tardif et lent ; la sauvage vigueur du coursier était enfin épuisée ; las et abattu, une faible écume coulait de sa bouche, et il se traînait péniblement. Un enfant débile eût pu en ce moment le conduire ; mais cela ne me servait de rien : je ne pouvais profiter de sa faiblesse actuelle, — j'étais attaché, et eussé-je été libre, la force m'eût manqué peut-être. Je fis encore quelques efforts pour briser les liens qui m'enchaînaient si étroitement ; ce fut en vain, je ne fis que les resserrer davantage, et abandonnai bientôt des tentatives qui ne faisaient qu'ajouter à mes souffrances. Ma course étourdissante semblait sur le point de se terminer, quoique je ne me visse près d'atteindre aucun but. Quelques rayons lumineux annoncèrent la venue du soleil. — Avec quelle lenteur, hélas ! il se leva ! Je crus que le voile des vapeurs grisâtres du matin ne ferait jamais place au jour ; comme il fut long à se dissiper ! — Que de temps s'écoula avant que l'astre du jour eût coloré l'Orient de sa flamme pourpre, détrôné les étoiles, éteint les rayons de leurs chars, et du haut de son trône eût rempli la terre d'une lumière unique, entièrement à lui !

XXVII.

« Le soleil se leva, et dissipa le nuage de vapeurs étendu sur la surface de cette région solitaire ; mais que m'eût servi de traverser plaine, forêt, rivière ? aucune trace d'hommes ou d'animaux n'était empreinte sur cette terre luxuriante et sauvage ; nul vestige de voyageur, nul de travail ; l'air même était muet ; pas un bourdonnement d'insecte, pas une voix d'oiseau ne s'élevait des herbes ou des buissons. Haletant comme s'il allait expirer, l'animal épuisé marcha encore quelques verstes ; et toujours nous étions seuls, ou du moins semblions l'être. Enfin, pendant que nous cheminions d'un pas affaibli, je crus entendre sortir d'un groupe de noirs sapins le hennissement d'un cheval. Est-ce le vent qui souffle dans ces branches? Non, non! Voici venir de la forêt une troupe de cavalerie! je la vois qui accourt au galop. Un nombreux escadron s'avance! je veux pousser un cri; — mes lèvres étaient sans voix. Les coursiers s'élancent en caracolant; mais où sont ceux qui doivent tenir les rênes? Mille chevaux et pas un cavalier! Mille chevaux aux crins mouvants, à la queue flottante, aux larges naseaux que n'a jamais comprimés la douleur, à la bouche que le mors et la bride n'ont point ensanglantée, aux pieds légers dont le fer n'approcha jamais, aux flancs qui n'ont senti encore ni le fouet ni l'éperon; mille chevaux sauvages et libres comme les vagues roulantes de l'Océan, accourent en foule avec un bruit de tonnerre comme pour saluer notre débile approche. Cette vue ranime mon coursier; il accélère un moment son pas chancelant; il leur répond par un faible et sourd hennissement, puis il tombe. Étendu par terre, il exhale péniblement son dernier souffle; puis ses yeux deviennent ternes, ses membres immobiles : c'en est fait, son premier et dernier voyage est achevé! Ses camarades s'avancent, — ils le voient tomber, et moi, ils me voient bizarrement attaché sur son dos par mille liens que mon sang a rougis. Ils s'arrêtent, ils tressaillent, — se mettent à flairer l'air, galopent un moment çà et là, approchent, s'éloignent, caracolent alentour, puis tout à coup reculent en bondissant, commandés par un grand cheval noir qui semble le patriarche de sa tribu, et dont les flancs velus n'ont pas un seul poil blanc; ils ronflent, — écument, — hennissent, — s'écartent, puis, à la vue d'un homme, par un mouvement instinctif, prennent leur galop vers la forêt. — Ils m'abandonnèrent à mon désespoir, enchaîné au cadavre de mon malheureux coursier étendu sous moi sans vie, ne sentant plus l'étrange fardeau dont je ne pouvais débarrasser ni lui, ni moi; — et là nous restions gisants, le mourant sur le mort! Je ne m'attendais pas à ce qu'un autre jour se levât sur ma tête inabritée et sans défense.

« Je restai ainsi enchaîné depuis l'aube jusqu'au crépuscule, comptant douloureusement les heures trop lentes, avec tout juste assez de vie pour voir descendre sur moi mon dernier soleil, dans cette certitude désespérante qui fait qu'à la fin nous nous résignons à ce qui nous semblait autrefois le pire et le dernier des maux à redouter, destin inévitable, — véritable bienfait qui, pour venir de bonne heure, n'en est pas moins précieux; et pourtant, à nous voir le craindre et le fuir avec tant de soins, on dirait que c'est un piége auquel la prudence peut échapper. Parfois nous le souhaitons et l'implorons; parfois nous le demandons au glaive dont notre main tourne la pointe contre nous-mêmes, et cependant c'est un remède lugubre et hideux même à des maux intolérables, et sous aucune forme il n'est le bien-venu. Et néanmoins, chose étrange! les enfants du plaisir, ceux qui, dans leurs orgies, ont abusé de la beauté, de la table, du vin et de l'opulence, meurent calmes, plus calmes souvent que l'homme qui a eu la misère pour héritage; car celui qui a parcouru tour à tour tout ce qu'il y avait de beau et de nouveau n'a rien à espérer, rien à regretter; et, sauf l'avenir (que les hommes envisagent, non en raison du bien ou du mal qu'ils ont fait ici-bas, mais en raison de la force ou de la faiblesse de leurs nerfs), il n'a peut-être rien qui doive l'affliger ou le troubler; — mais l'infortuné espère toujours voir la fin de ses maux, et la Mort, qu'il devrait saluer comme une amie, paraît, à sa vue malade, venue tout exprès pour lui ravir sa récompense, l'arbre de son nouveau paradis. Demain lui aurait tout donné, l'aurait indemnisé de ses souffrances et relevé de sa ruine; demain aurait été le premier d'une série de jours où il n'y aurait eu rien à déplorer ni à maudire, le commencement d'une longue suite d'années brillantes, radieuses et souriantes, à travers le voile de ses pleurs, récompense de tant d'heures douloureuses; demain lui aurait donné le pouvoir; demain il aurait pu commander, briller, punir, sauver; — faut-il que cette aurore n'éclaire que sa tombe!

XVIII.

« Le soleil approchait de l'horizon, — et j'étais encore enchaîné à ce cadavre roide et glacé ; je crus que nous mêlerions en ce lieu nos poussières ; mes yeux obscurcis avaient besoin du trépas : nul espoir de délivrance ne m'apparaissait. Je levai mes derniers regards au ciel ; et là, entre moi et le soleil, je vis voler le corbeau impatient qui, pour commencer son repas, avait peine à attendre que les deux victimes fussent mortes ; il s'envolait, se posait à terre, puis s'envolait encore, et à chaque fois se rapprochait de nous ; à la lueur du crépuscule, je voyais ses ailes étendues, et un moment il vint se poser si près de moi que j'aurais pu le frapper si j'en avais eu la force ; mais le léger mouvement de ma main, le sable faiblement effleuré, le son débile qui sortit avec effort de mon aride gosier, et qu'on pouvait à peine appeler une voix, tout cela suffit à la fin pour l'écarter. — J'ignore le reste ; — tout ce que je me rappelle de mon dernier rêve, c'est je ne sais quelle étoile charmante que fixaient dans le lointain mes yeux obscurcis, et dont la lueur incertaine brillait, s'éclipsait tour à tour ; et puis encore la sensation froide, lourde, vague et pénible du retour de mes sens, que suivit de nouveau le calme de la mort ; puis un souffle de respiration me revint ; puis un léger frisson, une courte pause ; une défaillance glaciale coagula mon cœur ; des étincelles traversèrent mon cerveau, — un bâillement, une palpitation, un élancement de douleur, un soupir, et ce fut tout.

XIX.

« Je m'éveillai. — Où étais-je ? — Est-ce un visage humain qui me regarde ? Est-ce un toit qui m'abrite ? Est-ce sur un lit que mes membres reposent ? Est-ce dans une chambre que je me trouve ? Ces yeux brillants dont le bienveillant regard est fixé sur moi, sont-ce des yeux mortels ? Je refermai les miens, doutant si je n'étais pas encore plongé dans mon premier assoupissement. Une jeune fille à la taille svelte et haute, à la longue chevelure, était assise auprès du mur de la chaumière, occupée à me veiller. Au premier réveil de ma pensée, mes regards rencontrèrent les siens ; de temps en temps ses grands yeux sauvages et noirs me contemplaient avec une secrète sollicitude : je regardai, regardai encore, et me convainquis enfin que ce n'était pas une vision, — mais que je vivais en effet, et n'avais plus à craindre de servir de repas au vautour ; et quand la jeune fille de l'Ukraine vit que mes yeux appesantis s'étaient ouverts, elle sourit ; — et moi j'essayai de parler, mais ne pus y réussir ; et elle s'approcha, et, mettant un doigt sur ses lèvres, me fit comprendre que je ne devais pas tenter de rompre le silence jusqu'à ce que le retour de mes forces me permît le libre usage de la parole ; ensuite elle posa sa main sur la mienne, arrangea l'oreiller qui soutenait ma tête ; puis, marchant sur la pointe des pieds, ouvrit doucement la porte et parla à voix basse. — Jamais je n'entendis une si douce voix ! Il y avait de la musique jusque dans le bruit de ses pas ; — mais ceux qu'elle appelait n'étaient pas éveillés, et elle sortit ; mais auparavant elle jeta encore un regard sur moi, me fit un nouveau signe pour me dire que je n'avais rien à craindre, qu'il y avait du monde dans la pièce voisine, qu'en ce lieu tout était à mes ordres et qu'elle allait bientôt revenir ; en son absence il me sembla que je souffrais d'être seul.

XX.

« Elle revint avec son père et sa mère. — Mais qu'ajouterai-je encore ? Je ne vous fatiguerai pas du récit de mes aventures depuis le jour où je devins l'hôte du Cosaque : ils m'avaient trouvé sans mouvement dans la plaine, — m'avaient transporté à la cabane la plus rapprochée, — et là m'avaient rappelé à la vie, — moi, — destiné un jour à régner sur eux ! Ainsi, l'insensé qui voulut assouvir sur moi sa rage en raffinant sur mon supplice, m'envoya au désert, garrotté, nu, sanglant et seul, pour passer du désert sur un trône. — Quel mortel peut prévoir sa destinée ? — que nul ne se décourage, que nul ne désespère ! demain le Borysthène verra peut-être nos coursiers brouter en paix sur la rive ottomane, — et jamais je n'ai éprouvé à voir un fleuve autant de joie que j'en aurai à saluer celui-là quand nous serons en sûreté sur ses bords. Camarades, bonne nuit ! »

— L'hetman s'étendit sous l'ombrage du chêne, sur un lit de feuilles qu'il s'était préparé ; ce coucher n'avait rien d'incommode ni de nouveau pour un homme accoutumé à prendre son repos en tout lieu et à toute heure; le sommeil ne tarda pas à fermer ses paupières. Si vous êtes surpris que Charles ait oublié de le remercier de son récit, *lui* ne s'en étonna pas : depuis une heure le roi dormait.

NOTES.

1 Ce poëme fut écrit à Ravenne dans l'automne de 1818.

2 Pour de plus amples détails sur l'hetman Mazeppa, voyez l'*Histoire de Pierre le Grand,* par M. Barrow.

A VENISE.

I.

O Venise! Venise! quand tes murailles de marbre seront de niveau avec tes ondes, le cri des nations s'élèvera sur les ruines de tes palais, et sur les bords de la mer agitée il y aura une grande lamentation! Si moi, pèlerin du Nord, je pleure sur toi, que doivent donc faire tes enfants? — Tout, hormis de pleurer; et cependant ils ne murmurent que dans leur sommeil. Comme ils diffèrent de leurs pères! ils sont à ceux qui furent ce qu'est le verdâtre limon que laisse la mer en se retirant à la vague impétueuse qui renvoie le matelot chez lui sans son navire; et c'est ainsi qu'ils rampent lâchement comme des crabes dans leurs rues sur pilotis. O douleur! faut-il que les siècles aient légué une pareille moisson! De treize siècles de richesse et de gloire il ne reste que des cendres et des larmes; tous les monuments que rencontre le regard de l'étranger, église, palais, colonne, portent une empreinte de deuil; le lion lui-même paraît dompté, et les bruits rauques du tambour des Barbares font entendre chaque jour leur dissonnance monotone; cet écho de la voix des tyrans résonne le long de ces suaves ondes qui, balancées autrefois sous une nuée de gondoles, à la lueur du flambeau des nuits, n'exhalaient que de doux concerts, — que le murmure confus d'une foule joyeuse dont le plus grand péché était dans le battement trop vif du cœur, dans le trop-plein du bonheur. Hélas! l'âge peut seul réprimer cette ardeur du sang, et détourner le cours de ce fleuve luxuriant et voluptueux de sensations douces. Mais ces erreurs sont préférables aux sombres saturnales des nations arrivées au terme de leur décadence, alors que le vice marche en montrant à découvert son front hideux, que la gaieté est de la démence, et ne sourit que pour égorger; que l'espérance n'est qu'un délai trompeur, cet éclair de vie qui luit au malade dans l'instant qui précède sa mort : alors la faiblesse, ce dernier refuge mortel de la souffrance, et la torpeur des membres, triste commencement de la course froide et vacillante dont la mort remporte la palme, glacent peu à peu le sang dans les veines et amortissent les pulsations; toutefois c'est un soulagement pour la chair accablée de tortures; le moribond croit revenir à la vie, et il prend pour la liberté le silence de sa chaîne; et le voilà qui parle encore de vivre, et de ses esprits qui renaissent, — malgré sa faiblesse, et de l'air pur qu'il voudrait respirer; et tout en parlant il ne s'aperçoit pas que l'haleine lui manque, que ses doigts maigres ne sentent pas ce qu'ils touchent; cependant un nuage s'étend sur sa vue, — la chambre tourne autour de lui, — et des ombres fantastiques qu'il s'efforce en vain de saisir, voltigent et brillent devant lui, jusqu'à ce qu'enfin son cri étouffé expire dans un dernier râle, et tout n'est plus que glace et ténèbres, — et la terre, que ce qu'elle était dans le moment qui précéda notre naissance.

II.

Plus d'espoir pour les nations! — Parcourez les annales du genre humain depuis des milliers d'années : — les vicissitudes journalières, le flux et le reflux des siècles qui se suivent, le présent, éternelle répétition du passé, tout cela ne nous a rien ou presque rien appris : nous continuons à nous appuyer sur des choses qui se brisent sous notre poids, et épuisons nos forces à frapper dans le vide; car c'est notre propre nature qui nous jette bas : nous ressemblons aux animaux dont nous faisons à toute heure des hécatombes pour alimenter nos festins, — il faut qu'ils aillent où les mène leur conducteur, fût-ce à la mort. Hommes qui pour les rois versez votre sang comme de l'eau, qu'ont-ils donné en retour à vos enfants? un héritage de servitude et de malheurs, un aveugle esclavage avec des coups pour salaire. Eh quoi! n'est-il pas fumant de sueur et de sang le soc de la charrue qui vous moissonne et sur lequel vous tombez à tour de rôle, heureux de donner cette preuve *infaillible* de loyauté, baisant la main qui vous conduit au trépas, et fiers de fouler les sillons ensanglantés? Tout ce que vos pères vous ont transmis, tout ce que le temps vous a légué de libre, et l'histoire de sublime, provient d'une autre source ! — Vous voyez et lisez, vous admirez et soupirez, et vous n'en allez pas moins vous faire immoler ! sauf un petit nombre d'esprits qui ne se sont point laissé ébranler dans leurs convictions par les crimes soudains accomplis au bruit des prisons tout à coup écroulées, quand chacun a soif de boire les eaux délicieuses qui jaillissent de la source de la liberté, — quand la foule, rendue furieuse par des siècles de servitude, fait entendre ses cris et se précipite pour obtenir la coupe qu'on lui présente ; car les peuples doivent y boire l'oubli d'une chaîne pesante et douloureuse sous laquelle ils ont été longtemps attelés pour labourer le sable ; — ou si leurs labeurs ont fait croître le grain doré, ce n'a pas été pour eux, courbés qu'ils étaient sous le joug, et leurs palais affadis n'ont ruminé que l'herbe de la douleur ; — oui, ce petit nombre d'esprits, — en dépit des forfaits qu'ils abhorrent, n'ont pas confondu avec leur sainte cause ces écarts passagers des lois de la nature, qui, de même que la peste et les tremblements de terre, frappent pour un temps et passent, laissant à la terre, à l'aide de ses saisons, le soin de réparer le dommage par quelques étés et d'enfanter encore des villes et des générations, — belles, parce qu'elles seront libres, car, ô tyrannie ! pas un seul bouton n'y fleurira pour toi !

III.

Gloire, Puissance, Liberté, Trinité sainte ! comme vous planiez noblement sur ces remparts ! Aux jours où Venise excita l'envie des peuples, une ligue formée des nations les plus puissantes put abattre, mais n'éteignit pas son génie. — Tous s'intéressèrent à sa destinée ; les monarques admis à ses banquets connurent et aimèrent leur hôtesse, et tout en l'abaissant ils ne purent apprendre à la haïr. — Les peuples sentirent comme les rois, car depuis des siècles elle était l'objet du culte des voyageurs de tous les pays ; ses crimes même étaient d'un ordre plus doux — et produits par l'amour ; elle ne s'abreuvait point de sang, ne s'engraissait pas sur des cadavres, mais portait la joie partout où s'étendaient ses inoffensives conquêtes ; car ses armes avaient fait triompher la croix, qui, du haut du ciel, sanctifiait ses bannières protectrices sans cesse interposées entre la terre et le croissant infidèle ; et si l'on vit ce dernier pâlir et décroître, le monde le doit à la cité qu'il a chargée de chaînes dont le bruit résonne aujourd'hui aux oreilles de ceux qui doivent à ses luttes glorieuses ce nom de liberté, dont ils se parent. Et néanmoins elle partage avec eux une douleur commune, et, devenue « royaume » sous la domination de ses vainqueurs, elle a appris ce que tous savent, et *nous* plus que personne, avec quels mots dorés les tyrans abusent les nations.

IV.

Le nom de république a disparu des trois quarts du globe gémissant : Venise est écrasée, la Hollande daigne accepter un sceptre et endurer la pourpre royale ; si le Suisse libre encore parcourt ses montagnes indépendantes, ce n'est pas pour longtemps, car depuis peu la tyrannie est devenue avisée ; elle choisit ses moments pour mettre le pied sur les étincelles de nos cendres. Il est par delà l'Océan un pays dont la population forte est élevée dans le culte de la Liberté, pour laquelle ses pères ont combattu, et qui lui a été léguée comme un héritage d'affection et de courage, comme une distinction glorieuse du reste des nations qui s'inclinent à un signe du monarque, comme si son sceptre stupide était une baguette magique et donnait la science innée. Seul, ce grand peuple lève sur l'Atlantique un front libre et fier, indompté et sublime ! — Il a appris à ses aînés, nouveaux Ésaüs, que le pavillon orgueilleux, flottant rempart des rochers d'Albion, peut s'abaisser devant ceux dont les bras vaillants ont acheté leurs droits bon marché en les payant avec du sang. Mieux vaut cette destinée ; dût le sang des hommes couler à flots, qu'il coule, qu'il déborde, plutôt que de serpenter lâchement dans nos veines, à travers mille canaux oisifs, chargé d'entraves comme ces ondes que des digues emprisonnent, et pareil dans ses mouvements à un malade qui se lève pendant son sommeil, fait trois pas et tombe; — plutôt que de croupir dons nos marais, mieux vaut reposer dans le glorieux ossuaire des Thermopyles avec ces Spartiates expirés et libres encore, — ou franchir l'abîme des mers, ajouter un sillon de plus à l'Océan, une âme à celles qui animaient nos pères, un homme libre à l'Amérique.

LA PROPHÉTIE DU DANTE.

> « Les feux d'un mystique savoir
> De mes jours éclairent le soir ;
> Devant mon crépuscule sombre
> L'avenir projette son ombre. »
> CAMPBELL.

DÉDICACE.

Femme charmante ! si pour la froide et brumeuse patrie qui m'a donné le jour, mais où je ne veux pas mourir, j'ose, dans cette unique et *grossière* copie des chants sublimes du Midi, imiter le rhythme du grand poëte de l'Italie, la faute en est *à toi*; et si je n'ai pu atteindre à son immortelle harmonie, ton cœur indulgent me le pardonnera. Dans la confiance de la beauté et de la jeunesse, tu as voulu, et pour toi vouloir et être obéi c'est même chose ; mais ce n'est que dans les chaudes régions du Sud que s'entendent de tels accents, que se déploient de tels charmes, que d'une bouche si belle s'exhale un langage si doux. — Quels efforts ne ferait pas tenter cette voix persuasive !

Ravenne, 21 juillet 1819.

PRÉFACE.

Dans le cours d'une visite faite à Ravenne dans l'été de 1819, on suggéra à l'auteur qu'ayant déjà composé quelque chose sur la prison du Tasse, il devrait en faire autant sur l'exil du Dante. A Ravenne, la tombe du poëte est l'objet qui attire le plus l'attention des habitants et des étrangers.

L'idée me parut heureuse, et le résultat, le voici : quatre chants en *terza rima* que j'offre aujourd'hui au public ; s'ils sont à la fois compris et agréés, mon intention est de continuer le poëme à travers une suite d'autres chants jusqu'à nos jours. Le lecteur est prié de s'imaginer pour un moment que Dante s'adresse à lui dans l'intervalle qui s'écoula depuis qu'il eut achevé *la Divine Comédie* jusqu'à sa mort. C'est peu de temps avant ce dernier événement qu'il prédit les destinées de l'Italie dans les siècles à venir. En traitant ce sujet, j'avais devant les yeux la Cassandre de Licophron et la prophétie de Nérée dans Horace, et toutes les prophéties de l'Écriture Sainte. Le rhythme que j'ai adopté est la *terza rima* de Dante, que je ne crois pas avoir jamais vu employé dans notre langue, si ce n'est peut-être par M. Hayley, dont je ne connais la traduction que par un extrait cité dans les notes du calife Vathek. Ainsi donc, sauf erreur, ce poëme peut être regardé comme une innovation en fait de mètre; les chants sont courts et à peu près de la même étendue que ceux du poëte dont j'ai emprunté le nom, hélas! probablement en vain. Au nombre des inconvénients de la profession d'auteur, par le temps qui court, il est difficile à quiconque porte un nom bien ou mal acquis d'échapper à la traduction : j'ai eu le bonheur de voir le quatrième chant de *Childe-Harold* traduit en italien en *versi sciolti*, ce qui transforme en *vers blancs* un poëme écrit dans la stance *spencérienne*, sans égard à la division naturelle des stances et du sens. Si le poëme actuel, écrit sur un sujet qui est pour l'Italie national, devait éprouver le même sort, je prierais le lecteur italien de ne pas oublier que si j'ai échoué dans l'imitation de son *padre Alighieri*, j'aurai échoué en imitant celui que tout le monde étudie et qu'un petit nombre comprend, puisqu'au jour où j'écris on n'est pas encore fixé sur le sens de l'allégorie du premier chant de *l'Enfer*, à moins qu'on n'adopte l'ingénieuse et vraisemblable hypothèse du comte Marchetti.

Le lecteur devra me pardonner d'autant plus facilement si j'échoue, que je ne suis pas bien sûr qu'il eût vu mon succès avec plaisir. En effet, les Italiens, par un sentiment de nationalité bien pardonnable, sont singulièrement jaloux de la seule chose qui leur reste comme nation, leur littérature. Au milieu de la guerre que se font les romantiques et les classiques, ils sont très disposés à blâmer dans un étranger, même quand il s'agit de les louer et de les imiter, sa présomption ultramontaine. Je puis d'autant mieux concevoir ces répugnances que je sais qu'un accueil pareil serait fait en Angleterre à un Italien imitateur de Milton ou à une traduction de Monti, de Pindemonte ou d'Arici, que l'on présenterait à la génération naissante comme un modèle à suivre dans ses essais poétiques. Mais je m'aperçois que je tombe dans un tête-à-tête avec le lecteur italien, tandis que c'est au lecteur anglais que j'ai affaire; ainsi donc, quel que soit leur nombre, je vais prendre congé des uns et des autres.

LA PROPHÉTIE DU DANTE.

CHANT PREMIER.

Me voilà donc rentré dans le monde fragile de l'homme[2]. Je l'avais quitté depuis si longtemps que je l'avais oublié; l'humaine argile pèse de nouveau sur moi; — j'ai trop tôt perdu l'immortelle vision qui suspendait mes terrestres douleurs; avec elle j'ai traversé ce gouffre profond d'où l'on ne revient pas, et où j'ai entendu les cris des âmes en détresse, condamnées sans espoir; j'ai visité cet autre lieu de moindres tourments, d'où l'homme purifié par le feu peut prendre un jour son essor et se réunir à la troupe des anges; là ma brillante Béatrice est apparue à ma vue charmée; puis, gravissant d'étoile en étoile jusqu'au trône du Tout-Puissant sans être foudroyé par les rayons de sa gloire, je suis arrivé à la base de l'éternel triangle, de ce Dieu, le premier, le dernier, le meilleur, l'impénétrable, le triple, l'unique, l'infini, le grand, l'âme universelle! O Béatrice! sur ton corps charmant pèsent depuis longtemps la terre et le marbre glacé; séraphin unique et pur de mon premier amour, amour si ineffable, si exclusif, que depuis rien sur la terre n'a pu toucher mon cœur; te rencontrer dans le ciel c'était rencontrer l'objet sans lequel, pareille à la colombe éloignée de l'arche, mon âme errante eût continué à te chercher, et n'eût reposé ses ailes qu'après t'avoir trouvée; sans ta lumière, mon paradis eût été incomplet. Depuis que le soleil a fait luire mon dixième été, tu as été ma vie, l'essence de ma pensée; je t'ai aimée avant de connaître le nom de l'amour[3], et ton image brille encore radieuse à mes yeux obscurcis par l'âge, épuisé que je suis par les persécutions, et les années, et l'exil, et les larmes versées pour toi, car d'autres maux ne m'ont point appris les larmes; je ne suis pas homme à ployer devant la tyrannie des factions ou les clameurs de la multitude; et quoique ma longue lutte ait été sans fruit et que je ne doive plus revoir ma terre natale, ne fût-ce que pour y mourir, excepté lorsque, perçant le nuage suspendu sur les Apennins, mon imagination me représente cette Florence, autrefois si fière de moi ; cependant ils n'ont point vaincu l'âme inflexible et haute du vieil exilé. Mais, quoique non voilé, il faut qu'à la fin le soleil se couche ; et la nuit vient : je suis vieux d'années, et d'actions, et de contemplation, et j'ai vu la destruction face à face et sous toutes ses formes. Le monde m'a laissé pur comme il m'a trouvé, et si je n'ai pas encore recueilli son suffrage, je ne l'ai point recherché par d'indignes artifices : l'homme outrage, le Temps venge, et peut-être mon nom formera un monument qui ne sera pas sans gloire, quoique mon ambition n'ait jamais eu pour but d'aller grossir la liste de ces esprits étroits, coureurs de renommée, dont le souffle inconstant des hommes enfle la voile, et qui se font gloire de prendre place dans les chroniques sanglantes du passé, avec les conquérants et autres ennemis de la vertu. J'aurais voulu voir ma Florence grande et libre [4]. O Florence ! Florence ! tu étais pour moi comme cette Jérusalem sur laquelle le Tout-Puissant pleura ; « mais tu ne l'as pas voulu : » comme l'oiseau rassemble ses petits, je t'aurais abritée sous l'aile paternelle si tu avais voulu entendre ma voix ; mais, comme la couleuvre, aveugle et féroce, contre le sein qui te réchauffait tu dardas ton venin, et tu confisquas mes biens, et tu condamnas mon corps au feu. Hélas ! combien est amère la malédiction de sa patrie à celui qui donnerait ses jours pour elle, mais qui ne méritait pas de mourir par ses mains, et qui l'aime encore, qui l'aime jusque dans sa colère ! Un jour viendra peut-être qu'elle reconnaîtra son erreur ; un jour sa fierté ambitionnera de posséder la cendre qu'elle condamne à être jetée aux vents, et de transférer dans ses murs le tombeau de celui à qui elle a refusé un asile [5]. Mais cela ne lui sera point accordé ; que mon argile repose où elle tombera ; non, la terre qui m'a donné le jour, mais qui dans sa fureur soudaine m'a repoussé loin d'elle et m'a envoyé respirer ailleurs, ne reprendra pas possession de mes ossements indignés, parce que sa colère aura cessé de souffler et qu'il lui aura plu de rétracter son arrêt; non, — elle m'a refusé ce qui était à moi, — mon toit paternel; elle n'aura pas ce qui n'est pas à elle, ma tombe. Trop longtemps son courroux s'armant contre moi, a tenu éloigné d'elle un fils prêt à verser son sang pour sa cause, un cœur qui lui était dévoué, une âme d'une fidélité éprouvée, un homme qui a combattu, travaillé, voyagé pour elle, accompli tous les devoirs d'un véritable citoyen, et qui, pour toute récompense, a vu le Guelfe victorieux fulminer contre lui des lois de proscription. Ce ne sont pas là des choses qu'on puisse oublier; Florence sera plutôt oubliée; trop vive est la blessure, trop profonde l'injure, et trop prolongée la souffrance; mon pardon serait plus grand, son injustice ne serait pas moindre, malgré son tardif repentir; pourtant, je sens pour elle mes entrailles s'émouvoir; et pour l'amour de toi, ô ma Béatrice! je ne voudrais pas me venger du pays qui fut ma terre natale, cette terre consacrée par le retour de ta cendre; comme une relique, elle protégera cette patrie homicide, et ton urne seule suffirait pour sauver les jours de mille ennemis. Comme autrefois Marius dans les marais de Minturnes, ou sur les ruines de Carthage, il est des moments où je sens s'élever dans mon cœur des pensées de colère, où un songe offre à mes regards les dernières angoisses d'un lâche ennemi, où l'espoir du triomphe fait rayonner mon front; — écartons ces pensées! Ce sont les dernières faiblesses de ceux qui, ayant longtemps souffert des maux plus qu'humains, et n'étant, après tout, que des hommes, ne trouvent de repos que sur l'oreiller de la Vengeance, la Vengeance qui dort pour rêver de sang, qui s'éveille avec la soif souvent trompée, mais inextinguible, d'un changement de fortune, alors que nous remonterons au pouvoir, et que ceux qui nous foulent aux pieds seront foulés à leur tour, pendant que la mort et Até marcheront sur des fronts humiliés ou des têtes coupées. — Grand Dieu! éloigne de moi ces pensées; — je remets en tes mains mes nombreuses injures, et ta verge puissante tombera sur ceux qui m'ont frappé. — Sois mon bouclier — comme tu l'as été dans mes périls et mes douleurs, dans les cités turbulentes, sur les champs de bataille, — au milieu des fatigues et des chagrins endurés pour l'ingrate Florence. — J'en appelle de ma patrie à toi! toi que j'ai vu récemment sur ton trône majestueux dans cette vision glorieuse, dont la vue avant moi n'avait été accordée à aucun mortel vivant, et que seul entre les hommes il m'a été donné de voir. Hélas! de quel poids reviennent de nouveau peser sur mon front le sentiment de la terre et des choses terrestres, les passions corrosives, les affections monotones et vulgaires, les angoisses palpitantes du cœur, au sein de la torture morale, les longs jours, les nuits redoutées, le souvenir d'un demi-siècle de sang et de crimes, et le petit nombre d'années chétives que j'ai encore à attendre, années de vieillesse et de découragement, mais moins dures à supporter ; car j'ai été trop longtemps et trop irrévocablement naufragé sur le roc désolé et solitaire du Désespoir, pour lever encore les yeux vers la voile qui passe et fuit loin de cet affreux écueil, — pour élever ma voix, — car qui prêterait l'oreille à mes gémissements? Je ne suis ni de ce peuple ni de ce siècle ; et néanmoins mes chants conserveront le souvenir de ces temps; pas une seule page de leurs turbulentes annales n'eût attiré les regards de la postérité sur le spectacle de leurs fureurs civiles, si dans mes vers je n'avais embaumé plus d'un acte insignifiant comme ses auteurs : c'est la destinée des esprits de mon rang d'être torturés dans la vie, d'user leurs cœurs, de consumer leurs jours en d'interminables luttes, et de mourir solitaires; alors on voit accourir vers leurs tombes des milliers de pèlerins venus des climats où ils ont appris le nom de celui — qui maintenant n'est plus qu'un nom; et, prodiguant inutilement leurs hommages sur un marbre insensible, ils propagent sa gloire — lorsqu'il n'est plus là pour en jouir; et la mienne du moins m'aura coûté cher : mourir n'est rien ; mais me voir ainsi dessécher feuille à feuille ; — faire descendre mon âme de ses hautes régions ; — végéter dans des sentiers étroits avec de petits hommes ; me voir en spectacle aux regards les plus vulgaires; vivre errant, pendant que les loups eux-mêmes trouvent une tanière; sans famille, sans foyers, sans tout ce qui rend la société douce et allége la douleur; — éprouver la solitude des rois sans la puissance qui leur fait supporter leur couronne; — envier son nid et ses ailes au ramier que je vois planer à l'endroit des Apennins d'où l'on découvre l'Arno, et qui va peut-être s'abattre dans les murs de ma ville inexorable, où sont encore mes enfants et leur mère fatale [6], la froide compagne qui m'apporta la ruine pour dot [7]; — voir et sentir tout cela, et le savoir irréparable, c'est la leçon amère qui m'a été donnée; mais elle m'a laissé libre : je n'ai ni bassesse ni lâcheté à me reprocher; on a fait de moi un exilé, — non un esclave.

LA PROPHÉTIE DU DANTE.

CHANT DEUXIÈME.

L'esprit fervent des anciens jours, alors que les paroles s'accomplissaient et que la pensée éclairait les ténèbres de l'avenir et faisait voir aux hommes la destinée des enfants de leurs enfants, évoquée de l'abîme des temps à naître de ce chaos des événements où dorment ébauchées les formes qui doivent passer par l'épreuve de la mortalité, cet esprit que portaient en eux les grands prophètes d'Israël, il est aussi dans moi; et si je dois avoir le sort de Cassandre, si, au milieu du tumulte des factions, les hommes n'entendent point cette voix qui s'élève du désert, ou si, l'entendant, ils n'y prêtent point attention, qu'eux seuls en répondent, et moi, que mes propres sentiments soient ma récompense, la seule que j'aie jamais connue! N'as-tu pas assez saigné, et dois-tu saigner encore, ô Italie? Ah! l'avenir qui se dévoile à mes regards, aux sombres rayons d'une clarté sépulcrale, me fait oublier mes propres infortunes dans tes malheurs irréparables. Nous ne pouvons avoir qu'une patrie, et tu es encore la mienne; mes os reposeront dans ton sein; mon âme vivra dans ta langue, dont le règne a pris fin en Occident en même temps que notre vieille domination romaine. Mais je ferai naître une langue nouvelle aussi noble et plus douce, également propre à exprimer l'ardeur des héros et les soupirs des amants ; elle trouvera un langage pour tous les besoins. Ses paroles, brillantes comme ton ciel, réaliseront les rêves les plus ambitieux du poëte, et feront de toi le rossignol de l'Europe. A côté de ton parler, tous les autres paraîtront comme le gazouillement d'oiseaux inférieurs, et toute langue s'avouera barbare, comparée à la tienne. Voilà ce que tu devras à celui que tu as tant outragé, à ton barde toscan, au gibelin proscrit. Malheur! malheur! Le voile des siècles à venir est déchiré. — Mille ans qui reposent encore immobiles, comme la surface de l'Océan avant que l'aquilon ait soufflé, soulevant leurs vagues lugubres et sombres, flottent à mes regards du sein de l'éternité ; les orages dorment encore, les nuages restent en place, le tremblement de terre n'est pas sorti des entrailles maternelles, le chaos sanglant attend la parole créatrice, mais tout se prépare pour ton châtiment. Les éléments n'attendent plus que la voix qui doit dire : « Que les ténèbres soient, » et tu vas devenir une tombe! Oui! malgré ta beauté, tu sentiras le tranchant du glaive. Italie! si belle qu'on dirait que le paradis revit en toi et a été rendu à l'homme régénéré, ah! les fils d'Adam doivent-ils donc le perdre une seconde fois! Italie! toi dont les campagnes dorées, sans autre culture que les rayons du soleil, suffiraient pour faire de toi le grenier du monde ; toi dont le ciel a des étoiles plus brillantes, un azur plus foncé! Italie, où l'Été a construit son palais, qui fus le berceau du grand empire, qui vis naître la ville immortelle, parée des dépouilles des rois que des hommes libres avaient vaincus ; patrie des héros, sanctuaire des saints, où la gloire humaine d'abord, puis la gloire céleste ont établi leur siége ; Italie, qui surpasses tout ce que l'imagination a jamais rêvé de plus doux, alors que, du haut des Alpes couronnées de leurs neiges horribles, de leurs rocs, de l'ombre touffue des pins, amants du désert, qui balancent au souffle de l'orage leur verdoyant panache, — l'œil te contemple avec amour et implore la faveur de voir de plus près tes champs qu'éclaire un chaud soleil, tes champs qui, plus on les approche, ô mon Italie! plus on les aime, et qu'on aimerait plus encore s'ils étaient libres; Italie! — tu es condamnée à subir tour à tour la loi de tous les oppresseurs : le Goth est venu, — le Germain, le Franc et le Hun sont encore à venir. — Sur la colline impériale, le Génie des Ruines, déjà fier des exploits accomplis par les anciens Barbares, attend les nouveaux. Du haut du mont Palatin qui lui sert de trône, il contemple à ses pieds Rome conquise et sanglante; la vapeur des sacrifices humains et du carnage des Romains infecte l'air, naguère d'un si beau bleu; le sang rougit les flots jaunes du Tibre chargé de cadavres; le prêtre débile, la vierge plus faible encore et non moins sainte, tous deux voués aux autels, se sont enfuis avec des cris d'effroi et ont cessé leur ministère. Les nations se jettent sur leur proie, l'Ibère, l'Allemand, le Lombard, auxquels se joignent le loup et le vautour, plus humains qu'eux : ceux-ci mangent la chair et lapent le sang des morts, puis ils s'éloignent; mais les sauvages humains explorent tous les sentiers de la torture, et, insatiables encore, dévorés de la faim d'Ugolin, vont à la recherche de victimes nouvelles. Neuf fois la lune se lèvera sur ces scènes sanglantes[8]. L'armée qui suivait la bannière d'un prince félon, a laissé à tes portes les cendres de son général; si le royal rebelle eût vécu, peut-être aurais-tu été épargnée, mais son sort a décidé du tien.

O Rome! qui dépouillas la France, ou qui fus sa dépouille, depuis Brennus jusqu'à Bourbon, jamais, jamais un drapeau étranger n'approchera de tes murs sans que le Tibre ne devienne un fleuve de deuil. Oh! quand les étrangers passeront les Alpes et le Pô, écrasez-les, ô rochers! fleuves, engloutissez-les, et pour toujours! Pourquoi les avalanches restent-elles oisives, et se bornent-elles à écraser le pèlerin solitaire? Pourquoi l'Éridan n'inonde-t-il de ses ondes fangeuses que les moissons du laboureur? les hordes des Barbares, n'est-ce pas une plus noble proie? Sur l'armée de Cambyse le désert étendit son océan de sable, et la mer engloutit dans ses flots

Pharaon et toute son armée; — montagnes et fleuves, que n'en faites-vous autant? Et vous, hommes! Romains, qui n'osez mourir, fils des vainqueurs de ceux qui ont vaincu l'orgueilleux Xercès aux lieux où reposent ces morts, dont la tombe n'a jamais connu l'oubli, les Alpes sont-elles plus faibles que les Thermopyles, leur passage plus attrayant aux regards d'un envahisseur? Qui d'elles ou de vous ouvre à toutes les armées la porte de la montagne, et, sans inquiéter leur marche, leur laisse le passage libre? Eh quoi! la nature elle-même arrête le char du vainqueur et rend votre pays inexpugnable, si le sol pouvait l'être; mais elle ne combat pas seule; elle aide le guerrier digne de sa naissance dans un sol où les mères donnent le jour à des hommes : quant aux cœurs sans courage, les forteresses ne les sauraient défendre. — Le trou du pauvre reptile qui a conservé son aiguillon est plus sûr que des murs de diamant quand ils ne renferment dans leur enceinte que des cœurs pusillanimes. N'avez-vous pas du courage? oui, la terre d'Ausonie a des cœurs, des bras, des armes, des guerriers à opposer aux oppresseurs; mais tous les efforts sont vains quand la Discorde jette des semences de malheur et de faiblesse dont l'étranger recueille les fruits. O mon beau pays! si longtemps abattu, si longtemps le tombeau des espérances de tes enfants, quand il ne faut qu'un coup pour briser ta chaîne! — et cependant le Vengeur ne paraît point encore; la Discorde et le Doute se jettent entre les tiens et toi, et réunissent leurs forces à celles qui luttent contre toi. Que faut-il donc pour t'affranchir et faire apparaître ta beauté dans tout son éclat? rendre les Alpes infranchissables; nous, ses enfants, nous n'avons pour cela qu'une chose à faire, — nous unir.

LA PROPHÉTIE DU DANTE.

CHANT TROISIÈME.

Du milieu de cette masse de fléaux sans cesse renaissants, la Peste, le Prince, l'Étranger et le Glaive, vases de colère qui ne se vident que pour se remplir et s'épancher de nouveau, je ne puis retracer tout ce qui se presse devant mon prophétique regard. La terre et l'Océan n'offriraient pas un espace assez vaste pour y transcrire de telles annales, et cependant nul souvenir ne périra; oui, tout est écrit, bien que ce ne soit pas par une plume humaine, là où les soleils et les astres les plus lointains prennent naissance; déployée comme une bannière aux portes du ciel, flotte la liste sanglante de nos milléniales injures, et l'écho de nos gémissements perce à travers les concerts des archanges, et le sang de l'Italie, de la nation martyre, ne s'élèvera pas en vain vers celui à qui appartiennent de toute éternité la toute-puissance et la miséricorde. Comme une harpe dont les cordes vibrent au souffle de la brise, le bruit de ta lamentation, ô Italie! dominant la voix des séraphins, ira toucher le cœur du Tout-Puissant; et cependant moi, le plus humble de tes fils, créature d'argile épurée par l'immortalité, et rendue capable de sentir et de souffrir, dussent les superbes me railler, les tyrans me menacer, et des victimes plus résignées ployer devant l'orage, parce que son souffle est rude, à toi, ô mon pays, que j'ai aimé comme je t'aime encore! à toi je consacre la lyre de douleur et le triste don que j'ai reçu du ciel de lire dans l'avenir; et si maintenant mon feu n'a plus l'éclat dont il brilla jadis à tes regards, pardonne! je ne prédis tes malheurs que pour mourir ensuite; ne crois pas qu'après un tel spectacle je puisse vivre encore; un esprit invisible m'oblige de voir et de parler, et ma récompense sera de ne pas survivre à mes prédictions; il faut que mon cœur s'épanche sur toi et puis se brise. Mais un moment encore, avant de reprendre la trame douloureuse et sombre de tes maux, je veux reposer mes regards sur les lueurs qui percent les ténèbres; quelques étoiles et plus d'un météore brillent à travers ta nuit; sur ta tombe s'incline la Beauté sculptée, que la mort ne peut flétrir; et de tes cendres s'élèvent d'immortels génies qui feront ta gloire et les délices de la terre; ton sol sera encore la patrie des sages, des esprits aimables, des savants, des magnanimes, des braves;

production aussi naturelle pour toi que l'été pour ton ciel; vainqueurs aux rives étrangères et sur les mers lointaines[9], et découvrant de nouveaux mondes qui porteront leurs noms [10]; *tu es la seule que ne puisse sauver leur courage, et toute ta récompense est dans leur gloire, noble récompense pour eux, mais non pour toi.* — Eh quoi! ils verront grandir leur renommée, et toi tu resteras la même! Oh! plus illustre qu'eux tous sera le mortel, — et il peut naître encore, — le mortel sauveur qui te rendra libre, qui replacera sur ton front ton diadème si changé et porté par de modernes Barbares; qui verra un soleil propice ramener ton aurore, ton aurore morale, trop longtemps voilée par les nuages et ces impures vapeurs sorties de l'Averne, que respire quiconque est avili par la servitude et a l'âme enchaînée. Néanmoins, durant cette éclipse d'un siècle de malheurs, des voix se feront entendre auxquelles la terre prêtera l'oreille; des poëtes marcheront dans la voie que j'ai ouverte, et l'élargiront; ce ciel brillant qui sollicite les concerts des oiseaux, leur inspirera des chants naturels et nobles; leurs accents seront harmonieux : les uns chanteront l'Amour, d'autres la Liberté; mais il sera petit le nombre de ceux qui, s'élevant sur les ailes de cet Aigle, regarderont le soleil en face avec des yeux d'aigle, libres et sans peur comme le monarque des airs; dans leur vol ils raseront de plus près la terre. Que de phrases sublimes seront prodiguées en l'honneur de quelque petit prince avec toute la profusion de la louange! On verra le langage éloquemment imposteur, attester l'impudeur du Génie, qui, trop souvent, comme la Beauté, oublie le respect de lui-même et considère la prostitution comme un devoir. Celui qui entre dans le palais d'un tyran comme convive en sort esclave, sa pensée ne lui appartient plus; et le jour qui met un homme aux fers lui ravit la moitié de sa force virile. — L'énervement de l'âme lui ôte tout son courage; ainsi le barde placé trop près du trône ne peut s'abandonner à son inspiration, car il est tenu de plaire. — Quelle tâche servile que celle qui consiste uniquement à plaire, à polir des vers pour caresser les goûts et charmer les loisirs d'un royal maître, à ne traiter trop longuement aucune matière, excepté son éloge; à trouver, à saisir, à forcer, à inventer des sujets qui lui plaisent! Ainsi garrotté, ainsi condamné aux tribulations de la flatterie, il travaille, il se consume, tremblant toujours de se tromper; de peur que quelque noble pensée, ange rebelle, ne s'élève dans son cerveau, véritable crime de haute trahison, et que la Vérité ne bégaie dans ses vers, il parle comme l'orateur athénien, avec des cailloux dans la bouche. Mais dans la foule des faiseurs de sonnets, il s'en trouvera qui ne chanteront pas en vain, et celui qui sera à leur tête marchera mon égal, et l'amour fera son tourment; mais sa douleur rendra ses larmes immortelles, et l'Italie saluera en lui le prince des poëtes-amants, et les chants plus nobles qu'il consacrera à la liberté décoreront son front d'une palme non moins belle. Mais plus tard les rives du Pô verront naître deux hommes plus grands encore que lui : le monde, qui lui avait souri, les persécutera jusqu'au jour où ils ne seront plus que cendre et reposeront avec moi. La lyre du premier fera époque et remplira la terre de récits de chevalerie; son imagination sera comme l'arc-en-ciel; son feu poétique ressemblera à l'immortelle flamme du soleil, et sa pensée volera emportée sur d'infatigables ailes : le Plaisir, comme un papillon nouvellement pris, secouera ses ailes charmantes sur le sujet traité par sa muse, et dans la transparence de son rêve brillant l'Art se confondra avec la Nature. — Le second, doué d'un génie plus tendre et plus mélancolique, épanchera sur Jérusalem les trésors de son âme; lui aussi il chantera les combats et le sang chrétien versé aux lieux où le Christ versa le sien pour l'homme; et sa harpe majestueuse, détachée des saules du Jourdain, fera revivre les chants de Sion, racontera la lutte acharnée et le triomphe des guerriers pieux, et les efforts de l'Enfer pour détourner leurs cœurs de leur grande entreprise, et la croix rouge flottant victorieuse aux lieux où la première croix fut rougie du sang de celui qui mourut pour le salut du monde; ce sera là le sujet sacré de son poëme; la perte des années, de la faveur, de la liberté, même de sa gloire, un moment contestée, pendant que l'adulation des cours glissera sur son nom oublié, et qualifiera sa captivité d'acte bienveillant destiné à le sauver de l'insanie et de la honte, telle sera la récompense de l'homme envoyé sur la terre pour être le poëte du Christ. — Digne récompense, en effet ! Florence n'a prononcé contre moi que la mort ou le bannissement, Ferrare lui donnera une cellule et la pitance des prisonniers : traitement plus dur que le mien et moins mérité ; car moi, j'avais blessé les factions que j'avais tenté de comprimer ; mais cet homme inoffensif, qui regardera le ciel et la terre avec les yeux d'un amant, et qui daignera embaumer dans ses célestes flatteries le prince le plus chétif qui fut jamais procréé pour régner, qu'aura-t-il fait pour mériter pareil châtiment ? Il aura *aimé* peut-être. — L'amour malheureux n'est-il donc pas une torture assez grande, sans y ajouter encore une tombe vivante ? Et cependant il en sera ainsi. — Lui et son émule, le barde de la chevalerie, consumeront de longues années dans l'indigence et la douleur, et, mourant découragés, légueront au monde qui daignera à peine leur accorder une larme, un héritage qui profitera à toute la race humaine, les trésors de l'âme d'un véritable poëte. En même temps, leur patrie leur devra un redoublement de gloire unique et sans rivale. La Grèce elle-même n'offre point, dans la longue suite de ses olympiades, deux noms pareils à ceux-là ; elle n'en a qu'un, puissant, il est vrai, à leur opposer. — Et voilà donc la destinée de tels hommes sous le soleil ! L'élévation de leurs pensées, leur sensibilité palpitante, le sang électrique qui coule dans leurs veines, leur corps lui-même devenu âme à force de sentir ce qui est et d'imaginer ce qui devrait être, tout cela ne devrait-il aboutir pour eux qu'à une pareille récompense ? Le souffle des aquilons dispersera-t-il toujours leur brillant plumage ? Oui, et cela doit être, car, formés de matière beaucoup trop pénétrable, ces oiseaux du paradis n'aspirent qu'à revoler vers leur demeure natale ; ils s'aperçoivent bientôt que les brouillards de la terre ne conviennent pas à leur aile pure, et ils meurent ou s'avilissent, car l'âme succombe à une infection trop prolongée ;

le désespoir et les passions, implacables vautours, suivent de près leur vol, n'attendant que le moment propice pour les assaillir et les déchirer; et lorsqu'enfin les voyageurs ailés s'abattent, alors vient le triomphe des oiseaux de proie; alors ils fondent sur leurs victimes facilement vaincues, et se partagent leurs dépouilles. Il en est cependant qui ont échappé, qui ont appris à souffrir; il en est qu'aucune puissance n'a pu faire fléchir, qui ont su se résister à eux-mêmes, tâche désespérée, la plus difficile de toutes; mais il s'en est trouvé, de ces hommes, et si dans l'avenir mon nom devait être rangé parmi les leurs, cette tranquille et austère destinée me rendrait plus fier qu'une gloire plus brillante, mais moins pure. Le sommet neigeux des Alpes approche le ciel de plus près que la crête orageuse du volcan : c'est du fond ténébreux de l'abîme que ce dernier projette sa splendeur. La montagne intérieurement déchirée, au sein brûlant de laquelle est arrachée une flamme passagère et douloureuse, resplendit pendant une nuit de terreur, puis refoule ses feux dans leur enfer natal, l'enfer qui habite éternellement ses entrailles.

LA PROPHÉTIE DU DANTE.

CHANT QUATRIÈME.

Beaucoup sont poëtes qui n'ont jamais confié au papier leurs inspirations; et ce sont peut-être les meilleurs : ils ont senti, ils ont aimé, et sont morts sans daigner faire part de leurs pensées à des âmes vulgaires; ils ont comprimé le dieu renfermé dans leur sein, et sont allés rejoindre les astres, privés des lauriers de la terre, mais bien mieux partagés que ceux qui sont dégradés par les luttes de la passion et les faiblesses attachées à leur gloire, vainqueurs de haut renom, mais couverts de cicatrices. Beaucoup sont poëtes sans en porter le nom; car en quoi consiste la poésie, sinon à trouver dans le sentiment énergique du bien et du mal une source de créations, à chercher une vie en dehors de nousmêmes et des conditions de notre destinée, à vouloir, nouveaux Prométhées, ravir le feu du ciel pour en faire présent aux hommes? Hélas! des douleurs viennent payer ce bienfait; le bienfaiteur est puni d'avoir prodigué ses dons en vain, des vautours dévorent ses entrailles, et il languit enchaîné sur la rive à son roc solitaire. Soit! nous savons souffrir. — Ainsi, tous ceux dont l'intelligence toute-puissante s'affranchit du poids de la matière, ou l'allége et la spiritualise, quelle que soit la forme que leurs créations choisissent, tous ceux-là sont poëtes; le marbre éloquent transformé en statue peut porter plus de poésie empreinte sur son front expressif qu'il n'y en eut jamais dans les chants de tous les poëtes, Homère excepté. Dans un coup de pinceau sublime une vie tout entière peut reluire; il peut défier la toile, et la faire briller d'une beauté tellement surhumaine que ceux qui fléchissent le genou devant ces divines idoles ne violent aucun commandement, car le ciel est là dans toute sa grandeur, transfusé, transfiguré. Et que peut faire de plus la poésie dans ses chants qui ne font que peupler l'air de nos pensées et des êtres que nos pensées réfléchissent? Que l'artiste ait donc sa part de gloire, car il a sa part du péril, et il languit découragé quand l'approbation est refusée à ses travaux. — Hélas! le désespoir et le génie ne sont que trop souvent réunis! Dans les siècles que je vois passer devant moi, l'art reprendra avec une gloire égale le sceptre qu'il tenait en Grèce aux jours mémorables d'Appelles et de Phidias. Les ruines lui apprendront à ressusciter les formes grecques; et les âmes romaines revivront enfin dans des ouvrages romains exécutés par des mains italiennes; et des temples plus majestueux que les anciens temples offriront au monde de nouvelles merveilles. A l'image de l'austère Panthéon, s'élancera jusqu'au ciel ce dôme[11] ayant pour base un temple qui surpassera tous les édifices connus, et où le genre humain viendra en foule s'agenouiller; jamais pareille enceinte ne s'offrit aux regards des hommes; toutes les nations accourront déposer leurs péchés à cette porte colossale du ciel. L'architecte hardi à qui sera confiée l'audacieuse tâche d'élever cet édifice, verra tous les arts reconnaître sa souveraineté; soit que, sorti du marbre sous son ciseau, l'Hébreu [12] à la voix duquel Israël quitta l'Égypte, ordonne aux vagues de s'arrêter; soit que son pinceau étende les couleurs de l'enfer sur les damnés debout devant le trône du souverain juge [13], tels que je les ai vus, tels que chacun les verra; soit que son génie élève des temples d'une majesté inconnue avant lui, c'est moi qui serai la source principale où viendra puiser sa pensée [14], moi le gibelin, moi qui ai traversé les trois royaumes qui forment l'empire de l'éternité. Au milieu du cliquetis des glaives et du choc des cimiers, le siècle qu'aperçoivent mes regards prophétiques n'en sera pas moins le siècle du beau, et pendant que le malheur pèsera sur les nations, le génie de ma patrie s'élèvera : cèdre majestueux du désert, la beauté de son feuillage frappera tous les regards; aussi odorant que beau, aperçu de loin, il exhalera vers le ciel son encens natal. Les souverains, suspendant un moment le jeu sanglant des batailles, déroberont une heure au carnage pour contempler ou la toile ou la pierre; ceux-là même qui sont les ennemis de toute beauté sur la terre, forcés d'admirer, sentiront la puissance de ce qu'ils détruisent; mais l'art, se méprenant dans sa reconnaissance, élèvera des monuments et des emblèmes à des tyrans qui ne voient en lui qu'un jouet, et prostituera ses charmes à d'orgueilleux pontifes qui n'emploient l'homme de génie que comme on emploie une bête de somme, à porter un fardeau, à servir dans un besoin donné, afin de vendre son travail et de trafiquer de son génie. Celui qui travaille pour les nations est pauvre peut-être, mais il est libre; celui qui sue pour les rois n'est qu'un chambellan doré qui, vêtu et gagé, se tient à la porte, esclave respectueux et patelin. O Puissance qui règnes et qui inspires! comment se fait-il que ceux dont le pouvoir sur la terre ressemble le plus en apparence au tien dans le ciel, te ressemblent le moins en attributs divins, marchent sur le front humilié des nations, et puis nous assurent que c'est de toi qu'ils tiennent leurs droits? Comment se fait-il que ces fils de la gloire, qui disent tenir d'en haut leurs inspirations, ceux dont le nom est le plus souvent dans la bouche des peuples, sont condamnés à passer leurs jours dans l'indigence et la douleur, ou à n'arriver à la grandeur que par le chemin de la honte, en portant une flétrissure plus profonde et une chaîne plus brillante? ou si leur destinée les a placés dans une position plus élevée, ou si les tentations n'ont pu les arracher à leur humble condition, pourquoi faut-il qu'ils aient à soutenir au-dedans d'eux-mêmes une épreuve plus rude, la guerre intérieure des passions profondes et ardentes? Florence! quand ton cruel arrêt fit raser ma demeure, je t'aimais; mais la vengeance de mes vers, la haine des injures, qui croît avec les années et accumule mes malédictions, voilà ce qui vivra, ce qui doit survivre à ce que tu as de plus cher, à ton orgueil, à tes richesses, à ta liberté, et à ce fléau, le plus infernal de tous les maux ici-bas, la domination exercée dans un État par des tyrans pygmées : car cette domination n'est pas limitée aux rois, et les démagogues ne leur cèdent qu'en durée, leur règne étant plus court. En toutes les choses mortellement fatales qui font que les hommes se haïssent eux-mêmes et entre eux, en discorde, en lâcheté, en cruauté, en tout ce qui est sorti de l'union incestueuse du Péché avec la Mort, enfant du Péché, en tout ce qui constitue l'oppression sous ses formes les plus hideuses, le chef factieux n'est que le frère du sultan, le copiste cruel du pire des despotes. Florence! que de fois, pareille au captif qui cherche à briser sa chaîne, cette âme solitaire a, malgré ses injures, soupiré après le moment de revoler vers toi! L'exilé est de tous les prisonniers le plus à plaindre [15], il a pour prison le monde entier, pour barreaux les mers, les montagnes et l'horizon qui le séparent du seul coin de terre où, — quel que soit son destin, — est pour lui la patrie dans laquelle il lui serait doux de mourir. — Florence! quand cette âme solitaire ira se réunir aux âmes qui lui ressemblent, tu reconnaîtras ce que je vaux; tu chercheras à honorer par une urne vide mes cendres que tu n'obtiendras jamais [16]. — Hélas! « que t'ai-je fait, ô mon peuple [17] ? Tous tes traitements sont empreints de rigueur ; mais ici ils dépassent les limites ordinaires de la perversité humaine ; car j'ai été tout ce qu'un citoyen pouvait être : mon élévation était ton ouvrage ; dans la paix comme dans la guerre, j'étais tout à toi, et en retour tu t'es armée contre moi. — C'en est fait ! peut-être ne dois-je jamais franchir l'éternelle barrière interposée entre nous ; je mourrai seul, en voyant avec des yeux prophétiques les jours mauvais qu'il m'est donné de voir, et les prédisant à ceux qui ne m'écouteront pas ; ce fut aussi là le sort des anciens prophètes ; mais un jour la Vérité éclairera leurs yeux ; ils la verront à travers leurs larmes, et reconnaîtront le prophète sur sa tombe [18].

NOTES.

[1] Ce poëme, que lord Byron appelait, dans sa lettre d'envoi à M. Murray, — la meilleure chose qu'il eût jamais faite, pourvu qu'on pût la comprendre, — fut écrit pendant l'été de 1819, « ... dans cette ville d'antique renom, jadis voisine de l'Adriatique, Ravenne, où, sur la tombe du Dante, comme il l'avoue en plus d'un vers, il avait si souvent rencontré l'inspiration. » ROGERS.

La Prophétie, néanmoins, ne fut publiée pour la première fois qu'en mai 1821, et dédiée à la comtesse Guiccioli qui nous a révélé ainsi l'origine de cette composition. « Quand je quittai Venise, lord Byron promit de venir me rejoindre à Ravenne. Le tombeau du Dante, la classique forêt de pins,

« *T'was in a grove of spreading pines he strayed*,
(DRYDEN.)

les ruines antiques qui se rencontrent dans cette ville, me fournissaient un prétexte suffisant pour l'inviter. Il accepta mon offre, et arriva à Ravenne au mois de juin 1819, le jour de la fête du *Corpus Domini*. Comme il n'avait ni ses livres, ni ses chevaux, ni rien de ce qui l'occupait à Venise, je le priai de vouloir bien écrire pour moi quelque chose sur le Dante ; et, avec la facilité et l'activité qui lui étaient ordinaires, il composa *la Prophétie*. »

[2] Dante Alighieri naquit à Florence, en mai 1265, d'une ancienne et honorable famille. Pendant la première partie de sa vie, il se fit remarquer par ses talents militaires, et donna des preuves d'une bravoure éclatante dans un combat où les Florentins obtinrent une victoire signalée sur les habitants d'Arezzo. Il fut appelé aux fonctions les plus hautes. A

l'âge de trente-cinq ans, il fut nommé un des principaux magistrats de Florence. Cette dignité était conférée par les suffrages du peuple. C'est de cette époque que datent les malheurs du poëte. L'Italie était alors déchirée par les deux factions des guelfes et des gibelins. Dante joua un rôle important parmi ces derniers. Proscrit par le parti vainqueur, il fut banni, ses biens confisqués, et mourut en exil en 1321. Boccace le décrit ainsi : — « Il était de taille moyenne, et, depuis qu'il était parvenu à l'âge mûr, affable par caractère, grave dans ses manières et dans sa démarche ; ses vêtements étaient simples et toujours appropriés à son âge. Il avait le visage ovale, le nez aquilin, les yeux plutôt grands qu'autrement. Il était d'un caractère sombre, mélancolique et pensif, très modéré dans ses discours, poli et courtois dans ses manières ; enfin, en public et dans sa vie privée, Dante réunissait toutes les convenances. »

3 Suivant Boccace, Dante fut amoureux longtemps avant d'avoir été soldat, et sa passion pour cette Béatrice qu'il a immortalisée commença lorsqu'il avait neuf ans et elle huit. L'on dit que leur première rencontre eut lieu dans un dîner que donnait le père de Béatrice, Folco Portinaro. Il est certain que l'impression qu'elle produisit sur le cœur tendre et constant du Dante ne s'effaça pas par sa mort, qui arriva seize ans après. CARY.

4 « *L'esilio che m'è dato onor mi tegno*

. . . .

Cader tra' buoni è pur di lode degno. »
SONNET DU DANTE,

dans lequel il représente le Droit, la Générosité, la Tempérance, bannis du milieu des hommes, et cherchant un refuge auprès de l'amour.

5 « Ut si quis prædictorum ullo tempore in fortiam dicti communis pervenerit, *talis perveniens igne comburatur, sic quod moriatur.* »
Seconde sentence de Florence contre Dante et les quatorze citoyens accusés avec lui.

Le 27 janvier 1301, Dante fut condamné à une amende de huit mille livres et à deux ans de bannissement, et, dans le cas où l'amende ne serait pas payée, à la confiscation de tous ses biens. Le 11 mars de la même année, il fut condamné à une peine que l'on n'infligeait qu'aux scélérats les plus abominables. Le décret qui le condamne, lui et ses compagnons d'exil, à être brûlés s'ils tombaient entre les mains de la justice du pays, fut découvert pour la première fois en 1772, par le comte Louis Savioli. Tiraboschi l'a rapporté en entier.

6 Cette dame, dont le nom était Gemma, issue d'une des premières familles guelfes, nommée Corso Donati, était le principal adversaire des gibelins. Elle est représentée par Giannozzo Mannetti : *Admodùm morosa, ut de Xantippe, Socratis philosophi conjuge, scriptum esse legimus.* Mais Léonard Arétin est scandalisé de ce que Boccace a dit, dans la *Vie du Dante*, que — les hommes littéraires ne se mariaient pas.

« *Qui il Boccaccio non ha pazienza, e dice, le moglie esser contrarie agli studj; e non si ricorda che Socrate il più nobile filosofo che mai fosse, ebbe moglie e figliuoli e uffici della re publica nella sua città; e Aristotele che, etc., etc., ebbe due mogli in varj tempi, ed ebbe figliuoli, e riechezze assai. — E Marco Tullio — e Catone — Varrone — e Senecca — ebbero moglie.* »

Les exemples choisis par Léonard sont remarquablement malheureux, car, à l'exception de Sénèque, tous ces mariages n'ont pas été des plus fortunés. La Terentia de Cicéron et la Xantippe de Socrate n'ont guère contribué au bonheur de leurs maris. Caton répudia sa femme. Nous ne savons rien de Varron ni d'Aristote, et quant à la femme de Sénèque, elle voulait, il est vrai, mourir avec lui, mais elle lui survécut de plusieurs années. « Mais, dit Léonard, *l' uomo e animale civile secondo piace a tutti i filosofi.* » Et de là il conclut que la plus grande preuve de la sociabilité de cet animal est la *prima congiunzione dalla quale multiplicata nasse la città.*

7 Le violence de tempérament de Gemma fut pour Dante une source d'amères contrariétés, et, dans ce passage de *l'Enfer* où un des personnages dit :

« La fiera moglie più ch' altro, mi nuoce, »

les douleurs conjugales étaient sans doute présentes à son esprit. CARY.

8 Voyez *Sacco di Roma*, généralement attribué à Guichardin. Il y en a un autre écrit par un Jacopo Buonaparte. Le manuscrit original de ce dernier ouvrage est conservé dans la Bibliothèque Royale de Paris. Il a pour titre *Ragguaglio Storico di tutto l' occorsi, giorno per giorno, nel Sacco di Roma dell anno MDXXVII*, scritto da Jacopo Buonaparte, gentiluomo samminiatese, che vi si trovo presente. — Il en existe une édition imprimée à Cologne en 1756. En tête est placée une généalogie de la famille Buonaparte.

9 Alexandre de Parme, Spinola, Pescara, le prince Eugène, Montécuculli.

10 Christophe Colomb, Améric Vespuce, Sébastien Cabot.

11 La coupole de Saint-Pierre.

12 La statue de Moïse, sur le tombeau de Jules II.

SONETTO.
Di Giovanni Battista Zappi.

Chi è costui, che in dura pietra scolto,
    Siede gigante ; e lo più illustre, e conto
    Opre dell' arte avvanza, o ha vive, o pronto
    Le labbra si, che le parole ascolto ?
Quest'è Mosè ; ben me 'l diceva il folto
    Onor del mento, e 'l doppio raggio in fronte,
    Quest'è Mosè, quando scenden dal monto,
    E gran parte del Nume avea nel volto.
Tal era allor, che le sonanti, e vaste
    Acque ei sospeso a se d' intorno, e tale

> Quando il mar chiuse, e no fù tomb a altrui.
> E voi sue turbe un rio vitello alzaste ?
> Alzata avesto imago a questa eguale !
> Ch' era men fallo l' adorar costui.

[13] *Le Jugement dernier*, dans la chapelle Sixtine. On aperçoit à chaque pas, dans les ouvrages de Michel-Ange, combien il était profondément pénétré de la poésie de Dante. Les démons du *Jugement dernier*, avec leurs passions si ardentes et si variées, ont leur prototype dans *la Divine Comédie*; les figures qui sortent du tombeau montrent combien il avait étudié l'enfer et le purgatoire ; et le sujet du *Serpent d'airain*, dans la chapelle Sixtine, rappelle sur-le-champ, dans le vingt-cinquième chant de *l'Enfer*, les luttes et les contorsions de l'homme qui se débat sous les étreintes et les blessures venimeuses du serpent. L'*Exécution d'Aman*, à l'angle opposé de la voûte, est, sans contredit, inspiré par les vers suivants:

> « Poi piovve dentro all' alta fantasia
> Un crocifisso dispettoso e fiero
> Nella sua vista, e cotal si moria.
> Intorno ed esso era 'l grande Assuero,
> Ester sua sposa, e 'l giusto Mardocheo,
> Che fu al dire ed al far così 'ntero. »
>   Duppa.

[14] J'ai lu quelque part, si je ne me trompe, que Michel-Ange avait une affection tellement marquée pour le Dante, qu'il avait dessiné toute *la Divine Comédie*, mais que le volume qui contenait ses études fut perdu dans un naufrage.

« Les dessins de Michel-Ange sur le Dante, dit Duppa, formaient un large in-folio, avec le commentaire de Landino ; et sur la marge il avait esquissé à la plume tous les sujets intéressants. Ce livre passa ensuite aux mains d'Antonio Montoti, architecte et sculpteur florentin, qui, ayant été nommé architecte de Saint-Pierre, s'embarqua pour Rome avec tous ses effets, parmi lesquels était cette édition du Dante. Le vaisseau fit naufrage, et le volume fut perdu. »

[15] Dans son *Convito*, Dante parle dans les termes les plus touchants de son bannissement, et de la pauvreté et de la détresse où il se trouva. — « Hélas! dit-il, que n'a-t-il plu au Maître de l'univers que l'occasion de cette excuse ne se fût jamais présentée ? Pourquoi a-t-il permis que les hommes commissent des injustices envers moi, et que je souffrisse injustement ? J'ai souffert la pauvreté depuis qu'il a plu aux citoyens de la plus belle et de la plus illustre fille de Rome, Florence, de me rejeter de son doux sein, où j'avais pris naissance et où j'avais été élevé jusqu'à l'âge mûr, et où, si tel est son bon plaisir, je désire de tout mon cœur reposer mon esprit fatigué et terminer le peu de jours que j'ai à passer sur la terre. J'ai erré partout où s'étend notre langue, montrant malgré moi la blessure que la destinée m'a faite, et que l'on impute souvent comme un crime à l'innocent. Je suis un vaisseau sans nautonier et sans voile, poussé dans tous

les ports et sur tous les rivages par le vent de la triste pauvreté. J'ai paru devant plusieurs qui, d'après les récits qu'on leur avait faits de moi, s'imaginaient que j'étais tout autre, et étaient prévenus contre tous mes actes passés et à venir. »

16 Vers l'année 1316, les amis du Dante obtinrent qu'il pût rentrer dans son pays et dans ses propriétés, à la condition qu'il paierait une certaine amende, et qu'il demanderait publiquement pardon à la république dans une église. Voici quelle fut sa réponse à cette ouverture : — « Quant à votre lettre, que j'ai reçue avec tout le respect et l'affection qu'elle mérite, je vois combien vous avez à cœur mon retour dans ma patrie. J'en suis d'autant plus reconnaissant, qu'un exilé trouve rarement des amis ; mais, après mûre considération, je dois, par ma réponse, désappointer l'espérance de quelques petits esprits ; et je me confie au jugement que votre impartialité et votre prudence vous dicteront. Votre neveu et le mien m'a écrit ce que je savais déjà par d'autres amis, que, d'après un décret sur les exilés, je pouvais rentrer à Florence, pourvu que je payasse une certaine somme et que je me soumisse à l'humiliation de demander et de recevoir l'absolution. Je vois là dedans, mon père, deux propositions à la fois ridicules et inconvenantes : je parle de l'inconvenance de ceux qui m'imposent de telles conditions ; car, dans votre lettre, dictée par le jugement et la discrétion, il n'y a rien de pareil. Une telle invitation est-elle digne du Dante ? Après avoir passé près de quinze ans dans l'exil, est-ce ainsi qu'ils récompensent mon innocence, qui est évidente, et mes travaux et mes études ? Loin de l'homme et du philosophe cette bassesse de cœur qui viendrait s'offrir elle-même aux fers ! Loin de l'homme qui demande justice, ce compromis avec ses persécuteurs en leur payant une amende !

« Non, mon père, ce n'est pas de cette manière que je dois rentrer dans ma patrie ; mais certes j'y rentrerai volontiers si vous pouvez m'en fournir un moyen qui convienne à l'honneur et à la réputation du Dante. Si je n'ai pas d'autre moyen, eh bien ! je resterai éternellement exilé. Ne puis-je pas également partout jouir de la vue du ciel et des étoiles ? Ne pourrai-je pas partout contempler, sous la voûte du ciel, le Dieu qui console, sans me rendre infâme aux yeux du peuple de Florence ? Le pain, je l'espère, ne me manquera pas. » Et il continua à éprouver combien est amer le pain de l'étranger, et combien il est dur d'habiter la demeure d'autrui ! Ses concitoyens persécutèrent jusqu'à sa mémoire. Il fut excommunié, après sa mort, par le pape.

17 « *Escrisse più volte non solamente a particolari cittadini del reggimento, ma ancora al popolo, e intra l' altre una epistola lassai lunga che comincia :* — Popule mi, quid feci tibi ? » (*Vita di Dante*, scritta da Lionardo Aretino.)

18 Dante mourut à Ravenne, en 1321, dans le palais de son protecteur, Guido Novello da Polenta, qui témoigna sa douleur et son respect pour le poëte en lui faisant faire de magnifiques obsèques, et en donnant l'ordre d'élever un monument qu'il ne put voir achever. Les compatriotes du Dante reconnurent trop tard la valeur de celui qu'ils avaient perdu. Au

commencement du siècle suivant, ils demandèrent que les dépouilles mortelles de cet illustre citoyen leur fussent rendues pour être déposées parmi les tombeaux de leurs ancêtres ; mais le peuple de Ravenne refusa de rendre ce tombeau, qui témoignait de sa généreuse hospitalité. Les *négociations* des Florentins, quoique renouvelées depuis sous les auspices de Léon X, et conduites par la puissante médiation de Michel-Ange, n'eurent pas plus de succès.

Aucun poëme n'a vu aussi rapidement croître sa réputation que *la Divine Comédie*. Après la mort du poëte, vers l'an 1350, Giovanni Visconti, archevêque de Milan, choisit six des plus savants hommes de l'Italie, deux théologiens, deux philosophes et deux Florentins, et les chargea de réunir leurs efforts pour composer un vaste commentaire. Il en existe une copie dans la Bibliothèque laurentienne. A Florence, on fonda une chaire publique pour expliquer ce poëme, qui faisait à la fois la gloire et la honte de la ville. Ce décret est de l'année 1373, et cette même année Boccace reçut cent florins d'appointements pour ouvrir ce cours dans une des églises. L'exemple de Florence fut promptement imité par Bologne, Pise, Plaisance et Venise.

LES BAS-BLEUS,

ÉGLOGUES LITTÉRAIRES.

> Nimium ne crede colori.
> Virg.
>
> Charmantes créatures, ne vous fiez pas trop à la couleur, dussent vos cheveux être aussi rouges que vos bas sont bleus!

ÉGLOGUE PREMIÈRE.

La scène est à Londres, devant la porte de la salle d'un cours.

Arrive TRACY qui aborde INKEL.

Inkel. Vous arrivez trop tard.

Tracy. Est-ce fini ?

Inkel. Ce ne sera pas fini d'une heure ; mais les bancs ressemblent à un parterre de fleurs, tant est grand le nombre des dames qui y figurent ; c'est une mode qu'elles ont créée ; de même qu'on dit les « beaux-arts, » de même on peut donner le nom de « belle passion » à la manie dont ces dames se sont éprises pour la science ; et elles ont fait de tous nos beaux messieurs des amateurs de lecture.

Tracy. Je ne le sais que trop, et j'ai usé ma patience en m'efforçant d'étudier vos publications nouvelles. C'est Vamp, Scamp, Monthy, Wordswords et compagnie, avec leur damnable...

Inkel. Arrêtez, mon bon ami ; savez-vous à qui vous parlez ?

Tracy. Parfaitement, mon cher ; vous êtes connu dans *Pater noster Row* [2]. Vous êtes un auteur, un poëte.

Inkel. Et vous imaginez-vous que je puisse vous entendre de sang-froid décrier les Muses ?

Tracy. Excusez-moi : je n'ai pas eu l'intention d'offenser les neuf Sœurs, quoique, à vrai dire, le nombre de ceux qui prétendent à leurs faveurs soit tel... — Mais laissons là cette matière. Je sors de la boutique d'un libraire, contiguë à celle d'un pâtissier, en sorte que, lorsque je ne trouve pas sur les rayons du bibliopole le livre que je cherche, je n'ai qu'à faire deux pas pour me rendre chez le voisin ; car vous savez que c'est là qu'on trouve tous les livres qu'on désire. Je viens donc de parcourir une critique charmante, si saupoudrée d'esprit, si aspergée de grec ! votre ami, — vous savez qui, — y est si joliment flagellé, que, pour me servir de l'expression en usage, c'est on ne peut plus « *rafraîchissant.* » Quel mot admirable !

Inkel. C'est vrai ; il a quelque chose de si doux et de si frais ! — peut-être s'en sert-on un peu trop souvent ; les journaux eux-mêmes ont fini par l'adopter, — mais n'importe. Vous dites donc qu'ils ont houspillé notre ami ?

Tracy. Ils ne lui ont pas laissé un lambeau, — pas une guenille de sa réputation présente ou passée, qui, disent-ils, est une honte pour le siècle et la nation.

Inkel. Je suis fâché d'apprendre cela, car vous savez que l'amitié... — Notre pauvre ami ! — Mais je prévoyais que les choses se termineraient ainsi. Notre amitié est telle que je ne veux rien lire de ce qui pourrait la blesser. — N'auriez-vous pas par hasard la *Revue* dans votre poche ?

Tracy. Non ; j'ai laissé là-bas une douzaine d'auteurs et autres (j'en suis désolé, vraiment, puisqu'il s'agit d'un collègue) ; je les ai laissés disputant et se démenant comme autant de lutins, et brûlant d'impatience de voir la suite de tout ceci.

Inkel. Allons les rejoindre.

Tracy. Quoi donc ! n'allez-vous pas rentrer au cours ?

Inkel. La salle est encombrée ; un spectre ne trouverait pas à s'y placer. D'ailleurs, notre ami Scamp est aujourd'hui si absurde...

Tracy. Comment pouvez-vous le savoir avant de l'avoir entendu ?

Inkel. J'en ai entendu tout autant qu'il m'en faut ; et, à vous parler franchement, ma retraite a eu pour motif ses absurdités stupides, non moins que la chaleur.

Tracy. Je vois que je n'aurai pas perdu grand'chose.

Inkel. Perdu! — un fatras pareil! j'aimerais mieux inoculer à ma femme la bave d'un chien enragé, que d'écouter deux heures durant le galimatias dont il nous inonde, pompé avec tant d'effort, dégorgé avec tant de peine, que...— Venez, ne me faites pas dire du mal du prochain.

Tracy. Moi, vous en faire dire!

Inkel. Vous! Je n'ai rien dit jusqu'au moment où vous m'avez forcé, en disant la vérité....

Tracy. De dire *du mal?* est-ce là votre déduction?

Inkel. En disant du mal de Scamp, je *suis* l'exemple, je ne le *donne* pas. C'est un imbécile, un imposteur, un niais.

Tracy. Et la foule d'aujourd'hui prouve qu'un imbécile en produit beaucoup d'autres. Mais, nous deux, nous serons sages.

Inkel. Alors, je vous en prie, retirons-nous.

Tracy. Je ne demanderais pas mieux, mais...

Inkel. Pour vous attirer dans cette serre chaude, il faut qu'il y ait pour vous un objet d'attraction plus vif que Scamp et la harpe juive qu'il appelle sa lyre.

Tracy. C'est vrai, — je l'avoue, une beauté charmante...

Inkel. Une demoiselle?

Tracy. Miss Lilas!

Inkel. Le bas-bleu? l'héritière?

Tracy. L'ange!

Inkel. Le diable! Eh! mon cher! tirez-vous de ce mauvais pas aussi vite que vous pourrez. Vous! épouser miss Lilas! ce serait vous perdre : elle est poëte, chimiste et mathématicienne.

Tracy. C'est un ange.

Inkel. Dites plutôt un angle. Si vous l'épousez, vous ne tarderez pas à en venir aux querelles. Je vous dis, mon cher, que c'est un bas-bleu, aussi bleu que le firmament.

Tracy. Est-ce là un motif pour que notre union n'ait pas lieu?

Inkel. Hum! je puis dire n'avoir vu de longtemps d'union heureuse résulter d'un hyménée avec la science. Elle est si instruite en toute chose et si empressée à s'ingérer dans tout ce qui se rattache aux objets scientifiques, que...

Tracy. Quoi ?

Inkel. Je ferais peut-être tout aussi bien de me taire ; mais cinq cents personnes vous diront que vous avez tort.

Tracy. Vous oubliez que lady Lilas est riche comme un juif.

Inkel. Est-ce la demoiselle, ou les écus de la maman que vous couchez en joue ?

Tracy. Mon cher, je serai franc avec vous : — j'ai en vue ces deux objets à la fois. La demoiselle est une fort belle fille.

Inkel. Et vous ne vous sentez aucune répugnance pour la succession de son excellente mère, qui, je vous en avertis, m'a tout l'air de vouloir vivre pour le moins autant que vous.

Tracy. Qu'elle vive, et aussi longtemps qu'il lui plaira ; je ne demande que le cœur et la main de sa fille.

Inkel. Son cœur est dans son encrier ; — sa main sur une plume.

Tracy. A propos, — voudriez-vous me composer une chanson de temps à autre ?

Inkel. Dans quel but ?

Tracy. Vous savez, mon cher ami, qu'en prose j'ai, à tout prendre, un talent fort honnête ; mais en vers...

Inkel. Vous êtes un terrible homme, il faut l'avouer.

Tracy. J'en conviens ; et cependant, au temps où nous vivons, il n'y a pas d'appât plus certain pour gagner le cœur des belles, qu'une stance ou deux ; et, comme je suis incompétent dans cette matière, auriez-vous la bonté de m'en fournir quelques-unes ?

Inkel. En votre nom ?

Tracy. En mon nom. Je les recopierai et les lui glisserai dans la main, pas plus tard qu'au prochain raout.

Inkel. Êtes-vous donc tellement avancé que vous puissiez vous hasarder à ce point ?

Tracy. Comment donc ! me croyez-vous subjugué par les

yeux d'un « bas-bleu » au point de n'oser lui dire en vers ce que je lui ai dit en prose pour le moins aussi sublime?

Inkel. Aussi sublime! S'il en est ainsi, vous n'avez nul besoin de ma muse.

Tracy. Mais considérez, mon cher Inkel, qu'elle est « bas-bleu. »

Inkel. Aussi sublime! — Monsieur Tracy, — je n'ai plus rien à vous dire. Tenez-vous-en à la prose. — Aussi sublime!!! — Mais...! je vous souhaite le bonsoir.

Tracy. Arrêtez, mon cher ami ; — songez donc.... — j'ai tort, je l'avoue ; mais, je vous en prie, composez-moi une chanson.

Inkel. Aussi sublime!!!

Tracy. L'expression m'est échappée.

Inkel. Cela se peut, monsieur Tracy ; mais cela dénote un bien mauvais goût.

Tracy. Je le confesse ; — je le sais, — je le reconnais ; — que faut-il vous dire de plus ?

Inkel. Je vous comprends. Vous dépréciez mes talents par d'insidieuses attaques jusqu'au moment où vous croyez pouvoir les faire servir à votre avantage.

Tracy. Et n'est-ce pas là une preuve que j'en fais cas ?

Inkel. J'avoue qu'en effet cela change beaucoup l'état de la question.

Tracy. Je sais ce que je fais ; et vous qui n'êtes pas moins homme du monde que poëte, vous n'aurez pas de peine à comprendre que je n'ai jamais pu avoir l'intention d'offenser par mes paroles un génie tel que vous, qui d'ailleurs êtes mon ami.

Inkel. Sans doute ; vous devez savoir à présent ce qui est dû à un homme de.... — Mais, venez, — donnez-moi une poignée de main.

Tracy. Vous saviez, et vous *savez*, mon cher ami, avec quel empressement j'achète tout ce que vous publiez.

Inkel. C'est l'affaire de mon libraire ; je me soucie fort peu de la vente ; et en effet, les meilleurs poëmes commencent toujours par se vendre mal : témoin les épopées de

Renégat, les drames de Sotby³, et mon grand roman à moi....

Tracy. On en a fait amplement l'éloge ; je l'ai vu louer dans la « Revue de la vieille fille⁴. »

Inkel. Quelle revue ?

Tracy. C'est le *Journal de Trévoux* ⁵ de l'Angleterre, œuvre ecclésiastique de nos jésuites anglais. Ne l'avez-vous jamais vue ?

Inkel. C'est un plaisir que j'ai encore à me procurer.

Tracy. Je vous conseille alors de vous dépêcher.

Inkel. Pourquoi ?

Tracy. J'ai entendu dire que l'autre jour elle a failli rendre l'*âme*.

Inkel. Bien, c'est signe qu'elle ne manque pas tout à fait d'*esprit*.

Tracy. Certainement. Irez-vous au raout de la comtesse de Fiddlecome ?

Inkel. J'ai une carte et je m'y rendrai ; mais pour le moment, aussitôt qu'il plaira à l'ami Scamp de descendre de la lune (où il va sans doute chercher son esprit égaré), aussitôt qu'il aura donné un instant de répit à sa manie professorale, je suis engagé à la collation de lady Bluet, pour y prendre ma part d'un souper froid et d'une conversation instructive : c'est une sorte de réunion dont Scamp est l'occasion, les jours où a lieu son cours et où on lui sert de la langue froide et des louanges ; et j'avoue pour ma part que cette réunion n'a rien de désagréable. Voulez-vous y venir ? Miss Lilas y sera.

Tracy. Voilà un métal attractif.

Inkel. Oui, certes, — pour la poche.

Tracy. Vous devriez encourager ma passion au lieu de la contrarier. Mais, allons ; car, si j'en juge par le bruit que j'entends....

Inkel. Vous avez raison ; partons avant qu'on ne vienne ici, si nous ne voulons que ces dames nous tiennent une heure à leur audience, exposés au supplice d'être mis sur la sellette par toute la ruche des « bas-bleus. » Diantre ! les voilà qui arrivent; je reconnais le vieux Sotby, à sa voix en faux-bourdon, à son ton *ex cathedrâ!* Oui! c'est lui-même. Pauvre Scamp! va rejoindre tes amis, sinon il te paiera dans ta propre monnaie.

Tracy. Il n'y a rien là que de juste; ce sera leçon pour leçon.

Inkel. C'est évident. Mais, au nom du ciel! éloignons-nous, si nous voulons éviter ce fléau. Venez, venez, je pars.

Inkel sort.

Tracy. Vous avez raison, je vous suis; je n'ai tout juste que le temps de recourir au « *Sic me servavit Apollo* [6]. » Nous allons voir toute la bande à nos trousses, bas-bleus, dandys, douairières, scribes en sous-ordre, tous accourant en foule chez lady Bluet pour humecter leurs gosiers délicats d'un verre de madère.

Tracy sort.

ÉGLOGUE SECONDE.

Un appartement chez lady Bluet. — Une table servie.

SIR RICHARD BLUET seul.

Jamais homme fut-il plus mal marié que moi? Sot que je suis de m'être tant pressé! Ma vie est retournée, et mon repos détruit. Mes jours, qui s'écoulaient naguère dans un vide si doux, sont maintenant occupés pendant les douze heures du cadran. Que dis-je, douze heures! — Parmi les vingt-quatre heures, en est-il une seule que je puisse dire à moi? Au milieu de ce tourbillon de promenades en voitures, de visites, de danses, de dîners, de cette manie d'apprendre, d'enseigner, d'écrivailler, de briller dans les sciences et les arts, au diable si je puis me distinguer de ma femme; car, quoique nous soyons deux, je ne sais comment elle s'y prend, mais elle a soin que toute chose se fasse de manière à proclamer éternellement que nous ne faisons qu'un. Mais ce qui me désespère plus encore que les mémoires à acquitter chaque semaine (quoique ce point-là me soit très douloureux), c'est cette bande nombreuse, plaisante, médisante, d'écrivassiers, de beaux-esprits, de professeurs blancs, noirs, bleus, qui prennent ma maison pour une auberge, et y font bombance à mes dépens, — car il paraît qu'ici c'est l'hôtesse qui paie la carte; — nul plaisir! nul loisir! nulle considération pour ce que je souffre! mais toujours entendre un sot jargon qui m'étourdit la cervelle, un babil superficiel, pillé dans les revues par l'insipide coterie des « bas-bleus, » sotte engeance qui ne sait même pas.... — Mais, chut! les voilà qui viennent! plût à Dieu que je fusse sourd! cela n'étant pas, je serai muet.

Entrent lady BLUET, lady BLEUMONT, messieurs SOTBY, INKEL, TRACY, miss MAZARINE, miss LILAS, et autres, avec SCAMP, le professeur, etc., etc.

Lady Bluet. Ah! bonjour, sir Richard; je vous amène quelques amis.

Sir Rich. (A part et après avoir salué). Si ce sont des amis, ce sont les premiers.

Lady Bluet. Mais la collation est prête. Je vous prie de vous asseoir sans *cérémonie*. M. Scamp, vous êtes fatigué; mettez-vous près de moi.

Tout le monde se place.

Sir Rich. (à part). S'il accepte, c'est alors que ses fatigues vont commencer.

Lady Bluet. M. Tracy, — lady Bleumont, — miss Lilas, veuillez, je vous prie, vous asseoir; et vous aussi, M. Sotby.

Sotby. Oh! Madame, j'obéis.

Lady Bluet. M. Inkel, j'ai à vous gronder : vous n'étiez pas au cours.

Inkel. Excusez-moi, j'y étais; mais la chaleur m'a forcé de sortir au plus bel endroit, — hélas! et lorsque...

Lady Bluet. Il est vrai qu'on étouffait; mais vous avez perdu une bien belle séance!

Sotby. La meilleure des dix.

Tracy. Qu'en savez-vous? il doit y en avoir encore deux.

Sotby. Parce que je le défie d'aller au-delà des merveilleux applaudissements d'aujourd'hui. La salle même en était ébranlée.

Inkel. Oh! si c'est à ce signe qu'il faut s'en rapporter, j'accorde que notre ami Scamp a atteint aujourd'hui son apogée. Miss Lilas, permettez-moi de vous servir — une aile.

Miss Lilas. Je n'en prendrai pas davantage, Monsieur, je vous remercie. Qui fera le cours, le printemps prochain?

Sotby. Dick Dunder.

Inkel. C'est-à-dire, s'il vit encore à cette époque.

Miss Lilas. Et pourquoi ne vivrait-il pas?

Inkel. Par l'unique raison qu'il est un sot. — Lady Bleumont, un verre de madère?

Lady Bleumont. Volontiers.

Inkel. Comment va votre ami Wordswords, ce trésor de Windermère? Reste-t-il fidèle à ses lacs, comme les sangsues qu'il chante, ainsi qu'Homère chantait les héros et les rois?

Lady Bluet. Il vient d'obtenir un emploi.

Inkel. De laquais?

Lady Bleumont. Fi donc! ne profanez pas de vos sarcasmes un nom aussi poétique.

Inkel. J'ai parlé sans mauvaise intention; seulement je plaignais son maître; certes le poëte des colporteurs peut, sans déroger, porter une nouvelle livrée; d'autant plus que ce n'est pas la première fois qu'il a retourné ses croyances et son habit.

Lady Bleumont. Fi donc! vous dis-je; si sir George vous entendait...

Lady Bluet. Ne faites pas attention à ce que dit notre ami Inkel : nous savons tous, ma chère, que c'est sa manière.

Sir Rich. Mais cet emploi...

Inkel. C'est peut-être comme celui de notre ami Scamp, un emploi de professeur.

Lady Bluet. Pardonnez-moi, — il est employé au timbre. Il a été nommé collecteur [7].

Tracy. Collecteur!

Sir Rich. Comment?

Miss Lilas. Quoi?

Inkel. Je penserai souvent à lui en achetant un chapeau neuf[8]; c'est là que paraîtront ses œuvres.

Lady Bleumont Monsieur, elles ont pénétré jusqu'au Gange.

Inkel. Je n'irai pas les chercher si loin. Je puis les avoir chez Grange[9].

Lady Bluet. Oh! fi!

Miss Lilas. C'est très mal!

Lady Bleumont. Vous êtes trop méchant.

Sotby. Très bien!

Lady Bleumont. Comment, bien?

Lady Bluet. Il n'y attache aucun sens; c'est sa manière de parler.

Lady Bleumont. Il devient impoli.

Lady Bluet. Il n'y attache aucun sens, demandez-le-lui plutôt.

Lady Bleumont. Dites-moi, je vous prie, Monsieur, avez-vous voulu dire ce que vous avez dit?

Inkel. Peu importe; jamais ce qu'il veut dire ne saurait gâter ce qu'il dit.

Sotby. Monsieur!

Inkel. Soyez satisfait, je vous prie, de votre portion de louange; c'est dans votre défense que j'ai parlé.

Sotby. En toute humilité, vous m'obligerez de me laisser ce soin.

Inkel. Ce serait votre perte. Tant que vous vivrez, mon cher Sotby, ne vous défendez jamais vous-même, non plus que vos ouvrages; chargez-en un ami. A propos, — votre pièce est-elle reçue à la fin?

Sotby. A la fin?

Inkel. C'est que, voyez-vous, je croyais, — c'est-à-dire — des bruits de foyer donnaient à entendre... — vous savez que le goût des acteurs est comme ci, comme ça[10].

Sotby. Monsieur, le foyer est dans l'enchantement, ainsi que le comité.

Inkel. Oui, certes. — vos pièces excitent toujours « la pitié et la terreur; » comme disent les Grecs : elles « purgent l'esprit; » je doute que vous laissiez après vous quelqu'un qui vous égale.

Sotby. J'ai écrit le prologue, et me proposais de vous demander pour l'épilogue un assaisonnement de votre esprit.

Inkel. Il sera toujours temps d'y penser quand on jouera la pièce. Les rôles sont-ils distribués?

Sotby. Les acteurs se les disputent, comme c'est l'habitude dans ce plus litigieux de tous les arts.

Lady Bluet. Nous nous rendrons tous ensemble à la *première* représentation.

Tracy. Et vous avez promis l'épilogue, Inkel?

Inkel. Pas tout à fait. Cependant, pour soulager mon ami Sotby, je ferai ce que je pourrai, quoique je sache que j'aurai double peine.

Tracy. Pourquoi cela?

Inkel. Pour ne pas rester trop au-dessous de ce qui précède.

Sotby. Sous ce rapport, je suis heureux de pouvoir dire que j'ai l'esprit tranquille. Vos talents, M. Inkel, sont...

Inkel. Laissez là mes talents; occupez-vous des rôles de votre pièce; c'est là votre affaire, à vous.

Lady Bleumont. Vous êtes, je pense, Monsieur, auteur de poésies fugitives?

Inkel. Oui, Madame; et je suis quelquefois aussi lecteur très fugitif; par exemple, il est rare que je me pose sur Wordswords ou son ami Mouthy sans prendre aussitôt ma volée.

Lady Bleumont. Monsieur, vous avez le goût trop vulgaire; mais le temps et la postérité rendront justice à ces grands hommes, et la sévérité de cet âge lui sera reprochée.

Inkel. Je ne m'y oppose aucunement, pourvu que je ne sois pas du nombre de ceux qui doivent prendre l'infection.

Lady Bluet. Vous doutez peut-être qu'ils puissent jamais *prendre?*

Inkel. Pas du tout; au contraire. Les lakistes, en fait de pensions et de places, ont déjà pris et continueront à prendre

— tout ce qu'ils pourront, — depuis un denier jusqu'à une guinée. Mais laissons, je vous prie, ce désagréable sujet.

Lady Bleumont. N'importe, Monsieur; le temps approche.

Inkel. Scamp! ne sentez-vous pas votre bile s'émouvoir? Que dites-vous à cela?

Scamp. Ils ont du mérite, je l'avoue; seulement leur système reste inconnu par le seul fait de son absurdité.

Inkel. Pourquoi donc ne pas le dévoiler dans l'une de vos leçons?

Scamp. Ce n'est qu'aux temps passés que s'étendent mes attributions.

Lady Bluet. Allons, trêve d'aigreur! — la joie de mon cœur est de voir le triomphe de la nature sur tout ce qui tient à l'art. Sauvage nature! — grand Shakspeare!

Sotby. Et à bas Aristote!

Lady Bleumont. Sir George [11] pense exactement comme lady Bluet; et milord *Soixante-Quatorze* [12], qui protége notre cher barde, et qui lui a donné sa place, a la plus grande estime pour le poëte, qui, chantant les colporteurs et les ânes, a trouvé le moyen de se passer du Parnasse.

Tracy. Et vous, Scamp?

Scamp. J'avoue que je suis embarrassé.

Inkel. Ne vous adressez pas à Scamp, qui n'est déjà que trop fatigué d'écoles anciennes, d'écoles nouvelles, d'écoles qui n'en sont pas, d'écoles de tout genre.

Tracy. Ce qu'il y a de certain, c'est qu'il faut que les uns ou les autres soient des imbéciles; je voudrais bien savoir qui.

Inkel. Et moi je ne serais pas fâché de savoir qui sont ceux qui ne le sont pas; cela nous épargnerait bien des recherches.

Lady Bluet. Trêve d'observations! que rien ne vienne entraver cet « épanouissement de notre raison, cet essor de l'âme. » O mon cher Sotby! sympathisez! J'éprouve maintenant un tel ravissement, que je suis prête à m'envoler, tant je me sens élastique et légère [13]!

Inkel. Tracy, ouvrez la fenêtre.

Tracy. Je lui souhaite beaucoup de joie.

Sotby. Au nom du ciel, milady Bluet, ne comprimez pas cette douce émotion, qu'il nous est si rarement donné d'éprouver sur la terre. Laissez-lui un libre cours ; c'est une impulsion qui élève nos esprits au-dessus des choses terrestres ; c'est le plus sublime de tous les dons ; c'est pour lui que ce pauvre Prométhée fut enchaîné à sa montagne. C'est la source de tout sentiment — et la véritable cause de la sensibilité ; c'est la vision du ciel sur la terre ; c'est le gaz de l'âme ; c'est la faculté de saisir les ombres au passage, et d'en faire des substances ; c'est quelque chose de divin.

Inkel. Vous verserai-je du vin, mon ami ?

Sotby. Je vous remercie ; je n'en prendrai plus d'ici à dîner.

Inkel. A propos, — dînez-vous aujourd'hui chez sir Humphry [14] ?

Tracy. Ou plutôt chez le duc Humphry ; c'est plus dans vos habitudes.

Inkel. Cela pouvait être autrefois ; mais, maintenant, nous autres écrivains, nous adoptons pour hôte le chevalier de préférence au duc. La vérité est qu'aujourd'hui un auteur se met tout à fait à son aise, et (son éditeur excepté) dîne avec qui bon lui semble. Mais il est près de cinq heures, et il faut que j'aille au parc.

Tracy. J'y ferai un tour avec vous jusqu'à la tombée de la nuit. Et vous, Scamp ?

Scamp. Excusez-moi ; il faut que je travaille à mes notes pour ma leçon de la semaine prochaine.

Inkel. C'est juste. Il faut qu'il prenne garde de ne pas citer au hasard dans les « Extraits élégants. »

Lady Bluet. Eh bien ! levons la séance ; mais n'oubliez pas que miss Diddle nous a invités à souper.

Inkel. Et puis, à deux heures du matin nous nous réunirons tous de nouveau pour nous réconforter de science, de jambon et de champagne.

Tracy. Et d'excellente salade au homard !

Both. Je fais grand cas de ce repas; car c'est alors que nos sentiments coulent de source.

Inkel. Cela est certain; le sentiment est alors indubitablement plus vrai; je souhaiterais qu'il en fût de même de la digestion.

Lady Bluet. Bah! — ne faites pas attention à cela; car une minute de sentiment vaut — Dieu sait quoi.

Inkel. Vaut la peine qu'on le cache pour lui-même ou ses suites. — Mais voici votre carrosse.

Sir Rich. (*à part*). Je souhaiterais que tous ces gens-là fussent affligés de la malédiction de mon mariage.

Tous sortent.

NOTES.

[1] Cette plaisanterie, que lord Byron appelle lui-même une bouffonnerie, n'était point destinée à être publiée. Elle fut écrite en 1821, et parut pour la première fois dans *le Libéral*. Les allusions personnelles, qui y abondent, sont pour la plupart très intelligibles, et, à peu d'exceptions près, elles ont un cachet de si bonne humeur, que les personnes attaquées furent les premières à en rire. Dans l'année de 1781, il devint à la mode, parmi plusieurs dames, d'avoir des réunions, le soir, où le beau sexe pouvait entrer en conversation avec des hommes spirituels et littéraires animés par le plaisir de plaire. Ces sociétés furent désignées sous le nom de *Club des Bas-Bleus*. L'origine de ce nom n'étant pas bien connue, il peut être utile de la rappeler. Un des membres éminents de ces réunions, qui les a commencées, était Stillingfleet. Son habillement était singulièrement grave, et remarquable en particulier parce qu'il portait des bas bleus. Tel était le charme de sa conversation, qu'on avait coutume de dire, lorsqu'il manquait : « Nous ne pouvons rien faire sans les bas bleus. » C'est ainsi que peu à peu cette dénomination s'établit.

[2] *Pater noster Row*, rue habitée par un grand nombre de libraires.

[3] MM. Southey et Sotheby.

[4] La *Revue Britannique* que Byron appelait *Revue de ma Grand'Mère*.

[5] Le *Journal de Trévoux*, en cinquante-six volumes, est une des collections les plus estimées pour l'histoire littéraire. Cette comparaison élève la revue anglaise bien au-dessus de sa valeur.

[6] Sotheby est un bon homme : il rime bien, sinon sagement ; mais, une fois qu'il vous prend par le bouton de l'habit, on ne peut le quitter. Un soir, dans un raout chez mistriss Hope, il m'assomma de quelque chose comme *Agamemnon* ou *Oreste*, ou quelque autre de ses pièces, malgré mes symptômes de désespoir : car j'étais amoureux, et je voyais précisé-

ment le moment où ni mère, ni mari, ni rivaux, ni adorateurs, ne se trouvaient auprès de mon idole, qui était aussi belle que les statues de la galerie où se donnait la fête. Sotheby me tenait par le bouton et me déchirait le cœur. William Spencer, qui aime la plaisanterie et ne s'épargne pas une méchanceté, vit ma position, et, s'approchant de nous deux, il me prit par la main, et m'adressa un adieu pathétique : « car, dit-il, je vois bien que c'en est fait de vous. » Sotheby nous quitta alors. *Sic me servavit Apollo.* B. 1821.

7 M. Wordsworth a un bureau de timbre pour le Cumberland et le Westmoreland.

8 Les droits du timbre, en Angleterre, ne s'appliquent pas seulement, comme chez nous, aux journaux et aux actes légaux : ils affectent, en outre, une foule d'objets et d'industries, tels que les colporteurs, les fiacres, la chapellerie, etc. *N. du Trad.*

9 Grange, fameux pâtissier et fruitier dans Piccadilly.

10 Lorsque je faisais partie du comité de Drury-Lane, le nombre des pièces dans les cartons était d'environ cinq cents. M. Sotheby nous offrit obligeamment toutes ses tragédies. Je plaidai en sa faveur, et, après de longues discussions avec mes collègues du comité, *Ivan* fut accepté, lu et distribué. Mais, hélas ! au milieu des répétitions, à la suite d'une querelle entre Kean et l'auteur, M. Sotheby retira sa pièce. *B.* 1821.

11 Feu sir George Beaumont, ami intime de M. Wordsworth.

12 Ce n'est pas le comte actuel de Lonsdale, mais Jacques, le premier comte qui offrit de construire et d'armer à ses frais un vaisseau de soixante-quatorze canons à la fin de la guerre d'Amérique : de là le sobriquet qu'on lui donne dans le texte.

13 Historique.

14 Feu Humphry Davy, président de la Société royale.

LA VISION DU JUGEMENT,

PAR QUEVEDO REDIVIVUS

POÈME SUGGÉRÉ PAR L'OUVRAGE QU'A PUBLIÉ SOUS CE MÊME TITRE L'AUTEUR DE « WAT TYLER. »

> « Un Daniel mis en jugement! oui, un Daniel! Je te remercie, Juif, de m'avoir appris ce mot. »
> SHAKSPEARE.

PRÉFACE.

On a dit avec raison qu'un fou en fait d'autres, et l'on a poétiquement observé que les fous se précipitent là où les anges marchent timidement.

> « That fools rush in where angels fear to tread. »
> POPE.

Si M. Southey ne s'était précipité là où il n'avait que faire, ou s'il s'était sagement abstenu d'aller là où il n'ira certes pas un jour, le poëme suivant n'aurait pas été composé. Il n'est pas impossible qu'il soit aussi bon que le sien, et il ne saurait être *pire* sous le rapport de la stupidité naturelle ou acquise; la flatterie grossière, la lourde impudence, l'intolérance du renégat, le *cant* impie de l'auteur de *Wat Tyler*, sont quelque chose d'assez prodigieux pour former le sublime de son être et la quintessence de ses attributs.

En voilà assez pour son poëme; maintenant, un mot sur sa préface. Dans cette préface il a plu au magnanime lauréat de tracer le portrait d'une prétendue *école satanique*, sur laquelle il appelle la sévérité du législateur, ajoutant, par ce moyen, à ses autres lauriers ceux d'un dénonciateur. S'il existe ailleurs que dans son imagination une semblable école, n'est-il pas suffisamment défendu contre elle par sa propre vanité? La vérité est qu'il y a certains auteurs que M. Southey accuse, comme Scrub, d'avoir mal parlé de lui parce qu'ils se sont permis de rire tout à leur aise.

Je crois connaître assez bien la plupart des écrivains auxquels il fait allusion pour pouvoir affirmer que, selon leurs moyens respectifs, ils ont fait plus de bien à leur prochain dans une année que M. Southey ne s'est fait de mal dans toute sa vie par ses absurdités, et c'est tout dire. Mais j'ai quelques questions à lui adresser.

Premièrement, M. Southey est-il l'auteur de *Wat Tyler*?

Deuxièmement, n'a-t-il pas été déclaré non admissible au bénéfice de la loi par le premier juge de sa chère Angleterre, sous prétexte que cette production était blasphématoire et séditieuse [1] ?

Troisièmement, n'a-t-il pas été appelé en plein Parlement, par William Smith, un renégat rancuneux [2] ?

Quatrièmement, n'est-il pas poëte lauréat, malgré ses vers sur Martin le régicide, qui lui sautent continuellement aux yeux ?

Cinquièmement, en réunissant ces quatre *item*, comment ose-t-il appeler l'attention des lois sur les publications des autres, quelles qu'elles soient ?

Je ne dis rien d'un pareil procédé, sa bassesse se dénonce d'elle-même; mais je désire toucher quelques mots du *motif*, qui n'est autre que les plaisanteries qui ont été faites sur M. Southey dans plusieurs publications récentes, et du genre de celles qui lui furent adressées autrefois dans l'*Anti-Jacobin* par ses patrons actuels. De là toutes ces déclamations sur l'école satanique et le reste. Tout cela est digne de lui, *qualis ab incepto*.

S'il y a quelques passages dans le poëme suivant qui blessent les opinions politiques d'une portion du public, il faut en remercier M. Southey; il aurait pu écrire des hexamètres comme il a écrit sur tout sans que l'auteur s'en inquiétât, s'ils avaient été écrits sur un autre sujet; mais chercher à canoniser un monarque qui, quelles qu'aient été ses vertus privées, ne fut ni un roi glorieux ni un roi patriote, qui employa la plus grande partie de son règne à faire la guerre à l'Amérique et à l'Irlande, pour ne rien dire de son agression contre la France, est une exagération qui appelle nécessairement une réponse. De quelque manière que le poëte nous le présente dans cette *vision* nouvelle, sa vie publique n'en sera pas plus favorablement jugée par l'histoire. Quant à ses vertus privées, quoiqu'elles aient été un peu coûteuses à la nation, on ne peut les mettre en doute. Quant aux personnages surnaturels introduits dans ce poëme, je ne puis rien en dire, ne sachant rien de plus sur leur compte que Robert Southey lui-même, quoique, ayant (en ma qualité d'honnête homme) plus de droit que lui d'en parler, je les aie aussi traités plus sensément. Les jugements de cette pauvre créature insensée, le lauréat, relativement à l'autre monde, ressemblent à son jugement ici-bas : s'il n'était pas complétement ridicule, il serait pire. Je ne crois pas qu'il y ait beaucoup plus à en dire quant à présent. QUEVEDO REDIVIVUS.

P. S. Il est possible que quelques lecteurs, dans ce temps d'objections, m'objectent la liberté avec laquelle j'ai fait parler dans cette vision les saints, les anges et les autres personnages spirituels;

mais, s'il faut citer des précédents, je les renverrai au *Voyage de ce monde dans l'autre*, de Fielding, et à mes propres visions, à moi, ledit *Quevedo*, en espagnol ou traduites. Le lecteur est également prié de remarquer qu'il ne s'agit ici ni de prêcher, ni de discuter un point de doctrine; que la personne de la Divinité est soigneusement tenue hors de vue. Le lauréat n'a pas eu la même discrétion : il a jugé à propos de la faire parler, non pas comme un savant théologien, mais comme pouvait le faire le très peu savant M. Southey. Toute l'action se passe en dehors du ciel, et *la Femme de Bath* de Chaucer, la *Morgante maggiore* de Pulci, le *Comte du Tonneau* de Swift, et plusieurs autres ouvrages déjà cités, sont des exemples de la liberté avec laquelle les saints peuvent parler dans des ouvrages qui n'ont pas la prétention d'être sérieux. Q. R.

(**) M. Southey étant, comme il le dit, — bon chrétien et vindicatif, — nous menace, je le sais, de répliquer à notre réponse; il faut espérer que d'ici là ses facultés visionnaires auront acquis plus de jugement proprement dit, autrement il se fourvoierait dans de nouveaux dilemmes. Ces jacobins apostats nous fournissent, en vérité, des armes bien trempées; en veut-on un échantillon? M. Southey loue par malheur un M. Landor, qui cultive une gloire très secrète en faisant des vers latins. Il paraît qu'il y a quelque temps le poëte lauréat lui dédia une de ses odes fugitives, pour le louer de l'énergie d'un poëme intitulé *Gebir*. Qui supposerait que dans ce même *Gebir* ledit Sauvage Landor [3], car tel est son prénom caractéristique, met dans les enfers le propre héros que son ami, M. Southey, place dans le ciel, — oui, George III lui-même? Et voyez comme Sauvage se montre incisif quand tel est son caprice! voici le portrait de notre gracieux souverain :

Le prince Gebir étant descendu dans les enfers, les ombres de ses ancêtres couronnés sont évoquées à sa prière; il s'écrie, en s'adressant à son guide fantastique :

« Quel bruit! Quel est ce misérable près de nous? Quel est ce misérable, avec ses sourcils blancs et son front incliné? Ecoutons! Quel est celui qui, couché la face vers le ciel, tremble et crie en voyant cette épée suspendue sur sa tête? Hélas! est-il aussi parmi mes ancêtres? Je hais le despote et je méprise le lâche. Etait-il notre compatriote? »
— « Hélas! ce roi, il naquit en Ibérie; mais sa race maudite y fut apportée par les vents impétueux du Nord-Est. » — « C'était donc un guerrier qui ne craignait pas les dieux? » — « *Gebir*. Il craignait les démons, et non les dieux, quoiqu'il parût les adorer tous les

jours. Il n'était pas guerrier, et cependant il prodigua la vie de milliers d'hommes, comme des pierres pour essayer sa fronde. Cette calme cruauté, ce froid caprice, ô délire du genre humain! furent adulés et adorés. » *Gebir*, p. 28.

J'omets ici quelques Ithyphalliques de Savagius, désirant plutôt les couvrir d'un voile, si son grave mais quelque peu indiscret adorateur veut le permettre. Il faut avouer, toutefois, que ces prédicateurs de grandes leçons morales fréquentent une singulière compagnie.

LA VISION DU JUGEMENT.

I.

Saint Pierre était assis à la porte du ciel; ses clefs étaient rouillées, et la serrure était dure, tant ses fonctions l'avaient peu occupé depuis quelque temps; non que la place fût pleine, loin de là; mais depuis l'ère française de « quatre-vingt-huit », les diables avaient redoublé d'efforts, avaient « tiré le câble », comme disent les matelots; ce qui avait fait virer la plupart des âmes dans une direction opposée.

II.

Tous les anges détonnaient et étaient enroués à force de chanter, n'ayant à peu près que cela à faire, si ce n'est de monter le soleil et la lune, de ramener dans ses limites une jeune étoile vagabonde ou une comète s'émancipant, comme un jeune poulain, dans l'espace éthéré, et brisant une planète d'un mouvement de sa queue, comme une baleine en se jouant fait parfois chavirer des bateaux.

III.

Les anges gardiens étaient remontés dans les hauteurs du ciel, reconnaissant l'insuffisance de leur sollicitude ici-bas; on ne s'occupait plus là-haut des affaires terrestres, si ce n'est dans le noir bureau de l'ange greffier, qui, voyant se multiplier avec une rapidité effrayante les faits criminels ou calamiteux, avait dépouillé ses deux ailes de toutes leurs plumes, et cependant était encore arriéré dans son procès-verbal des maux de l'humanité.

IV.

Depuis quelques années ses occupations avaient pris un tel accroissement, qu'il s'était vu forcé, bien malgré lui sans doute, comme ces terrestres chérubins qu'on nomme ministres, de chercher des collaborateurs et de prier ses pairs célestes de venir à son aide, si on ne voulait qu'il succombât sous le poids d'un travail qui s'augmentait chaque jour; on lui adjoignit comme secrétaires six anges et douze saints.

V.

C'était là un joli bureau, — du moins pour le ciel; et cependant ils ne manquaient pas de besogne, tant chaque jour voyait rouler de chars de conquérants et remettre de royaumes à neuf; pas de journée qui ne tuât au moins ses six ou sept mille hommes, tellement qu'à la fin, quand le carnage de Waterloo vint couronner l'œuvre, ils jetèrent la plume de dégoût, — tant cette page était souillée de sang et de poussière.

VI.

Ceci soit dit en passant; il ne m'appartient pas de dire ce qui répugne aux anges : le diable lui-même, en cette occasion, abhorra son ouvrage, trop repu qu'il était par l'infernale orgie; quoiqu'il eût lui-même aiguisé tous les glaives, il sentit presque s'éteindre sa soif innée du mal. (Ici nous devons consigner la seule œuvre méritoire de Satan, c'est qu'il a établi son droit de reversibilité sur les deux généraux).

VII.

Passons par-dessus quelques années d'une paix hypocrite, pendant lesquelles la terre n'a pas été mieux peuplée, l'enfer l'a été comme de coutume, et le ciel point du tout; — elles forment le bail des tyrans, qui ne contient rien de nouveau si ce n'est les noms; ce bail finira un jour : en attendant ils se multiplient « avec sept têtes et dix cornes, » toutes par devant, comme la bête prophétisée par saint Jean; mais nos bêtes, à nous, ont les cornes plus formidables que la tête.

VIII.

En l'an premier de la seconde aurore de la liberté[4]; mourut Georges III, qui, sans être tyran lui-même, protégea les tyrans, jusqu'au jour où tous ses sens éclipsés perdirent à la fois et le soleil de l'âme et le soleil extérieur; jamais meilleur fermier ne secoua la rosée des herbes de son pré, jamais pire monarque ne laissa un royaume ruiné ! Il mourut ! — laissant après lui ses sujets, — une moitié aussi insensée que lui, — et l'autre non moins aveugle.

IX.

Il mourut ! — Sa mort ne fit pas grand bruit sur la terre; il y eut quelque pompe à ses funérailles; il y eut profusion de velours, de dorure, de bronze; il y eut de tout, excepté des larmes, — sauf celles qu'y versa l'hypocrisie; car ce sont choses qui s'achètent, et qui ont leur tarif; il y eut une infusion fort honnête d'élégies — achetées pareillement; et les torches, les manteaux de deuil, les bannières, les hérauts d'armes, les débris des vieux usages gothiques,

X.

Formèrent un mélodrame sépulcral. Entre tous les imbéciles qui accoururent en foule pour se joindre au cortége, ou pour le voir passer, qui se souciait du cadavre ? Tout l'intérêt était concentré dans le convoi, toute la douleur dans le noir; pas une pensée qui allât au delà du drap mortuaire; et quand on déposa dans le caveau le somptueux cercueil, cette pourriture de quatre-vingts ans enfermée dans l'or parut une dérision de l'enfer.

XI.

Mêlez donc son corps à la poussière ! Il eût pu redevenir plus promptement ce qu'il doit être un jour, si on eût laissé ses éléments primitifs se réunir naturellement à la terre, au feu, à l'air; mais ces baumes factices ne font que gâter ce que la nature le fit à sa naissance, aussi nu que l'argile vulgaire de ces millions d'hommes dont on ne fait point de momies. — Et après tout, l'embaumement ne fait que prolonger pour lui l'œuvre de la dissolution.

XII.

Il est mort, — et la terre extérieure n'a plus rien de commun avec lui ! il est inhumé; sauf le mémoire des pompes funèbres et le grimoire lapidaire, le monde est fini pour lui, à moins pourtant qu'il n'ait laissé un testament hanovrien; mais quel est le procureur qui le demandera à son fils, son fils en qui revivent ses qualités, excepté cette vertu de ménage, la plus rare de toutes, la fidélité à une femme méchante et laide?

XIII.

« Dieu sauve et épargne le roi ! » C'est une grande économie à Dieu d'épargner les rois; mais, s'il veut être économe, je ne vais pas à l'encontre, car je ne suis pas de ceux qui préfèrent voir damner : je ne sais même si je ne suis pas le seul qui ait conçu le faible espoir de diminuer les maux à venir, en limitant par quelques petites restrictions l'éternité de la chaude juridiction de l'enfer.

XIV.

Je sais que c'est impopulaire; je sais que c'est blasphématoire; je sais qu'on s'expose à être damné en faisant des vœux pour que personne ne le soit; je sais mon catéchisme; je sais que nous sommes inondés des doctrines les plus orthodoxes; je sais que l'église d'Angleterre est la seule qui soit dans le vrai, et que les deux fois deux cents autres églises et synagogues ont fait un marché diablement mauvais.

XV.

Dieu vous soit en aide à tous! et à moi aussi ! Je suis, Dieu le sait, aussi impuissant que le diable peut le désirer, et il n'est pas plus difficile de me damner que d'amener à terre un poisson pris, ou de conduire un agneau à la boucherie; non que je me croie pourtant digne de figurer dans la poêle immortelle où doit frire presque tout ce qui est né pour mourir.

XVI.

Saint Pierre était assis à la porte du ciel, et s'endormait sur ses clefs, quand tout à coup il se fit un grand bruit, qu'il n'avait pas entendu depuis longtemps, semblable au sifflement du vent, des eaux et des flammes, en un mot, un mugissement paraissant provenir d'êtres gigantesques, et qui aurait fait pousser un cri d'exclamation à tout autre qu'à un saint ; mais lui, après avoir d'abord tressailli, puis cligné de l'œil, se contenta de dire : « Encore une étoile éteinte, je suppose! »

XVII.

Mais avant qu'il eût eu le temps de rentrer dans son repos, un chérubin lui frappa les yeux de son aile droite ; — sur quoi saint Pierre, ayant bâillé et s'étant frotté le nez : « Saint portier, » lui dit l'ange, « lève-toi, je te prie ; » et en même temps il déploya une aile fort belle, resplendissante de célestes couleurs, comme brille ici-bas la queue d'un paon. Le saint répondit : « Eh bien ! de quoi est-il question ? Est-ce Lucifer qui est de retour avec tout ce tintamarre ? »

XVIII.

— « Non, » dit le chérubin ; « Georges le troisième est mort. » — « Et qui est Georges le troisième ? » répondit l'apôtre ; « *Quel Georges? quel troisième ?* » — « Le roi d'Angleterre, » dit l'ange. — « Fort bien, il pourra marcher ici sans être coudoyé par des rois ; mais a-t-il encore sa tête sur ses épaules ? Je le demande, parce que le dernier que nous avons vu venir a éprouvé quelques difficultés, et ne se fût jamais mis dans les bonnes grâces du ciel s'il ne nous eût jeté sa tête au visage.

XIX.

« C'était un roi de France[5], autant qu'il m'en souvienne. Cette tête, qui n'avait pu conserver une couronne sur la terre, osa, à ma face, prétendre à celle du martyr, — ni plus ni moins que la mienne! Si j'avais eu mon épée, comme au temps où je coupais des oreilles, je l'aurais étendu sur le carreau ; mais n'ayant que mes clefs au lieu de ma lame, je me bornai à faire rouler par terre sa tête, qu'il tenait à la main.

XX.

« Et alors il jeta des cris si piteux, que tous les saints accoururent et le firent entrer ; là, il est assis côte à côte près de saint Paul, Paul le parvenu ! La peau de saint Barthélemy, dont il s'est fait au ciel un capuchon, et qui, sur la terre, a racheté ses péchés de manière à en faire un martyr, ne servit pas plus à propos que ne l'a fait cette stupide caboche.

XXI.

« Mais s'il eût eu sa tête sur les épaules, l'affaire eût pris une tout autre tournure : la sympathie, à ce qu'il semble, agit en cette occasion comme un talisman sur les saints qui le virent ; et c'est ainsi que le ciel a replacé cette tête imbécile sur le tronc qui la portait. Je n'ai rien à redire à cela ; il paraît que c'est la coutume d'annuler ici tout ce qui se fait de sage sur la terre. »

XXII.

L'ange répondit : « Pierre ! ne faites pas la moue : le roi qui nous arrive a sa tête intacte, et le reste aussi ; et cette tête n'a jamais trop su ce qu'elle faisait. — C'était une marionnette qu'on faisait mouvoir par des fils d'archal ; on le jugera sans doute comme tous les autres. Vous et moi, notre office n'est pas de nous enquérir de ces choses, mais de nous occuper de notre rôle, qui est de faire ce qu'on nous ordonne. »

XXIII.

Pendant qu'ils s'entretenaient ainsi, la caravane des anges arrivait avec la rapidité d'un ouragan, fendant les champs de l'espace comme le cygne fend le cristal argenté d'une rivière (par exemple, le Gange, le Nil, ou l'Indus, ou la Tamise, ou la Tweed). Au milieu d'eux était un vieillard, ainsi que sa vieille âme, tous deux frappés d'une cécité complète. Le cortége fit halte devant la porte, et, enveloppé de son suaire, leur compagnon de voyage resta assis sur un nuage.

XXIV.

Mais à l'arrière-garde de cette brillante phalange, un esprit d'un aspect différent balançait ses ailes semblables à ces nues recélant le tonnerre, qui planent sur une côte dont la plage stérile est féconde en naufrages ; son front ressemblait à la mer agitée par la tempête ; des pensées farou-

XXV.

En s'approchant, il jeta sur cette porte, que le Péché ni lui ne franchiront jamais, un tel coup d'œil de haine surnaturelle, que saint Pierre regretta de se trouver dehors ; il fit résonner ses clefs avec grand bruit, et sua dans sa peau apostolique : comme de raison, sa transpiration n'était que de l'ichor ou quelque autre liqueur spirituelle.

XXVI.

Les archanges eux-mêmes se serrèrent les uns contre les autres comme des oiseaux quand plane le faucon ; la peur les gagna jusqu'au bout des plumes de leurs ailes, et ils formèrent un cercle semblable à la ceinture d'Orion autour du vieux et chétif personnage confié à leur garde, qui savait à peine où ses guides le menaient, quoiqu'ils traitassent avec égard ses mânes royaux ; car nous savons, par des renseignements authentiques, que tous les anges sont torys.

XXVII.

Les choses en étaient là quand la porte s'ouvrit, et l'éclat de ses gonds flamboyants jeta sur l'espace une vaste flamme de diverses couleurs, dont les teintes s'étendirent même à notre petite planète, formant une aurore boréale sur le pôle nord, la même qu'aperçut du milieu des glaces l'équipage du capitaine Parry dans le « détroit de Melville [6]. »

XXVIII.

Et de la porte ainsi ouverte sortit radieux un être de lumière puissant et beau, rayonnant de gloire comme une bannière qui flotte victorieuse après une bataille dont l'empire du monde a été le prix : mes chétives comparaisons abondent naturellement en images terrestres ; car la nuit de la matière obscurcit nos meilleures conceptions, à nous autres hommes, à l'exception de Johanna Southcote [7] ou de ce fou de Robert Southey.

XXIX.

C'était l'archange Michel : tout le monde sait comment sont faits les anges et les archanges, puisqu'il n'est pas d'écrivailleur qui n'en ait au moins un à produire, depuis le chef des démons jusqu'au prince des anges ; on en voit aussi dans quelques tableaux d'église, quoique, à vrai dire, ceux-ci ne répondent guère à l'idée que nous nous formons des esprits immortels ; mais je laisse aux connaisseurs le soin d'expliquer *leurs* mérites.

XXX.

Michel, les ailes déployées, s'avança dans sa gloire et dans sa vertu, noble ouvrage de celui de qui procèdent toute gloire et tout bien ; après avoir franchi le portail, il s'arrêta ; devant lui les jeunes chérubins et les vieux saints (quand je dis *jeunes*, je veux parler de leur mine et non de leurs années ; je n'entends nullement dire qu'ils n'étaient pas plus vieux que saint Pierre, mais seulement qu'ils avaient l'air tant soit peu plus avenant),

XXXI.

Les chérubins et les saints s'inclinèrent devant cette puissance archangélique, la première des essences angéliques, dont l'aspect était celui d'un dieu ; mais celui-là n'avait jamais nourri d'orgueil dans son céleste cœur ; tout grand, tout exalté qu'il était, il n'avait de pensée que pour le service de son créateur, et savait qu'il n'était que le vice-roi du ciel.

XXXII.

Lui et l'esprit silencieux et sombre s'abordèrent. — Ils se connaissaient l'un l'autre en bien comme en mal ; telle était leur puissance qu'aucun d'eux n'avait pu oublier son ami d'autrefois, son futur ennemi ; pourtant il y avait dans leurs yeux un noble, immortel et magnanime regret ; comme si la destinée, plus que leur volonté, avait donné à leur guerre l'éternité pour durée et les sphères pour champ clos.

XXXIII.

Mais ici ils se trouvaient sur un terrain neutre : nous savons d'après Job que trois fois l'an, ou à peu près, il est permis à Satan de visiter le ciel, et que « les enfants de Dieu, » comme ceux de la poussière, sont tenus alors de lui faire compagnie ; nous pourrions montrer dans le même livre avec quelle politesse est conduite la conversation entre les puissances du bien et du mal, — mais cela nous mènerait trop loin.

XXXIV.

Ceci n'est point un traité de théologie où il soit nécessaire d'examiner, les textes hébreux ou arabes à la main, si Job est une allégorie ou un fait; ceci est un récit véridique; c'est pourquoi je choisis dans ce que je raconte les faits qui peuvent le mieux écarter toute idée d'imposture; tout ce que cet ouvrage contient est littéralement vrai et aussi authentique que vision le fut jamais.

XXXV.

Les deux esprits se trouvaient sur un terrain neutre, devant la porte du ciel. Semblable au seuil d'un palais d'Orient est le lieu où se débat le grand procès de la Mort, et d'où les âmes sont expédiées vers l'un ou l'autre monde; c'est pourquoi Michel et son antagoniste prirent un air civil, bien qu'ils ne s'embrassassent pas; néanmoins son altesse de ténèbres et son altesse de lumière échangèrent un regard plein de courtoisie.

XXXVI.

L'archange salua, non comme un de nos modernes élégants, mais à l'orientale et avec une gracieuse inclinaison de tête, appuyant une main radieuse sur l'endroit où, dans les honnêtes gens, on suppose qu'est la place du cœur. Il se tourna vers Satan comme vers un égal, avec une bienveillance sans servilité; Satan accueillit son ancien ami avec plus de hauteur, et comme un vieux Castillan pauvre et noble accueillerait un riche parvenu.

XXXVII.

Il se contenta d'incliner légèrement son front diabolique; puis, le relevant, il se prépara à revendiquer son droit et à établir que le roi Georges ne devait pas être exempté de supplice éternel, pas plus que tant d'autres rois que mentionne l'histoire, doués de plus de sens et de cœur que lui, et qui depuis longtemps ont pavé l'enfer de leurs bonnes intentions.

XXXVIII.

Michel commença : « Quels droits peux-tu faire valoir sur cet homme, maintenant mort et amené devant le Seigneur? Quel mal a-t-il fait depuis le commencement de sa carrière mortelle, pour justifier tes prétentions sur lui? Parle! et si tu as raison, fais ta volonté ; si dans le cours de sa vie terrestre il a grandement failli à ses devoirs comme roi et comme homme, parle, et il est à toi ; sinon, laisse-le entrer. »

XXXIX.

— « Michel! » répondit le prince de l'air, « sur le seuil même de celui que tu sers, je viens revendiquer mon sujet : j'espère démontrer qu'ayant été mon adorateur dans la chair, il doit l'être également en esprit, quelque intérêt que vous lui portiez, toi et les tiens, parce que ni le vin, ni la luxure n'ont été du nombre de ses faiblesses ; et néanmoins sur le trône il n'a commandé à des millions d'hommes et n'a régné que pour me servir.

XL.

« Regarde *notre* terre, ou plutôt la *mienne*; *il fut un temps* où elle appartenait *davantage* à ton maître ; mais je ne m'enorgueillis pas de la conquête de cette pauvre planète ; hélas ! celui que tu sers ne doit pas m'envier mon partage : avec toutes ces myriades de mondes brillants qui se meuvent autour de lui et l'adorent, il aurait pu oublier cette chétive création d'êtres misérables : je pense que peu d'entre eux valent la peine d'être damnés, à l'exception de leurs rois ;

XLI.

« Et ceux-ci uniquement comme une sorte de redevance, pour établir mon droit de suzeraineté ; et puis, lors même que je le voudrais, vous savez fort bien que ce serait un soin superflu : ils sont devenus si pervers, que l'enfer n'a rien de mieux à faire que de les abandonner à eux-mêmes ; tel est l'état de démence et de crime où les a réduits leur corruption innée, que le ciel ne peut améliorer leur situation, ni moi l'empirer.

XLII.

« Regarde la terre, disais-je, et je le répète encore. A l'époque où ce vieux, aveugle, insensé, impuissant, chétif et pauvre vermisseau commença à régner, dans la première fleur de sa jeunesse, le monde et lui avaient un aspect tout autre qu'aujourd'hui; une grande portion de la terre et toute l'étendue des mers le reconnaissaient pour roi; à travers plus d'un orage, ses îles avaient flotté sur l'abîme du Temps, car elles étaient alors la patrie des mâles vertus.

XLIII.

« Jeune, il avait saisi le sceptre; il ne l'a quitté que vieux; voyez l'état où il a trouvé son royaume et celui où il l'a laissé; lisez les annales de son règne : voyez-le d'abord confiant à un favori le timon des affaires; voyez croître dans son cœur la soif de l'or, ce vice du mendiant, cette passion des cœurs les plus vils; et pour ce qui est du reste, jetez les yeux sur l'Amérique et sur la France.

XLIV.

« Il est vrai, du commencement jusqu'à la fin, il ne fut qu'un instrument (déjà je me suis assuré de ceux qui l'ont fait mouvoir); n'importe, qu'il soit brûlé comme instrument. Dans toute la suite des siècles passés, depuis que le genre humain a connu la domination des monarques, — interrogez les sanglantes annales du crime et du carnage, — cherchez le pire élève qu'ait produit l'école de César; et citez-moi un règne plus inondé de sang, plus encombré de morts.

XLV.

« Toujours il a fait la guerre à la Liberté et aux hommes libres : les peuples comme les individus, ses sujets comme les étrangers, dès qu'ils prononçaient le mot « liberté! » étaient sûrs de trouver dans Georges III leur premier adversaire. Quel est le roi dont l'histoire fut souillée d'autant de calamités nationales et individuelles? J'accorde son abstinence domestique; il eut, je le sais, ces vertus neutres qui manquent à la plupart des monarques.

XLVI.

« Je sais qu'il fut époux fidèle, assez bon père et maître passable. Tout cela est beaucoup, et surtout sur un trône, de même que la tempérance est plus méritoire à la table d'Apicius qu'au souper d'un anachorète. Je lui concède tout ce que les plus bienveillants peuvent lui concéder ; tout cela était bien pour lui, mais non pour ces millions d'hommes qui trouvèrent toujours en lui ce que l'oppression voulait qu'il fût.

XLVII.

« Le Nouveau-Monde secoua son joug ; l'ancien hémisphère gémit sous le poids des maux que lui ou les siens ont préparés, sinon complétés : il laisse sur plus d'un trône des héritiers de ses vices, sans aucune de ces vertus timides qui appelaient sur lui la compassion ; ces fainéants qui dorment, ou ces despotes qui ont maintenant oublié une leçon qui leur sera donnée encore, et veillent sur les trônes de la terre, qu'ils tremblent !

XLVIII.

« Cinq millions de ces chrétiens primitifs professant la foi qui fait votre grandeur sur la terre, imploraient une *portion* de ce vaste *tout* qu'ils possédaient autrefois, — la liberté d'adorer, non pas votre Seigneur seulement, Michel, mais vous, et vous aussi, saint Pierre ! Froides doivent être vos âmes si vous n'abhorrez pas celui qui fut l'ennemi de la participation des catholiques à tous les priviléges d'une nation chrétienne.

XLIX.

« Il est vrai qu'il leur permit de prier Dieu ; mais il leur refusa ce qui en était la conséquence, une loi qui les aurait placés sur le même niveau que ceux qui ne vénéraient pas les saints. » Ici saint Pierre se leva brusquement, et s'écria : « Vous pouvez emmener le prisonnier. Si jamais, tant que je serai portier, le ciel ouvre ses portes à ce Guelphe, puissé-je être damné moi-même !

L.

« J'aimerais mieux échanger mes fonctions contre celles de Cerbère (qui certes ne sont pas une sinécure) que de voir ce royal bigot, cet échappé de Bedlam, parcourir les champs azurés du ciel, je vous en donne ma parole ! » — « Saint ! » répondit Satan, « vous faites bien de ressentir les injures qu'il a infligées à vos satellites [8]; et pour peu que vous soyez disposé à l'échange dont vous avez parlé, je tâcherai d'obtenir de *notre* Cerbère qu'il veuille bien venir au ciel. »

LI.

Ici Michel s'interposa: « Bon saint! — et vous, diable, — pas si vite, je vous prie; vous dépassez tous deux les bornes de la discrétion. — Saint Pierre! vous avez l'habitude d'être plus poli. — Satan! excusez la chaleur de son expression, et le tort qu'il a eu de descendre au niveau du vulgaire : les saints eux-mêmes s'oublient quelquefois sur le banc judiciaire. Avez-vous quelque chose à ajouter? » — « Non. » — « Veuillez, je vous prie, appeler vos témoins. »

LII.

Alors Satan se tourna et fit un signe de sa main basanée : ses qualités électriques allèrent se communiquer aux nuages plus loin que nous ne pouvons le concevoir, bien qu'il nous arrive parfois de retrouver Satan dans nos propres cieux ; le tonnerre infernal ébranla les mers et la terre dans toutes les planètes, et les batteries de l'enfer firent gronder l'artillerie que Milton mentionne comme l'une des plus sublimes inventions de Satan.

LIII.

C'était un signal donné à ces âmes réprouvées qui voient le privilége de leur damnation s'étendre bien au delà des limites des mondes passés, présents ou futurs; aucune station spéciale ne leur est assignée sur les registres de l'enfer; elles ont la permission d'errer librement partout où leur inclination et leurs affaires les appellent, où une proie les attire, ce qui ne les empêche pas d'être damnées.

LIV.

Elles sont fières de ce privilége, comme on peut le croire ; c'est pour elles comme une sorte d'ordre de chevalerie ou de clef de chambellan attachée à leur ceinture, ou comme une entrée de faveur, ou toute autre franc-maçonnerie semblable. J'emprunte mes comparaisons à la poussière, étant poussière moi-même. Que ces esprits ne s'offensent pas de la bassesse de ces similitudes ; nous savons que leurs fonctions sont plus relevées que cela.

LV.

Quand le grand signal eut été donné du ciel à l'enfer, — distance dix millions de fois plus grande que celle qui sépare la terre du soleil ; car, nous pouvons dire, à une seconde près, le temps que reste en route chacun des rayons qui dispersent les brouillards de Londres, alors que le soleil dore les girouettes, ces fanaux obscurs éclairés trois fois l'an, quand toutefois l'été n'est pas trop rigoureux [9].

LVI.

Je puis donc dire le temps que le signal mit à parcourir cette distance. — Ce fut une demi-minute : je sais que les rayons solaires prennent plus de temps à se mettre en route ; mais aussi leur télégraphe est moins sublime, et ils ne pourraient jouter à la course contre les courriers de Satan revenant chez eux à tire d'aile. Il faut plusieurs années à chaque rayon de soleil pour arriver à sa destination, — il ne faut pas au diable une demi-journée.

LVII.

A l'extrémité de l'espace apparut une petite tache de la grandeur d'un écu (il m'est arrivé sur la mer Égée d'en voir autant dans le ciel avant une bourrasque) ; ce point s'approcha, et, en grossissant, prit une autre forme ; on eût dit un vaisseau aérien qui voguait et gouvernait ou était gouverné (je ne sais quelle est l'expression la plus grammaticale dans cette dernière phrase, qui fait bégayer ma stance ;

LVIII.

Mais choisissez vous-même) ; et puis il prit la forme d'une nuée ; et c'en était une effectivement, — une nuée de témoins. Mais quelle nuée ! jamais armée de sauterelles ne les égala en nombre ; leurs myriades obscurcissaient l'espace ; leurs cris bruyants et divers ressemblaient à ceux d'une troupe d'oies sauvages (si on peut comparer des nations à des oies), et c'était bien le cas de dire que « l'enfer était déchaîné. »

LIX.

Là le gros John Bull exhalait un énergique juron, et fulminait son *God dam* accoutumé ; l'Irlandais baragouinait son « par Jésus ! » — « Que me voulez-vous ? » s'écriait l'Écossais flegmatique ; l'ombre française jurait en des termes que je n'ose reproduire en entier, mais que le premier cocher venu vous traduira ; et du sein de ce vacarme on distinguait la voix de Jonathan[10] qui disait : « Il paraît que *notre* président va entrer en guerre. »

LX.

Il y avait en outre les Espagnols, les Hollandais et les Danois ; enfin c'était une immense armée d'ombres venues de toutes les parties du globe, depuis l'île d'Otahiti jusqu'à la plaine de Salisbury ; ombres de tous les climats et de toutes les professions, de tous les âges et de tous les métiers, toutes prêtes à porter témoignage contre le règne de ce bon roi, aussi hostiles qu'au jeu de cartes les trèfles le sont aux piques ; toutes appelées à comparaître à ce grand procès pour voir si les rois ne peuvent pas être damnés comme vous et moi.

LXI.

Quand Michel vit cette multitude, il commença par pâlir autant que le peuvent les anges ; puis, comme un crépuscule d'Italie, son visage prit toutes les couleurs, semblable à la queue d'un paon, ou à la lumière du soleil couchant qui perce à travers la rosace gothique de quelque vieille abbaye, ou à une truite encore fraîche, ou à l'éclair brillant pendant la nuit à l'horizon lointain, ou à un frais arc-en-ciel, ou à une grande revue de trente régiments habillés de rouge, de vert et de bleu.

LXII.

Alors il s'adressa à Satan : « Comment donc, — mon bon vieil ami, car c'est ainsi que je vous considère : quoique les partis différents auxquels nous appartenons, nous obligent à combattre l'un contre l'autre, je ne vous ai jamais regardé comme un ennemi personnel ; notre dissidence est toute *politique*, et j'espère que, quoi qu'il puisse advenir là-bas, vous connaissez la grande considération que je vous porte ;

et c'est ce qui me fait regretter les erreurs dans lesquelles il peut vous arriver de tomber ; —

LXIII.

« Comment, mon cher Lucifer, avez-vous pu vous méprendre à ce point sur la demande que je vous ai faite d'appeler vos témoins ? Mon intention n'a pas été de vous voir produire en témoignage la moitié de la terre et de l'enfer ; tout cela est superflu, puisqu'il suffit de la déposition véridique de deux témoins honnêtes et probes : nous perdrons notre temps, que dis-je ! notre éternité, entre l'accusation et la défense ; si nous voulons entendre l'une et l'autre, nous allons mettre au supplice notre immortalité. »

LXIV.

Satan répondit : « La chose m'est indifférente sous le point de vue personnel : je puis avoir cinquante âmes préférables à celles-ci avec beaucoup moins d'embarras que déjà nous n'en avons eu ; si j'ai traité la question de sa défunte majesté d'Angleterre, c'est seulement pour la forme : vous pouvez en disposer ; Dieu m'est témoin que j'ai là-bas autant de rois qu'il m'en faut ! »

LXV.

Ainsi parla le démon (appelé naguère « Multiface par le multi-écrivailleur Southey). — « Alors nous appellerons une ou deux personnes parmi les myriades rangées autour de notre congrès, et nous nous dispenserons du reste, » dit Michel. « Qui jouira du privilége de parler le premier ? Il y a de quoi choisir, — qui prendrons-nous ? » Alors Satan répondit : « Il y en a un grand nombre ; mais vous pouvez choisir John Wilkes, tout comme un autre. »

LXVI.

Au même instant sortit de la foule un esprit de mine originale, l'air gai, l'œil éveillé, revêtu d'un costume maintenant passé de mode ; car dans l'autre monde les gens conservent longtemps les modes de celui-ci ; on y voit réunis tous les costumes, bons ou mauvais, depuis Adam, depuis la feuille de figuier d'Ève, jusqu'au jupon court plus moderne, et qui n'habille guère plus.

LXVII.

L'Esprit promena ses regards sur la foule assemblée, et s'écria : « Mes amis de toutes les sphères, nous attraperons un rhume au milieu de ces nuages; c'est pourquoi procédons à notre affaire. Pourquoi cette convocation générale? Si ces gens que je vois revêtus d'un suaire sont des francs-tenanciers, si ces cris que j'entends ont une élection pour objet, vous voyez en moi un candidat qui n'a jamais retourné son habit! Saint Pierre, puis-je compter sur votre suffrage? »

LXVIII.

— « Monsieur, » répliqua Michel, « vous vous méprenez; les choses dont vous parlez appartiennent à une vie antérieure; celles qui nous occupent ici, dans le ciel, ont un caractère plus auguste; le tribunal est assemblé pour juger des rois : maintenant, vous êtes au fait. » — « Alors je suppose, » dit Wilkes, « que ces messieurs, qui ont des ailes, sont des chérubins; et cette âme que je vois là-bas ressemble furieusement à Georges III; seulement elle me semble beaucoup plus vieille que lui. — Dieu me bénisse! je crois qu'il est aveugle. »

LXIX.

— « Il est ce que vous le voyez, » dit l'ange, « et son sort dépend de ses actes; si vous avez quelque accusation à porter contre lui, la tombe permet au plus humble mendiant de s'élever en témoignage contre les têtes les plus superbes.» — « Il y a des gens, » dit Wilkes, « qui pour prendre cette liberté n'attendent pas qu'elles soient dans le cercueil, — et, en mon particulier, je leur ai dit ma pensée quand j'étais sous le soleil. »

LXX.

— « Répétez donc, *au-dessus* du soleil, ce que vous avez à lui reprocher, » dit l'archange. — « Quoi donc ! » répondit l'Esprit, « maintenant que nos vieilles querelles sont passées, irai-je déposer contre lui? Ma foi, non. D'ailleurs, sur la fin je l'ai battu à plates coutures, lui, ses lords et ses communes : je n'aime pas, au ciel, à revenir sur d'anciens griefs, vu qu'après tout sa conduite n'a rien eu que de très naturel dans un prince.

LXXI.

« Sans doute ce fut sottise et méchanceté à lui d'opprimer un pauvre diable comme moi, qui n'avais pas un sou vaillant ; mais c'est bien moins lui que je blâme que Bute et Grafton ; je n'ai nulle envie de le voir puni de leurs torts, puisqu'il y a longtemps qu'ils sont damnés, et sont encore maintenant à la place qu'ils occupent en enfer. Pour ce qui est de moi, j'ai pardonné, et je vote son *habeas corpus* dans le ciel. »

LXXII.

— « Wilkes, » dit le diable, « je vous comprends ; vous étiez devenu à moitié courtisan avant de mourir [11], et paraissez croire qu'il n'y aurait pas de mal à le devenir entièrement de ce côté-ci de la barque à Caron ; vous oubliez que *son* règne est fini ; quoi qu'il advienne, il ne sera plus souverain : vous avez perdu vos peines ; car ce qui peut arriver de mieux, c'est qu'il soit votre voisin.

LXXIII.

« Au reste, j'ai su à quoi m'en tenir le jour où je vous ai vu, avec votre air goguenard, rôder et chuchoter autour de la broche où Bélial, de service ce jour-là, arrosait William Pitt, son élève, avec la graisse de Fox ; j'ai su, dis-je, à quoi m'en tenir ; je ferai *bâillonner* ce drôle, — conformément à l'un de ses propres *bills*.

LXXIV.

« Appelez Junius ! » Une ombre sortit de la foule ; et à ce nom une curiosité générale se manifesta ; en sorte que les ombres cessèrent de se mouvoir à leur aise dans leur marche aérienne, mais se pressèrent et s'entassèrent (bien inutilement, on le verra) ; les mains et les genoux furent comprimés comme le vent dans une vessie, ou, ce qui est plus triste encore, comme dans une colique humaine.

LXXV.

L'ombre s'avance : — figure grande, mince, avec des cheveux gris, et qui semblait avoir déjà été une ombre sur la terre; ses mouvements étaient prompts, son air annonçait de la vigueur, mais rien n'indiquait son origine ou sa naissance : tantôt elle se rapetissait, puis grandissait de nouveau; ses traits peignaient tantôt une sombre tristesse, tantôt une sauvage joie; mais, quand on les regardait, on les voyait changer à chaque instant, — sans jamais se résumer en rien de positif.

LXXVI.

Plus les ombres l'examinaient avec attention, moins elles pouvaient distinguer à qui appartenaient ces traits; cette énigme semblait embarrasser le diable lui-même; sa physionomie variait comme un rêve, prenant tantôt une forme, tantôt une autre; plusieurs personnes dans la foule juraient qu'elles le connaissaient parfaitement; l'un soutenait que c'était son père, sur quoi un autre affirmait que c'était le frère du cousin de sa mère;

LXXVII.

Un autre, que c'était un duc, un chevalier, un orateur, un homme de loi, un prêtre, un nabab, un accoucheur [12]; mais le mystérieux personnage changeait de physionomie au moins aussi souvent que les gens d'hypothèse : bien qu'il fût là exposé aux regards de tout le monde, l'embarras ne faisait que s'accroître; c'était une fantasmagorie vivante, — tant il était volatil et diaphane.

LXXVIII.

A peine veniez-vous de déclarer que c'était un tel, *presto*, il devenait un autre, et ce changement, à peine effectué, se modifiait encore; il passait avec tant de rapidité d'un aspect à un autre, que sa mère elle-même, si toutefois il en avait jamais eu, n'eût pu reconnaître son fils; si bien qu'à la fin, à force de chercher à pénétrer ce « masque de fer épistolaire, » le divertissement devenait une fatigue;

LXXIX.

Car il lui arrivait quelquefois, comme Cerbère, de sembler être « trois personnes à la fois, » comme le dit pertinemment mistriss Malaprop [13]; puis on aurait pu croire qu'il n'en était pas même *une*; tantôt de nombreux rayons lui formaient une auréole; tantôt une épaisse vapeur le cachait à la vue comme les brouillards dans une journée de Londres : un moment il était Burke, une autre fois Tooke, dans l'imagination des gens, et souvent il passait pour sir Philip Francis.

LXXX.

J'ai aussi une hypothèse — qui m'appartient exclusivement; je ne l'ai jamais fait connaître jusqu'à ce jour, de peur de nuire à quelqu'un de ceux qui entourent le trône, ou de faire tort à un pair ou à un ministre sur qui pourrait peut-être tomber le blâme : cette hypothèse, la voici : c'est, — public bénévole, prêtez l'oreille ! — c'est que ce que nous avons jusqu'à présent appelé Junius n'était *réellement, véritablement* personne.

LXXXI.

Je ne vois pas pourquoi il faudrait une main pour écrire des lettres, lorsque nous voyons tous les jours qu'il n'est pas besoin de tête pour cela; nous voyons pareillement que cette dernière condition n'est pas du tout indispensable pour faire des livres : et véritablement, jusqu'à ce qu'on se soit accordé sur celui à qui revient l'honneur de cet ouvrage, cette question sera comme celle du Niger, et on se tourmentera à chercher si le Niger *a* une embouchure, et les lettres de Junius un auteur.

LXXXII.

« Qui es-tu et qu'es-tu ? » dit l'archange. — « A cet égard tu peux consulter mon titre, » répondit cette puissante ombre d'une ombre. « Je n'ai pas gardé mon secret un demi-siècle pour venir le divulguer maintenant. » — « As-tu des reproches à faire au roi Georges, » continua Michel, « ou quelque chose à alléguer contre lui ? » Junius répondit : « Vous feriez mieux de commencer par lui demander *sa* réponse à ma lettre.

LXXXIII.

« Les accusations que j'ai consignées par écrit survivront au bronze de son épitaphe et de sa tombe. » — « Ne te reproches-tu pas, » dit Michel, « quelque exagération passée, quelque allégation qui, fausse, deviendrait ta condamnation, et, vraie, la sienne? Tu mis trop d'amertume, — n'est-ce pas, — dans le farouche emportement de ta colère? » — « Ma colère!» s'écria le fantôme d'un air sombre; « j'aimais ma patrie, et je le haïssais, lui!

LXXXIV.

« Ce que j'ai écrit, je l'ai écrit : que la responsabilité du reste retombe sur sa tête ou sur la mienne! » Ainsi parla le vieux *Nominis Umbra*[14], et en même temps il se dissipa en céleste fumée. Alors Satan dit à Michel : « N'oubliez pas de faire déposer Georges Washington, John Horne Tooke et Franklin. » — Mais en ce moment on entendit crier : « Place! place! » bien que pas un fantôme ne bougeât.

LXXXV.

Enfin, à force de jouer des coudes, et avec l'aide du chérubin chargé de ce service, le diable Asmodée se fit jour jusqu'au cercle; son voyage paraissait l'avoir fatigué. Quand il eut jeté bas son fardeau : « Qu'est ceci? s'écria Michel; « comment donc! mais ce n'est pas une ombre. » — « Je le sais, » dit l'incube; « mais c'en sera bientôt une si vous me laissez régler cette affaire.

LXXXVI.

« Diable soit du renégat! je me suis foulé l'aile gauche, tant il est lourd; on dirait qu'il a quelqu'un de ses ouvrages attaché autour du cou. Mais venons au fait : pendant que je planais sur l'escarpement de Skiddaw[15] (où il pleuvait comme d'habitude), je vis au-dessous de moi scintiller une lumière; je m'abattis et surpris ce drôle rédigeant un libelle dans lequel il défigurait l'histoire non moins que la sainte Bible.

LXXXVII.

« La première est l'œuvre du diable, et la dernière est la vôtre, excellent Michel; vous comprenez donc que l'affaire nous concerne tous. Je l'ai saisi tel que vous le voyez là, et l'ai amené pour être jugé sommairement : c'est à peine si j'ai été en l'air dix minutes, — un quart d'heure au plus :

je gagerais que sa femme est encore à table à prendre son thé. »

LXXXVIII.

Ici Satan prit la parole et dit : « Je connais cet homme de longue date, et voilà déjà quelque temps que je l'attends ici : il serait difficile de trouver un drôle plus sot ou plus vain dans sa petite sphère ; mais certes, mon cher Asmodée, ce n'était guère la peine de mettre sous votre aile pareille marchandise : il fût venu nous trouver de lui-même, et on pouvait s'épargner les frais de transport.

LXXXIX.

« Mais, puisque le voilà, voyons ce qu'il a fait. » — « Ce qu'il a fait ? » s'écria Asmodée ; « il anticipe sur ce qui vous occupe à l'instant même, et griffonne comme s'il était secrétaire-général des Destins. Quand un pareil âne prend la parole, comme celui de Balaam, qui sait jusqu'où il peut porter l'impudence ? » — « Écoutons, » dit Michel, « ce qu'il a à dire pour sa défense ; vous savez que nous sommes formellement tenus d'en agir ainsi. »

XC.

Alors le poëte, charmé de trouver un auditoire, ce qui sur la terre lui était rarement arrivé, commença à tousser, à cracher, et à donner à sa voix cette intonation lugubre et solennelle que ne connaissent que trop bien les malheureux auditeurs des poëtes une fois en train de déclamer leurs vers ; puis il se sentit arrêté tout court par son premier hexamètre aux pieds goutteux, dont pas un ne voulait bouger.

XCI.

Mais avant qu'il pût parvenir à mettre en récitatif ses dactyles boiteux, on entendit murmurer à haute voix l'armée entière des chérubins et des séraphins ; Michel se leva avant d'avoir pu saisir un mot de tous les vers fatigants qu'il débitait, et s'écria : « Au nom du ciel, l'ami, arrêtez-vous ! Il vaudrait mieux... — *Non di, non homines.* — Vous savez le reste[16]. »

XCII.

Un tumulte général se propagea parmi la foule, qui paraissait détester cordialement les vers; comme de raison, les anges étaient rebattus de chants lorsqu'ils étaient de service, et la génération des ombres en avait trop entendu de son vivant et tout récemment pour rechercher l'occasion d'en entendre encore. Le monarque, jusque-là resté muet, s'écria : « Quoi donc! quoi donc! Pye[17] est-il de retour? En voilà assez! — assez! »

XCIII.

La confusion s'accrut; une toux universelle éclata dans le ciel, comme dans un débat parlementaire lorsque Castlereagh a parlé assez longtemps (c'est-à-dire avant qu'il fût premier ministre : maintenant *les esclaves l'entendent*); quelques-uns crièrent : « A la porte ! à la porte ! » comme au spectacle, si bien que, poussé à bout, le poëte à la fin pria saint Pierre (poëte lui-même) de s'interposer seulement en faveur de sa prose.

XCIV.

Le drôle n'avait pas un extérieur désagréable ; il avait un visage qui tenait beaucoup du vautour; un nez crochu et un œil de faucon donnaient un air de vivacité et une sorte de grâce mordante à une physionomie qui, quoique un peu trop grave, n'était pas, à beaucoup près, aussi laide que son cas; mais celui-là était incurable, c'était une véritable monomanie de suicide poétique.

XCV.

Alors Michel sonna de sa trompette, et fit taire le bruit par un bruit plus grand, comme cela a lieu quelquefois sur la terre : à l'exception de quelques murmures qui interrompront çà et là le silence respectueux, il est peu de voix qui osent s'élever encore après avoir été complétement dominées. Le poëte eut alors la faculté de plaider sa mauvaise cause avec toutes les attitudes d'un homme content de son petit mérite.

XCVI.

Il dit — (je ne donne que le sommaire), — il dit qu'en

écrivant il n'avait aucune mauvaise intention ; il avait la manie d'écrire sur tous les sujets ; il y gagnait d'ailleurs son pain, qu'il beurrait des deux côtés ; ce serait abuser des moments de l'assemblée (il avait la bonté de le craindre) que de nommer ses ouvrages, dont la simple énumération prendrait plus d'un jour. Il se contenterait d'en citer quelques-uns : « *Wat Tyler.* » — « *Vers sur Blenheim.* » — « *Waterloo.* »

XCVII.

Il avait écrit l'éloge d'un régicide ; il avait écrit l'éloge de tous les rois sans exception ; il avait écrit pour les républiques, et puis contre les républiques avec plus d'amertume que jamais ; il s'était fait autrefois l'apôtre de la « Pantisocratie, » système plus ingénieux que moral ; puis il s'était fait ardent anti-jacobin, — avait retourné son habit, et, s'il l'eût pu, aurait retourné sa peau.

XCVIII.

Il avait, dans ses chants, flétri toutes les batailles, et puis il en avait célébré la gloire ; il avait qualifié de « métier cruel » les travaux de ceux qui écrivent dans les revues, et lui-même était devenu le plus vil des critiques rampants, — nourri, payé et protégé par ceux-là mêmes qui avaient attaqué ses œuvres et sa moralité : il avait écrit des vers blancs et de la prose plus blanche encore, et en plus grande quantité qu'on ne saurait croire.

XCIX.

Il avait écrit la vie de Wesley : — ici, se tournant vers Satan : « Monsieur, » lui dit-il, « je suis prêt à écrire la vôtre, en deux volumes in-octavo proprement reliés, avec notes et préface, et tout ce qui peut allécher le pieux acheteur ; le succès est assuré, car les critiques qui en rendront compte seront choisis par moi : fournissez-moi donc les documents nécessaires, afin que je puisse vous ajouter à la liste de mes autres saints »

C.

Satan s'inclina et garda le silence. « Eh bien ! si une aimable modestie vous fait rejeter mon offre, que dit Michel ?

il en est bien peu sur qui on puisse écrire des mémoires plus divins. Ma plume n'est plus aussi neuve qu'elle l'était; mais tous les ouvrages lui sont bons, et je vous ferai reluire comme votre trompette. Pour le dire en passant, la mienne a plus de cuivre que la vôtre, et le son en est meilleur.

CI.

« Mais, à propos de trompettes, voilà ma vision ! vous tous, vous allez en juger. Oui, mon jugement guidera le vôtre, et ma sagesse va décider qui doit entrer au ciel ou tomber en enfer. Je règle toutes ces choses par intuition, le présent, le passé, l'avenir, le ciel, l'enfer, enfin tout, comme le roi Alphonse [18]. C'est ainsi qu'en voyant double, j'épargne à la divinité bien des embarras. »

CII.

Il cessa de parler, et tira un manuscrit de sa poche; tout ce que purent lui dire les diables, les saints ou les anges, fut inutile; rien ne put arrêter le torrent; il lut donc les trois premiers vers; mais au quatrième, toute l'armée spirituelle, exhalant une variété d'odeurs, les unes d'ambroisie, les autres de soufre, disparut avec la rapidité de l'éclair devant la discordante mélodie [19].

CIII.

Ces grands vers héroïques opérèrent comme un talisman; les anges se bouchèrent les oreilles et jouèrent des ailes; les diables, assourdis, se sauvèrent en hurlant dans l'enfer; les ombres s'enfuirent en grommelant dans leurs domaines (car on ne sait pas encore au juste en quel lieu elles habitent, et je laisse à chacun son opinion sur cette matière); Michel eut recours à sa trompette; — mais, hélas ! ses dents étaient agacées : impossible de souffler dans son instrument !

CIV.

Saint Pierre, connu depuis longtemps pour un saint un peu vif, leva ses clefs, et, au cinquième vers, en asséna un coup au poëte, qui alla tomber dans son lac, comme un autre Phaéton, mais plus à l'aise, car il ne se noya pas, une autre corde ayant été filée par les Destinées pour le service du lauréat, le jour où la réforme triomphera ici ou ailleurs.

CV.

D'abord, il alla au fond, — comme ses ouvrages ; mais bientôt il revint sur l'eau, conformément à sa nature ; car, par suite de leur corruption même, toutes les choses corrompues sont légères comme le liége, ou comme ces feux follets, ces émanations lumineuses qui voltigent à la surface d'un marais : il est probable que, réfugié dans sa tanière, silencieux comme un livre ennuyeux sur les rayons d'une bibliothèque, il épie le moment d'écrire une « Vie, » ou une « Vision ; » car, comme dit Welborn, le diable s'est fait puritain.

CVI.

Quant au reste, pour en venir à la conclusion de ce rêve véridique, j'ai perdu le télescope qui préservait ma vue de toute illusion, et me montrait ce que j'ai montré à mon tour ; tout ce que je pus voir dans cette dernière confusion, c'est que le roi Georges se faufilait dans le ciel ; et quand le calme succéda au tumulte, je le laissai, s'exerçant sur le centième psaume.

NOTES.

[1] En 1821, lorsque M. Southey s'adressa à la chancellerie pour empêcher la publication de *Wat Tyler*, le lord-chancelier Eldon prononça le jugement suivant : — « J'ai examiné toutes les dépositions et j'ai lu moi-même le livre... La demande établit que l'ouvrage a été composé par M. Southey en 1794, que c'est sa propriété, et qu'il a été publié par les défendeurs sans l'autorisation de l'auteur : il réclame des dommages-intérêts et qu'on arrête la publication. J'ai consulté les précédents jugements rendus dans de pareilles circonstances, et j'ai trouvé une interprétation qui a en sa faveur une grande autorité : celle du lord chef de la justice Eyre, qui a expressément établi qu'on ne peut réclamer de dommages-intérêts pour un ouvrage qui est de nature à faire tort à la morale publique. C'est d'après ce principe que la cour décida dans l'affaire de Walcot. Après mûre réflexion, je me range à cet avis, et je ne puis accorder la répression de cette publication jusqu'à ce que M. Southey ait *établi ses droits à la propriété de l'ouvrage.* »

² M. William Smith, membre du parlement pour Norwich, fit une virulente sortie contre M. Southey, dans la chambre des communes, le 14 mars 1817. M. Southey répondit dans *le Courrier*.

³ Walter Savage Landor, auteur du *Comte Julien*, tragédie ; des *Conversations imaginaires*, en trois séries, et de plusieurs autres ouvrages. Ami d'enfance de M. Southey, la différence de leurs opinions politiques n'altéra jamais un seul moment cette union. M. Landor a longtemps résidé en Italie.

⁴ Georges III mourut le 29 janvier 1820, cette année fameuse où l'esprit révolutionnaire fermenta dans tout le midi de l'Europe.

⁵ Louis XVI.

⁶ Voyez le voyage du capitaine sir Edouard Parry en 1819, entrepris dans l'espoir de découvrir un passage dans la mer du Nord. — « Je crois qu'il est impossible de peindre avec des paroles la beauté et l'immensité de ce merveilleux phénomène. L'arc lumineux était divisé en masses irrégulières qui oscillaient sans ordre dans différentes directions, et embrasaient tout l'horizon de leurs aspects variés à l'infini. Une partie de l'arc, celle qui se rapprochait du zénith, se replia vingt fois sur elle-même, comme le ferait un serpent. L'extrémité nord était recourbée comme la houlette d'un berger. La pâle lumière de l'aurore ressemblait à celle du phosphore. On apercevait, lorsque l'aurore était plus avancée, une légère bande de rouge, mais jamais d'autres couleurs. »

⁷ Johanna Southcote, la vieille lunatique qui se donnait pour la mère d'un nouveau Messie, mourut en 1815. Elle avait beaucoup de sectaires. On trouve de curieux renseignements sur cette femme dans le t. XXIV, p. 496, du *Quarterly Rewiew*.

⁸ Résistance persévérante de Georges III aux réclamations des catholiques.

⁹ Allusion à l'expression d'Horace Walpole : — « L'été est venu avec sa rigueur ordinaire. »

¹⁰ L'Américain.

¹¹ Pour de plus amples détails sur la vie de John Wilkes, qui mouru chambellan de la ville de Londres, on peut consulter toutes les histoires de Georges III.

¹² Parmi les différentes personnes auxquelles on a attribué les *Lettres de Junius*, on compte le duc de Portland, lord Georges Sackville, sir Philip Francis, M. Burke, M. Dunning, le révérend John Horne Tooke, M. Hugh Boyd, le docteur Wilmot.

¹³ Personnage d'une des comédies de Shéridan.

¹⁴ La devise bien connue de Junius : *Stat nominis umbra*.

¹⁵ M. Southey habite sur les bords du Derwentwater, près de la montagne Skiddaw.

¹⁶ ...... *Mediocribus esse poetis*
Non di, non homines, non concessere columnæ.

Hor.

¹⁷ Henry James Pye, le prédécesseur de M. Southey dans la place

de poëte lauréat, mourut en 1815. Il siégea quelque temps au parlement. C'était un excellent homme pour tout ce qui ne concernait pas la poésie.

[18] Alphonse, en parlant du système de Ptolémée, dit que, — si on l'avait consulté lors de la création du monde, il aurait épargné au Créateur plusieurs absurdités.

[19] Voyez le récit d'Aubrey sur l'apparition qui « disparut ensuite en laissant derrière elle un délicieux parfum et un mélodieux murmure; » voir aussi *l'Antiquaire*, vol. I, p. 225.

L'AGE DE BRONZE[1],

ou

CARMEN SECULARE ET ANNUS HAUD MIRABILIS[2].

Impar *congressus* Achilli[3].

I.

Le « bon vieux temps » est revenu — (tous les temps sont bons quand ils sont vieux); — le temps actuel pourrait l'être s'il voulait; il y a eu de grandes choses, il y en a encore; et pour qu'il y en ait de plus grandes, les simples mortels n'ont qu'à vouloir : un espace plus vaste, un champ plus vert se déroule devant ceux qui « jouent leur jeu à la face du ciel[4]. » Je ne sais si les anges pleurent; mais les hommes ont assez pleuré, — à quelle fin ? — pour pleurer encore !

II.

Tout a été dit, — le bien et le mal; lecteur, rappelle-toi que lorsque tu étais enfant, Pitt était tout; ou sinon tout, du moins si grande était sa puissance, qu'il s'en fallait peu que son rival lui-même ne le jugeât tel[5]. Nous avons vu la race intellectuelle de géants pareils aux Titans se mesurer face à face; — on eût dit l'Athos et l'Ida entre lesquels une mer d'éloquence coulait impétueuse, comme la mer Égée mugit entre la rive hellénique et celle de la Phrygie. Mais où sont-ils, ces rivaux ? — Quelques pieds de terre séparent leurs linceuls[6]. Qu'elle est paisible et puissante la tombe qui fait taire tous les bruits, vague pacifique et calme qui recouvre le monde ! La poussière rendue à la poussière ! C'est une vieille histoire dont on ignore encore la moitié : le Temps ne tempère pas ses terreurs, — le ver n'en continue pas moins à rouler ses froids anneaux; la tombe conserve sa forme, variée par-dessus, mais uniforme en dessous; l'urne a beau être brillante, les cendres ne le sont pas, bien que la momie de Cléopâtre traverse ces mêmes flots où elle fit perdre à Antoine l'empire du monde; bien que l'urne d'Alexandre soit donnée en spectacle sur ces mêmes rivages qu'il pleura de ne pouvoir conquérir, quoiqu'ils fussent inconnus. — Combien de vanité, et pis encore, dans ces regrets d'un insensé, dans ces larmes du Macédonien ! Il pleura de n'avoir plus de mondes à conquérir : la moitié de la terre ignore son nom, ou ne connaît de lui que sa mort, sa naissance et ses ravages, pendant que la Grèce, sa patrie, est esclave, sans avoir la paix de l'esclavage. Il pleura de « n'avoir plus de mondes à conquérir ! » lui qui ne comprenait pas la forme de ce globe qu'il brûlait d'asservir ! qui ignorait même l'existence de cette île du Nord qui possède son urne et ne connut jamais son trône [7].

III.

Mais où est-il le héros moderne, et tout autrement puissant, qui, sans être né roi, attela des monarques à son char ; le nouveau Sésostris [8], dont les rois dételés, à peine affranchis du mors, croient déjà avoir des ailes, et dédaignent la poussière qui les vit ramper naguère, enchaînés au char impérial du grand homme ? Oui ! où est-il le champion et l'enfant de tout ce qu'il y a de grand ou de petit, de sage ou d'insensé ? qui jouait aux empires, avait des trônes pour enjeu, l'univers pour tapis, — des ossements humains pour dés ? Contemplez-en le résultat dans cette île solitaire [9], et, selon l'impulsion de votre nature, pleurez ou souriez. Gémissez de voir la rage de l'aigle superbe réduite à becqueter les barreaux de son étroite cage ; souriez de voir celui devant qui les nations se taisaient querellant chaque jour sur des rations disputées ; pleurez de le voir se lamenter à son dîner sur des plats réduits ou des vins retranchés ; s'occuper de petites discussions sur de petits objets. Est-ce là l'homme qui châtiait ou hébergeait les rois ? Voyez la balance de sa fortune dépendre du rapport d'un chirurgien [10] ou des harangues d'un comte [11] ! La remise d'un buste différé [12], un livre refusé troublera le sommeil de celui qui tint le monde en éveil. Est-ce là le dompteur des puissants, devenu aujourd'hui l'esclave de tout ce qui peut contrarier ou irriter, d'un vil geôlier [13], d'un espion importun, d'un étranger curieux qui prend des notes [14]? Plongé dans un cachot, il eût été grand encore; mais combien était bas et petit cet état mitoyen entre une prison et un palais, cet état où si peu de cœurs pouvaient comprendre ses souffrances! Ses plaintes sont sans fondement, — mylord présente son mémoire; ses rations de vin et d'aliments lui sont dûment distribuées; sa maladie est une fiction, il n'y eut jamais de climat si pur d'homicide; — en douter est un crime, et l'opiniâtre chirurgien qui défend sa cause a perdu sa place et gagné les suffrages du public [15]. N'importe, souriez, — bien que les tortures de son esprit et de son cœur dédaignent et défient les tardifs secours de l'art, bien qu'il n'ait à son lit de mort que quelques amis dévoués et l'image de ce bel enfant que son père ne doit plus embrasser, — bien qu'elle chancelle, cette intelligence qui tint si longtemps et tient encore le monde en respect: souriez, — car l'aigle captif rompt sa chaîne, et des mondes plus relevés que celui-ci redeviennent sa conquête [16].

IV.

Oh! si son âme, dans son glorieux essor, conserve encore, comme un faible crépuscule, le sentiment de son règne éclatant, comme il doit sourire quand il regarde ici-bas, et voit combien peu de chose il était et voulait être! En vain l'empire de son nom s'est étendu plus loin encore que celui de son ambition presque sans bornes; en vain, le premier en gloire comme en malheur, il goûta les joies et les amertumes du pouvoir; en vain les rois, joyeux d'avoir échappé à leurs chaînes, voudraient singer *leur* tyran : comme il doit sourire en voyant ce tombeau solitaire, éclatant fanal qui domine l'Océan! En vain son geôlier, fidèle à ses fonctions jusqu'au dernier moment, le crut à peine en sûreté sous le plomb de son cercueil, et ne permit même pas qu'une ligne gravée sur le couvercle indiquât la date de la naissance et de la mort de celui qu'il renfermait; ce nom sanctifiera cet obscur rivage, et deviendra un talisman pour tous, sauf pour celui qui le portait. Les flottes dont la brise d'Orient enfle les voiles entendront leurs mousses le saluer du haut des mâts; tandis que la colonne triomphale [17] de la France s'élèvera, comme celle de Pompée, dans un ciel désert, l'île des rochers qui possède ou possédera sa cendre sera comme un buste du héros dominant l'Atlantique, et la puissante nature fait plus pour honorer sa sépulture qu'une mesquine envie ne lui refuse. Mais que lui fait tout cela? l'appétit de la gloire peut-il toucher son âme affranchie ou sa cendre captive? Il ne se soucie guère de savoir en quoi consiste sa tombe : s'il dort, peu lui importe; de même, s'il existe; mieux instruite, son ombre verra la caverne grossière où sa cendre repose dans cette île de rochers du même œil qu'elle eût vu élever son mausolée dans le Panthéon de Rome ou dans son simulacre français. Il n'a que faire de cela; mais la France éprouvera le besoin de cette dernière et faible consolation; son honneur, sa gloire, sa fidélité revendiqueront ses os pour en surmonter une pyramide de trônes, ou afin que, portés à l'avant-garde un jour de bataille, ils deviennent, comme ceux de Duguesclin, un talisman de victoire. Quoi qu'il en soit, un jour viendra peut-être où son nom battra la charge, comme le tambour de Ziska[18].

V.

O ciel, dont il était l'image en puissance! ô terre, dont il était une des plus nobles créatures! île dont le nom vivra dans l'avenir, toi qui vis le jeune aiglon briser sa coquille! Alpes, qui vîtes ce vainqueur de cent batailles planer sur vos sommets dans son premier essor! Rome, qui as vu surpassés les exploits de tes Césars! hélas! pourquoi a-t-il franchi le Rubicon, — le Rubicon des droits reconquis par l'homme, pour se mêler à la tourbe des rois et des parasites? Egypte qui vis tes Pharaons oubliés, sortant de leur long repos, quitter leurs vieilles tombes et tressaillir dans leurs pyramides en entendant le tonnerre d'un nouveau Cambyse; pendant que les noires ombres de quarante siècles, debout comme des géants sur les bords fameux du Nil ou au sommet des hautes pyramides, contemplaient étonnées le désert peuplé de bataillons vomis par l'enfer, s'entrechoquant avec fracas et semant le sable aride de leurs cadavres pour fumer cette plage infectée! Espagne! qui, oubliant un moment ton

Cid, vis flotter sur Madrid son étendard! Autriche qui vis ta capitale prise deux fois, et deux fois épargnée pour conspirer sa chute! vous, race de Frédéric! — Frédérics de nom seulement, qui avez menti à votre origine — et avez hérité de lui tout, excepté sa gloire; qui, écrasés à Iéna, rampants à Berlin, tombâtes les premiers, et ne vous relevâtes que pour marcher à la suite de votre vainqueur! vous qui habitez où habita Kociusko, et vous rappelez encore la dette de sang que vous légua Catherine, et qui n'est point payée! Pologne! sur qui passa l'ange vengeur, en te laissant ce qu'il t'avait trouvée, un désert désolé, oubliant tes injures non encore réparées, les peuples partagés, ton nom éteint, tes soupirs pour la liberté, les larmes que tu verses depuis si longtemps, ce nom qui blesse l'oreille du tyran, Kociusko! en avant! — en avant! — en avant! — La guerre a soif du sang des serfs et de leur czar; les minarets de Moscou, de la cité à demi barbare, resplendissent au soleil, mais c'est un soleil qui se couche! Moscou! limite de sa longue carrière, que Charles, le farouche Suédois, ne put voir, quoiqu'il en versât des larmes glacées, — il te vit. — En quel état? avec tes clochers et tes palais en feu. A cet incendie le soldat prêta sa mèche enflammée, le paysan livra son chaume, le marchand ses marchandises amoncelées, le prince son palais, — et Moscou ne fut plus! O des volcans le plus sublime! devant ta flamme celle de l'Etna pâlit, l'inépuisable Hécla s'efface; comparé à toi, qu'est le Vésuve? un spectacle commun et usé devant lequel s'extasient des touristes. Tu t'élèves seul et sans rival jusqu'à ce feu à venir, où doivent expirer tous les empires.

Et toi! élément opposé! qui donnas aux conquérants de rudes et redoutables leçons dont ils n'ont point profité! — ton aile de glace frappa l'ennemi débile et chancelant, jusqu'à ce que les guerriers tombèrent aussi nombreux que les flocons de neige; sous les coups de ton bec torpide, de tes serres silencieuses, des bataillons entiers expirèrent à la fois et dans une commune agonie! En vain la Seine cherchera sur ses rives les milliers de ses braves si brillants et si fiers!

En vain la France rappellera ses jeunes hommes sous ses berceaux de pampres ; leur sang coule plus rapide que les flots de ses vendanges, ou se congèle dans leurs momies glacées dont les champs du Nord sont couverts. En vain le chaud soleil de l'Italie voudrait réveiller ses fils engourdis ; pour eux ses rayons sont impuissants. De tous les trophées de cette guerre, que verra-t-on revenir ? — le char fracassé du conquérant ! et son cœur que rien n'a pu briser ! Le cor de Roland résonne de nouveau, et ne résonne point en vain. Lutzen, où mourut le Suédois victorieux [19], le voit vaincre, mais, hélas ! ne le voit pas mourir. Dresde contemple trois despotes fuyant derechef devant leur maître, leur maître comme auparavant ; mais ici la Fortune, lassée, quitte le champ de bataille, et la trahison de Leipsick a vaincu l'Invincible ; le chacal saxon abandonne le lion, pour servir de guide à l'ours, au loup et au renard ; le monarque des forêts retourne à la tanière de son désespoir, mais il n'y trouve point de repos !

O vous tous ! ô France ! qui vis tes campagnes si belles ravagées comme un sol ennemi disputé pied à pied, jusqu'au jour où la trahison, son unique vainqueur, vit des hauteurs de Montmartre Paris foulé aux pieds ! Et toi, île [20] qui du haut de tes remparts vois l'Etrurie te sourire, toi l'asile temporaire que choisit son orgueil jusqu'au moment où il revola dans les bras de la Gloire périlleuse, sa fiancée, qui le pleurait encore ! O France ! reprise en une seule marche qui ne fut tout entière qu'un long triomphe ! O sanglant, mais inutile Waterloo ! qui prouve que les imbéciles peuvent avoir à leur tour leurs jours de succès, victoire obtenue moitié par ânerie, moitié par trahison ! O monotone Sainte-Hélène, avec ton geôlier, — écoutez ! écoutez Prométhée [21] en appeler du haut de son rocher à la terre, à l'air, à l'Océan, à tout ce qui ressentit ou ressent encore sa puissance et sa gloire, à tout ce qui est destiné à entendre un nom éternel comme l'éternel retour des saisons ; il leur enseigne cette leçon si longtemps, si souvent, si vainement enseignée : — « Apprenez à ne point commettre d'injustice. » Un seul pas dans la bonne voie eût fait de cet homme le Washington du monde opprimé ; un seul pas dans la fausse voie a donné son nom en doute à tous les vents du ciel ; il fut tour à tour le roseau de la fortune et la verge des rois, le Moloch ou le demi-dieu de la gloire, le César de son pays, l'Annibal de l'Europe, sans avoir conservé dans sa chute leur dignité décente. Et cependant la vanité elle-même aurait pu lui indiquer une route plus sûre vers la gloire que celle qu'il choisit, en lui montrant dans les inutiles annales de l'histoire mille conquérants pour un seul sage. Tandis que la pacifique mémoire de Franklin monte vers le ciel, en calmant la foudre qu'il en avait arrachée, ou en faisant jaillir de la terre aussi électrisée la Liberté et la Paix, heureux apanage du sol qui s'enorgueillit d'avoir été son berceau [22] ; tandis que Washington laisse un nom qui ne périra plus tant qu'il y aura dans l'air un écho pour le répéter ; tandis que l'Espagnol lui-même, malgré sa soif de guerre et d'or, oublie Pizarre pour applaudir Bolivar ; hélas ! pourquoi faut-il que ce même Océan Atlantique, qui porta la liberté sur ses vagues amies, baigne la tombe d'un tyran, — le roi des rois, et néanmoins l'esclave des esclaves, qui brisa les fers de millions d'hommes pour renouer ces mêmes chaînes que son bras avait rompues, qui foula aux pieds les droits de l'Europe et les siens, pour osciller entre une prison et un trône ?

VI.

Mais il n'en sera point ainsi : — l'étincelle a jailli ! — voyez ! l'Espagnol basané sent renaître son antique flamme ; cette vaillante énergie qui tint les Maures en échec pendant huit siècles de succès et de revers alternés a tout à coup reparu, — et où ? sur cette terre vengeresse où le mot Espagne était naguère synonyme de celui de crime, où flotta la bannière de Cortez et de Pizarre ; le *nouveau* monde a voulu justifier son nom. C'est le vieux souffle aspiré par de nouvelles poitrines, et ranimant les âmes dans la chair dégradée, le même qui repoussa les Perses du rivage où *était* la Grèce. — Non ! elle est redevenue la Grèce. Une cause commune donne la même pensée à des myriades d'hommes, esclaves de l'Orient, ou ilotes de l'Occident ; déroulé sur le sommet des Andes et de l'Athos, le même étendard flotte sur les deux hémisphères ; l'Athénien a repris le glaive d'Harmodius [23] ; le guerrier du Chili abjure la domination de son maître étranger ; le Spartiate sent qu'il est redevenu Grec ; la jeune Liberté attache au front des Caciques les plumes de leur panache ; le sanhédrin des despotes cernés sur l'un et l'autre rivage, s'éloigne vainement devant l'Atlantique mugissante ; à travers le détroit de Calpé la marée redoutable s'avance, effleure légèrement la terre de France à demi asservie, inonde de ses flots le berceau de la vieille Espagne, et peu s'en faut qu'elle ne réunisse l'Ausonie à son vaste océan ; repoussée de ce côté, mais non pour toujours, elle se précipite sur la mer Egée, se rappelant la journée de Salamine ! — Là, là s'élèvent des vagues que ne peuvent apaiser les victoires des tyrans. Les Grecs laissés à leurs propres forces, perdus, abandonnés au jour de leur adversité par les chrétiens auxquels ils ont donné leur foi ; leurs terres et leurs îles ravagées ; les discordes et la trahison intérieure encouragées, les secours éludés, les délais prolongés, dans l'espoir de faire de la Grèce une proie plus facile [24] : — voilà l'histoire de ce peuple, à qui ses faux amis ont fait plus de mal que son ennemi acharné. Mais tant mieux ; c'est à des Grecs seuls, et non à des barbares portant un masque de paix, que la Grèce doit demander sa liberté. Comment pourrait l'autocrate de l'esclavage régner sur un peuple de serfs et affranchir les nations ? Mieux vaut encore servir l'orgueilleux musulman que d'aller grossir la caravane pillarde du Cosaque ; mieux vaut travailler pour des maîtres que d'attendre, esclave des esclaves, à la porte d'un Russe, — d'être classé par hordes, de former un capital humain, un troupeau, ne vivant que pour la servitude, répartis par milliers, et donnés en cadeau au premier courtisan favorisé du czar, pendant que le propriétaire immédiat ne goûte jamais le repos sans rêver aux déserts de la Sibérie ; mieux vaut pour les Grecs succomber à leur désespoir, et conduire le chameau, que d'être mangés par l'ours.

VII.

Mais ce n'est pas seulement sur les antiques climats où la Liberté est contemporaine du Temps, ce n'est pas seulement sur cette terre des Incas, dont l'origine se perd dans la nuit des siècles, que s'est levée une nouvelle aurore : l'illustre et romantique Espagne rejette de nouveau de son sol l'envahisseur. Aujourd'hui ses campagnes ne servent plus de champ de bataille à la tribu romaine et à la horde punique; aujourd'hui le Vandale et le Visigoth, également abhorrés, ne souillent point ses plaines; et Pélage sur ses montagnes ne conduit point au combat ses belliqueux guerriers, beaux de mille ans de gloire. Cette semence a porté ses fruits, comme le Maure se le rappelle en soupirant sur son rivage sombre. Longtemps les refrains du laboureur, les pages du poëte, ont consacré la mémoire des Abencerrages et des Zégris, de ces vainqueurs captifs et refoulés dans le royaume barbare d'où ils étaient venus. Mais ceux-là ont disparu; — leur culte, leur glaive, leur domination, ne sont plus; mais ils ont laissé après eux des ennemis plus anti-chrétiens encore qu'ils ne l'étaient eux-mêmes : le monarque bigot et le prêtre cruel, l'inquisition et les bûchers, l'auto-da-fé sanglant, alimenté de combustible humain, sous les yeux du Moloch catholique, tranquillement cruel, jouissant avec un visage inexorable de cette horrible fête d'agonie! un souverain violent ou faible, et souvent l'un et l'autre à tour de rôle; la fierté mettant son orgueil dans la paresse; le noble depuis longtemps dégénéré; l'hidalgo dégradé, et le paysan moins vil, mais plus avili; un royaume dépeuplé; une marine autrefois glorieuse oubliant le gouvernail; une armée vaillante désorganisée; la forge d'où sortait la lame de Tolède, maintenant oisive; l'or étranger refluant sur tous les rivages, excepté sur ceux du peuple qui l'acheta de son sang; une langue qui rivalisait avec celle de Rome et que les nations parlaient comme la leur, négligée ou oubliée : — telle était l'Espagne; mais telle elle n'est pas, et ne sera plus. Ces envahisseurs, sortis du sol natal, ont senti et sentent encore ce que peut le vieux courage castillan retrempé dans des âmes numantines. Debout ! debout encore, lauréador intrépide ! le taureau de Phalaris recommence à mugir ; à cheval, hidalgo belliqueux ! reprends ton vieux cri : — « Saint Jacques et ralliement à l'Espagne [25] ! » Oui, faites-lui un rempart de vos poitrines armées, renouvelez la barrière qui arrêta Napoléon, la guerre exterminatrice, la plaine déserte, les rues n'ayant d'habitants que les cadavres, les sauvages sierras, avec leurs troupes plus sauvages encore de guérillas, toujours prêts à s'élancer sur leur proie, comme des vautours ; les remparts de Saragosse au désespoir, jamais plus grande que dans sa chute ; l'homme sentant grandir son courage, et la jeune fille, plus brave qu'une Amazone, brandissant son glaive ; le couteau d'Aragon, l'acier de Tolède, la lance fameuse de la chevaleresque Castille, la carabine infaillible du Catalan, les cavaliers de l'Andalousie à l'avant-garde, la torche pour faire de Madrid un Moscou, et dans tous les cœurs la bravoure du Cid : — cela s'est vu, cela se verra, cela se voit. Avancez, Français, et venez conquérir, non l'Espagne, mais votre liberté !

VIII.

Mais, que vois-je ? un congrès [26] ! Quoi ! ce nom sacré qui affranchit l'Atlantique ? Pouvons-nous en espérer autant pour notre Europe usée ? A ce nom, levez-vous comme l'ombre de Samuel aux monarchiques regards de Saül, prophètes de la jeune Liberté, évoqués des climats de Washington et de Bolivar ; Henry, Démosthènes des forêts, dont la voix tonnante fit trembler le Philippe des mers [27] ; et toi, ombre énergique de Franklin, revêtue de ces foudres que désarma ta main ; et toi, Washington, le dompteur des tyrans ! levez-vous, et faites-nous rougir de nos vieilles chaînes, ou les briser. Mais *qui* compose ce sénat de privilégiés, destiné à affranchir les masses ? *Qui* renouvelle ce nom consacré, appliqué jusqu'à ce jour à des conseils ayant pour objet le bonheur du genre humain ? Qui sont ceux qui s'assemblent à ce saint appel ? La Sainte-Alliance, qui prétend que trois sont tout ! trinité terrestre, imitant celle du ciel, comme le singe contrefait l'homme. Pieuse unité ! ayant un but unique, — celui de faire de trois niais un Napoléon. Comment donc! mais les dieux de l'Égypte étaient rationnels, comparés à ceux-ci; leurs chiens et leurs bœufs savaient se mettre à leur place, et, tranquilles dans leur chenil ou leur étable, ne s'inquiétaient de rien, pourvu qu'ils fussent bien nourris; mais ceux-ci, plus affamés, veulent quelque chose de plus encore; il leur faut le pouvoir d'aboyer et de mordre, de jouer des cornes et d'éventrer. Oh! combien étaient plus heureuses que nous les grenouilles d'Esope! car nos soliveaux, à nous, sont animés; balançant sur les peuples leur lourde malveillance, ils les écrasent sous leurs coups stupides; et tous ont sottement à cœur de laisser peu de chose à faire à la grue révolutionnaire.

IX.

Trois fois heureuse Vérone! depuis que l'impériale trinité fait luire sur toi sa sainte présence, fière d'un tel honneur, tu oublies, dans ton ingratitude, la tombe vantée de « tous les Capulets »[28]; même tes Scaliger, — car qu'était « Chien le grand », ce « *Can grande* » dont je me hasarde à traduire le nom[29], comparé à ces roquets sublimes? tu oublies aussi ton poëte Catulle, dont les vieux lauriers font place à des lauriers nouveaux[30]; ton amphithéâtre, où s'assirent les Romains; Dante protégé par tes remparts; et ton heureux vieillard pour qui le monde ne s'étendait pas au-delà de tes murs, et qui ne connaissait pas le pays où il vivait[31] : que ne peuvent les hôtes royaux que renferme aujourd'hui leur enceinte lui ressembler sous ce rapport et n'en jamais sortir! Oui! jetez des cris! faites des inscriptions! élevez des monuments de honte pour dire à l'Oppression que le Monde est soumis! Encombrez le théâtre dans votre loyale rage; la comédie n'est pas sur la scène; le spectacle est riche en rubans et en étoiles : tu peux le contempler à travers les barreaux de ton cachot; bats des mains, on te le permet, bonne Italie, car c'est une liberté qu'on accorde à tes mains enchaînées!

X.

Spectacle resplendissant! voyez le czar petit-maître[32],

l'autocrate de la valse et de la guerre, convoitant les applaudissements comme il convoite un royaume, et aussi propre à papillonner qu'à gouverner; Adonis calmouck, ayant de l'esprit comme un Cosaque, et des inspirations généreuses, quand la gelée ne vient pas les durcir, un moment à demi-dilatées par un dégel libéral, mais glacées de nouveau à la première matinée froide; accordant tout à la vraie liberté, sauf de rendre les nations libres. Comme le dandy impérial parle avec onction de la paix! si les Grecs voulaient seulement être ses esclaves, avec quel empressement il affranchirait la Grèce! avec quelle générosité il rendit aux Polonais leur diète, puis ordonna à la turbulente Pologne de se tenir tranquille! avec quelle bonté il daignerait envoyer la douce Ukraine et ses aimables Cosaques faire la leçon à l'Espagne! comme il montrerait volontiers dans la fière Madrid sa charmante et royale personne, trop longtemps cachée aux regards du Midi! Si, pour obtenir cette faveur, il faut avoir les Russes pour amis ou pour ennemis, chacun sait qu'à ce prix elle n'est pas trop chèrement payée. Poursuis, homonyme de l'illustre fils de Philippe; ton Aristote, La Harpe t'appelle; ce que fut autrefois la Scythie pour le conquérant macédonien, puissent l'être pour toi et tes Scythes les rivages de l'Ibérie! Cependant, ô ci-devant jeune homme! n'oublie pas le destin de ton prédécesseur sur les rives du Pruth : si jamais tu te trouves en semblable péril, tu as pour venir à ton aide plus d'une vieille femme, mais point de Catherine[33]. L'Espagne aussi a des rocs, des rivières et des défilés ; — l'ours peut tomber dans les rets du lion. Les plaines de Xérès et leur chaud soleil sont fatals aux Goths; penses-tu qu'un peuple vainqueur de Napoléon fléchira devant toi? Crois-moi, regagne tes déserts, fais de tes épées des socs de charrue, rase et décrasse tes hordes de Baskirs, délivre tes États de l'esclavage et du knout, plutôt que d'entrer imprudemment dans une voie funeste, et d'infester de tes sales légions des pays dont le ciel et les lois sont purs. L'Espagne n'a pas besoin d'engrais : elle a un sol fertile, mais elle ne nourrit pas d'ennemis; et puis il n'y a pas longtemps que ses vautours se sont amplement rassasiés; voudrais-tu leur fournir une nouvelle proie? Hélas! ton rôle sera celui de pourvoyeur, et non de conquérant. Je suis Diogène, dussent les Huns et les Russes se tenir devant mon soleil et celui de tant de millions d'hommes; mais si je n'étais pas Diogène, j'aimerais mieux être un ver rampant qu'un *pareil* Alexandre! Soit esclave qui voudra, le Cynique sera libre; les parois de son tonneau sont plus solides que les murs de Sinope; il continuera à porter sa lanterne au visage des rois, pour chercher parmi eux un « honnête homme. »

XI.

Et que fait la Gaule, cette prolifique patrie du *nec plus ultrà* des ultras et de leur bande mercenaire? Que fait-elle avec ses chambres bruyantes, et leur tribune que doit escalader l'orateur avant de trouver la parole? A peine l'a-t-il trouvée, qu'un « vous mentez » répond à ses dires! Notre chambre des communes daigne parfois entendre; un sénat gaulois a plus de langue que d'oreille; Constant lui-même, leur unique maître dans la science parlementaire, doit combattre demain pour justifier son discours de la veille. Mais cela coûte peu à de véritables Francs, qui aiment mieux se battre qu'écouter, fût-ce même leur père. Qu'est-ce que l'obligation de présenter sa poitrine à une balle, comparée au supplice d'écouter longtemps sans interrompre? Il est vrai que cette habitude ne régnait pas dans l'ancienne Rome, alors que Tullius lançait les foudres de sa voix; mais Démosthènes l'a sanctionnée en disant que l'éloquence c'était « l'action, l'action! »

XII.

Mais où est le monarque? A-t-il dîné, ou gémit-il encore sous le poids douloureux de l'indigestion? Les pâtés révolutionnaires ont-ils levé l'étendard de la révolte, et changé en prison les royales entrailles? Des mouvements alarmants ont-ils agité les troupes, ou bien aucun *mouvement* n'a-t-il suivi des soupes perfides? Des cuisiniers carbonari n'ont-ils pas suffisamment carbonnadé chaque service? ou les prescriptions cruelles de la Faculté ont-elles interdit la réplétion?

Ah! je vois à ton air d'abattement que toute la trahison de la France réside dans ses cuisiniers! Excellent et classique Louis, dis-moi, trouves-tu que ce soit une chose bien désirable que d'être « le Désiré? » C'était bien la peine de quitter ta calme et verdoyante retraite d'Hartwell [34], ta table d'Apicius et tes odes d'Horace, pour gouverner un peuple qui ne veut pas se laisser gouverner, et qui aime mieux être fustigé que sermonné! Ah! ton caractère et tes goûts n'étaient pas faits pour un trône; tu es beaucoup mieux placé à table, doux épicurien, destiné tout au plus à faire un hôte bienveillant ou un bon convive, aimant à causer littérature, sachant par cœur une moitié de l'*Art poétique*, et l'*Art du Gourmand* tout entier; homme instruit en tout temps, parfois homme d'esprit, et bon quand la digestion le permet; — mais impropre à gouverner des pays libres ou esclaves, la goutte était pour toi un martyre suffisant.

XIII.

Terminerai-je sans rien dire de la noble Albion, sans lui payer le tribut de louanges que lui doit tout franc Breton? « Les arts, — les armes, — et Georges, — et la gloire, — et les îles, — et l'heureuse Angleterre, — la richesse, — et le sourire de la liberté, — nos côtes et leurs blancs rochers qui ont tenu l'invasion en respect, — les sujets satisfaits, tous à l'épreuve de l'impôt, — le fier Wellington avec son bec d'aigle recourbé, ce nez, ce crochet auquel est suspendu l'univers, — et Waterloo, — et le commerce, — et — (chut! pas un mot encore sur les impôts et la dette!) — et le jamais (assez) regretté Castlereagh, dont le canif a l'autre jour coupé le cou à une oie, — et « les pilotes qui ont maîtrisé la tempête [35]! » — (mais gardons-nous, même pour rimer, de nommer la réforme) [36], ce sont là les sujets qu'on a si souvent chantés jusqu'à ce jour : je pense qu'il est inutile de les chanter encore; vous les trouverez partout, dans tant de volumes, qu'il n'est pas du tout nécessaire que vous les trouviez ici. Peut-être cependant y aurait-il moyen d'en rencontrer qui s'accordent avec la rime, et, chose plus étrange, avec la raison. C'est ce qui rend possible ton génie, ô Canning!

toi qui, élevé pour faire un homme d'État, étais né homme d'esprit; toi qui jamais dans cette chambre ennuyeuse ne pus ravaler à une prose décolorée ta poétique flamme; notre dernier, notre meilleur, notre seul orateur, je puis, moi aussi, te louer; — les torys n'en font pas davantage; que dis-je? ils n'en font pas autant : — ils te haïssent, Canning, parce que ton génie leur impose plus encore qu'il ne les sert. Les limiers se rassembleront à la voix du chasseur, et partout où il ira, la meute docile le suivra; mais ne prends pas pour de l'affection leurs aboyantes clameurs; c'est une menace pour le gibier, non un tribut qu'ils t'adressent; beaucoup moins fidèles que les chiens à quatre pattes, une piste douteuse ferait rétrograder ces bipèdes. Les arçons de ta selle ne sont pas encore complétement affermis, et le royal étalon n'a point le pied très sûr [37]; le vieux cheval blanc est revêche; il bronche quelquefois, il se cabre, et l'illustre monture se vautre dans la boue avec son cavalier. Mais pourquoi s'en étonner? l'animal chasse de race.

XIV

Hélas! la propriété territoriale! quelle langue, quelle plume déplorera le sort de nos gentilshommes *sans campagne*[38]? les derniers à imposer silence au cri de guerre, les premiers à faire de la paix une maladie. Pourquoi étaient nés ces patriotes campagnards? Pour chasser, voter, et élever le prix des céréales? Mais il faut que le blé baisse, comme toutes les choses mortelles, les rois, les conquérants, et les prix plus que tout le reste. Vous faudra-t-il donc tomber à chaque épi de blé qui tombe? Pourquoi avez-vous troublé le règne de Bonaparte? Il était votre grand Triptolême; ses vices ne détruisaient que des royaumes, et maintenaient vos prix à la grande satisfaction de tous nos lords; il pratiquait en grain l'alchimie agraire, la hausse des *fermages*. Pourquoi faut-il que le tyran ait échoué contre les Tartares, et réduit le blé à des prix aussi bas! Pourquoi l'avez-vous enchaîné sur son île solitaire? Cet homme vous était beaucoup plus utile sur le trône. Il est vrai qu'il prodiguait sans mesure le sang et l'or; mais qu'importe? la Gaule en portera le blâme; mais le pain était cher, le fermier payait régulièrement, et au jour des adjudications, l'acre de terre se louait bien. Mais où est maintenant la bonne *ale* bue à la quittance finale? où est le tenancier fier de sa bourse bien garnie, et connu pour n'être jamais en arrière? la ferme qui ne manquait jamais de fermier? le marais transformé en terre productive? l'Espoir appelant de ses vœux impatients l'expiration du bail, le doublement du fermage? Quel fléau que la paix! En vain des prix sont adjugés pour exciter l'émulation du laboureur, en vain les communes votent leur bill patriotique; l'*intérêt terrier*[39] (vous comprendriez mieux si je disais l'*intérêt* tout court),—l'intérêt égoïste de la terre gémit sur toute l'étendue du territoire, épouvanté qu'il est que l'abondance ne vienne à gagner le pauvre. Remontez donc, ô fermages! haussez vos prix, sans quoi le ministère perdra ses votes; et le Patriotisme, dont la délicatesse est si susceptible, fera descendre ses pains au prix du cours; car, hélas! « les pains et les poissons, » si inépuisables naguère, ont disparu; — le four est clos, l'Océan à sec, et il ne reste de tous les millions dépensés que la nécessité d'être modéré et content. Ceux qui ne le sont pas *ont eu* leur tour, — et chacun a le sien dans l'urne impartiale de la Fortune; maintenant, qu'ils trouvent leur récompense dans leur propre vertu, et prennent leur part des bienfaits qu'eux-mêmes ont préparés. Voyez la foule de ces Cincinnatus sans gloire, fermiers de la Guerre, Dictateurs de la ferme; *leur* soc de charrue, c'était le glaive manié par des mains mercenaires; *leurs* champs étaient engraissés par le sang versé sur d'autres plages; tranquilles dans leurs granges, ces laboureurs sabins envoyaient combattre leurs frères, — pourquoi? pour les fermages! Chaque année ils votaient libéralement notre sang, nos sueurs, des millions arrosés de larmes, — pourquoi? pour les fermages! Ils hurlaient, dînaient, buvaient, juraient de mourir pour l'Angleterre; pourquoi donc vivre? — pour leurs fermages! La paix a fait des mécontents de tous ces patriotes de la hausse; la guerre, c'était pour eux les fermages! Comment concilier tous les millions dépensés en pure perte avec leur amour de la patrie? en les conciliant avec leurs fermages! Et ne rendront-ils pas aux prêteurs les trésors que ces derniers ont avancés? Non : que tout périsse,—pourvu que les fermages haussent. Pour eux, bonheur, malheur, santé, richesse, joie, douleur, existence, but, religion, — les fermages! les fermages! les fermages! Tu vendis ton droit d'aînesse, Esaü, pour un plat de lentilles; tu aurais dû obtenir davantage, ou manger moins; maintenant que tu as avalé ton potage, tes réclamations sont inutiles : Israël prétend que le marché est valable. Tel a été, propriétaires, votre appétit pour la guerre ; et maintenant que vous vous êtes gorgés de sang, vous criez pour une égratignure! Eh quoi! voudraient-ils étendre jusqu'aux écus leur tremblement de terre? quand la propriété foncière s'écroule, entraîner le papier solide dans sa chute? pourvu que les fermages haussent, laisser périr la banque et la nation, et fonder à la bourse un hospice des enfants trouvés? Voyez-vous, au milieu des angoisses de la religion, notre mère l'Eglise pleurer, Niobé nouvelle, sur les dîmes, ses enfants? les prélats s'en vont — où sont allés les saints, et les pluralités[40] orgueilleuses sont réduites à l'unité. L'Eglise, l'Etat, les factions, luttent dans l'ombre, ballottés par le déluge dans leur arche commune. Dépouillée de ses évêques, de ses banques et de ses dividendes, une autre Babel s'élève, — mais l'Angleterre finit. Et pourquoi? pour satisfaire d'égoïstes besoins, et soutenir la taupinière de ces fourmis agraires. « Va voir les fourmis, paresseux, et prends exemple sur elles. » Admire leur patience dans tous les sacrifices, jusqu'au jour où une leçon a été donnée à leur orgueil, où ils ont recueilli le prix des impôts et de l'homicide; admire leur justice, qui voudrait refuser le payement de la dette nationale; — *et qui l'a élevée si haut, cette dette?*

XV.

Tournons maintenant notre voile vers ces rocs dangereux, ces nouvelles Simplegades, — les fonds publics, où Midas pourrait voir encore son désir satisfait en papier réel ou en or imaginaire. Ce magique palais d'Alcine étale plus de

richesses que l'Angleterre n'en aurait à perdre si tous ses
atomes étaient de l'or pur, et tous ses cailloux venus du
Pactole. Là joue la Fortune, pendant que la rumeur publique tient les dés, et que le monde tremble d'apprendre la
faillite d'un agent de change. Comme elle est riche l'Angleterre ! Non pas, à la vérité, en mines, en paix, en abondance, en blé, ou en huiles, ou en vins ; ce n'est pas une
terre de Chanaan, pleine de lait et de miel ; elle n'a pas non
plus force argent comptant (si ce n'est en monnaie de papier) ; mais, n'hésitons pas à le reconnaître, jamais pays
chrétien fut-il aussi riche en Juifs? Ils se laissaient arracher
les dents par le bon roi Jean, et maintenant, ô rois ! ils ont
la bonté de vous arracher les vôtres ; ils contrôlent toutes
choses, tous les gouvernements, tous les souverains, et
font circuler un emprunt « de l'Indus au pôle. » Les trois
frères, le banquier, — l'agent de change, — le baron [41],
volent au secours de ces royaux banqueroutiers dans leur
détresse. Et ils ne s'en tiennent pas là ; Colombie voit de
nouvelles spéculations suivre chacun de ses succès, et le
philanthrope Israël daigne tirer de l'Espagne épuisée l'intérêt de ses capitaux. Sans la postérité d'Abraham la Russie
ne peut marcher. C'est l'or, et non le fer, qui élève l'arc
triomphal du conquérant. Deux Juifs, deux rejetons du
peuple choisi, peuvent par tout pays trouver la terre promise : — deux Juifs maintiennent les Romains sous le joug,
et viennent en aide au Hun maudit, plus brutal que ne
l'étaient ses ancêtres ; deux Juifs, — qui ne sont pas des
Samaritains, — gouvernent le monde avec tout l'esprit de
leur secte. Que leur importe le bonheur de la terre ? un
congrès forme leur « nouvelle Jérusalem, » où ils sont alléchés par des baronnies et des décorations. — O saint Abraham ! que dis-tu quand tu vois tes sectateurs se mêler à
ces pourceaux couronnés, qui ne crachent point sur leur
« casaque juive, » mais les honorent comme faisant partie
du cortége? — (O pape ! qu'est devenu ton orteil mis en
oubli? ne saurais-tu en administrer un coup à Judas? a-t-il
donc cessé de « regimber contre l'aiguillon ? ») O Abraham !

XVI.

Il présente un spectacle étrange, ce congrès destiné à réunir toutes les incohérences, toutes les disparates. Je ne parle pas des souverains ; — ils se ressemblent tous, comme les pièces frappées à la Monnaie ; mais ceux qui font jouer les marionnettes, et dont la main tire les fils, sont plus diversifiés que leurs lourds souverains. Juifs, auteurs, généraux, charlatans, se liguent aux yeux de l'Europe, émerveillée de leurs vastes projets. Là cajole Metternich, le premier parasite du pouvoir; là Wellington oublie ses combats; là Châteaubriand compose un nouveau poëme des *Martyrs* [43]; là des Grecs subtils [44] intriguent pour le compte de stupides Tartares; là Montmorenci, l'ennemi juré des chartes [45], devient tout à coup un diplomate de grand éclat, et fournit des articles au *Journal des « Débats »* : selon lui, la guerre est sûre, — moins sûre cependant que sa démission insérée au *Moniteur*. Comment le cabinet dont il faisait partie a-t-il pu commettre une pareille bévue? La paix vaut-elle un ministre ultra? il tombe, peut-être pour se relever « presque aussi vite qu'il a conquis l'Espagne [46]. »

XVII.

Mais en voilà assez sur ce sujet. — Un spectacle plus douloureux appelle le regard de la Muse, qui ne peut le voir sans détourner les yeux. La fille d'un empereur, l'épouse d'un empereur, l'impériale victime — sacrifiée à l'orgueil, la mère de cet enfant, espoir d'un héros, du jeune Astyanax de la moderne Troie [47], l'ombre encore pâle de la plus haute reine que la terre ait jamais vue ou verra jamais, voltige parmi les fantômes du jour, objet de pitié, débris du naufrage de la puissance. O mystification cruelle! L'Autriche ne pouvait-elle épargner sa fille? Que faisait là la veuve de France? Sa place était aux bords des flots de Sainte-Hélène, son trône dans la tombe de Napoléon. Mais non, — elle veut régner encore en miniature, escortée de son formidable chambellan, de cet Argus belliqueux, dont les yeux, qui ne s'élèvent pas au nombre de cent, doivent la suivre au milieu de ces misérables pompes [48]. Si elle ne partage plus, si elle partagea en vain un pouvoir qui, surpassant celui de Charlemagne, s'étendait de Moscou aux mers du Midi, elle gouverne encore le pastoral empire du fromage, où Parme voit le voyageur accourir pour noter les costumes de sa cour pygmée. Mais elle s'avance! et pendant que les nations la regardent et s'affligent, — Vérone la voit dépouillée de tous ses rayons avant que les cendres de son époux aient eu le temps de se refroidir dans leur terre inhospitalière (si toutefois ces cendres redoutables peuvent jamais se refroidir; — mais non, elles se ranimeront et briseront leur cercueil); elle vient, — l'Andromaque! (non celle de Racine ou d'Homère), voyez! elle s'appuie sur le bras de Pyrrhus! Oui, le bras où fume encore le sang de Waterloo, qui brisa le sceptre de son époux, ce bras est offert et accepté! Une esclave ferait-elle plus, ou moins? — Et *lui* dans sa tombe récente! Ses yeux, son visage, ne trahissent aucune lutte intérieure, et l'*ex*-impératrice est devenue *ex*-épouse! Voilà donc la puissance des affections et des devoirs sur le cœur des rois! Pourquoi ménageraient-ils les sentiments des hommes, quand ils font si bon marché des leurs?

XVIII.

Mais, fatigué de folies étrangères, je reviens à mon pays natal, et me contente d'esquisser ce groupe. — Le tableau viendra plus tard. — Ma muse allait pleurer, mais avant que la première larme fût versée, elle aperçut sir William Curtis en jupon écossais, entouré des chefs de tous les clans highlandais, qui venaient saluer leur frère Vich Ian alderman! Le Guildhalle [49] était devenu gaëlique et retentissait d'acclamations en langue herse, pendant que tout le conseil communal s'écriait : « Claymore! » En voyant les tartans de l'orgueilleux Albyn ceindre comme un baudrier la taille grossière d'un Celte de la Cité [50], ma muse éclata d'un rire si immodéré, que je m'éveillai, — et, par ma foi! ce n'était pas un rêve!

Lecteur, arrêtons-nous ici : — s'il n'y a rien de mal dans ce premier « *carmen*, » — peut-être en auras-tu un second.

NOTES.

[1] Ce poëme fut écrit par lord Byron à Gênes, dans le commencement de l'année 1823, et publié à Londres par John Hunt. Son authenticité a été beaucoup contestée dans le temps.

[2] Chant séculaire et année non admirable. *N. du Trad.*

[3] Inégal adversaire, il combattit Achille. Dans le texte, le mot *congressus* est souligné, par allusion au congrès de la Sainte-Alliance, dont il est parlé dans ce poëme. En donnant cette signification au mot *congressus*, le poëte a voulu faire entendre par un calembour que le congrès des rois est un adversaire inégal contre l'Achille populaire. *N. du Trad.*

[4] Ceci répond à notre locution *cartes sur table*. J'ai préféré ce sens à celui que d'autres traducteurs ont donné à ce passage. *N. du Trad.*

[5] M. Fox avait coutume de dire : — « Je ne manque jamais *de mots*, mais Pitt ne manque jamais *le mot*. » — Cette anecdote se trouve dans tous les mémoires du temps.

[6] Le tombeau de Fox, dans l'abbaye de Westminster, est à huit pouces de celui de Pitt.

[7] Un sarcophage de breccia, que l'on supposait contenir les cendres d'Alexandre, tomba entre les mains de l'armée anglaise à la suite de la capitulation d'Alexandrie, en février 1802. George III le donna au Musée britannique.

[8] « Sésostris, dit Diodore, se faisait traîner dans un char par huit rois qu'il avait vaincus. »

« Sésostris frappa ma vue : il était assis sur un char élevé que traînaient des esclaves couronnés harnachés d'or; sa main tenait un arc et un javelot; ses membres gigantesques étaient recouverts d'écailles d'or. » (POPE, *le Temple de la gloire.*)

[9] Sainte-Hélène.

[10] M. Barry O'Meara.

[11] Le comte Bathurst.

[12] Le buste de son fils.

[13] Sir Hudson Lowe.

[14] Voyez l'intéressante relation de la visite que fit le capitaine Basile Hall à Sainte-Hélène, dans son voyage à Loo-choo.

[15] O'Meara, chirurgien de Napoléon à Sainte-Hélène, fut, à la demande de l'amirauté, destitué à cause d'une dénonciation par lui faite contre sir Hudson Lowe.

[16] Bonaparte mourut le 5 mai 1821.

[17] Ce n'est pas de la colonne de la place Vendôme, mais de celle de Boulogne, que veut sans doute parler l'auteur. *N. du Trad.*

18 Jean Ziska, célèbre chef de hussites. On rapporte qu'en mourant il ordonna qu'on employât sa peau à recouvrir un tambour. Les Bohémiens conservent pour lui une vénération superstitieuse.

19 Gustave-Adolphe mourut à la grande bataille de Lutzen, en novembre 1632.

20 L'île d'Elbe.

21 Je renvoie le lecteur aux paroles de Prométhée, dans Eschyle, lorsqu'il est abandonné par ses serviteurs, un peu avant l'arrivée du chœur des nymphes de la mer.

22 Allusion au célèbre vers sur Franklin :

Eripuit cœlo fulmen sceptrumque tyrannis.

23 Le fameux hymne attribué à Callistrate : « Je porterai mon épée couverte de branches de myrte comme le brave Harmodius et son compatriote Aristogiton, qui rétablirent le gouvernement en tuant le tyran et en mettant fin à l'oppression. »

24 L'on trouvera des détails authentiques sur les intrigues des Russes en Grèce dans l'*Histoire de la Révolution grecque*, par Gordon.

25 *Santiago y serra España!* Le vieux cri de guerre espagnol.

26 Le congrès des souverains de Russie, d'Autriche, de Prusse, qui se rassembla à Vérone dans l'automne de 1822.

27 Henri Patrick, de Virginie, membre du congrès américain, mourut en juin 1797. Lord Byron fait allusion à son fameux discours de 1765, dans lequel il s'écria : — « César eut son Brutus, Charles 1er son Cromwell, et Georges III.... » — Ici il fut interrompu par des cris de *trahison! trahison!* mais il acheva froidement : « Georges III doit profiter de leur exemple. »

28 J'ai visité Vérone; l'amphithéâtre est admirable; il surpasse même ceux de la Grèce. Quant à l'authenticité de l'histoire de Juliette, les habitants semblent y tenir beaucoup; ils donnent la date de 1303 et montrent sa tombe : c'est un sarcophage uni, ouvert et en partie dégradé; il est situé dans un jardin en friche et solitaire, qui était autrefois un cimetière. Cette position me frappa comme étant conforme à la légende, et triste comme leur amour. J'en ai rapporté quelques morceaux de granit pour donner à ma fille et à mes nièces. Les monuments gothiques des Scaliger me plaisent, à moi, pauvre virtuoso. *B.* 1816.

29 Cane 1 della Scala, surnommé le Grand, mourut en 1329. Il fut le protecteur du Dante, qui le chanta sous le titre du grand Lombard.

30 Vérone est remarquable comme ayant été le berceau de plusieurs grands hommes.

Per cui la fama in te chiara risuona
Egregia, eccelsa, alma Verona.

31 Le fameux vieillard de Vérone de Claudien, *qui sub urbium nunquam egressus est.*

32 L'empereur Alexandre, qui mourut en 1825.

33 L'habileté de Catherine délivra Pierre, surnommé le Grand par poli-

tesse, lorsqu'il était entouré par les musulmans sur les bords du Pruth.

34 Hartwell, dans le comté de Buckingham, résidence de Louis XVIII pendant les dernières années de l'émigration.

35 « Le pilote qui maîtrisa la tempête. » C'est le refrain d'une chanson en l'honneur de Pitt, par Canning.

36 Dans le texte, le vers précédent se termine par *storm*, tempête, qui rime effectivement avec *reform*. *N. du Trad.*

37 A la suite du suicide de lord Londonderry, arrivé en août 1822, M. Canning, qui se préparait à partir pour l'Inde comme gouverneur général, fut nommé secrétaire d'état aux affaires étrangères, au grand déplaisir de Georges IV et des tories du cabinet. Il vécut pour vérifier quelques-unes des prédictions du poëte, abandonner la politique *étrangère* de son prédécesseur, renverser le parti tory par une coalition avec les wighs, et préparer les voies à la réforme parlementaire. *N. du Trad.*

38 Jeu de mots sur le terme *country gentleman*, gentilhomme de campagne, propriétaire terrier. *N. du Trad.*

39 C'est-à-dire l'intérêt agricole. Il y a dans le texte un jeu de mots que nous avons voulu conserver dans la traduction. La propriété foncière, en Angleterre, étant réunie dans un petit nombre de mains riches et puissantes, l'intérêt agricole, largement représenté dans la législature, est presque toujours prépondérant. *N. du Trad.*

40 Cumuls ecclésiastiques. *N. du Trad.*

41 Le chef de l'illustre maison de Montmorenci était désigné sous le titre de premier baron chrétien, un de ses ancêtres passant pour avoir été le premier noble qui se fût converti en France au christianisme. Lord Byron fait probablement allusion à cette plaisanterie de M. de Talleyrand, qui, rencontrant M. de Montmorenci dans le même salon que M. Rotschild, quelque temps après que celui-ci eut été anobli par l'empereur d'Autriche, demanda, dit-on, « la permission de présenter le premier baron juif au premier baron chrétien. »

42 Venise.

43 M. Châteaubriand, en qui le ministre n'a point fait oublier l'auteur, reçut un singulier compliment d'un souverain littéraire : — Ah! M. C., seriez-vous parent de ce Châteaubriand qui a écrit quelque chose ? » On dit que l'auteur d'*Atala* se repentit un moment de sa *légitimité*.

44 Le comte Capo d'Istria, depuis président de la Grèce. Il fut assassiné en septembre 1831 par le frère et le fils d'un chef maïnote qu'il avait emprisonné.

45 Le duc de Montmorenci-Laval.

46 Allusion aux vers de Pope sur lord Peterborough : « Celui dont les canons percèrent les rangs ibériens forme aujourd'hui mes quinconces, taille mes vignes, ou dompte la plaine indocile presque aussi vite qu'il a conquis l'Espagne. »

47 Napoléon-François-Charles-Joseph, duc de Reichstadt, mourut dans le palais de Schœnbrunn, le 22 juillet 1832, au moment où il atteignit sa vingt-unième année.

⁴⁸ Le comte Neipperg, chambellan et second mari de Marie-Louise, n'avait qu'un œil.

⁴⁹ Maison communale. *N. du Trad.*

⁵⁰ Georges IV, dit-on, se montra mécontent en entrant dans sa chambre d'Holyrood, habillé du tartan des Stuarts, de voir une personne exactement habillée de même : c'était sir William Curtis. Le chevalier avait le costume complet, jusqu'au couteau dans la jarretière. Il demanda au roi comment il le trouvait : — « Fort bien, » répliqua sa majesté ; « il ne vous manque qu'une cuillère dans vos grègues. » Le mangeur de soupe à la tortue s'est fait graver avec son habillement celtique.

L'ILE,

ou

CHRISTIAN ET SES COMPAGNONS.

AVERTISSEMENT.

Les principaux événements qui forment la base de ce poëme sont tirés en partie du récit de la révolte et de la capture du vaisseau *la Bounty* dans les mers du Sud, en 1789, par le lieutenant Bligh, en partie de la relation des îles Tonga par Mariner.

Gênes, 1823.

L'ILE.

CHANT PREMIER.

I.

L'heure de quart du matin était arrivée; le vaisseau continuait sa marche et poursuivait avec grâce sa route liquide; au milieu des vagues jaillissantes la proue majestueuse creusait un rapide sillon. En face, le monde des eaux se déroulait à perte de vue; derrière, étaient semés les îlots de la mer du Sud. La nuit paisible, commençant à replier ses ombres et à se diaprer de lumière, était arrivée à ce moment qui sépare les ténèbres de l'aurore; les dauphins, sentant l'approche du jour, s'élevaient à la surface, comme empressés de recevoir ses premiers rayons; les étoiles voyaient leur clarté pâlir devant des clartés plus vives, et cessaient de baisser vers l'Océan leurs brillantes paupières; la voile, naguère obscurcie, reprenait sa blancheur, et une brise rafraîchissante soufflait sur les flots. Déjà l'Océan pourpré annonce la venue du soleil; mais avant qu'il paraisse, quelque chose va se passer.

II.

Le chef vaillant dort dans sa cabine, plein de confiance dans ceux qui veillent; ses songes lui retracent le rivage aimé de la vieille Angleterre, ses fatigues récompensées, ses périls terminés; son nom a pris place sur la liste glorieuse de ceux qui ont été à la découverte du pôle qu'entourent les tempêtes. Le plus pénible est passé, et tout semble lui répondre du reste [2]; pourquoi donc son sommeil ne serait-il pas paisible? Hélas! son tillac est foulé par des pieds indociles, et des mains audacieuses veulent s'emparer du commandement; ce sont de jeunes cœurs soupirant après l'une de ces îles qu'un beau soleil éclaire, où l'âme se réchauffe au sourire de l'été et de la femme; ce sont des hommes sans patrie, qui, après une trop longue absence, n'ont point retrouvé le toit natal, ou l'ont trouvé changé; des hommes à demi civilisés, qui préfèrent une vie sauvage, douce et tendre, à la vague incertaine. Les fruits spontanés que la nature prodigue sans culture; les bois qui n'ont de sentiers que ceux que trace le caprice; les champs où l'abondance prodigue ses dons à tous indistinctement; la terre possédée en commun, n'appartenant à personne; ce désir, que les siècles n'ont pu étouffer dans l'homme, de n'avoir de maître que sa volonté [3]; la terre, dont les trésors invendus sont à sa surface, et n'ayant d'or que ses produits et les rayons du soleil; la liberté, qui dans chaque grotte trouve une demeure; ce jardin universel où tous peuvent se promener, où la nature avoue une nation pour sa fille, et se complaît au spectacle de sa sauvage félicité, nation heureuse, ayant pour toute richesse des coquillages et des fruits, pour marine des canots qui n'ont jamais perdu le rivage de vue, pour plaisirs la vague écumeuse et la chasse, et pour qui le spectacle le plus étrange c'est un visage européen : voilà les objets, voilà le pays que ces étrangers brûlent de revoir; cette vue leur coûtera cher.

III.

Brave Bligh, éveille-toi! l'ennemi est à ta porte! Éveille-toi! éveille-toi! Hélas! il est trop tard! les mutins ont fièrement pris place à la porte de ta chambre, et ont proclamé le règne de la fureur et de la crainte. Tes membres sont garrottés; la baïonnette est appuyée sur ta poitrine; ceux qui tremblaient naguère à ta voix te déclarent leur prisonnier, et te traînent sur le tillac, où désormais à ton commandement ne manœuvrera plus le gouvernail, ne s'enflera plus la voile. Le sauvage instinct qui cherche à étouffer sous des manifestations de colère la voix du devoir audacieusement violé, éclate autour de toi, aux regards surpris de ceux qui redoutent encore le chef qu'ils sacrifient ; car l'homme ne peut jamais faire totalement taire sa conscience, à moins d'épuiser la coupe enivrante de la passion.

IV.

En vain, sans te laisser imposer silence par l'aspect de la mort, ta voix, au péril de ta vie, fait un appel à ceux qui sont restés fidèles : ils ne viennent pas ; ils sont en petit nombre, et, comprimés par la terreur, ils sont forcés d'approuver ce que des cœurs plus farouches applaudissent. En vain tu leur demandes les motifs de leur conduite ; ils ne répondent que par un jurement et la menace d'un traitement plus rigoureux. On fait luire à tes yeux la lance éblouissante, on approche de ta gorge la pointe de la baïonnette. Les mousquets sont dirigés contre ta poitrine par des mains qui ne craindront pas d'achever leur crime. Tu les défies de consommer leur forfait, en t'écriant : « Feu ! » Mais ceux sur qui la pitié n'a rien pu sont capables encore d'admiration ; un reste de leur ancien respect a survécu à la loi du devoir qu'ils ont brisée. Ils ne veulent point tremper leurs armes dans le sang, mais t'abandonnent à la miséricorde des flots [4] !

V.

« Lancez la chaloupe ! » s'écrie alors leur chef ; et qui osera répondre « Non » à la Révolte dans ce premier moment d'effervescence, dans les saturnales de sa puissance inespérée ? La chaloupe est descendue avec toute la promptitude de la haine, et bientôt, ô Bligh ! il n'y aura plus entre la mort et toi que sa planche fragile ; elle ne contient d'autres provisions que ce qu'il en faut pour promettre ce trépas que leurs mains te refusent ; tout juste assez d'eau et de pain pour prolonger pendant quelques jours l'agonie des mourants. Néanmoins, quelques cordages, un peu de toile, du fil à voile, véritables trésors pour l'homme exilé sur les solitudes de l'Océan, sont ajoutés ensuite, à la sollicitation pressante de ceux qui ne voient pour eux d'autre espoir que l'air et la mer; on y joint encore l'intelligente boussole, cette vassale tremblante du pôle, cette âme de la navigation [5].

VI.

Alors, le chef qui s'est élu lui-même croit devoir amortir la première sensation de son crime, et ranimer le courage de ses compagnons, de peur que la passion ne revienne au port de la raison. — « Holà! la tasse à boire [6]! » s'écrie-t-il. « De l'eau-de-vie pour les héros [7]! » arriva-t-il un jour à Burke de s'écrier, voulant sans doute qu'on allât à la gloire épique par un liquide chemin. Nos héros de nouvelle date partagèrent son avis; la coupe fut vidée avec de grands applaudissements, et ce cri : *Huzza! En route pour Otaïti,* » retentit de toutes parts. Quel cri étrange dans la bouche de ces fils de la révolte! L'île paisible et son sol si doux, les cœurs amis, les banquets sans travail, la politesse prévenante inspirée par la seule nature, les richesses que n'a point amassées l'avarice, l'amour qui ne s'achète pas, tout cela peut-il avoir des charmes pour de farouches enfants des mers, chassés sur leur navire devant tous les vents du ciel? Est-ce donc au prix du malheur d'autrui qu'ils se préparent à obtenir ce qu'implore vainement la douce Vertu, le repos? Hélas! telle est notre nature; tous nous tendons au même but par des routes différentes; nos facultés, notre naissance, notre patrie, notre nom, notre fortune, notre caractère et même notre constitution physique exercent sur notre argile flexible plus d'influence que tout ce qui est en dehors de notre étroite sphère. Et cependant une voix murmure au-dedans de nous, que nous entendons à travers le silence de la cupidité, le tintamarre de la gloire; quelque croyance qu'on nous enseigne, quelque sol que nous foulions, la conscience de l'homme est l'oracle de Dieu!

VII.

La chaloupe est encombrée par le petit nombre de ceux qui sont restés fidèles; cet équipage attend tristement son chef; mais il en est qui sont restés à contre-cœur sur le tillac de cet orgueilleux navire, — moralement naufragé, — et qui voient d'un œil de compassion la destinée de leur capitaine; pendant que d'autres, insultant aux maux qui l'attendent, rient de voir sa voile pygmée et sa barque si fragile et si chargée. Le léger nautile qui dirige sa nacelle, cet enfant de la mer, heureux navigateur de son canot-coquille, cette Mab[8] des ondes, cette fée de l'Océan, a une embarcation moins fragile, et plus de liberté, hélas! dans ses mouvements. Quand l'ouragan aux ailes de flammes balaie l'abîme, il est en sûreté, — il trouve un port au fond des eaux, — et survit triomphant aux flottes des rois de la terre, qui font trembler le monde, et que le vent anéantit.

VIII.

Quand tout fut prêt sur ce navire qui obéissait à un révolté, — un matelot, moins endurci que ses camarades, laissa voir cette vaine pitié qui ne fait qu'irriter le malheur. Son regard chercha celui de l'homme qui fut son chef, et lui exprima un sympathique repentir; puis il porta une liqueur bienfaisante à sa bouche altérée et brûlante. Mais on l'observa, on le fit retirer, et aucun nuage de commisération ne vint plus obscurcir l'aurore de la révolte[9]. Alors s'avança l'audacieux jeune homme qui récompensait l'affection de son chef en le sacrifiant; et, montrant la frêle embarcation, il s'écria : « Partez sur-le-champ! Le délai c'est la mort! » Et néanmoins en ce moment même il ne put entièrement étouffer ses sentiments. Il suffit d'un mot pour éveiller en lui le remords d'un forfait qui n'était encore consommé qu'à demi; et l'émotion qu'il dérobait aux regards de ses complices se dévoila à son chef. Quand Bligh, d'un ton sévère, lui demanda ce qu'étaient devenus sa reconnaissance pour l'affection qu'il lui avait témoignée, et l'espoir qu'il avait conçu de voir son nom, célèbre un jour, ajouter un nouveau lustre aux mille gloires de l'Angleterre, ses lèvres convulsives ne purent articuler que ces mots terribles : « C'est cela ! c'est cela ! Je suis en enfer ! en enfer. [10] » Il n'en dit pas davantage ; mais, poussant son chef vers la barque, il le confia à cette arche fragile. Ce furent les seules paroles qui tombèrent de ses lèvres ; mais que de choses étaient contenues dans ce féroce adieu !

IX.

En ce moment, le soleil arctique s'élevait tout entier au-dessus des ondes ; tantôt la brise se taisait, tantôt elle murmurait du fond de son antre ; comme sur une harpe éolienne, ses ailes fébriles tantôt faisaient résonner les cordes de l'Océan, tantôt les effleuraient à peine. D'une rame lente et désolée l'esquif sacrifié se dirigeait péniblement vers les rocs qu'on voyait de loin poindre comme un nuage au-dessus des flots. *Cette* chaloupe et *ce* vaisseau ne doivent plus se revoir ! Mais mon but n'est point de raconter leur lamentable histoire, leurs périls constants, leurs rares moments de consolation, leurs jours de dangers et leurs nuits de douleur, leur mâle courage, lors même qu'ils jugeaient leur position sans espoir; la famine poursuivant sourdement son œuvre de destruction, et rendant le squelette d'un fils méconnaissable même à sa mère ; les maux qui rendaient leur faible pitance plus insuffisante encore, et faisaient taire jusqu'au cri de la faim ; l'inconstance de l'Océan, tantôt menaçant de les engloutir, tantôt les laissant lutter d'une rame paresseuse et avec de lents efforts contre une mer qui ne cédait qu'à regret à la force ; l'incessante fièvre de cette soif dévorante qui accueillait comme l'onde d'une source pure la pluie épanchée des nuages sur des membres nus, éprouvait une jouissance au milieu des froides averses d'une nuit orageuse, et tordait la voile humide pour en extraire une goutte qui humectât les ressorts desséchés de la vie ; l'ennemi sauvage auquel il fallait se soustraire pour demander à l'Océan un refuge plus hospitalier ; ces spectres décharnés, échappés enfin au trépas pour faire le récit véridique des dangers les plus horribles que les annales de l'Océan aient jamais offerts à l'effroi de l'homme et aux larmes de la femme.

X.

Nous les abandonnons à leur sort, qui ne resta pas ignoré, ni sans réparation. La vengeance réclame ses droits ; la discipline violée prend hautement en main leur cause, et toutes les marines, outragées dans leur personne, demandent le châtiment des infracteurs de leurs lois. Suivons dans leur fuite les révoltés, à qui une vengeance lointaine n'inspire aucun effroi. Les voilà qui fendent les vagues, — ils volent! ils volent! ils volent! Leurs yeux une fois encore salueront la baie chérie; une fois encore ces rivages sans loi vont recevoir les hommes hors la loi qu'ils ont accueillis naguère ; la nature et la divinité de la nature, — la femme, — les appellent sur des bords où ils n'auront d'accusateurs que leur conscience, où la terre est un héritage commun dont tous jouissent sans querelle, où le pain se cueille comme un fruit [11], où la possession des champs, des bois, des rivières, n'est contestée à personne. — L'âge *sans or*, celui où nul n'a son sommeil troublé par la pensée de l'or, règne sur ce rivage, ou plutôt y régna, jusqu'au jour où l'Europe en instruisit les habitants mieux qu'elle n'avait fait auparavant, leur donna ses coutumes, améliora les leurs, mais en même temps leur laissa l'héritage de ses vices. Oublions tout cela! Voyons-les tels qu'ils étaient, bons avec la nature, ou se trompant avec elle. «Huzza! vers Otaïti!» tel est le cri qui résonne dans l'air pendant que s'avance le majestueux navire. La brise s'élève; devant son souffle, la voile naguère détendue arrondit ses arceaux ; les flots bouillonnent plus rapides autour de la proue hardie qui les écarte sans effort. Ainsi l'Argo [12] fendait l'onde vierge de l'Euxin ; mais ceux qu'il portait tournaient encore les yeux vers la patrie ; — ceux qui montent ce navire rebelle ont renié la leur, et la fuient comme le corbeau fuyait l'arche; et cependant ils se proposent de partager le nid de la colombe, et d'amollir aux feux de l'amour leurs farouches courages.

L'ILE.

CHANT DEUXIÈME.

I.

Qu'ils étaient doux les chants de Toubonaï[13] au moment où le soleil d'été descendait dans la baie de corail ! « Venez ! » disaient les jeunes filles, « rendons-nous sous les plus charmants ombrages de l'île; allons entendre le gazouillement des oiseaux ; le ramier roucoulera dans la profondeur de la forêt comme la voix des dieux de Bolatou ; nous cueillerons les fleurs qui croissent sur les tombeaux, car elles ne fleurissent jamais mieux que là où repose la tête du guerrier ; et nous nous assoirons à l'heure du crépuscule, nous verrons les rayons charmants de la lune se jouer à travers l'arbre *toua*, et, couchées sous son ombre, le mélancolique murmure de ses rameaux nous fera éprouver une douce tristesse ; ou bien nous gravirons les rochers du rivage, et de là nous regarderons la mer lutter en vain contre le roc gigantesque qui refoule en colonne écumeuse les flots vaincus. Comme cela est beau à voir ! Comme ils sont heureux ceux qui se dérobent aux fatigues et au tumulte de la vie, pour contempler des scènes où il n'y a de luttes que celles de l'Océan ! Et, lui-même, il connaît l'amour, cet océan d'azur, alors que sous la douce influence de la lune sa crinière hérissée devient lisse et onduleuse.

II.

« Oui, nous cueillerons les fleurs du sépulcre, puis nous ferons un banquet aussi délicieux que celui des Esprits dans leurs fortunés bocages ; puis nous nous plongerons et nous jouerons dans les vagues ; puis nous nous étendrons sur le gazon, et, humides encore après cet exercice plein de charmes, nous oindrons nos corps d'une huile odorante, nous tresserons les guirlandes cueillies sur les tombeaux, et parerons nos têtes des fleurs nées sur la sépulture des braves. Mais voici venir la nuit; le *Moua* nous appelle; le bruit des nattes résonne sous nos pas le long du chemin; tout à l'heure les torches de la danse refléteront leurs étincelantes clartés sur la verdure du *Marly*; et nous aussi nous y serons, et nous aussi nous rappellerons la mémoire de ces jours brillants et heureux, avant que *Fiji* eut fait résonner la conque des batailles, quand des canots chargés d'ennemis vinrent pour la première fois envahir ce rivage. Hélas! par eux la fleur de l'espèce humaine verse son sang, par eux nos champs se couvrent d'herbes parasites, par eux on ignore ou on oublie le bonheur ravissant d'errer seul avec la lune et l'amour. Eh bien, soit! ils nous ont appris à manier la massue, à couvrir la plaine d'une pluie de flèches; qu'ils recueillent maintenant les fruits que leur art a semés! Mais, cette nuit, réjouissons-nous, demain nous partons. Donnez le signal de la danse; remplissez la coupe jusqu'aux bords! vidons-la jusqu'à la dernière goutte! demain nous pouvons mourir. Revêtons-nous des tissus de l'été; que le blanc *tappa* ceigne nos reins; que notre front, comme celui du Printemps, soit couronné d'épaisses guirlandes, et qu'à notre cou brillent suspendus les grains de l'*houni*; leurs vives couleurs contrasteront avec les brunes poitrines sous lesquelles battent nos cœurs.

III.

« Maintenant la danse est terminée; — cependant, reste encore un moment! demeure! ne bannis point encore le sourire de la joie. Demain nous partons pour le *Moua*, mais ce n'est pas cette nuit, — cette nuit est pour le cœur. Enlacez-nous encore des guirlandes après lesquelles nous soupirons doucement, ô jeunes enchanteresses de l'aimable *Likou!* que vos formes sont ravissantes! comme tous les sens rendent hommage à vos beautés, pleines d'un charme suave, mais intense, comme ces fleurs qui, du sommet du *Mataloco*, exhalent leurs parfums sur l'Océan! Et nous aussi nous verrons Likou; — mais, — ô mon cœur! — que dis-je? — demain nous partons! »

IV.

Tels étaient les chants, — telle était l'harmonie qui résonnait sur ce rivage lorsque les vents n'y avaient pas encore poussé les fils de l'Europe. Ces hommes avaient leurs vices, il est vrai, — mais ceux-là seulement qui croissent avec la nature ; ils n'avaient que les vices de la barbarie : nous avons, nous, tout ce que la civilisation a de sordide, mêlé à tout ce qu'il y a de sauvage dans l'homme déchu. Qui n'a pas vu le règne de l'hypocrisie, les prières d'Abel unies aux actions de Caïn? Il suffit d'ouvrir sa fenêtre pour voir l'ancien monde plus dégradé que le nouveau, qui lui-même ne mérite plus ce nom de *nouveau*, excepté dans ces régions où la Colombie voit grandir deux géants jumeaux, enfants de la Liberté, et où le Chimborazo promène son regard de Titan sur l'air, la terre et les flots, sans apercevoir un seul esclave.

v.

Tels étaient les chants d'une époque de tradition, où la gloire des morts revit dans des chants, ne laissant après elle d'autre trace que des sons dont le charme est à demi divin ; époque qui n'offre point d'annales à l'œil du sceptique, et où la jeune Histoire est tout entière confiée à l'Harmonie, comme Achille enfant, tenant en main la lyre du centaure, apprenait à surpasser son père. Car les simples stances d'une ballade antique et populaire résonnant du haut des rocs, se mêlant au bruit des vagues ou au murmure du ruisseau, ou répétées par l'écho des montagnes, sont plus puissantes sur l'oreille et le cœur que tous les monuments érigés par les favoris de la victoire ; elles plaisent, tandis que les hiéroglyphes ne sont qu'un sujet de travaux pour le sage et de conjectures pour l'érudit ; elles attirent, pendant que les volumes de l'histoire ne sont qu'une fatigue ; elles sont le premier, le plus frais rejeton qui croisse sur le sol du sentiment. Tel était ce chant rude et sauvage, — le chant est cher au Sauvage. — De pareils chants inspiraient la solitude de ces hommes du Nord qui vinrent et conquirent ; ils existent partout où des ennemis ne viennent pas détruire ou civiliser : ils touchent le cœur ; que saurait faire de plus notre poésie savante ?

VI.

Et maintenant, les suaves accords de cette mélodie sans art venaient interrompre le voluptueux silence de l'atmosphère, la délicieuse sieste d'un jour d'été, l'après-midi des tropiques dans l'île de Toubonai ; à cette heure, toutes les fleurs étaient épanouies, l'air était embaumé ; un premier souffle commençait à agiter le palmier ; la brise, silencieuse encore, à soulever la vague et à rafraîchir la grotte altérée où celle qui chantait était assise avec le jeune étranger. C'est à lui qu'elle devait de connaître les désolantes joies de l'amour, trop puissant sur tous les cœurs, mais principalement sur ceux qui ignorent qu'on puisse cesser d'aimer, sur ceux qui, consumés par leur nouvelle flamme, se délectent comme des martyrs sur leur bûcher funéraire, et, dans l'extase qui les transporte, ne trouvent point dans la vie de joie comparable à celle de mourir ; et ils meurent en effet, car la vie terrestre n'a rien qui approche, même par la pensée, de cette explosion de la nature : et tous nos rêves de bonheur dans une vie future se résument en un torrent d'un éternel amour.

VII.

Là était assise l'aimable Sauvage du désert, déjà femme par ses formes quoique enfant par les années, selon l'âge assigné à l'enfance dans nos froids climats, où le crime est la seule chose qui croisse vite ; enfant d'un monde enfant, dans sa pureté native, belle, aimante, précoce, noire comme la nuit, mais la nuit avec toutes ses étoiles, ou comme une grotte brillant de tous ses cristaux ; des yeux qui étaient un langage et un charme, des formes semblables à celles d'Aphrodite portée dans sa conque sur l'écume des flots, entourée de son cortége d'amours ; voluptueuse comme la première approche du sommeil, et néanmoins pleine de vie, — car par moments sur ses joues basanées apparaissait une éloquente rougeur ; son sang, fils d'un chaud soleil, colorait son sein, et donnait à sa peau, d'un brun clair, une teinte transparente pareille à ce rouge vif dont brille le corail vu à travers les vagues sombres, et qui attire le plongeur vers sa grotte pourprée. Telle était cette fille des mers du Sud ; douée de toute l'énergie de leurs vagues, elle portait l'esquif de la félicité des autres, et n'éprouvait de douleur que dans la diminution de leur joie ; son âme ardente et chaleureuse, mais fidèle, ne connaissait point de bonheur plus doux que celui qu'elle donnait ; ses espérances ne s'appuyaient en rien sur l'expérience, cette froide pierre de touche dont l'épreuve décolore tous les objets ; elle ne redoutait aucun mal, parce qu'elle n'en connaissait aucun, ou ceux qu'elle connaissait étaient bientôt, — trop tôt oubliés : ses sourires et ses larmes avaient passé comme passe un vent léger sur la surface d'un lac dont il ride le miroir sans le détruire ; les sources cachées dans ses profondeurs, les ruisseaux des collines, alimentent et renouvellent ses ondes si calmes, jusqu'au jour où un tremblement de terre renverse la grotte de la naïade, bouleverse la source, refoule les vagues, et change les eaux vivantes en une masse inerte, un désert amphibie, un humide marécage ! Est-elle donc réservée, la jeune fille, à un semblable destin ? Les vicissitudes éternelles ne font qu'atteindre l'humanité avec plus de vitesse, et ceux qui tombent ne font que subir le sort que les mondes subiront un jour ; mais s'ils ont été justes, leur âme immortelle planera sur les débris des mondes expirés.

VIII.

Et lui, quel est-il ? c'est un enfant du Nord aux yeux bleus [14], né dans ces îles plus connues, mais presque aussi sauvages ; c'est le blond fils des Hébrides, où mugit le Pentland avec sa mer tourbillonnante ; bercé au souffle impétueux des vents, enfant de la tempête par le corps et par l'âme, ses jeunes yeux s'étaient ouverts sur l'écume de l'Océan ; depuis lors il avait regardé l'abîme comme sa demeure, le géant confident de sa pensée rêveuse, le compagnon de ses rocheuses solitudes, le seul mentor de sa jeunesse, partout où voguait sa barque ; jeune homme insouciant, se laissant aller au vent et à la vague, s'abandonnant aux décisions du hasard, nourri des légendes et des ballades de son pays natal ; prompt à espérer, mais non moins ferme à souffrir, ayant éprouvé tous les sentiments, sauf le désespoir. Sous le ciel de l'Arabie, il eût été le nomade le plus hardi qu'on eût vu fouler les sables brûlants, et eût bravé la soif avec la persévérance d'Ismaël naviguant sur son vaisseau du désert [15] ; il eût été sur les rives du Chili un fier Cacique, sur les montagnes de l'Hellade un Grec rebelle ; né sous la tente d'un Tartare, il eût pu devenir un Tamerlan ; élevé pour le trône, il eût peut-être fait un mauvais roi ! car la même âme qui se fraie une route au pouvoir, dès qu'elle y est arrivée ne trouve plus d'aliment qu'elle-même, et il ne lui reste plus qu'à marcher en sens inverse [16], et à plonger dans la douleur, en quête de plaisirs : le même génie qui créa un Néron, la honte de Rome, avait, dans un rang plus humble, et aidé par la discipline du cœur, formé l'éclatant contraste de son glorieux homonyme [17] ; mais accordons-lui ses vices, admettons qu'il ne les tenait que de lui : combien, sans un trône, leur théâtre eût été rétréci !

IX.

Tu souris ; à ceux qui regardent toute chose avec des yeux éblouis, ces comparaisons semblent ambitieuses, rattachées au nom inconnu d'un homme qui n'a rien de commun avec la gloire ou Rome, avec le Chili, l'Hellade ou l'Arabie ; — tu souris ; — à la bonne heure ! cela vaut mieux que de gémir ; et néanmoins il eût pu être tout cela ; c'était un de ces hommes, un de ces esprits qui planent au-dessus des autres, qu'on voit toujours à l'avant-garde ; il eût été un héros patriote ou un chef despotique ; il eût fait la gloire ou le deuil d'une nation, né qu'il était sous des auspices qui font de nous plus ou moins que nous n'aimons à l'envisager. Mais tout cela, ce sont des visions ; ici qu'était-il en réalité ? un jeune homme dans sa fleur, un marin révolté. Torquil aux blonds cheveux, libre comme l'écume de l'Océan, l'époux de la fiancée de Toubonaï.

X.

Assis auprès de Neuha, il contemplait les flots ; — Neuha, la fleur des filles de l'île, d'une haute naissance (ici un expert en blason va sourire, et demandera à voir l'écusson de ces îles ignorées), car elle descendait d'une longue race d'hommes vaillants et libres, chevaliers nus d'une chevalerie sauvage, dont les tombes de gazon s'élèvent au bord de la mer ; et la tienne, Achille, — je l'ai vue, — ne nous en offre pas davantage. Un jour, arrivèrent les étrangers, porteurs du tonnerre, dans de vastes canots hérissés de foudres enflammés; de leur sein s'élevaient des arbres gigantesques qui dépassaient le palmier en hauteur, et qui semblaient plonger leurs racines au sein de l'Océan calmé; mais dès que les vents s'éveillaient, on les voyait déployer des ailes larges comme celles que le nuage étend à l'horizon; ils commandaient aux flots, et devant ces villes de la mer, les vagues elles-mêmes paraissaient moins libres. Neuha, s'armant de la rame légère, darda son agile nacelle à travers les ondes, comme le renne à travers la neige ; effleurant la blanche tête des brisants, légère comme une néréide dans son traîneau marin, elle vint contempler et admirer la gigantesque carène soulevant et abaissant avec la vague sa masse pesante. On jeta l'ancre ; le navire resta immobile auprès du rivage, comme un énorme lion endormi au soleil, pendant qu'autour de lui voltigeaient d'innombrables pirogues, semblables à un essaim d'abeilles bourdonnant autour de la crinière du roi des forêts.

XI.

L'homme blanc débarqua! — Qu'est-il besoin de dire le reste ? Le Nouveau-Monde tendit à l'ancien sa main basanée; ils étaient l'un à l'autre un spectacle merveilleux, et le lien de la curiosité ne tarda pas à se changer en une sympathie plus étroite sur cette terre du soleil. Affectueux fut l'accueil des pères; plus tendre encore fut l'accueil de leurs filles, qui sentirent s'allumer dans leurs cœurs un sentiment plus doux. Leur union se resserra : les fils de la tempête trouvèrent la beauté unie à plus d'un visage basané; celles-ci à leur tour admirèrent l'éclat d'un teint plus clair, qui paraissait si blanc dans un pays où la neige est inconnue. La chasse, la course, la liberté d'errer librement ; une île où chaque cabane offrait un foyer domestique ; le filet tendu dans la mer ; le canot agile lancé sur cet archipel au sein d'azur, semé d'îles brillantes ; le frais sommeil acheté par des travaux qui étaient des jeux ; le palmier, la plus haute des dryades, portant dans son sein Bacchus enfant, pendant que la crête qui ombrage le cep de vigne qu'il recèle rivalise de hauteur avec l'aire de l'aigle ; le banquet de *Cava*, l'igname ; la noix du cocotier, qui renferme à la fois la coupe, le lait et le fruit ; l'arbre à pain, qui, sans que la charrue ait sillonné la plaine, livre à l'homme ses moissons, et, dans des bosquets que l'or n'a point achetés, prépare sans le secours d'une fournaise ses pains de pur froment ; marché gratuit où chaque convive vient puiser, et où l'on n'a jamais à redouter la disette ; — tout cela, joint aux délices des mers et des bois, aux plaisirs gais et aux douces joies de ces riantes solitudes, avait apprivoisé la rudesse de ces hommes errants, les avait fait sympathiser avec ceux qui, moins sages peut-être, étaient du moins plus heureux ; tout cela avait fait ce que la discipline n'avait pu faire, et civilisé les fils de la civilisation.

XII.

De tous ces couples fortunés, Neuha et Torquil n'étaient pas le moins beau, tous deux enfants des îles, quoique une grande distance séparât leurs patries ; tous deux nés sous l'étoile des mers ; tous deux élevés au milieu de ces spectacles d'une nature sauvage, dont le souvenir nous est toujours cher : en dépit de tout ce qui peut s'interposer entre nous et les sympathies de notre enfance, nous revenons toujours aux objets qui ont frappé nos premiers regards. Celui dont la vue se reposa d'abord sur les cimes bleues des montagnes, saluera avec amour le moindre pic azuré qu'il verra poindre à l'horizon, retrouvera dans chaque rocher le visage familier d'un ami, et pressera la montagne dans les bras de son imagination. J'ai longtemps erré dans des pays qui ne sont pas le mien ; j'ai adoré les Alpes, aimé les Apennins, révéré le Parnasse, et contemplé l'Ida et l'Olympe dominant l'Océan de leurs cimes escarpées ; mais ce n'étaient ni les antiques souvenirs qu'ils rappellent, ni leurs imposantes beautés qui me tenaient plongé dans un muet ravissement; les transports de l'enfant avaient survécu à l'enfance; et c'était du haut de Loch-na-gar, autant que de l'Ida, que je contemplais Troie. Je mêlais au mont phrygien des souvenirs celtiques, et les torrents de l'Écosse à la source limpide de Castalie. Pardonne-moi, ombre universelle d'Homère! pardonne-moi, Phébus, cet égarement de mon imagination. Le Nord et la nature m'ont appris à adorer vos scènes sublimes par le souvenir de celles que j'avais aimées autrefois.

XIII.

L'amour, qui rend toute chose sympathique et belle; la jeunesse, qui fait de l'air un arc-en-ciel; les périls passés, qui font mieux goûter à l'homme ces moments d'intervalle où il cesse de détruire; la beauté mutuelle, qui communique une commotion soudaine aux cœurs les plus farouches comme la flamme électrique à l'acier : voilà ce qui absorba dans un sentiment commun ces deux âmes, le jeune homme et la jeune fille, celui qui était à demi sauvage et celle qui l'était tout à fait. Lui, la voix tonnante des combats cessa de vibrer dans sa mémoire et d'enivrer son cœur de sombres délices; il cessa d'éprouver dans son repos cette impatience inquiète de l'aigle dans son aire quand le bec aigu et le regard perçant du monarque ailé cherchent une proie dans l'espace des cieux; son cœur amolli était dans cette situation voluptueuse, tout à la fois élyséenne et efféminée, qui ne confère point de lauriers à l'urne du héros; — ses palmes se flétrissent quand toute autre passion que celle du sang le consume; et néanmoins, quand ses cendres reposent dans leur étroite demeure, le myrte ne donne-t-il pas une ombre aussi douce que le laurier? Si César n'avait jamais connu que les baisers de Cléopâtre, Rome eût été libre, il n'eût point été le maître du monde. Et qu'ont fait pour la terre les actions et la renommée de César? Nous en ressentons l'influence avec honte; la sanction sanglante de sa gloire colore la rouille des chaînes que les tyrans nous imposent. En vain la gloire, la nature, la raison, la liberté, commandent à des millions d'hommes de se lever et de faire ce que Brutus seul a fait, — de chasser du rameau où ils ont été si longtemps perchés, ces oiseaux moqueurs qui veulent imiter la voix du despotisme. Nous continuons encore à tomber sous la serre de ces chats-huants, de ces mangeurs de souris; nous prenons pour faucons ces ignobles oies, quand nous voyons à leurs terreurs qu'il suffirait d'un mot de la Liberté pour dissiper ces épouvantails.

XIV.

Mais dans l'amoureux oubli de la vie, Neuha, l'insulaire de la mer du Sud, était exclusivement épouse; point de préoccupation mondaine venant la distraire de son amour; point de société tournant en ridicule sa nouvelle et passagère flamme; point de fats babillards exprimant tout haut leur admiration, ou s'efforçant, par d'adultères paroles, de ternir sa vertu, et sa gloire, et son bonheur. Laissant sa foi et ses sentiments à nu comme sa beauté, elle ressemblait à l'arc-en-ciel au milieu de l'orage, l'arc-en-ciel dont les couleurs, modifiées avec une variété brillante, se déploient toujours plus belles dans le firmament, et qui, quelles que soient les dimensions de son arc, la mobilité de ses teintes, est toujours le messager d'amour dont la présence écarte les nuages.

XV.

Dans cette grotte du rivage battu par la vague, ils avaient passé l'heure du midi des tropiques. Les heures ne leur semblaient pas longues : — ils ne les comptaient pas; ils n'étaient pas informés de leur fuite par le tintement funèbre de l'horloge qui nous administre notre pitance journalière d'existence, et dont la voix d'airain nous avertit avec un rire insultant. Que leur importait l'avenir ou le passé? Le présent les retenait sous son joug despotique; ils avaient pour sablier le sable de la mer, et la marée voyait glisser leurs moments comme ses lames paisibles; leur horloge, c'était le soleil dans sa tour immense; qu'avaient-ils besoin de noter le cours du temps, eux dont les jours passaient comme des heures? Le rossignol, leur seule cloche du soir, chantait doucement à la rose les adieux du jour. Cependant le vaste soleil se coucha à l'horizon, non à pas lents comme dans les climats du Nord, où il s'affaisse mollement sur les ondes; mais d'un seul bond, dans toute son énergie et tout son éclat, comme s'il eût voulu pour toujours quitter le monde et priver sans retour la terre de ses feux; il plongea dans les flots son front radieux, comme un héros qui s'élance impétueusement dans la tombe. Alors ils se levèrent, promenèrent d'abord leurs regards sur le firmament; puis chacun d'eux regarda les yeux de l'autre pour y chercher la lumière, s'émerveillant qu'un soleil d'été fût si court, et se demandant si en effet le jour était fini.

XVI.

Et que cela ne semble point étrange; l'enthousiaste religieux ne vit pas sur la terre; mais, dans son ravissement, autour de lui passent inaperçus les jours et les mondes; son âme est au ciel avant que la tombe ait recouvert sa cendre. L'amour a-t-il moins de puissance? Non. — Lui aussi il marche les yeux glorieusement levés vers Dieu, ou s'attache à tout ce que nous connaissons du ciel ici-bas, à cette autre moitié meilleure de nous-mêmes, dont la joie ou la douleur est plus que nôtre; flamme qui absorbe tout, qui, allumée par une autre flamme, se confond avec elle pour former une seule et même lumière; bûcher funèbre et pur, où, comme des bramines, des cœurs aimants prennent place et sourient. Combien de fois il nous arrive d'oublier le temps, lorsque, dans la solitude, nous admirons le trône universel de la nature, ses forêts, ses déserts, ses eaux, qui forment le langage sublime par lequel elle répond à notre intelligence! Les étoiles et les montagnes ne sont-elles pas douées de vie? Un souffle n'anime-t-il pas les vagues? Les cavernes humides, n'y a-t-il pas du sentiment dans leurs larmes silencieuses? Non, non: — tous ces objets nous appellent à nous identifier avec eux, dissolvent avant son heure notre enveloppe d'argile, et immergent notre âme dans l'Océan du grand Tout. Dépouillons cette identité chérie et mensongère. — Qui songe à soi en contemplant le ciel? et même en reportant plus bas ses regards, quel homme, aux jours de sa jeunesse, avant que le temps fût venu instruire le cœur, quel homme pensa jamais à la bassesse de ses semblables ou à la sienne? Il a toute la nature pour empire, et pour trône l'amour.

XVII.

Neuha et Torquil se levèrent; l'heure du crépuscule arriva, mélancolique et douce, à leur berceau de rochers, dont les cristaux, s'allumant par degrés, reflétèrent les naissantes clartés des étoiles. Le jeune couple, partageant le calme de la nature, prit lentement le chemin de sa cabane, construite sous un palmier; tantôt silencieux, tantôt souriant, comme le tableau qui l'entoure, charmant — comme le Génie de l'Amour — quand son front est serein! L'Océan faisait à peine entendre un bruit plus fort que le murmure du Coquillage, quand ce jeune enfant des mers, éloigné de l'onde maternelle, crie et ne veut pas s'endormir, exhalant en vain sa petite plainte, et demandant le sein gonflé de la Vague sa nourrice. Les bois, plus sombres, inclinaient leurs rameaux comme pour goûter le repos; l'oiseau des tropiques dirigeait son vol circulaire vers les rochers où est bâti son nid, et le bleu firmament se déployait devant eux, comme un lac de paix offert à la piété pour étancher sa soif.

XVIII.

Mais quelle est cette voix qui résonne à travers les palmiers et les platanes? Ce n'est pas celle qu'un amant désire entendre à une telle heure et au milieu de ce silence des airs; ce n'est pas la brise du soir, soupirant sur la colline, faisant résonner les cordes de la nature, les rochers et les bois, ces lyres d'harmonie, les meilleures et les plus anciennes de toutes, avec l'écho pour former le chœur; ce n'est pas un cri de guerre venant dissiper le charme de ces lieux; ce n'est pas non plus le monologue du hibou, cet ermite exhalant son âme solitaire, cet anachorète ailé, aux yeux grands et obscurcis, qui fait entendre à la Nuit son chant funèbre;

c'est un long sifflement naval, le plus perçant qui soit jamais sorti du gosier d'un oiseau de mer. A ce bruit succède le silence d'un moment, puis une rauque exclamation: « Holà ! Torquil ! mon garçon ! Comment va ? Oh ! camarade, oh ! » — « Qui m'appelle ? » s'écria Torquil en regardant du côté d'où venait la voix. — « Me voici ! » fut la réponse brève qu'il reçut.

XIX.

Mais en ce moment, un parfum parti de la même bouche se répandit dans l'air aromatisé du Midi et servit de messager à l'interlocuteur; ce n'était pas celui qui s'élève d'un parterre de violettes, mais celui qui, après avoir passé par une pipe fragile, plane comme un nuage sur le grog et sur l'ale ; cette pipe avait déjà exhalé ses doux parfums sous l'une et l'autre zone; par tous les vents, sur toutes les mers, de Portsmouth jusqu'au pôle, elle avait envoyé sa fumée, avait opposé sa vapeur aux foudres de la tempête, et ni la fureur des vagues, ni le souffle inconstant d'Éole, ni les mille changements de l'atmosphère, n'avaient pu interrompre ses tranquilles fonctions. Et qui était le porteur de cette pipe ? — je puis me tromper, mais, selon moi, ce devait être un matelot ou un philosophe. Tabac sublime ! qui du couchant à l'aurore charmes les fatigues du marin ou le repos du Turc, qui sur l'ottomane du musulman partages ses heures, et rivalises avec l'opium et ses femmes ; toi qui règnes dans toute ta splendeur à Stamboul, et qui, bien que plus que modeste, n'en es pas moins chéri dans Wapping [18] ou dans le Strand [19]; tabac divin dans les oukas, glorieux dans une pipe garnie d'ambre d'un jaune doré, comme d'autres beautés qui nous charment, c'est en grande toilette surtout que les attraits vainqueurs nous éblouissent; mais tes adorateurs véritables admirent plus encore les appas dans leur nudité!— Qu'on me donne un cigare!

XX.

A travers les ombres naissantes de la forêt, une figure humaine apparut tout à coup dans ce lieu solitaire; c'était un matelot vêtu d'une manière burlesque, une sauvage mascarade, comme celle qui semble sortir de la mer quand les navires passent la ligne, et que les matelots, dans le char prétendu de Neptune, célèbrent sur le tillac leurs grossières saturnales [20]. On dirait que le dieu se plaît encore à voir son nom invoqué de nouveau, bien que d'une manière dérisoire, par ses véritables enfants, dans des jeux grotesques que n'ont jamais connus ses Cyclades natales. Le dieu des mers, du sein de son empire, se réjouit de voir revivre encore quelques faibles traces de son ancien culte. La jaquette de notre matelot, bien qu'en guenilles; la pipe inséparable, qui pour s'allumer n'avait jamais été en retard ; son air décidé, sa démarche un peu balancée imitant le roulis de son cher navire, tout en lui annonçait son ancienne profession ; d'autre part, une sorte de mouchoir était noué autour de sa tête assez négligemment et sans beaucoup d'art ; et pour lui tenir lieu de culottes (trop tôt déchirées, hélas ! car il n'est pas de bois si doux qui n'aient leurs épines), un singulier tissu, une sorte de natte légère, avait remplacé ses inexprimables[21]. Du reste, ses pieds et son cou nus, son visage brûlé du soleil, tenaient également du matelot et du Sauvage. Quant à ses armes, elles venaient exclusivement de cette Europe à qui deux mondes rendent grâce de leur civilisation ; le mousquet pendait à ses larges et brunes épaules, un peu voûtées par les dimensions incommodes de son logement nautique ; en dessous était suspendu un coutelas sans son fourreau qui avait été usé ou perdu ; à sa ceinture était fixée une paire de pistolets, couple matrimonial — (cette métaphore n'est pas une plaisanterie ; si l'un ne prenait pas feu, en revanche, l'autre partait avant le commandement) ; une baïonnette, un peu moins dégagée de rouille que lorsqu'elle était sortie des caisses de l'armurier, complétait son accoutrement et l'équipage hétéroclite dans lequel la nuit le voyait paraître.

XXI.

« Comment va, Ben Bunting? » cria Torquil à notre nouvelle connaissance, lorsqu'il vit sa personne à découvert; « quoi de neuf ? » — « Hé ! hé ! » répondit Ben, « rien de neuf, mais des nouvelles à foison ; une voile inconnue est en vue. »

— « Une voile! comment cela? As-tu pu distinguer ce que c'était? Cela ne se peut pas : je n'ai pas aperçu sur la mer un seul chiffon de toile. » — « C'est possible, de la baie où tu étais, » dit Ben; « mais moi, de la hauteur où j'étais de quart, je l'ai vue, et elle venait à plein vent. » — « Quand le soleil s'est couché où était-elle? avait-elle jeté l'ancre? » — « Non, elle a continué à porter sur nous jusqu'à ce que le vent ait tombé. » — Son pavillon? » — « Je n'avais pas de lunette; mais, de son avant à son arrière, morbleu! ce navire m'a paru ne nous apporter rien de bon. » — « Est-il armé? » — « Je le crois; il est envoyé sans doute à notre recherche; il est temps, je pense, de virer de bord. » — « Virer de bord! qui que ce soit qui vienne nous donner la chasse, nous ne fuirons pas! ce serait agir en lâches; nous mourrons dans nos quartiers en vrais braves. » — « Bien! bien! cela est égal à Ben. » — « Christian sait-il cela? » — « Oui, il a rassemblé tout notre monde. On s'occupe à fourbir les armes; nous avons aussi quelques pièces de canon dont nous avons fait l'essai. On te demande. » — « C'est trop juste; et lors même qu'il en serait autrement, je ne suis pas homme à laisser mes camarades dans l'embarras. Ma Neuha! pourquoi faut-il que la destinée qui me poursuit enveloppe dans mon malheur une compagne si charmante et si fidèle! Mais, quel que soit le sort qui nous attende, ô Neuha! n'ébranle pas en ce moment mon courage; nous n'avons pas même le temps de verser une larme; quoi qu'il arrive, je suis à toi! » — « Fort bien, » dit Ben, « cela est bon pour des soldats de marine. »

L'ILE.

CHANT TROISIÈME.

I.

Le combat avait cessé; on ne voyait plus resplendir à travers les ténèbres ce vêtement de lumière qui entoure les canons au moment où ils donnent des ailes à la mort; les vapeurs sulfureuses s'élevant dans l'air avaient quitté la terre et ne souillaient plus que l'azur du ciel ; le mugissement sonore qui accompagnait naguère chaque décharge ne se faisait plus entendre ; l'écho ne répétait plus les lugubres détonations, et avait repris son silence mélancolique ; la lutte était terminée ; les vaincus avaient subi leur sort : les révoltés étaient écrasés, dispersés ou pris, et ceux qui avaient survécu portaient envie aux morts. Bien peu avaient pu s'échapper, et ceux-là étaient poursuivis sur toute la surface de l'île qu'ils avaient préférée à leur rive natale ; il semblait qu'il n'y eût plus d'asile pour eux sur la terre depuis qu'ils avaient renié le pays qui les avait vus naître ; traqués comme des animaux féroces, ils demandaient une retraite au désert, comme un enfant se réfugie au sein de sa mère ; mais c'est en vain que les loups et les lions s'enfuient dans leur tanière, et c'est plus inutilement encore que l'homme cherche à se dérober à la poursuite de l'homme.

II.

Il est un roc qui projette au loin sa base sur l'Océan, alors même que sa fureur est plus grande : en vain, comme un guerrier qui monte le premier à l'assaut, la vague escalade sa cime gigantesque ; elle en est soudain précipitée, et retombe sur la multitude onduleuse qui combat sous la bannière des vents, mais qui maintenant est calme. C'est sous cet abri que se sont retirés les faibles débris de la troupe vaincue ; épuisés par la perte de leur sang et dévorés par la soif, ils ont toujours leurs armes à la main et conservent encore quelque chose de l'orgueil de leur résolution première, comme des hommes que leur sang-froid n'a pas abandonnés, et qui luttent contre leur sort au lieu de s'en étonner. Leur destin actuel, ils l'avaient prévu, et s'y étaient exposés en connaissance de cause ; néanmoins un espoir leur était resté : ils s'étaient dit que, sans être pardonnés, ils ne seraient point recherchés, qu'on les oublierait peut-être ou qu'on ne pourrait les découvrir dans leur retraite lointaine, point imperceptible sur ces mers immenses ; tout cela leur avait en partie fait perdre de vue la vengeance des lois de leur pays, cette vengeance dont maintenant ils voyaient et ressentaient les effets. Leur île verdoyante, ce paradis gagné par le crime, ne pouvait plus abriter leurs vertus ou leurs vices : ce qu'ils pouvaient avoir de bons sentiments était refoulé au fond de leurs cœurs pour ne plus laisser surgir à leurs regards que la conscience de leurs fautes. Proscrits jusque sur le sol de leur seconde patrie, c'en était fait d'eux ; en vain le monde était devant eux, toutes les issues étaient fermées. Leurs nouveaux alliés avaient combattu et versé leur sang pour leur querelle ; mais que pouvaient la lance, la massue et le bras d'Hercule contre le sulfureux sortilége, la magie de ce tonnerre qui immole le guerrier avant qu'il ait pu faire usage de sa force, et, semblable à un fléau pestilentiel, est en même temps le tombeau de la bravoure et du brave ? Eux-mêmes, malgré l'inégalité de la lutte, avaient fait tout ce que le courage peut oser et faire contre le nombre ; mais, quoique le désir de mourir libre soit inné en nous, la Grèce elle-même n'a pu se vanter que d'un seul combat des Thermopyles, jusqu'*à ce jour* où, transformant en glaive le métal de ses chaînes, elle meurt en combattant pour ressusciter glorieuse !

III.

A l'abri de ce rocher s'était réfugié le petit nombre des vaincus ; pareils aux derniers restes d'un troupeau de daims, leurs yeux étaient pleins d'une agitation fébrile, leur visage abattu, et pourtant on voyait encore sur leur bois l'empreinte du sang du chasseur. Un petit ruisseau descendait en cascades de la cime du rocher, et se frayait, comme il pouvait, un chemin vers la mer ; son cristal bondissant se jouait aux rayons du soleil, et ses flots doux jaillissaient de roc en roc en gerbes écumeuses ; dans le voisinage immédiat de l'immense et sauvage Océan, son onde, pure et fraîche comme l'innocence, mais moins exposée qu'elle, faisait reluire au-dessus de l'abîme son torrent argenté, comme on voit briller du sommet d'un roc escarpé l'œil du chamois timide, pendant que bien loin au-dessous de lui les Alpes de l'Océan soulevaient et abaissaient leur vaste et sombre azur. Ils se précipitèrent vers cette jeune source; la soif de la colère et la soif de la nature absorbèrent tout autre sentiment. — Ils burent comme des hommes qui buvaient pour la dernière fois, et se débarrassèrent de leurs armes pour se délecter dans cette bienfaisante rosée, abreuvèrent leurs gosiers desséchés, et lavèrent le sang de leurs blessures, qui peut-être ne devaient avoir que des chaînes pour bandage. Alors, une fois leur soif étanchée, ils jetèrent autour d'eux de douloureux regards, paraissant s'étonner qu'un si grand nombre encore eût échappé aux fers et à la mort; — mais tous restèrent silencieux; chacun porta les yeux sur son voisin, comme pour lui demander des paroles que ses lèvres lui refusaient, comme si leur voix eût expiré en même temps que leur cause.

IV.

Sombre, et un peu à l'écart, se tenait Christian, les bras croisés sur la poitrine. La teinte colorée, l'air d'insouciance et d'intrépidité répandus naguère sur son visage, avaient fait place à une couleur plombée et livide; ses cheveux d'un brun clair, qui naguère ombrageaient sa tête en boucles gracieuses, maintenant se hérissaient sur son front comme des vipères irritées. Immobile comme une statue, comprimant ses lèvres comme pour refouler jusqu'à son haleine au fond de sa poitrine, il était appuyé contre le rocher dans une attitude muette et menaçante, et, sauf un léger mouvement de son pied, dont le talon, par intervalle, creusait le sable, on eût dit qu'il était changé en marbre. A quelques pas de là, Torquil appuyait sa tête sur une saillie du roc; il ne parlait pas, mais son sang coulait, — non qu'il fût blessé à mort, — sa blessure la plus dangereuse était intérieure: son front était pâle; ses yeux bleus à demi fermés et les gouttes de sang qui souillaient ses blonds cheveux témoignaient que son affaiblissement ne provenait pas du désespoir. Auprès de lui était un autre individu ayant les manières d'un ours, mais l'affection d'un frère : — c'était Ben Bunting, qui commença par laver et panser comme il put la blessure de son camarade, — puis alluma tranquillement sa pipe, ce trophée qui avait survécu à cent combats, cet astre ami qui tant de fois avait charmé ses nuits. Le quatrième et dernier personnage de ce groupe abandonné se promenait de long en large, — puis il s'arrêtait, se baissait pour ramasser un caillou, — puis le laissait retomber ; — puis doublait le pas, — puis s'arrêtait de nouveau brusquement ; — puis jetait les yeux sur ses compagnons, se mettait à siffler un air qu'une pause venait bientôt interrompre ; — puis il reprenait ses premiers mouvements avec un mélange d'insouciance et de trouble. Voilà une longue description pour exprimer ce qui occupa à peine un intervalle de cinq minutes ; mais aussi quelles minutes ! Des moments comme ceux-là sont autant d'éternités dans la vie de l'homme.

V.

Enfin Jack Skyscrape, homme ayant les propriétés élastiques du mercure et la légèreté d'un éventail, plus brave que ferme, plus disposé à affronter la mort qu'à lutter contre le désespoir, s'écria : « Goddamn ! » syllabes énergiques qui forment le fond de l'éloquence anglaise, comme « l'allah ! » des Turcs, ou comme autrefois le « proh Jupiter ! » plus païen encore des Romains, servait d'expression à un premier mouvement, et d'écho à l'embarras. Jack était embarrassé, — jamais héros ne le fut davantage ; ne sachant que dire, il jura, et ne jura pas en vain ; ce son familier à son oreille réveilla Ben Bunting absorbé par sa pipe ; il l'ôta de sa bouche, prit un air capable, mais se contenta de terminer le jurement commencé par son camarade, péroraison qu'il me semble fort inutile de répéter.

VI.

Mais Christian, âme plus fortement trempée, ressemblait dans son immobilité morne à un volcan éteint ; silencieux, triste, farouche, l'empreinte encore fumante de la colère était sur sa face voilée d'un nuage, quand tout à coup, levant ses yeux sombres, il regarda Torquil penché, faible et languissant à quelques pas de lui. « Voilà donc où nous en sommes réduits ! » s'écria-t-il ; « malheureux jeune homme, toi aussi, ma démence a causé ta perte ! » Il dit et s'avança vers le jeune Torquil, encore souillé du sang qu'il venait de répandre, lui prit la main avec émotion, mais n'osa pas la presser, et recula comme effrayé de ses propres caresses, s'informa de son état, et lorsqu'il apprit que sa blessure était plus légère qu'il ne l'avait pensé ou craint, un éclair de satisfaction brilla sur son front, autant du moins que pouvait le permettre un tel moment. « Oui, » s'écria-t-il, « nous sommes pris dans les rets du chasseur, mais l'ennemi ne trouvera pas dans nous une proie lâche ou commune; sa victoire lui a coûté cher, elle lui coûtera cher encore; — moi, il faut que je succombe; mais vous, mes amis, avez-vous la force de fuir? Ce serait pour moi une consolation de vous voir survivre; nous sommes en trop petit nombre pour combattre. Oh! que n'avons-nous un seul canot, ne fût-ce qu'une coquille, pour vous transporter d'ici en un lieu où habite l'Espérance! Quant à moi, j'ai le destin que j'ai moi-même cherché : celui d'être, mort ou vivant, toujours libre et sans peur. »

VII.

Il parlait encore, lorsque du promontoire dont la cime haute et blanche se projetait sur les flots, on vit poindre sur l'Océan une tache noire; elle paraissait voler comme l'ombre d'une mouette qui prend l'essor; elle approcha, — et voilà tout à coup qu'on en distingua une seconde; — tantôt elles étaient visibles, tantôt elles disparaissaient dans les cavités des flots; bientôt deux canots se dessinèrent aux regards, puis on ne tarda pas à reconnaître des visages amis dans les traits basanés de ceux qui les montaient; les pirogues s'avancèrent en effleurant les flots écumeux et en agitant comme des ailes leurs légers avirons; — tantôt posées sur la cime des vagues, tantôt précipitées à une immense profondeur au milieu du fracas de l'onde amoncelant ses nappes d'écume ou lançant en l'air ses larges flocons réduits en une fine poussière comme celle du grésil; enfin les deux barques, rasant les lames comme des oiseaux par un temps d'orage, vinrent toucher la rive. L'art qui les guidait semblait dû à la nature elle-même, — tant ils ont d'habileté sur les flots, ces insulaires habitués à se jouer avec l'Océan !

VIII.

Et quelle est cette femme qui la première s'élance sur le rivage comme une néréide sortant de sa conque, cette femme à la peau basanée mais brillante, aux yeux humides, étincelants d'amour, d'espoir et de constance? C'est Neuha, l'aimante, la fidèle, l'adorée ; — son cœur, où le sentiment déborde, s'épanche dans celui de Torquil ; elle sourit et pleure, et l'embrasse plus étroitement encore, comme pour s'assurer que c'est bien *lui* qu'elle presse dans ses bras ; elle tressaille à l'aspect de sa récente blessure ; puis, voyant qu'elle n'est pas dangereuse, elle sourit et pleure encore. Elle est fille d'un guerrier, elle peut supporter la vue du sang, s'émouvoir, s'affliger, mais non désespérer. Son amant vit. — Point d'ennemis, point de terreurs capables d'étouffer dans son cœur ce moment de délicieuse ivresse ; la joie brille dans ses larmes ; la joie donne à son cœur ce battement si fort qu'on pourrait presque l'entendre, et le paradis respire dans les soupirs de cette enfant de la nature, oppressée sous le poids de son ravissement.

IX.

Les hommes farouches témoins de cette entrevue se sentirent émus : qui ne le serait au spectacle de deux cœurs aimants qui se revoient! Christian, lui-même, en contemplant la jeune fille et le jeune homme, ne sentit point, il est vrai, ses yeux humides de larmes ; mais une joie sombre se mêla dans son âme à ces pensées amères qui surgissent au souvenir sans espoir d'un bonheur qui n'est plus, quand tout a disparu, — tout, — jusqu'au dernier rayon de l'arc-en-ciel. « Sans moi ! » se dit-il, et il se détourna ; puis il regarda les deux jeunes gens, comme dans sa tanière un lion regarde ses lionceaux ; puis il retomba dans sa morne rêverie, comme un homme désormais indifférent à sa destinée ultérieure.

X.

Mais il fut court l'intervalle laissé à leurs pensées bonnes ou mauvaises; sur les flots voisins du promontoire se fit entendre le bruit des rames ennemies. — Hélas! pourquoi ce son les effraie-t-il? Tout ce qui les entoure semble ligué contre eux, tout, hormis la jeune fille de Toubonaï : à peine a-t-elle aperçu dans la baie les chaloupes armées qui s'avancent en hâte pour consommer la ruine de ce qui reste des révoltés, à un signe qu'elle leur fait les Sauvages qui l'entourent se rendent à leurs pirogues, et y embarquent leurs hôtes européens; dans l'une on place Christian et ses deux compagnons; mais Neuha et Torquil ne se sépareront plus. Elle le fait asseoir dans sa pirogue. — Fuyez! fuyez! — Ils franchissent les brisants, sillonnent la baie avec la rapidité d'un trait, et, se dirigeant vers un groupe d'îlots où l'oiseau de mer suspend son nid, où le phoque établit son repaire, ils effleurent les cimes bleues des vagues; rapide est leur fuite, et rapide la marche de ceux qui les poursuivent sans relâche. Un moment ils sont gagnés de vitesse; l'instant d'après ils reprennent leur avantage, et laissent loin derrière eux les menaces de leurs ennemis; bientôt les deux canots se séparent et suivent deux directions différentes, pour rendre la poursuite plus difficile. — Fuyez! fuyez! — A chaque coup de rame il y va de la vie, et plus que de la vie pour Neuha : l'amour est embarqué sur sa frêle nacelle, et son souffle la pousse vers une retraite protectrice, — et maintenant le refuge et l'ennemi ne sont plus qu'à deux pas; — encore, encore un moment! — Fuis, arche légère, fuis !

L'ILE.

CHANT QUATRIÈME.

I.

Blanc comme une blanche voile sur une mer obscure, quand une moitié de l'horizon est sereine et l'autre nébuleuse, comme une voile qui voltige entre la vague sombre et le ciel, est le dernier rayon de l'Espérance aux regards de l'homme placé dans un extrême péril. Son ancre est partie, mais nos yeux découvrent encore sa voile de neige à travers la plus rude tempête; bien que chaque vague qu'elle franchit l'éloigne de plus en plus de nous, du rivage le plus solitaire le cœur ne cesse de la suivre.

II.

A peu de distance de l'île de Toubonaï, un noir rocher s'élève au milieu des ondes; c'est un asile pour les oiseaux, un désert pour l'homme; là le phoque vient s'abriter contre le vent, s'endort pesamment dans sa noire caverne, ou se livre à ses lourds ébats aux rayons du soleil; l'écho n'apporte à la pirogue que le hasard amène près de ce lieu que le cri perçant de l'oiseau des mers, ce pêcheur ailé de la solitude qui élève sur le roc nu sa jeune couvée. Une étroite bande de sable doré forme une sorte de plage; c'est là que la jeune tortue, brisant son œuf, se traîne en rampant vers les flots paternels, nourrisson du jour, que la lumière fit éclore, et qu'un soleil créateur couve pour l'Océan; le reste n'est qu'un sombre précipice, un de ces lieux qui n'offrent que le désespoir au marin naufragé, qui lui font regretter le tillac qu'ont englouti les flots, et envier le destin de ceux qui ont péri. Tel était le lugubre asile que Neuha avait choisi pour y soustraire son amant à la poursuite de ses ennemis; mais tous les secrets de ce lieu n'étaient pas révélés, elle y connaissait un trésor caché à tous les yeux.

III.

Près de cet endroit, avant que les canots se séparassent, les rameurs de l'esquif dépositaire du destin de Torquil passèrent, par l'ordre de Neuha, dans celui où était Christian, afin d'en accélérer la vitesse. Christian voulut s'y opposer; mais avec un sourire calme, la jeune fille, montrant du doigt l'île rocheuse, lui dit : « Fuyez et soyez heureux! » ajoutant qu'elle se chargeait de ce qui concernait le salut de Torquil. Ils partirent avec cet accroissement de force; la pirogue s'élança, rapide comme une étoile qui file, laissant loin derrière elle ceux qui la poursuivaient. Ceux-ci se dirigèrent alors en droite ligne vers le rocher auprès duquel était l'esquif de Neuha et de Torquil. Les deux amants redoublèrent d'efforts; le bras de Neuha, bien que délicat, était adroit et robuste, accoutumé à lutter contre la mer, et le cédait à peine à la vigueur plus mâle de Torquil. Bientôt il n'y eut plus que la longueur d'une pirogue entre eux et ce roc escarpé, inexorable, n'ayant à sa base qu'une mer sans fond; à une distance de cent pirogues était l'ennemi. Après leur fragile canot, quel allait être en ce moment leur refuge? c'est ce que demanda Torquil avec un coup d'œil de demi-reproche qui semblait dire : — « Neuha m'a-t-elle amené ici pour m'y sacrifier? Ce roc est-il un lieu de salut? N'est-ce pas plutôt un tombeau, et cet énorme rocher un monument funèbre élevé au sein des mers? »

IV.

Ils se reposèrent sur leurs rames; Neuha se leva, et, montrant l'ennemi qui approchait, elle s'écria : « Torquil, suis-moi, et suis-moi sans crainte! » Elle dit, et soudain plongea dans les profondeurs de l'Océan. Il n'y avait pas de temps à perdre, ses ennemis étaient près de lui. Il voyait déjà leurs chaînes, entendait leurs voix menaçantes; ils faisaient force de rames, et en s'approchant, ils le sommaient de se rendre, l'appelant par le nom qu'il avait renié. Il plongea à son tour. Il était habile nageur, et c'est de là qu'allait maintenant dépendre son salut. Mais où et comment? Il plongea et ne reparut plus; l'équipage de la chaloupe regarda plein d'étonnement la mer et le rocher. Il n'y avait pas possibilité de débarquer sur ce précipice rude, escarpé et glissant comme une montagne de glace. Ils attendirent pendant quelque temps pour voir s'il reviendrait sur l'eau; mais rien ne remonta à la surface des flots, qui continuèrent comme auparavant leurs paisibles ondulations; ils avaient disparu dans l'abîme sans laisser d'eux aucune trace; un léger bouillonnement avait seul suivi leur immersion, une faible écume blanche avait surgi un instant sur ce qui semblait leur dernière demeure, sorte de blanc sépulcre élevé sur ce couple qui n'avait point laissé après lui de marbre funéraire; la pirogue vide qu'on voyait sur les flots se balancer tranquille (comme l'affliction d'un héritier), voilà tout ce qui rappelait la présence de Torquil et de sa fiancée ; et sans ce vestige unique, on eût pu croire que le tout n'était que la vision évanouie du rêve d'un matelot. Ils s'arrêtèrent et cherchèrent inutilement, puis ils s'éloignèrent ; la superstition elle-même leur défendit de rester plus longtemps. Les uns dirent que Torquil n'avait pas plongé dans les flots, mais qu'il s'était évanoui comme la flamme sépulcrale qui luit sur les tombeaux ; d'autres, qu'il y avait dans sa personne quelque chose de surnaturel, et que sa taille était plus haute que celle d'un mortel ; et tous s'accordèrent à déclarer que son visage et ses yeux portaient la sombre empreinte de l'éternité. Cependant, tout en s'éloignant du rocher, ils s'arrêtaient un moment auprès de chaque touffe de plantes marines qu'ils rencontraient, s'attendant à voir paraître quelque vestige de leur proie ; mais non, il s'était évaporé sous leurs yeux comme l'écume des flots.

V.

Et où était-il, le pèlerin de l'abîme, parti à la suite de sa néréide ? Avaient-ils pour toujours cessé de verser des pleurs, ou, reçus dans des grottes de corail, obtenu la vie de la pitié des vagues ? Habitaient-ils avec les mystérieux souverains de l'Océan, faisant résonner avec les tritons la conque fantastique ? Neuha était-elle au milieu des sirènes, relevant les tresses de sa chevelure, ou les abandonnant aux vents et les laissant flotter sur les ondes ? ou bien avaient-ils péri, et dormaient-ils en silence dans le gouffre où ils s'étaient courageusement précipités ?

VI.

La jeune Neuha avait plongé dans l'abîme, et Torquil l'avait suivie : elle nageait dans sa mer natale comme si c'eût été son élément, tant il y avait de grâce et d'aisance dans le mouvement rapide dont elle fendait l'onde ; on voyait au sein des flots briller, comme un acier amphibie, ses pieds agiles, qui laissaient derrière eux un long sillon de lumière. Presque aussi exercé qu'elle à sonder les profondeurs où les pêcheurs vont chercher les perles, Torquil, l'enfant des mers septentrionales, la suivit avec joie et sans peine dans sa route liquide. Neuha, lui montrant le chemin, commença par plonger plus avant ; puis, remontant à la surface des flots, — elle étendit les bras, essuya l'eau dont ruisselait sa chevelure, et fit entendre un rire dont le son fut répété par l'écho des rochers. Ils étaient arrivés au sein d'une cavité terrestre où ni arbres, ni champs, ni firmament, ne s'offraient au regard. Autour d'eux s'étendait une caverne spacieuse dont l'unique entrée était sous les flots, portique inaperçu du soleil, si ce n'est à travers le voile verdâtre des vagues, par l'un de ces beaux jours transparents où il y a fête sur l'Océan et où le peuple des poissons se divertit. La jeune fille, avec sa chevelure, essuya les yeux de Torquil et battit des mains de joie en voyant sa surprise ; puis elle le conduisit à un endroit où le roc paraissait faire saillie et former comme une grotte de tritons ; car tout était ténèbres au premier moment, jusqu'à ce qu'un faible jour pénétrât par les fentes supérieures. Comme dans la nef à demi éclairée d'une vieille cathédrale les monuments poudreux se refusent à la lumière, ainsi dans leur asile sous-marin la caverne empruntait à son aspect même la moitié de ses ténèbres.

VII.

La jeune Sauvage tira de son sein une torche de pin étroitement enveloppée de *gnatou*, le tout recouvert d'une feuille de plantain, afin de mettre à l'abri de l'humidité pénétrante l'étincelle recélée dans ce bois ; ce manteau l'avait maintenue sèche ; ensuite, dans un pli de la même feuille de plantain, elle prit un caillou, quelques brins de bois desséché ; à l'aide du couteau de Torquil, elle fit jaillir une étincelle, alluma sa torche et éclaira la grotte. Elle était haute et vaste, et présentait une voûte gothique de formation naturelle ; l'architecte de la Nature en avait élevé les arceaux ; un tremblement de terre avait sans doute érigé l'architrave ; l'arc-boutant avait peut-être été détaché du flanc de quelque montagne à l'époque où les pôles avaient fléchi et où l'onde était tout l'univers; peut-être aussi le feu absorbant de la terre l'avait-il solidifié quand le globe fumait encore sur son bûcher funèbre; les cintres sculptés, les bas-côtés, la nef, s'y trouvaient exécutés par la Nuit dans cette caverne, son ouvrage. En prêtant un peu à l'illusion, on eût pu voir grimacer en l'air ces figures fantastiques, et l'œil eût pu se reposer sur une mitre ou sur le crucifix d'une chapelle. C'est ainsi qu'avec les stalactites, la Nature, en se jouant, s'était bâti une église sous-marine.

VIII.

Et Neuha prit son Torquil par la main, et agitant sous la voûte sa torche allumée, elle lui fit visiter chaque coin de leur nouvelle demeure, et lui en montra tous les secrets détours. Elle ne se borna pas là, car d'avance elle avait tout préparé pour adoucir le sort de son amant, ce sort partagé par elle : la natte pour se reposer, le *gnatou* pour se vêtir, et l'huile de sandal pour se défendre de l'humidité; pour nourriture la noix de coco, l'igname, le fruit de l'arbre à pain; pour table, une large feuille de plantain ou une écaille de tortue dont la chair fournissait le festin; la gourde pleine d'une eau récemment puisée au ruisseau limpide, la banane mûre cueillie sur la colline; une provision de branches de pin pour maintenir une lumière perpétuelle, et elle-même, belle comme la nuit, répandant sur le tout le charme de sa présence, et éclairant de sa sérénité leur monde souterrain. Depuis que le navire de l'étranger avait approché leur île, elle avait prévu que la force ou la fuite pourrait être impuissante, et elle avait, dans cette caverne de rochers, préparé à Torquil un refuge contre la vengeance de ses compatriotes. Chaque matin la brise avait poussé vers ce lieu sa pirogue agile chargée de tous les fruits les plus beaux; chaque soir l'avait vue transporter au même endroit tout ce qui pouvait égayer ou embellir leur boudoir de cristal; et maintenant elle étala devant lui tous ses petits approvisionnements, la plus heureuse des filles de ces îles d'amour.

IX.

Voyant qu'il la regardait avec une surprise reconnais-

sante, elle pressa sur son cœur passionné cet amant sauvé
par elle; et tout en lui prodiguant ces douces caresses, elle lui
raconta une vieille histoire d'amour, — car l'amour est vieux,
vieux comme l'éternité, bien qu'il rajeunisse avec chaque
être nouveau-né ou à naître; elle lui dit comment un jeune
chef, il y avait de cela mille lunes, s'amusant un jour à plonger pour pêcher des tortues, était arrivé, à la poursuite de sa
proie, dans cette même caverne où ils se trouvaient en ce
moment; comment, plus tard, au milieu d'une guerre sanglante, il y abrita une jeune captive, une ennemie adorée,
fille d'un père ennemi de sa tribu, et dont on n'avait sauvé
la vie que pour la condamner à l'esclavage; comment, quand
la tempête de la guerre fut calmée, il conduisit sa nation insulaire à l'endroit où les flots couvrent de leur ombre verdâtre l'entrée de la caverne, puis plongea, — selon toute
apparence, pour ne plus revenir; comment ses compagnons
étonnés, immobiles dans leurs pirogues, le crurent insensé,
ou devenu la proie du bleu requin; comment, pleins de tristesse, ils firent en ramant le tour du rocher environné par les
ondes, puis s'arrêtèrent et se reposèrent sur leurs rames,
lorsque tout à coup ils virent s'élever du sein des vagues une
déesse, — telle du moins elle leur parut dans leur crainte
respectueuse, et à ses côtés leur compagnon glorieux et fier
de la néréide, sa fiancée; comment, quand ce mystère eut été
expliqué, le jeune couple fut ramené en triomphe au rivage,
au bruit des conques et des acclamations joyeuses; comment ils vécurent en joie et moururent en paix. Et pourquoi
n'en serait-il pas de même de Torquil et de sa fiancée? Je
n'entreprendrai pas de dire les ravissantes caresses qui, dans
cette sauvage retraite, suivirent ce récit; pour eux, dans cette
caverne, tout était amour, bien qu'ils fussent ensevelis dans
une tombe plus profonde que celle où Abeilard, après vingt
ans de mort, ouvrit les bras pour recevoir le corps d'Héloïse
descendu dans leur caveau nuptial, et pressa sur son cœur
ranimé les restes adorés de son amante [22]. Au dehors, les
vagues murmuraient autour de leur couche : ils ne faisaient
pas plus attention à leur mugissement que s'ils eussent été

privés de vie ; au dedans, leurs cœurs étaient toute leur harmonie, formée des murmures entrecoupés de l'amour, et de ses soupirs plus entrecoupés encore.

X.

Et ces hommes, causes et victimes avec eux de la calamité qui les exilait dans les profondeurs de ce rocher, où étaient-ils ? Ils fuyaient sur les flots pour sauver leurs jours ; ils demandaient au ciel le refuge que leur déniaient les hommes. Ils avaient vogué dans une autre direction, — mais où ? La vague qui les portait portait aussi leurs ennemis, qui, désappointés dans leur première chasse, se remirent avec une nouvelle ardeur à la poursuite de Christian. La colère ajoutant à leur impatience, ils redoublèrent d'efforts, comme des vautours à qui une première proie a échappé. Les fugitifs se virent bientôt gagnés de vitesse, et il ne leur resta plus qu'à chercher leur salut sur quelque roc inaccessible ou dans quelque anse écartée ; ils se dirigèrent vers le premier rocher qu'ils virent pour y donner à la terre un dernier regard, comme victimes, ou mourir les armes à la main ; ils renvoyèrent les insulaires et leur canot ; ceux-ci offraient de combattre pour eux jusqu'à la fin, malgré l'infériorité de leur nombre ; mais Christian exigea qu'ils regagnassent leur île, et ne se sacrifiassent pas sans utilité ; car que pouvaient la lance et l'arc du Sauvage contre les armes qui allaient être employées en cette occasion ?

XI.

Ils débarquèrent sur un espace étroit et sauvage, qui ne portait guère que l'empreinte des pas de la Nature, préparèrent leurs armes ; et avec ce regard sombre, farouche et déterminé de l'homme réduit à sa dernière extrémité, alors qu'il a dit adieu à l'espérance, qu'il ne lui reste même plus celle de la gloire pour fortifier son courage contre la perspective de la mort ou de la captivité, — ils attendirent l'ennemi, ces trois combattants, comme autrefois les trois cents qui rougirent les Thermopyles d'un sang sacré. Mais, hélas ! quelle différence entre les uns et les autres ! c'est la cause qui fait tout, qui dégrade ou sanctifie le courage dans sa chute. Au-dessus de leur tête nulle gloire éternelle, intense, ne brillait à travers les nuages de la mort et ne les appelait à elle; point de patrie reconnaissante qui, leur souriant à travers ses pleurs, entonnera un hymne de louanges que dix siècles continueront; les yeux d'une nation ne se fixeront pas sur leurs tombes; nul héros ne leur enviera leur monument. Avec quelque bravoure que leur sang fût versé, leur vie était infâme, et leur crime formera leur épitaphe. Et tout cela, ils le savaient et le sentaient, celui-là du moins, chef de la bande qui lui devait sa ruine; né peut-être pour de meilleurs destins, il avait joué sa vie sur des chances qui allaient se décider; maintenant les dés allaient être jetés, et toutes les probabilités étaient en faveur de sa chute, et quelle chute! Néanmoins il faisait face au danger, impassible comme un fragment du rocher où il s'était posté, et sur lequel il appuyait le canon de son fusil mis en joue, sombre comme un nuage noir devant le soleil.

XII.

La chaloupe s'approcha; ceux qui la montaient étaient bien armés, décidés à faire tout ce que le devoir exigerait d'eux, et insouciants du péril comme l'est des feuilles qu'il abat le vent qui poursuit sa course sans regarder en arrière. Et pourtant ils eussent préféré pour ennemis des étrangers à des compatriotes, et sentaient que ces malheureux, victimes de leur obstination, avaient été Anglais, bien qu'ils eussent cessé de l'être. Ils leur crièrent de se rendre; — pas de réponse! leurs armes furent mises en joue et brillèrent aux rayons du soleil. Nouvelle sommation, — pas de réponse! Pour la troisième fois ils leur offrirent la vie d'une voix plus haute que la première. L'écho seul des rochers répéta les sons mourants de leur dernière parole. Alors la lumière des mousquets brilla; leurs canons dardèrent des flammes, et la fumée s'éleva entre eux et leurs ennemis, pendant que les balles vinrent frapper, mais en vain, le rocher sonore, et retombèrent aplaties. Alors se fit entendre la seule réponse que dussent donner ceux qui avaient perdu toute espérance sur la terre et dans le ciel. Après cette première décharge, les assaillants s'approchaient, quand la voix de Christian cria : « A présent, feu ! » Et avant que l'écho eût répété ses paroles, deux hommes tombèrent; les autres escaladèrent le flanc âpre du rocher, et, furieux de la démence de leurs adversaires, ne s'occupèrent plus qu'à les joindre pour les combattre corps à corps. Mais le roc était escarpé; nul sentier n'y était pratiqué; chaque pas offrait un bastion à leur colère, tandis que, postés sur les sommets les plus inaccessibles que l'œil exercé de Christian avait parfaitement reconnus, tous trois continuèrent une défense désespérée dans des lieux dont l'aigle eût pu faire choix pour y placer son aire. Chacun de leurs coups portait, et les assaillants tombaient, brisés sur les récifs comme des coquillages; mais ceux qui survivaient étaient nombreux encore; ils continuèrent à monter, se dispersèrent çà et là, et finirent par cerner et dominer complétement les trois assiégés, qui, trop loin encore pour être pris, assez près pour être tués, virent leur destin ne tenir plus qu'à un fil, comme des requins qui ont avalé l'appât des pêcheurs; néanmoins ils se défendirent jusqu'au dernier instant ; pas un gémissement ne fit connaître à leurs ennemis qui des trois succombait; Christian mourut le dernier : blessé deux fois, quand on vit couler son sang, on lui demanda encore de se rendre ; en ce qui concernait sa vie, il n'était plus temps ; mais il n'était pas trop tard pour que la main d'un de ses semblables, fût-ce même celle d'un ennemi, lui fermât les yeux. Un de ses membres ayant été brisé, son corps avait fléchi, et il gisait étendu sur le rocher, comme un faucon privé de ses petits. La voix qui lui parlait sembla le ranimer ou réveiller en lui une émotion qu'exprima un faible geste ; il fit signe aux plus avancés de venir à lui ; pendant que ceux-ci s'approchaient, il souleva son fusil ; — il avait tiré sa dernière balle, il arracha sur sa poitrine le bouton supérieur de sa veste, le mit dans le canon en guise de balle, ajusta, fit feu, et sourit de voir son ennemi tomber; puis, comme un serpent, il traîna en rampant son corps blessé et débile à l'endroit où le roc dominait les flots avec un escarpement aussi horrible que son désespoir, jeta un regard en arrière, ferma le poing, frappa dans un dernier mouvement de rage la terre qu'il allait quitter, puis se précipita : le roc reçut sur sa base son corps brisé comme du verre, n'offrant plus qu'une masse de sang sans un lambeau dont pût se repaître l'oiseau des mers ou le ver; une touffe de cheveux blonds entremêlée d'herbes et de sang, voilà tout ce qui resta de ses crimes et de lui; quelques fragments de ses armes (jusqu'au dernier moment sa main les avait retenues avec force) brillaient encore à quelque distance, — dispersés çà et là et destinés à se rouiller sous la rosée et l'écume des vagues. Hormis cela il ne restait plus rien, sauf une vie mal employée, et une âme! — mais qui peut affirmer où elle est allée? C'est à nous à porter les morts, non à les juger; et ceux qui vouent les autres à l'enfer en prennent eux-mêmes la route; à moins qu'à ces farouches distributeurs des peines éternelles, Dieu ne pardonne leur mauvais cœur en faveur de l'état plus déplorable encore de leur cervelle.

XIII.

Le combat était terminé! tout avait disparu ou était pris; tout était ou fugitif, ou captif, ou mort. Enchaînés sur ce même tillac où naguère, équipage courageux, ils figuraient avec honneur, étaient le petit nombre de ceux qui avaient survécu au combat livré dans l'île; mais le dernier rocher n'avait laissé aux mains des vainqueurs aucune dépouille vivante. Ils gisaient glacés et baignés dans leur sang à l'endroit où ils avaient succombé. Les oiseaux de mer accourus des flots voisins vinrent tournoyer au-dessus d'eux, agitant leurs ailes humides, et leur donnant pour hymne funèbre le concert discordant de leurs cris affamés. Mais plus bas, la vague, dans son éternelle indifférence, continua à onduler insouciante et tranquille; les dauphins continuèrent à se jouer à sa surface, l'oiseau volant à s'élancer vers le soleil, jusqu'à ce que, monté à une faible hauteur, son aile desséchée l'obligeât à redescendre pour s'humecter et reprendre un nouvel essor.

XIV.

L'aurore avait paru ; Neuha, s'étant, à la pointe du jour, élevée légèrement au-dessus de l'eau pour voir les rayons du soleil naissant, et épier si personne ne s'approchait de la retraite amphibie où était caché son amant, aperçut à quelque distance une voile ; ses plis ondulèrent, puis elle se gonfla, puis présenta au souffle de la brise sa large toile courbée en voûte. Le cœur de Neuha commença à battre de crainte, la respiration à lui manquer, dans le doute où elle était de la direction qu'allait prendre le navire. Mais non ! il ne s'approcha pas ; elle le vit s'éloigner de la baie, et son ombre décroître rapidement dans le lointain. Elle essuya ses yeux humides de l'écume des flots, et regarda de nouveau comme pour chercher un arc-en-ciel à l'horizon. Elle aperçut le navire déjà bien loin ; il diminua, ne parut bientôt que comme un point noir, — puis disparut. Tout était océan, tout était joie ! Elle plongea, et alla dans la grotte appeler son amant, lui dit tout ce qu'elle avait vu, tout ce qu'elle espérait, et tout ce que l'amour heureux voyait dans le passé et l'avenir ; elle reprit sa route humide ; Torquil suivit avec joie sur la vaste mer sa bondissante néréide ; ils firent à la nage le tour du rocher, pour remonter dans leur pirogue. La veille, lorsque les étrangers les avaient poursuivis, Neuha avait laissé son esquif flottant sans rames à la merci des flots ; mais après leur départ, elle avait été le reprendre, l'avait ramené et caché dans une embrasure du rocher, où maintenant ils le trouvèrent, et jamais ne vogua sur l'Océan plus d'amour et de joie que n'en porta en ce moment cette fragile nacelle.

XV.

Ils revirent leur rivage bien-aimé, que ne souillait plus rien d'ennemi ; sur les flots, plus de navire menaçant, de prison flottante : — tout était espérance et joie du foyer ! D'innombrables pirogues couvrirent la baie et ramenèrent les deux amants au son des conques marines ; les chefs vinrent les recevoir, la population accourut, et salua Torquil comme un fils retrouvé ; les femmes entourèrent Neuha, l'embrassèrent et lui demandèrent jusqu'où on les avait poursuivis, comment ils avaient échappé. Elle leur raconta tout; une acclamation unanime frappa les airs, et depuis ce temps une nouvelle tradition donna au sanctuaire qui les avait abrités le nom de « caverne de Neuha. » Cent feux allumés sur les hauteurs illuminèrent les ténèbres de la nuit, et éclairèrent la fête générale en l'honneur de leur hôte, rendu à la paix et au plaisir si chèrement achetés ; et cette nuit fut suivie d'heureux jours, tels qu'un monde enfant peut seul en offrir encore.

NOTES.

[1] *L'Ile* fut écrite à Gênes au commencement de l'année 1823, et publiée dans le mois de juin.

[2] Quelques heures avant la révolte, ma position était on ne peut meilleure ; j'avais un vaisseau dans l'ordre le plus parfait, abondamment fourni de tout ce qui pouvait être nécessaire en munitions et en provisions ; le but de mon voyage était atteint et les deux tiers de ma mission étaient déjà remplis, et ce qui restait à faire s'annonçait sous les plus heureux auspices. BLIGH.

[3] Les femmes d'Otaïti sont belles, douces, agréables dans leurs manières et leur conversation, douées d'une grande sensibilité et suffisamment coquettes pour se faire admirer et aimer. Les chefs étaient tellement bien disposés à notre égard qu'ils voulaient nous forcer à rester parmi eux et nous promettaient de grands biens. Doit-on s'étonner qu'une bande de matelots, sans aucun lien de famille, se soit fixée là où se présentait une si belle occasion, au milieu de l'abondance, dans une des plus belles îles du monde, où il n'est nul besoin de travailler, et où les douceurs de la paresse sont au-delà de toute idée ? BLIGH.

[4] Un peu avant le lever du soleil, lorsque j'étais endormi, M. Christian, le maître armurier, le lieutenant des canonniers, et Thomas Burkitt, matelot, entrèrent dans ma cabine, se saisirent de moi et me lièrent les mains derrière le dos avec une corde, me menaçant de me tuer à l'instant si je parlais ou si je faisais le moindre bruit. Néanmoins je criai au secours aussi fort que je le pus ; mais ce fut inutilement. Les officiers, qui n'étaient pas complices de la révolte, étaient gardés par des sentinelles placées à leur porte ; à la mienne se tenaient trois hommes, outre les quatre du dedans ; tous, excepté Christian, avaient des mousquets et des baïonnettes ; lui n'avait qu'un coutelas. Je fus tiré hors de mon lit, et amené sur le pont, en chemise. Lorsque je demandai les motifs d'une telle violence, on me répondit de me taire. On ordonna au bosseman de mettre la chaloupe à la mer, en le menaçant, s'il ne se dépêchait pas, de prendre

soin de lui. La chaloupe fut lancée, et MM. Heyward et Hallet, tous deux aspirants, et M. Samuel, le ministre, reçurent l'ordre de descendre dedans. Je demandai le motif d'un pareil ordre, et je cherchai à persuader à ceux qui m'entouraient de ne pas persister dans de pareils actes de violence ; mais mes représentations étaient sans effet, et je n'obtenais d'autres réponses que : « Retenez votre langue, ou vous êtes mort à l'instant. » BLIGH.

⁵ On permit au bosseman et aux matelots qui devaient partir dans la chaloupe, d'emporter du fil, des canevas, des lignes, des cordages, vingt-huit barriques d'eau ; on donna à M. Samuel cent cinquante livres de pain, une petite quantité de rhum et de vin, et aussi un cercle et un compas. BLIGH.

⁶ Les mutins ayant forcé leurs compagnons à partir dans la chaloupe, Christian ordonna qu'on servît une ration d'eau-de-vie à tous les gens de sa troupe. BLIGH.

⁷ Il paraît que c'est le docteur Johnson qui donnait cette prééminence au cognac. « On lui conseilla, » dit Bosswell, « de prendre un verre de clairet. Il branla la tête et dit : « Le bordeaux est la liqueur des enfants, le porter celle des hommes ; mais celui qui veut devenir un héros doit boire de l'eau-de-vie. » BOSSWELL, éd. Croker, t. IV, p. 252.

⁸ Mab ou Titania, l'épouse d'Obéron. *N. du Trad.*

⁹ Isaac Martin avait le désir de me secourir, et au moment où il approcha la gourde de mes lèvres entièrement desséchées, nous exprimâmes nos sentiments mutuels par des regards ; mais on s'en aperçut, et il fut éloigné. Il descendit alors dans la chaloupe, mais il fut forcé de remonter. BLIGH.

¹⁰ Christian dit alors : « Venez, capitaine Bligh ; vos officiers et vos hommes sont maintenant dans la chaloupe, et vous devez aller avec eux ; si vous cherchez à faire la moindre résistance, vous serez à l'instant mis à mort » : et sans plus de cérémonie, je fus descendu dans la chaloupe par une bande de scélérats armés. On nous jeta quelques pièces de porc et quatre coutelas. Après être restés quelque temps le jouet de ces misérables et le but de leurs plaisanteries, nous fûmes poussés en pleine mer. Dix-huit personnes étaient avec moi dans la chaloupe ; lorsque nous fûmes éloignés, nous entendîmes les mutins s'écrier à plusieurs reprises « Huzza pour Otaïti ! » Christian, leur chef, était d'une famille respectable du nord de l'Angleterre ; lorsqu'il me poussait hors du vaisseau, je lui demandai si c'était là une manière de me prouver sa reconnaissance pour les témoignages d'amitié qu'il avait reçus de moi. Cette question le troubla, et il répondit avec beaucoup d'émotion : « Capitaine Bligh, c'est une fatalité ; je suis dans l'enfer. » BLIGH.

¹¹ Le célèbre arbre à pain, que le capitaine Bligh avait entrepris de transplanter.

¹² Le vaisseau sur lequel Jason s'embarqua pour conquérir la toison d'or.

¹³ Les trois premières sections sont tirées d'une chanson des insulaires

de Tonga. Mariner en a donné une traduction en prose. Toubonaï ne fait point cependant partie de ce groupe d'îles ; mais ce fut une de celles où Christian et ses camarades cherchèrent un refuge. J'ai changé et ajouté, tout en conservant autant que possible l'original. *B.*

[14] « Georges Stewart était, » dit Bligh, « un jeune homme d'une bonne famille des Orkneys. Nous avions été si bien reçus par sa famille au retour de mon voyage, en 1780, que, sur cette seule garantie, je fus enchanté de le prendre avec moi ; outre cette recommandation, il était bon matelot et avait un excellente réputation. »

[15] Le vaisseau du désert. Tel est le nom pittoresque que les Orientaux donnent au chameau ou au dromadaire, et qu'ils méritent, le premier par sa patience, le second par sa docilité.

[16] « Lucullus, pour qui la frugalité ne manquait pas de charme, mangeait des navets rôtis dans sa ferme Sabine. » POPE.

[17] Le consul Néron, qui fit cette marche admirable au moyen de laquelle il trompa Annibal et défit Asdrubal. C'est un fait d'armes presque inouï dans les annales militaires. La première nouvelle qu'Annibal eut de son retour fut la tête d'Asdrubal qui vint tomber à ses pieds. A cette vue, le Carthaginois s'écria avec un soupir, — que « désormais Rome était la maîtresse du monde. » Ainsi c'est à cette victoire que Rome dut son élévation ; mais l'infamie qui s'attache à ce nom a éclipsé la gloire de celui qui le porta le premier. Quand on prononce le nom de Néron, qui est-ce qui pense au consul ? Ainsi vont les choses de ce monde. *B.*

[18] Quartier de Londres habité en grande partie par les familles des matelots. *N. du Trad.*

[19] L'une des principales rues de Londres. *N. du Trad.*

[20] La joviale mais grossière cérémonie du baptême du passage de la ligne a été si souvent décrite qu'il suffit de la rappeler.

[21] Ses culottes. C'est qu'en effet on évite, en anglais, ce mot et beaucoup d'autres réputés peu décents. *N. du Trad.*

[22] La tradition rapporte que, lorsque le corps d'Héloïse fut descendu dans le tombeau d'Abeilard, qui avait été enterré vingt ans auparavant, ce dernier ouvrit les bras pour le recevoir.

NAPOLÉON.

WATERLOO.

(Imité du français.)

NOUS NE TE MAUDISSONS PAS, WATERLOO.

I.

Nous ne te maudissons pas, Waterloo! bien que ta plaine ait été arrosée du sang de la liberté; c'est là qu'il fut versé, mais la terre ne l'a point bu; jaillissant avec force de tous ces cadavres, comme une trombe de l'Océan, il s'élève et va se mêler dans les airs au sang de Labédoyère — et de celui dont la tombe honorée renferme « *le brave des braves.* » Il forme dans le ciel un rougeâtre nuage; mais il retournera aux lieux d'où il est sorti; quand le nuage sera plein il éclatera. — Jamais tonnerre n'a retenti comme celui qui ébranlera alors le monde étonné; — jamais éclair n'a brillé comme celui qui sillonnera le ciel! pareil à l'étoile mystérieuse, prédite autrefois par le prophète, qui doit répandre sur la terre une pluie de flamme et changer les rivières en sang.

II.

Le chef est tombé, mais non pas sous vos coups, vainqueurs de Waterloo! Quand le soldat citoyen ne commandait à ses égaux que pour les conduire où la gloire souriait au fils de la Liberté, lequel de tous les despotes coalisés pouvait se mesurer avec ce jeune général? Qui pouvait se vanter d'avoir vaincu la France avant que la tyrannie régnât seule et sans partage, avant que, poussé par l'ambition, le héros s'abaissât à n'être plus que roi? Alors il tomba : — périsse comme lui quiconque voudra asservir l'homme au joug de l'homme!

III.

Et toi aussi, guerrier au blanc panache [1], toi à qui ton propre royaume a refusé un tombeau [2]! mieux eût valu pour toi continuer à guider les bataillons de la France contre des armées d'esclaves mercenaires, que d'aller te livrer à la mort et à la honte pour un méprisable titre de roi comme celui que porte le despote de Naples, et qu'il a acheté de ton sang.

Quand tu lançais ton cheval de bataille dans les rangs ennemis, comme un fleuve qui franchit ses rives, pendant qu'autour de toi volaient en éclats les casques pourfendus, les glaives brisés, — tu étais loin de prévoir le destin qui t'attendait; cet orgueilleux panache a donc été abattu sous les coups déshonorants d'un esclave! Il fut un temps où, pareil à la lune qui règle l'Océan, ce panache ondoyait dans l'air et servait de ralliement au guerrier; à travers les flots noirs et sulfureux de la fumée du combat, le soldat cherchait du regard ce cimier inspirateur, et, le voyant briller au premier rang, il sentait ranimer son courage. Là où l'agonie de la mort était la plus courte, où la bataille multipliait le plus ses débris, à l'ombre de l'étendard avancé de l'aigle à la crête brûlante (porté sur les ailes du tonnerre, et resplendissant des rayons de la victoire, qui eût pu alors arrêter son vol?), là où les lignes ennemies étaient rompues ou se débandaient dans la plaine, là on était sûr de voir Murat charger! là il ne chargera plus!

IV.

Sur nos gloires détruites marchent les envahisseurs; la Victoire pleure sur ses trophées abattus. — Mais que la Liberté se réjouisse! que son cœur éclate dans sa voix! la main sur son épée, elle sera doublement adorée. La France a deux fois appris cette « leçon morale » chèrement achetée, que son salut ne réside pas dans un trône avec Capet ou Napoléon, mais dans l'égalité des lois et des droits, dans l'union des cœurs et des bras pour défendre la grande cause, — la cause de cette liberté que Dieu a départie avec la vie à tout ce qui est sous le ciel, et que le crime voudrait faire disparaître de la terre, lui dont la main farouche et prodigue sème comme du sable la richesse des nations, et verse leur sang comme de l'eau dans un impérial océan de carnage.

V.

Mais le cœur et l'intelligence, et la voix du genre humain, s'élèveront de concert, — et qui résistera à cette fière alliance? Il est passé le temps où l'épée subjuguait. — L'homme peut mourir, — l'âme se renouvelle; même dans ce monde de soucis et de bassesse, la Liberté ne manquera jamais d'héritier; des millions d'hommes ne respirent que pour hériter de son indomptable génie; — quand elle assemblera de nouveau ses armées, les tyrans croiront en elle et trembleront. Ils rient de cette menace impuissante; des larmes de sang n'en couleront pas moins[3].

FAUT-IL DONC TE QUITTER, O MON GLORIEUX CHEF[4].

(Imité du français.)

I.

Faut-il donc te quitter, ô mon glorieux chef, séparé du petit nombre de ceux qui te sont restés fidèles! Qui dira la douleur du guerrier, l'angoisse délirante de ce long adieu? L'amour de la femme, le dévouement de l'amitié, quel qu'ait été sur moi leur empire, — que sont-ils, comparés à ce que j'éprouve, à la fidélité qu'un soldat t'a vouée?

II.

Idole de l'âme du soldat, sans rival dans les batailles, tu ne fus jamais plus grand qu'aujourd'hui. Beaucoup ont pu gouverner le monde, tu es le seul qu'aucune calamité n'a fait fléchir. Longtemps à tes côtés, j'ai affronté la mort et porté envie à ceux qui succombaient et dont la mourante acclamation bénissait celui qu'ils servaient si bien[5].

III.

Que n'ai-je partagé leur tombe glacée! Je ne verrais pas aujourd'hui les lâches terreurs de tes ennemis, oser à peine laisser un homme auprès de toi, comme s'ils craignaient qu'il ne te délivrât! Oh! même sous les voûtes d'un cachot, toutes leurs chaînes me seraient légères en présence de ton âme indomptée.

IV.

Celui qui est sourd à la prière de notre fidélité, si sa gloire empruntée venait à s'obscurcir, s'il rentrait dans son obscurité natale, ses sycophantes viendraient-ils la partager avec lui? S'il possédait maintenant cet empire du monde, que tu abdiques avec tant de sérénité, achèterait-il avec ce trône des cœurs comme ceux qui t'appartiennent encore?

V.

Mon chef, mon roi, mon ami, adieu! Je n'avais jamais fléchi le genou; jamais je n'avais supplié mon souverain comme j'implore aujourd'hui ses ennemis; tout ce que je demande, c'est d'être admis aux périls qu'il lui faut braver; c'est de partager à côté du héros sa chute, son exil et sa tombe.

A L'ÉTOILE DE LA LÉGION-D'HONNEUR.

(Imité du français.)

I.

Étoile des braves! — dont les rayons ont versé tant de gloire sur les vivants et sur les morts; prestige radieux et adoré! dont la présence faisait lever des millions d'hommes en armes; — éclatant météore d'origine immortelle! pourquoi t'élever dans le ciel, pour t'éteindre ensuite sur la terre?

II.

Les âmes des héros immolés formaient tes rayons; l'éternité resplendissait dans ton auréole; au ciel la Gloire, sur la terre l'Honneur, composaient l'harmonie de ta sphère martiale, et ta lumière brillait aux regards humains comme un volcan dans les cieux.

III.

Ta lave roulait en fleuve de sang, et ses flots balayaient les empires; pendant que tu répandais tes clartés jusqu'aux derniers confins de l'espace, au-dessous de toi la terre tremblait sur sa base, et le soleil, pâle et découronné, t'abandonnait l'empire du firmament.

IV.

Un arc-en-ciel t'avait précédée, et grandit avec toi, formé

de trois couleurs brillantes et divines [6], appropriées à ce céleste signe; car la main de la Liberté les avait nuancées comme les teintes d'une perle immortelle.

V.

Une couleur était empruntée aux rayons du soleil, une autre à l'azur foncé des yeux d'un séraphin, la troisième au voile blanc et radieux d'un esprit pur. Les trois réunies ressemblaient au tissu d'un céleste rêve.

VI.

Étoile des braves! tes rayons pâlissent, et les ténèbres vont de nouveau prévaloir. Mais, ô arc-en-ciel des hommes libres! nos larmes et notre sang couleront pour toi. Si jamais ta brillante promesse s'évanouit, notre vie ne sera plus qu'un fardeau d'argile.

VII.

Et les pas de la Liberté sanctifient les silencieuses cités des morts; et ils sont beaux dans la mort ceux qui tombent fièrement dans ses rangs; et bientôt, ô déesse! puissions-nous être à jamais avec eux ou avec toi!

ADIEUX DE NAPOLÉON.

(Imité du français.)

I.

Adieu le pays qui vit le funèbre éclat de ma gloire naître et ombrager la terre de son nom; — il m'abandonne maintenant, mais les pages de son histoire, les plus brillantes comme les plus sombres, seront pleines de ma renommée. J'ai fait la guerre au monde; il ne m'a vaincu que lorsque le météore des conquêtes m'entraîna trop loin; j'ai lutté contre les nations, à qui, dans mon isolement, j'inspire encore l'effroi, unique et dernier captif entre des millions de guerriers.

II.

Adieu, France! Quand ton diadème ceignit mon front, je te fis la perle et la merveille de la terre; — mais ta faiblesse ordonne que je te laisse comme je t'ai trouvée, déshéritée de ta gloire et déchue de ta vertu. Oh! que n'ai-je encore ces cœurs belliqueux qui, vainqueurs dans toutes mes guerres, sont tombés sans fruit en luttant contre l'orage! — L'aigle, dont le regard fut alors fasciné et troublé, planerait encore dans le ciel, en fixant d'un œil assuré le soleil de la Victoire!

III.

Adieu, France! — Mais si quelque jour la Liberté revient visiter tes rivages, alors souviens-toi de moi; la violette croît encore au fond de tes vallées; quoique flétrie, tes pleurs la feront refleurir; — alors, je pourrai vaincre encore les armées ennemies qui nous entourent, et ton cœur pourra encore s'éveiller à ma voix. — Dans la chaîne qui nous retient captifs, des anneaux peuvent se briser; tourne-toi alors vers moi, et appelle le chef de ton choix.

NOTES.

¹ Pauvre Murat! quelle fin! Sa plume blanche servait de point de ralliement dans une bataille, comme jadis le panache de Henri IV. Il refusa de se confesser* et de se laisser panser, ne voulant enchaîner ni son âme ni son corps. *B.*

² On prétend que l'on a exhumé les dépouilles mortelles de Murat, et qu'on les a brûlées.

³ A propos de politique, comme dit Caleb Quotem, relisez, je vous prie, les vers qui terminent mon *Ode sur Waterloo*, écrite en 1815; rapprochez-les de l'assassinat du duc de Berri, en 1820, et dites-moi si je ne mérite pas le titre de *vates* tout aussi bien que Fitzgerald et Coleridge:

Crimson tears will follow yet ;

et n'ont-elles pas coulé, ces larmes de sang? *B.*

⁴ « Tout le monde pleurait, mais surtout Savary, ministre de la police, qui devait sa fortune à l'Empereur : il embrassait les genoux de son maître, et écrivit une lettre à lord Keith pour lui demander la permission d'accompagner Napoléon à quelque titre que ce fût. »

⁵ A Waterloo, on vit un soldat qui venait d'avoir le bras fracassé par un boulet, l'arracher avec l'autre main, et, le jetant en l'air, crier à ses camarades : « Vive l'Empereur ! jusqu'à la mort ! » — Il y a plusieurs exemples de ce genre ; vous pouvez compter sur l'authenticité de celui-ci. *Lett. partic. écrites de Bruxelles.*

⁶ Le drapeau tricolore.

* *Byron se trompe : Murat s'est confessé, ainsi que Napoléon.*

PROMÉTHÉE.

I.

Titan ! à tes yeux immortels les souffrances de la race humaine, vues dans leur douloureuse réalité, ne furent pas, comme pour les dieux, un objet de dédain. Quelle fut la récompense de ta compassion? une souffrance muette et intense, le rocher, le vautour et la chaîne, tout ce que les cœurs fiers peuvent ressentir d'angoisses, les tourments qu'ils dissimulent, l'intolérable sentiment de la douleur, qui ne parle que dans la solitude, craignant encore que le ciel ne l'écoute, et attend pour gémir que sa voix n'ait point d'échos.

II.

Titan ! tu as connu la lutte entre la souffrance et la volonté, cette lutte qui torture quand elle ne tue pas ; et le Ciel inexorable, l'aveugle tyrannie du Destin, le Principe de Haine qui gouverne le monde, qui crée pour son plaisir des êtres qu'il pourrait anéantir, t'a refusé jusqu'à la faveur de mourir : le don malheureux de l'éternité fut ton partage, — et tu l'as noblement supporté. Tout ce que le maître du tonnerre put arracher de toi, fut la menace qui lui renvoyait les tourments de ton supplice, résultat prévu par toi, et que tu ne voulus pas lui révéler pour le fléchir ; et ton silence fut son arrêt ; et dans son âme s'éleva un repentir inutile, et un douloureux effroi si mal dissimulé, que les foudres tremblèrent dans sa main.

III.

Ton crime divin fut d'être bon, de diminuer par tes préceptes la somme de l'humaine misère, et d'apprendre à l'homme à puiser sa force dans son âme ; mais bien qu'arrêté dans ton œuvre par le Ciel, ton énergie patiente, ta fermeté et la résistance de ton esprit invulnérable nous ont légué une grande leçon : tu es pour les mortels le symbole et le signe de leur destin et de leur force ; comme toi, l'homme est en partie divin, onde trouble dont la source est pure ; et l'homme peut partiellement prévoir sa funèbre destinée, connaître sa misère, sa force de résistance, et le malheur sans mélange de sa triste existence. Mais à tous les maux l'âme humaine peut opposer elle-même, aussi forte que toutes les douleurs, une volonté ferme, une conscience intime et profonde qui, au sein des tortures, trouve en elle sa propre récompense, triomphe alors qu'elle ose défier, et fait de la mort une victoire.

LES TÉNÈBRES [1].

J'eus un rêve qui n'était pas tout entier un rêve [2]. Le soleil brillant était éteint, et les étoiles erraient obscurément dans l'éternel espace, dépouillées de leurs rayons et sans suivre de route réglée ; et la terre glacée flottait aveugle et noire dans l'air que la lune n'éclairait pas ; le matin venait, s'en allait, — et revenait sans amener le jour ; et les hommes avaient oublié leurs passions dans la terreur de cette désolation ; et tous les cœurs, glacés, dans une prière égoïste, imploraient la lumière ; et ils vivaient autour de grands feux allumés ; — et les trônes, les palais des rois couronnés, — les cabanes, les habitations de tout genre, étaient brûlés pour éclairer les ténèbres ; les villes étaient devenues la proie de l'incendie, et les hommes étaient rassemblés autour de leurs demeures embrasées pour se regarder les uns les autres encore une fois. Heureux ceux qui vivaient à proximité des volcans et de leur cime lumineuse ! Un effrayant espoir était tout ce qui restait au monde ; les forêts étaient livrées aux flammes, — mais d'heure en heure on les voyait tomber et disparaître, — et les troncs pétillants s'éteignaient avec un dernier craquement, — et puis tout redevenait ténèbres. Leur lumière désespérante, tombant en éclairs passagers sur le visage des hommes, leur donnait un aspect qui n'était pas de ce monde ; les uns, étendus à terre, cachaient leurs yeux et pleuraient ; d'autres appuyaient leurs mentons sur leurs poings fermés et souriaient ; d'autres enfin couraient çà et là, alimentaient les bûchers funèbres, et regardaient avec inquiétude le ciel monotone étendu comme un drap mortuaire sur l'univers décédé ; puis ils se roulaient dans la poussière en blasphémant, grinçaient des dents et hurlaient ; les oiseaux effrayés jetaient des cris, voltigeaient sur la terre et agitaient leurs ailes inutiles ; les animaux les plus sauvages étaient devenus timides et tremblants ; et les vipères rampaient et s'entrelaçaient au milieu de la foule ; elles sifflaient, mais ne piquaient pas : — on les tuait pour les manger. Et la Guerre, qui s'était quelque temps reposée, recommençait à se gorger de carnage ; — un repas était acheté avec du sang, et chacun rassasiait à part son appétit farouche et sombre. Plus d'amour ; toute la terre n'avait qu'une pensée, — celle de la mort, et d'une mort immédiate et sans gloire. — Toutes les entrailles étaient en proie aux tortures de la faim ; les hommes mouraient, et leurs os comme leur chair restaient sans sépulture ; maigres et décharnés, ils se dévoraient entre eux ; les chiens eux-mêmes attaquaient leurs maîtres, tous, un seul excepté ; resté auprès d'un cadavre, il en écarta les oiseaux, les animaux de proie et les hommes affamés, jusqu'à ce que la faim les eût fait succomber eux-mêmes, ou que d'autres morts alléchassent leurs maigres mâchoires ; lui-même ne chercha aucune nourriture ; mais, exhalant un hurlement plaintif et prolongé avec un cri rapide de douleur, il mourut en léchant la main dont les caresses ne lui répondaient plus. Peu à peu la Famine moissonna la foule ; d'une cité populeuse deux hommes seulement vivaient encore, et ils étaient ennemis : ils se rendirent tous deux derrière les cendres mourantes d'un autel où une multitude de choses saintes avaient été entassées pour un usage sacrilége ; transis de froid, de leurs mains glacées et décharnées ils grattèrent les cendres encore chaudes, et leur faible souffle, en quête d'un peu de vie, parvint à faire une flamme qui à peine en était une ; sa lueur s'étant un peu augmentée, ils levèrent les yeux l'un vers l'autre, — se virent, jetèrent un cri, et moururent ; — ils moururent au spectacle de leur laideur mutuelle, chacun d'eux ignorant qui était celui sur le front duquel la Famine avait écrit : « Maudit ! » Le monde était désert ; les pays populeux et puissants n'étaient plus qu'une masse inerte où il n'y avait ni saisons, ni végétation, ni arbres, ni hommes, ni vie, — une masse de mort, — un chaos d'argile durcie. Les fleuves, les lacs et l'Océan étaient immobiles, et rien ne remuait dans leurs silencieuses profondeurs ; les navires sans équipages pourrissaient sur la mer, et leurs mâts tombaient pièce à pièce ; en tombant ils dormaient sur l'abîme que rien ne soulevait plus ; les vagues étaient mortes ; les marées étaient dans la tombe, où les avait précédées la Lune leur reine ; les vents s'étaient flétris dans l'air stagnant, et les nuages n'existaient plus ; les TÉNÈBRES n'en avaient plus besoin, — les TÉNÈBRES étaient l'univers.

NOTES.

¹ Cette pièce, dans le manuscrit original, est intitulée *le Rêve.*

² Dans ce poëme, lord Byron a abandonné ce système, qui lui est propre, de montrer toujours au lecteur le but où il tend, et il s'est contenté d'offrir une masse d'idées puissantes disposées sans ordre et dont il est difficile de saisir la liaison ; une foule d'images terribles se pressent et se confondent devant nous comme dans le rêve d'un homme qui a le délire, chimères épouvantables à l'existence desquelles l'esprit refuse de croire, qui étourdissent le lecteur et troublent même l'esprit de ceux qui sont les plus accoutumés aux bizarreries de la muse. Le sujet est l'envahissement de la terre par les ténèbres, qui sont appelées, comme dans Shakspeare, — le fossoyeur de la mort. — La réunion d'images terribles que le poëte a placées devant nous ne fait que mieux sentir l'extravagance du plan. A dire vrai, ces créations fantastiques sont dangereuses pour l'imagination d'un poëte aussi exalté que Byron, dont le Pégase avait plutôt besoin du frein que de l'éperon. L'infini dans lequel elles laissent le poëte et le manque de précision les rendent pour la poésie ce que le mysticisme est pour la religion. La pensée du poëte n'en devient que moins saisissable, et après s'être mis au-dessus de l'intelligence ordinaire, il finit par ne plus se comprendre lui-même. En vain le poëte entasse-t-il les images poétiques, c'est comme si un peintre voulait prendre pour canevas un nuage qui passe. *Walter Scott.*

N'en déplaise à l'illustre critique, nous ne voyons rien de confus, rien d'inintelligible dans ce poëme. C'est une énergique, une effrayante peinture du dernier jour du monde, amené par l'extinction de la chaleur solaire. NOTE DU TRADUCTEUR.

FIN DU DEUXIÈME VOLUME.

Imprimerie de Gustave GRATIOT, 11, rue de la Monnaie.

TABLE

DES POÈMES CONTENUS DANS LE TOME DEUXIÈME.

	Pages
La Malédiction de Minerve.	1
Notes.	9
La Valse.	11
Notes.	19
Le Giaour.	22
Notes.	51
La Fiancée d'Abydos.	57
Notes du chant Ier.	67
Notes du chant II.	85
Le Corsaire.	88
Notes du chant Ier.	105
Notes du chant II.	121
Notes du chant III.	142
A Napoléon Bonaparte.	143
Notes.	147
Lara.	149
Notes du chant Ier.	166
Notes du chant II.	184
Mélodies Hébraïques.	186
Notes.	200
Le Siége de Corinthe.	201
Notes.	224
Parisina.	227
Notes.	240
Monodie sur la mort de Shéridan.	243
Notes.	246
Le prisonnier de Chillon.	248
Notes.	258
Le Rêve.	261
Notes.	266

	Pages
La lamentation du Tasse.	267
Notes.	273
Beppo.	276
Notes.	299
Mazeppa.	302
Notes.	321
A Venise.	322
La Prophétie du Dante.	327
Notes.	345
Les Bas-Bleus.	351
Notes.	364
La Vision du Jugement.	366
Notes.	394
L'Age de Bronze.	397
Notes.	417
L'Ile, ou Christian et ses Compagnons.	421
Notes.	461
Napoléon.	464
Waterloo.	464
Faut-il donc te quitter, ô mon glorieux chef!	466
A l'étoile de la Légion-d'Honneur.	467
Adieux de Napoléon.	468
Notes.	469
Prométhée.	470
Les Ténèbres.	472
Notes.	474

FIN DE LA TABLE.

www.ingramcontent.com/pod-product-compliance
Lightning Source LLC
Chambersburg PA
CBHW072109220426
43664CB00013B/2055